重返五四现场 增补本

1919，一个国家的青春记忆

叶曙明 著

九州出版社 JIUZHOUPRESS | 全国百佳图书出版单位

图书在版编目（CIP）数据

重返五四现场 / 叶曙明著. — 北京 : 九州出版社, 2015.3
ISBN 978-7-5108-3564-3

Ⅰ. ①重… Ⅱ. ①叶… Ⅲ. ①五四运动-通俗读物
Ⅳ. ①K261.109

中国版本图书馆CIP数据核字(2015)第058511号

重返五四现场

作　　者	叶曙明 著
出版发行	九州出版社
出 版 人	黄宪华
地　　址	北京市西城区阜外大街甲 35 号 (100037)
发行电话	(010)68992190/3/5/6
网　　址	www.jiuzhoupress.com
电子信箱	jiuzhou@jiuzhoupress.com
印　　刷	北京毅峰迅捷印刷有限公司
开　　本	710 毫米 ×1000 毫米　16 开
印　　张	23
字　　数	330 千字
版　　次	2015 年 5 月第 1 版
印　　次	2015 年 5 月第 1 次印刷
书　　号	ISBN 978-7-5108-3564-3
定　　价	39.80 元

目 录

重读五四
——再版前言

距离这本书的初版，转眼已经过去六年了。六年前这本书刚出版时，有记者朋友问我：你为什么把 1919 年 5 月 4 日这一天向前推进至 1895 年的公车上书，把这一段历史称为“五四时代”？为什么将公车上书视为五四时代的起点？

当时我说：因为公车上书与戊戌变法开启了一个现代版的春秋时代，在此之前，无论是洋务运动、同治中兴，还是“经世派”（包括龚自珍、魏源、林则徐、郭嵩焘、徐继畬、梁廷枏等人），他们基本上是在“用”的范畴内打转，没有涉及到“体”的问题，也没有涉及国家的政治制度。而公车上书与戊戌变法则是第一次把知识分子的诉求，引向了对国家政治制度改革的方向来，这是划时代的。刚好它也发生在 4、5 月间，所以我把它看作是一场流产的五四运动。

今天，当这本书重版时，这个问题自然又浮现在我的脑际了。但我关心的不是五四运动的起点在哪里，而是我们什么时候才能走出五四时代。当清代末年，西潮东来之际，张之洞提出“中体西用”的这个口号，是不得已的无奈之选，因为当时西潮之盛，汹涌澎湃，浩浩荡荡，想关门闭户是不可能了，守旧者希望以这个口号抵挡一阵子，至少不要让祖宗创下的“体”败在自己这一代人手上，拖得一天算一天，等熬到自己身后，管它洪水滔天；而革新者则希望以“用”为突破口，最终会走到“体”的改变。

因此，可以说无论守旧者还是革新者，内心深处其实都已明白，“体”最终是要变的。但历史发展的现实，却让革新者大跌眼镜，“西用”的引进，不仅未能成为改革“中体”的突破口和推动力，相反，“西用”引进得愈多，改革“中体”的阻力愈大。等到中用与西用经过几代人的混血杂交，已经难分彼此时，人们反而觉得，不要西体，中国也一样可以富足强盛，也一样可以雄视天下，万国来朝。于是，重振儒教，光复旧物的呼声，愈来愈高，甚至连废除公历、恢复夏历，以黄帝纪元这一类在五四时代已遭共弃的主张，也竟在 21 世纪再次冒出，不能不说是中国文化的一大奇观。

戊戌变法造就了梁启超，把他推上了历史舞台。梁启超、宋教仁与陈炯明这三个人，我认为是北洋政府时代最具现代政治意识、最杰出的人物，如果中国也有“五月花号”，那这三个人一定是《五月花号公约》的起草人了。民国成立之初，如果由他们三个人来做，也一定会出现完全不同的新局面。可惜，梁启超开了一个头，宋教仁想接上去做，结果被暗杀了；陈炯明想接上去做，结果成革命的“叛徒”了，梁启超自己也是惨淡收场。因为他们要面对的不是新大陆，而是一个整天把“三代之治”挂在嘴边的国家，是一个连公历都时时有人想废除的国家。

当然，我们谈春秋战国的思想史，不可能只谈孔、孟，而不谈老、庄、墨等诸子百家，也不能把某一家视为进步，其他皆为反动。谈新文化运动也一样，这个时期中国最具代表性的思想文化人物，必须把梁启超、蔡元培、陈独秀、鲁迅、胡适、钱玄同、章太炎、林纾、刘师培、黄侃、辜鸿铭等人都包括在内，才足以构成这个时代的基本轮廓。把他们的文化背景、思想脉络都摸清楚了，才会大概明白，为什么我们总也走不出五四时代。

五四时代留给我们最大的思想遗产之一，就是百家争鸣。国家的进步有赖于思想的进步，思想的进步有赖于百家争鸣。在五四的思想与文化界，并不存在谁是正面人物，谁是反面人物的问题，更不能简单地以“进步”与“反动”的二分法来归类，不能说陈独秀一派是正面，林纾、辜鸿铭一派是反面的。以陈独秀为代表的新青年，最大的毛病就是以独尊来反对独尊，以思想专制来反对专制思想，公开提出“不容匡正”的主张。这难免陷入了“以子之矛，攻子之盾”的悖论之中。

在当时，他们的这种主张，如果仅仅作为百家争鸣中的一家，倒也无妨，但如果我们在研究历史时，仍然独尊一家，而贬抑其他诸子百家的话，那就等于否定了“启蒙”的基本意义，又回到了“罢黜百家，独尊 × 术”的老路上去了。

有人说，五四运动是新文化运动结出的硕果，也有说，五四运动是对新文化运动的腰斩。这要看“新文化运动”怎么定义了，如果定义为一个百家争鸣的时代，那五四运动确实令这个时代灯暗转场，转向了轰轰烈烈的国民革命时代；如果说新文化运动就是以新青年为代表的“文学革命”运动，那五四运动不仅不是一种“干扰”，而且是其发展的必然结果。

首先，我们不妨仔细探讨一下，陈独秀所主张的“民主”与“科学”究竟是什么意思，因为这二者是承载着新文化运动的两只轮子，不能不弄个透彻明白。新青年们对科学有着不同的理解。陈独秀的科学，早期认为一切西方文化都是科学的；到后期，接受了马克思主义，认为苏俄革命才是真正的科学。而胡适对科学的理解是：尊重事实，寻找证据，证据走到哪儿去，我们就跟到那儿去，决不被别人牵着鼻子走。

新青年们对民主也有不同的理解。陈独秀与李大钊主张的民主，接近于卢梭的“人民主权论”，它不是通过一人一票的方式，而是通过“公意”，或称“普遍意志”，简单地用现代语言说，就是“群众运动”来体现的。对此，李大钊在《强力与自由政治》一文中，已经讲得很清楚了。而胡适则认为，民主是一种生活方式，其核心价值是：承认人人各有价值，人人都可以自由发展。作为一种制度的民主，就是要保障个人的自由，使他不受政治暴力的摧残，不受群众压力的压迫。少数服从多数，但多数不能抹杀少数，不能不尊重少数，更不能压迫少数，毁灭少数。

新青年在把民主与科学的旗帜高高举起时，没有同时把自由与法治的旗帜高高举起，这是新文化运动最严重的缺失，导致后来“群众运动绝对主权”、“群众运动难免过火”、“矫枉必须过正”一类观念，大行其道，影响了中国几十年。

什么是民主、自由？做一个蹩脚的归纳：民主就是说“是”的权利，自由就是说“不”的权利。说“是”，意味着我持有参与公共事务的入场券，可以通过多数决定原则投出我神圣的一票。说“不”，意味着我在公共权力面前，有保持个人意志的权利，不会因为对公共权力说“不”，而受到歧视、压迫，有免于恐惧的权利。这是作为人的基本权利，应该得到宪法、法律的保障。

当五四运动发生火烧赵家楼和殴打官员的事情后，《每周评论》上有一篇文章说：“无论什么人，有他的自由，不许他人侵犯，这话本来极是。可是侵犯人的，要是出于群众的行动，那就不能这样的说法了。法国在欧战初起的时候有个极有名的社会党领袖，因为主张平和，给群众打死，后来并没有发生法律上的问题。这种事情实例不知有多少。”也就是说，只要是出于群众运动，即使杀人，亦属无罪。这是一个步入歧途的危险信号。后来，在国民革命时代流行的口号叫作“不为同志，即为叛逆”，便是走到了极端去的新青年主张。

六年前，当这本书刚出版时，许多读者对我把陈炯明评价为与梁启超、陈独秀并立的新文化运动三个代表性旗手之一，感到不解。六年之后的今天，理解并接受这一看法的人，已愈来愈多了。

我为什么推崇陈炯明呢？因为我觉得他是真正理解了新文化运动的意义，他没有搞群众运动，没有演双簧戏，没有动不动就打倒这个、打倒那个，既没有主张全盘西化，也没有主张全盘摧毁传统文化，他只是在自己影响力可及的范围内，真正一点一滴地把新文化落实到社会生活中，他用事实证明了，新文化与每个人的生活，息息相关。对这个混浊的社会，它是一种功效神奇的清洁剂。

陈炯明在广东禁烟、禁赌、办大学、办平民教育、推行城市清洁卫生、制订省宪法、维护言论自由、推行自治运动等。如果没有这块实验田，人们也许永远以为，新文化运动，不过是书生小圈子里的笔墨官司。但历史是公平的，它不会把所有门窗都关死，总会留下一扇窗子，哪怕是一条小缝隙，让后人可以看到，原来历史也有另一种可能性。

因此，只要在我们的记忆之中，新文化运动依然是以“进步与反动”相争的革命形态呈现；只要在我们的叙述之中，五四运动依然是以“爱国与卖国”的民族主义主题，作为它唯一彰显的历史意义，那么，陈炯明存在的价值，便不会打折。

这本书的副题是“1919，一个国家的青春记忆”，对于刚从帝国进入民国的中国来说，那确实是一段青春的记忆。纪念与反思五四有很重要的意义，因为整个20世纪的中国革命，其实都是在五四运动时定下了基调，第一代的中国共产党领袖，几乎都是从五四运动中走过来的。今天我们所尝到的果，无论是甜是苦，我们走过的路，无论是直是弯，都是那时种下的因。也正因为如此，五四时代的光芒，才总显得那么耀眼；五四的话题，才总是那么激动人心。

今天的中国，与六年前的中国相比，又发生了许许多多的变化，今天我们再次重读五四历史，也许会得到更多新的感悟。

2015年3月于广州

我们的五四
——序叶曙明《重返五四现场》

余世存

一

五四运动似乎已经盖棺定论。这个由蔡陈胡鲁们引导、由傅罗段等人发动的朝野博弈的政治运动，经由国共双方以及胡适、罗家伦、毛泽东等一大批现代中国巨人们的评估，已经被定性为现当代中国政治经济文化格局的奠基者。即使反对五四运动的论断，也承认五四运动所起的重大作用：五四运动撕裂了文明或说我们民族的文化。

但五四运动仍是一个说不完的话题。它的当时究竟是什么状态，至今人言言殊。当时参与的各方是否有最低限度的伦理共识？五四运动时的中国是否如同当下的网络中国，有着混乱的自由？当时人以及当下人是否都善用了这种自由？当时人和当下人是否有着足够的思想资源、道义支撑？不仅如此，关于五四运动的全部言说仍归属两大阵营：赞成，反对。即使“胡适，还是鲁迅？”这样的伪命题滋养当代知识界十年之久，赞成者仍难在复述旧言外有新说辞；而反对者或嗫嚅其言或冷嘲热讽，甚至从“原因的原因的原因”中将百年中国的罪苦归结到五四运动。

近百年前的一场运动至今仍给我们情感的波动、认知的分野。这说明我们确实在心智、视野、群己权界、历史观念、先人尊崇等方面仍未走出五四运动的阴影；我们在革命、改良、文化、运动等方面仍未有历史的共识或伦理共识。据说西人生活中有二三十年以上者即为古物、即属历史，即可成为公共财产供全民保护、认知、怀古。我在大众游玩的地方，也确实见过墨索里尼的遗迹，独裁者当年演讲的阳台；我见过对垒牺牲的两军将士的墓园，那样分明又统一地成为今人的历史风景，一种意味深长的厚重之美。但我们的五四，无论赞美或反对者其实都尘封了它，其中的人物至今因阵营归属而未能展现其全部的真实，未能成为人民当下生活的真正背景。

二

康梁孙黄的革命，缺乏西人革命那之前可长达百年的启蒙、理论准备。顾、王、黄等人的担当，曹雪芹、龚自珍们的天才创作，仍只是挽歌而已。徐继畬、魏源等人的思考，也不足以给华夏数千年未有之变局提供有效的思想资源。故曾左李摸着石头办洋务，康梁黑猫白猫地借孔改制变法，孙黄自备学说或建国大纲，政道合一，酿成“不彻底的”辛亥革命。

蔡陈胡鲁们的新文化运动，本是补辛亥革命的思想道义之缺失，在政统崩解重构之际，别立可审判、监督、分权的道统。但运动的领袖们虽然重估一切价值，虽然尊奉德赛二先生，他们并未能像启蒙运动中的西人那样获得人的自觉而沟通人心，也未能像百科全书派那样为华夏或人类的一切领域立言立法。

这样的历史比较当然对新文化运动的诸多圣贤有失公允。何况当时的中国确实内忧外患，亡国亡种之说夸张，但在文明的他者眼中，中国实为木乃伊般的国度。以胡适之温和，到抗日战争，才说中国终于从一个中世纪的国家演变成现代国家。因此，我们必须同情地理解新文化运动对辛亥革命的背书。它支持了政治革命、全民革命；但它还没有承认阶级革命、暴力革命。它失望于政统的混乱，但它未能夯实并强调道统，它未能如周作人说的努力经营“自己的园地”，反而介入并为政统的变革所裹挟。

如果没有了新文化运动，辛亥革命将如何演变？孙文学说肯定不是和谐社会理论，但他有建立道统的用心，袁世凯复辟也是敏感到意识形态的重要而欲寻求道统的支撑，因此，南北军阀的割据和兼并不会比五代十国更糟，反而会在思想资源上争胜。显然，中国仍会在世界的带动下进入革命的世纪。新文化运动的参与者们少有从道统的角度梳理革命，多将现成的革命介绍给政统以充任思想争胜的奴仆、苦力。陈独秀、李大钊、罗家伦、张国焘、毛泽东们知行合一，成为小平头知识分子的先驱者，加快了这一革命进程。“不彻底的”辛亥革命被更彻底的革命抛开。革命发生了变异，阶级革命、暴力革命登场，到五四运动，拉开了中国革命世纪天翻地覆的序幕。

三

但五四运动并非一个组织严密、线索清楚的历史现象，相反，它是一个混乱的状态。

新文化运动的领袖们想过百科全书般的立言立法，如陈独秀说，文化是包含着科学、宗教、道德、文学、美术、音乐等方面的运动；但新文化运动中，运动居多，创作居少；口号多，作品少；领袖多，群众少。缺乏作品和社会基础的运动只能是复调而众声喧哗的。因此，新文化运动中涌现的只是明星式人物，运动难以深入，多只是各色人等的秀场。表态，或者自说自话，自我表演。

如叶曙明先生观察到的，这个秀场如此热闹：“《新青年》、《新潮》、陈独秀、胡适、钱玄同、刘半农、鲁迅诸人，固然是新文化运动的主力；然吴稚晖、张一麐、袁希涛、黎锦熙、马裕藻等致力于国语统一运动的人，也是新文化运动的组成部分；提倡德先生、赛先生的，搞新村运动的，搞工读互助的，主张安那其主义的，主张社会主义的，主张实验主义的，主张马克思主义的，主张根本解决的，主张一点一滴改良的，要打倒孔家店的，要整理国故的，还有《国民》、《国故》、《学衡》、辜鸿铭、刘师培、黄侃、林纾们，大大小小的‘选学妖孽，桐城谬种’们，所有南腔北调，精彩纷呈的声音，共同构成了一个轰轰烈烈的新文化运动。”

这个轰轰烈烈的新文化运动，在参与者之间没能形成对话的规则、共识；更不用说，参与者们跟政界、商界形成可能的沟通。英国哲学家罗素当年曾说中国处于“混乱的自由”中，这种混乱的自由不过是历史老人的“一放就乱”，但新文化运动的各界人士却没有意识到这珍贵的历史机会，从而有所回馈历史和命运。他们多大出风头，他们中的保守派和激进派都异口同声地哀叹世风日下，人心不古，国将不国。他们中的少数天才直到后来才充任了思想资源的提供者，才“画出这沉默的国民的魂灵”。他们中的少数领袖直到后来才意识到伦理底线的重要，才感叹社会革命中有无“人味儿”的重要性。

因此，五四运动必然上场，这个新文化运动的变体或孝子，注定要以弑父的姿态收场。这个弑戮行为，不仅跟知识前辈分道扬镳，而且要跟政权摊牌。火烧赵家楼，“大规模的群众暴动骚乱事件”，不同于王朝时期的民乱，一个当时的记者在“五四”第二天写道：“吾人骤闻是种消息，几疑法兰西革命史所记载恐怖时代一般乱民之暴动，及路透电所报告布尔什维克党人在俄国各地之骚扰，又发见于吾华首都。”

四

没有任何理由反对青年、学生。如果一个家庭的父权衰败，我们没有理由谴责孩子们的逆反、弑父、出走，我们可以痛心孩子们对父权的复制和可笑的摹仿。如果一个社会除主旋律外没有像样的精神食粮，父辈们没有多少责任感，更没有有效解决问题的制度机制，那么青年人就当然以青春的本能抗争。胡适说：“在变态的社会国家里面，政府太卑鄙腐败了，国民又没有正式的纠正机关（如代表民意的国会之类），那时候干预政治的运动，一定是从青年的学生界发生的。”深知其中厉害的毛泽东甚至天然地站在学生一边，他的名言就是：“凡是镇压学生运动的人都没有好下场。”

而镇压，谬托历史知己者的镇压，不过是“一收就死”，将自己和中国置于一种奴隶奴才般的生存状态。中国革命，百年变乱不断，却难以在学生和政府之间、在官产学社会各界之间形成有效的对话机制。法兰西革命，历经百年，左右摇摆四五次，才建立了现代意义上的共和国。中国革命，历经百年，左右劫乱不断，仍离现代遥远。

五四运动撕裂了老大中国的面纱。它提出的问题：中国的家庭之恶、中国的政治参与机制、中国的代际和社会沟通渠道，以及从生老病死到婚丧嫁娶等中国人的生活模式，等等，至今没有解决（毛泽东的革命方式，将婚丧嫁娶等等的简化革命化，至今已经雨打风吹去）。五四运动的撕裂、学生们的举动并没有错，换言之，青年学生不过是到“最后的关头”发出的声音。错的是当时事后的当政者、社会领袖们，如严复、林纾、辜鸿铭、蔡元培、梁启超、章太炎、胡适、孙中山、陈炯明等人。中国只有走全民革命的道路，否则，“古久先生的陈年流水簿子”还会将人的生存数据化、指标化，将人的生活窒息；中国只有走政治革命的道路，否则，再怎么好的“好地狱也将失去”。

亚洲第一共和的“国父”认识到了“南北军阀如一丘之貉”，他称马克思为社会病理学家的认识也足够深刻，但他没有因此反思革命，反而仍停留在对自己学说的自负上，仍停留在自己的历史使命或影响在于“五百条枪”的暴动上。如果孙文能够介入、参与新文化运动，或者新文化运动的成果会是另外一个样子；如果他能够关注五四运动，或者这些社会道义资源、这些在野政治家和民间意见领袖们，能够接续当年他和黄兴、宋教仁的事业。中国的革命世纪也许会呈现出不同的格局。

五

杀君马者道旁儿。民亦劳止，汔可小休。蔡元培当年一句“我倦矣”已经不是校长心态、父辈心态，而是书生意气。

这样的教训在五四时期还可以举出很多。胡适也好、梁启超也好，都有过这种意气用事的时候。当然，乱极乱久思静思治，自己让权，威权从中产生。不彻底的革命带来的乱局，带来的“混乱自由”考验了大家的心智。比起政党政治来，他们更寄望于政府政治；比起议会党来，他们更寄望于革命党；比起革命党来，他们更寄望于一个领袖、一个主义……

自由主义、实用主义者看重问题，胡适说：“我们不去研究人力车夫的生计，却去高谈社会主义；不去研究女子如何解放，家庭制度如何救正，却去高谈公妻主义和自由恋爱；不去研究安福部如何解散，不去研究南北问题如何解决，却去高谈无政府主义；我们还要得意扬扬夸口道，‘我们所谈的是根本解决’。老实说罢，这是自欺欺人的梦话，这是中国思想界破产的铁证，这是中国社会改良的死刑宣告！”但自由主义、实用主义者却是不应回避政治的，胡适的问题主义在当时也不切实际。用现在的话说，他没有看到，当时中国社会的精英阶层都急切地要求一个“说法儿”，要求碰撞出一种政治权利机制；他没有看到，当时的社会问题如此之多之严重，根子在于政治体制有问题。他后来投身政治，应该是意识到了这一问题。

不仅如此，当时问题主义的双方都没有从文明的转变、社会实际出发，即如何从难得的混乱自由里重建伦理底线、社会共识、政治生态，重建政道关系。一句话，传统士大夫们的清议行为如何转化为现代公民责任，落实为生命权（信仰自由）、说话权（言论、出版自由）；孩子们的游行示威如何摆脱“东汉末年太学生、两宋太学生、明末东林和复社、几社的传统”，而能落实为交友权（结社、集会自由）。

六

梁启超、胡适的改良自由主义或实用主义思路，在当时后来都不乏实践。张謇在南通的承包实践，陈炯明在福建、广东的治道实验，卢作孚的北碚建设，以及晏阳初、梁漱溟们的乡村教育运动，都说明中国改良思潮的生命力。

这种改良思路，从积极的角度看，它说明移风易俗的可能性和时效性，跟传统文明“一年成聚，二年成邑，三年成都”的社会治理一样，那些把未来黄金世界允诺给现在的人们的谎言，那些动辄推托要一代人两代人世世代代努力的改革滥调，都在这种改良成果面前不攻自破。

但是，这种改良主义，却又像中国传说中的“息壤”一样，无能抵御现实中的洪水，更无能应对要求严苛的上帝和命运。无论革命的洪水，还是大环境的专制命运，都会使得这种改良昙花一现。山东的临沂、贵州的石门坎、山西的平遥，都曾一度成为经济文化的中心地带，但不到百年，都成为贫困落后地区了。即使今天，二十年前的改革明星地区，仍有大量的返贫现象。

可以说，中国文明的转型乃是一场空前的革命，中国注定跟革命相遇，如果我们的先人、我们的五四圣贤们没能解决革命问题，我们就得接受这种革命遗产。如果“伟大的早期国民党人，伟大的早期共产党人，伟大的革命者与启蒙者一代”没能解决革命问题，如果我们的父辈不能解决革命问题，我们就没有告别革命世纪。

曾经呼吁“回到五四”的舒芜先生晚年反省，从改良者的对立面，一个五四之子、一个革命者的角度说明革命变异的洪水，舒芜痛切地说：“‘理力论’公式虽简，然乃自近百年历史概括而来，实乃至理。此理与力，又非自古以来帝王圣哲之理之力，而是划分人类‘史前时代’与‘真正人类自觉时代’之理之力，以‘科学’与‘阶级’之名，起大信，成大业，前史无可例比。千百万志士仁人，为之抛头颅，洒热血，不可简单地断为‘盲从’。其以力运理之机，至微至隐。当时信众，无不自以为所信者科学，所循者规律，故艰难险阻而不辞，摩顶放踵而不悔。今日事后追论，轻易名之曰‘主流’，曰‘权力意志’，其实当时居主流地位有权力后盾者，是三民主义、法西斯主义、周孔之道等等，而科学社会主义之归宿则在雨花台、渣滓洞，乃千万人共见共知之事实。或亦正似此故，其以理运力之机，遂难觉察。窃谓解放前白区信众，最是纯粹。苏联与中国苏区的大量血的事实，在白区毫无所闻。间有传闻，则以出于国民党之口，由逆反心理而拒不肯信。鲁迅之睿智，亦有《我们不再受骗了》之作，有《答中国托洛茨基派》之信。非君子可欺，其实都因为真相的揭破出自太黑暗太卑鄙者之口，从反面作了有力的宣传也。自顾以此纯粹之心，迎接解放，坚信一切皆是‘理’的胜利，一切皆是‘理’的流行，汲汲于湔误从真，而不自知已舍理从力。”

但中国知识界在最近二十年来轻易地认同了另外一理或力，告别革命的声音至今不绝，或谩骂或痛心疾首，革命成了当代汉语世界里罪恶的同义词，成为人人必须堵塞的洪水猛兽。90年代，中国学术思想的主流，已经由主张和平进化，反对激进变革，发展到重评历史。从崇尚英美模式，否定法国模式，发展到认为没有五四运动更好，没有辛亥革命更好。当纽约一家杂志的记者远道来访，问高尔泰，这个同样的五四之子，终生实践并笃信“自由”的中国圣贤，对这些问题有什么看法，高尔泰说：“我没有那样想过。”

七

五四因此仍属于当代，仍属于我们。五四是我们的。在百年中国数代年轻人的运动中，在革命、改革、改良、动乱、乱动、造反的社会状态里，只有五四是青春的，是酣畅淋漓的，是激荡的，是纯洁的；只有五四是老大中国的一次少年张狂，是衰败文明的一次青春救赎；只有五四空前绝后地打量着传统文明，打量着身后百年的现当代中国。青春五四跟我们数代年轻人的血脉相通，而未能重光五四的我们愧对五四。

纪念五四的活动已近百年，今天我们回顾五四，除了重温革命世纪和政治问题的教训以外，还需要重新梳理民族社会的思想资源问题。陈丹青曾说，“在我们的上下周围，鲁迅那样的物种灭绝了——岂止是他，伟大的早期国民党人，伟大的早期共产党人，伟大的革命者与启蒙者一代，在今天的人群与人格类型中，消失净尽——而在鲁迅的时代，这些人不论为敌为友、为官为匪，但他们的伦理道德血脉教养，个个跨越唐宋，上溯先秦，同时，他们是中国第一代世界主义者，第一代现代民族主义者，第一代新型的文化精英和政治精英。”我们当代的历史热很大程度上是在发掘五四的遗产。

但实际上，以胡适、鲁迅为代表的五四圣贤们并没有提供足够的思想资源，尤其是他们作为现代民族主义者有着非常严重的欠缺，他们的盲区其实也应该是我们的遗产，我们的思想资源。我在《中国劫》中以严复等人为例说过，我们的知识人总是“围绕体制、国家和社会稳定做文章，‘中国崛起’成为他们立身处世的前提。先发国家的思想家们很少为国家招魂，从这一角度看，‘中国劫’的摆动使得我们的知识人发生变异，实在是可令人扼叹之事。一百多年前，斯宾塞就立意要把‘自己全部的综合哲学作为一座堂殿献给他的个人自由之神’；但严复曲解了斯氏思想，以为在斯氏的自由制度中，释放出的个人力量终将为国家富强服务。当斯宾塞对大英帝国国势日盛、向外扩张感到惊愕乃至沮丧之时，严复却对之敬慕不已。研究严复的美国思想大家史华慈写道：‘毫无疑问，严复在这里扭曲了斯宾塞最心爱的价值。’”

我还说过，史华慈面对中国知识人的变异发出的感叹仍适用于今日中国：“我们很难对中国知识分子如此关切国力的问题下什么判语。中国确实一直深受羞辱，而且当今世界，没有国力就无法生存。不过，事实却是，一旦价值是按照作为获取力量的手段来评估，这些价值就非常可能变得脆弱难保，扭曲变形。”可以说，电影《英雄》内外的戏子们有足够的理由嘲笑责难他们的中国知识界，因为中国正是知识人在最近三十年念兹在兹的中心，因为中国知识人不仅没有为中国人正名，没有重建道统，反而在为中国正名后，怀抱英雄情结争先恐后地“学而优入仕”，成为政统的有机或投机分子。

八

回到五四！

叶曙明先生的《重返五四现场》一书让我们跟着他重温了五四，如叶先生所说，“自从发生五四运动以来，它就不断被述说，几乎所有史料，甚至每个细节，都被罗掘俱穷了。”但五四仍需要“被述说”，因为“一千个人眼中有一千个哈姆雷特”，五四还需要更多人尤其当代人的眼光、思想来解读。

叶先生以流畅的文字叙述了他眼中的五四，尤其是他把广东人梁启超、陈炯明当作五四运动的开端和结束，言之成理，令人耳目一新。我在阅读过程中，也产生了不少感想，向读者汇报如上。这是一本值得细读的书。我在向叶先生表示祝贺的同时，也乐意向读者朋友们推荐！

是为序。

2009 年 2 月于风城

上篇　启蒙

第一章

价值崩溃的年代

一场未遂的五四运动

5月，在中国的近代史上，究竟具有怎样的一种特殊意义呢？这是个不解之谜。

中国的知识界，与5月似乎有着某种难以解释的宿命关系。许许多多与知识界相关的事情，都在这个月份酝酿、发酵、爆发，然后长远地影响着中国的历史进程。

1895年春天，北京聚集着大批从各省上京参加会试的举人，已经考试完毕，正在等待放榜。4月，甲午战争中国战败，中日两国签订《马关条约》，割让台湾及辽东，赔款二万万两的消息，像一颗炸弹在京城炸开了，把大大小小的京官、举人们炸得血脉贲张。从4月14日开始，各地举人的公呈，像雪片似的飞到都察院，呼吁朝廷拒绝签约。一位台湾省籍举人，在衙门外捶胸顿足，号啕痛哭，长跪不起，为台湾民众向朝廷请命，围观之人，莫不潸然泪下，感同身受。

在这批奔走呼号的"知识分子"当中，有两个广东人最为活跃，一个是康有为，一个是梁启超。

康有为，广东南海人，生于1858年，原名祖诒，号长素。早年在家乡时，阅读各种新书，如《西国近事汇编》、《环游地球新录》等等，开阔了眼界。后来他亲身游历香港，感受到西方文明，治国甚有法度，绝不是中国人所说的“夷狄”，于是大购西方书籍（译本），大讲西学。1891年，康有为在广州开办“万木草堂”，主持完成了《新学伪经考》和《孔子改制考》等重要著作，“大发求仁之义，而讲中外之故，救中国之法”，鼓吹从最高层的王权入手，由上而下改造中国。

梁启超，广东新会人，生于1873年，字卓如，号任公。他十二岁进学，十七岁中举，人称神童，满腹训诂辞章之学。自从听了康有为如“大海潮音，作狮子吼”的讲学后，幡然猛醒，有如桶底脱落，豁然贯通，始觉自己肚里的全是“数百年无用旧学”，于是改辕易辙，追随康有为左右，绛帐侍坐，执经问字，北面备弟子礼。当时康有为还只是个秀才，梁启超以举人的资格，倒过来拜秀才为师，倾力提倡新学。康长素有了这个得力助手，如虎添翼。

4月的北京，紫藤花开，柳絮飞扬，空气中充满了不安。为了阻止朝廷签约，梁启超先是联合了广东举人麦孟华、张寿波等人上书，被都察院拒绝了。其后湖南举人们得知，也积极参与，挺身而出的公车愈来愈多，力言台湾万不可割让。

康有为、梁启超起草了一份一万八千字的请愿书，据说，5月2日，康有为联合在京会试的公车一千三百多人，于松筠庵会议，共同署名上书光绪皇帝，并齐赴都察院递交请愿书，被都察院拒收。这就是在所有中国近代史书上都少不了的“公车上书”一页。

对这一事件，梁启超的描述是：“甲午败后，（康有为）又联合公车千余人，上书申前议（指变法之议），亦不达。世所传公车上书记是也。”[1]

康有为的描写比较详细：“时以士气可用，乃合十八省举人于松筠庵会议，与名者千二百余人，以一昼二夜草万言书，请拒和约、迁都、变法三者，卓如孺博书之，并日缮写……遍传都下，士气愤涌，联轨察院前里许，至四月八日投递，则察院以既已用宝，无法挽回，却不收。”[2]

这个被历史学家称之为“是自12世纪宋朝太学生发动的知识青年救亡运动以来，绝无仅有的第二次”的大事件，是中国近代史上一个重要的节点，它象征着传统知识分子在近代社会的角色转换。然而，这一几近定案的事件，后来频遭质疑，有人认为所谓“公车上书”，是康有为出于急功近利、虚荣自负的心理编造出来的。

证据是，当年5月24日出版的《公车上书记》序中承认，5月2日那天，举人们“闻局已大定，不复可救，于是群议涣散”，[3] 并无示威请愿之事。军机大臣翁同龢当日的日记，列出了皇上以及都察院全天的工作流水账，也没有出现过一千三百名公车到都察院游行上书并且被拒的事情；宫廷档案显示所有上书均达御前，所谓都察院拒收上书的说法是不成立的。因此，作为康有为后来在自编年谱中所描绘的“公车上书”历史事件并不存在，“顶多只能称作‘公车集会’或‘公车拟上书’而已”。[4] 这种质疑，在史学界渐渐占据了上风。

“公车上书”事件究竟有没有发生？

事实上，公车上书真的发生了。当《马关条约》的噩耗传开后，最先向朝廷力争反对的，是一批中央和地方官员，这不奇怪，因为首先知道消息的，是官场中人，但很快在京的举人们也知道了消息。

按《公车上书记》的序言所说，那些天到都察院上书的公车，络绎不绝。4月22、24、26、28、30日，是都察院双日堂期，“察院门外车马阗溢，冠袵杂遝，言论滂积者，殆无虚晷焉”。前来上书的公车，一波接着一波。4月30日，由梁启超领衔八十名广东举人上书。根据史料显示，仅5月2日那天，都察院就接到七省举人的八批公呈，签名者三百四十二人；而且在其后几天内，依然纷至沓来，直至5月8日，因签约之事已尘埃落定，争无可争了，才告平息，上书总量三十一件，签名者一千五百五十五人。

以官方档案没有拒收上书的记录，证明没有“上书被拒”一事，似乎不够说服力。都察院对根本没有接收的上书，是否还会记录在案？这是一个疑问；官方档案有没有弄虚作假？这是另一个疑问。根据其他记载，当时被拒收的上书，不止一份。经验告诉人们，官方文书，文过饰非、胡编乱造之处甚多。

事实也许是这样的：当年的松筠庵，是不少公车碰头聊天的地方，每天熙来攘往，喧嚣热闹，而上书的事情也是在这里商议出来的，至于有多少人具体参与了商议，有多少人是口头附议赞成，有多少人是来坐坐聊天的，有多少人是真正画押签名的，并无一个准确的数字。而后来康、梁为了壮大声势，时而说有一千二百人，时而说有一千三百人，时而又说有三千人，在当时政治势力尖锐对峙的环境下，可以谅解，简单地斥为“不严肃、不负责、随心所欲”，未免过于简单。在许多群众运动中，把三五千人的集会，说成是十万人大会，也是常有的事情。

准确的人数不是最重要的，重要的是一千三百名举人在松筠庵会议上签名请愿并上书被拒一事，是否子虚乌有？《公车上书记》序言交代得很清楚：他们的计划，原定是5月4日向都察院上书的。如果付诸实行，那真是一种惊人的历史巧合，一场发生在1895年的五四运动，将永垂青史。可惜，因为5月2日听说皇上已经在和约上盖了国玺，大局已定，公车们请愿阻止，已经太迟了。《公车上书记》的序言说：

> （5月2日）是时松筠庵坐中议者尚数十百人，咸未稔用宝之举，但觉气象愁惨，相对欷歔，愤悒不得语，盖气机之感召然耶？是夕议者既散归，则闻局已大定，不复可救，于是群议涣散，有谓仍当力争以图万一者，亦有谓成事不说无为蛇足者：盖各省坐是取回知单者又数百人，而初九日（3日）松筠之足音已跫然矣，议遂中寝，惜哉惜哉。

公车们还没去请愿就散伙了。后来在康有为自编年谱中，绘形绘色地把事件描述为“士气愤涌，联轨察院前里许，至四月八日（即5月2日）投递，则察院以既已用宝，无法挽回，却不收”。留意“至四月八日”一句，可知举人们“联轨察院前里许”，是5月2日之前的事情。与他前面所述互相对照，可以肯定，5月2日由于和约已成定局，大部分举人都散去了，集体请愿的计划“议遂中寝”。康有为即使坚持去都察院上书，也绝没有一千三百人同往的盛况。至于后来不少历史书所写：“5月2日，由康、梁二人带领，十八省举人与数千市民集都察院门前请代奏”，则完全是文学化的描写了。

这种文学描写，究竟最早出自何人笔下，是康有为和他的门徒自吹自擂，还是别人添油加醋，都无关宏旨，但无论如何，1895年5月在北京举人们不仅仅是“集会”，也不仅仅是“拟上书”，而是确实上书了，不是一份，而是三十一份；不是一千三百人，而是一千五百五十五人。因此，要说虚构，只能说时间、人数上有差异，具体到“5月2日，由康、梁二人带领，十八省举人与数千市民集都察院门前请代奏”这一细节是虚构的。

不管这一系列“公车上书”事件，是反对签约的官员们在幕后操纵的，还是康有为、梁启超挑头组织的，也不管5月2日那天到底有没有上千人去都察院请愿，这些都无碍于我们触摸当年知识分子们搏动的血脉。

1895年的“公车上书”，与宋代的太学生伏阙上书，请求抗金，有本质的不同，它不仅开启了近代中国知识分子问政之风，更重要的是，它把个别事件引向了国家政治改革的方向，制造了一场社会运动。许多在北京参与上书的知识分子，在回到各自的省区后，组织起各种民间的压力团体、议政团体，成了清末政治改革运动的中坚力量。

与宋代太学生伏阙上书，相隔了七百六十多年，时代毕竟不同了。鸦片战争以后，中国这个独尊儒术两千多年的老大帝国，面临着十字路口。

在西洋的坚船利炮面前，中国的各种沉疴宿疾、疑难杂症，一时俱发。当年金人入侵中原，带来了游牧文化，而现在西洋大炮带来的是工业文明。东方中古时代的农业文明，打不过西方现代的工业文明，中国必须“师夷长技”，走变革之路，才有复兴希望。当其时，以魏源、林则徐、郭嵩焘、徐继畬、梁廷枏等人为代表的一批有识之士，主张经世致用，在萎靡泄沓的社会环境中，不断呼吁变法。他们翻译和编写了不少介绍“夷情”的书籍，为人们打开了观察另一个世界的窗口。其意义，殆与划破黑夜的闪电相同。

风气之开，甚于迅雷。经世派一出，思想界风云迭起。历经太平天国、甲午战争之变，中国国势的衰弱，民族精神的沉沦，已到了人命浅危、朝不虑夕的险境。学习西方工业与科学技术，乃从林则徐时代几个孤臣孽子的拼死呼号，逐渐为朝廷所接受。于是有了洋务运动，造就了曾国藩、李鸿章、左宗棠、张之洞、沈葆桢等一批中兴名臣。

中国的当务之急，既不是如何拒“夷”于国门之外，也不是如何为往圣继绝学，重振旧政教，恢复旧纲纪，而是老老实实向西方学习。不管学习过程多么痛苦与难堪，都无法回避，没有第二条路可走，唯有硬着头皮学下去。王阳明说“杀人当在咽喉上着刀”，此时此地，学习西方，就是振兴中国的“咽喉”。

然而，咽喉找到了，怎么着刀，却依然颇费周章。这也是令中国士大夫们陷于极度焦虑的难题之一。如何把西方文明与中国文化传统对接，赋予“学习西方”这一在前辈们看来有损国体的事情以正当性和合法化，是谁也绕不过去的一块石头。不是一句“尊王攘夷”或“全盘西化”的口号，就能轻易解决的。

张之洞提出“中学为体，西学为用”，对推动中国社会的转型，具有酵母之效。虽然仍未跳出儒家传统“内圣外王”的套路，也谈不上真正认识与学习西方文明，但它为中国学习西方找到了一个道德的立足点，说白了，就是“建设有中国特色的资本主义”。中学为体，中国特色也；西学为用，资本主义也。对于唱惯“汉家不通无礼之国”高调的士大夫来说，“中学为体”这四个字，至关重要，是不是“洋奴”的分水岭，端在其中。从“尊王攘夷”到“尊王师夷”，中国往前迈出了蹒跚的一步。

历史上每一场大战争，都会引起社会变革。不是推动社会往前走，就是拉着它往后退。自鸦片战争以来，“往前走”与“往后退”的两股力量，在中国胶着争持。继同治中兴之后，戊戌变法、义和拳运动、立宪运动、保路运动，以及各式各样的“改良”、“变法”、“革命”，连朝接夕，随踵而至，最终酿成辛亥革命一声炮响，满清倾覆，民国创立。其间国家、民族、文化的命脉，存亡绝续，悬于呼吸，其危如一发引千钧。用李鸿章的话来说，开亘古未有之变局，是一点也没有夸张的。

推源溯始，中国的启蒙运动，是因救亡而起的，它往往被视为救亡的一个途径，或者说一种手段。因此，任何时候只要发现有更快捷的途径，以救亡为己任的启蒙者马上就会来个急转弯。

1896年8月9日，梁启超在上海创办《时务报》（旬刊），每期三四万字，由汪康年任总经理，梁启超任总主笔。先后出版了六十九期，发表了一大批鼓吹变法的政论文章，一纸风行，高峰时每期销一万七千份，成为国内最受欢迎的一份报纸。

梁启超的《变法通议》，就是《时务报》上的一颗重磅炸弹，他大声疾呼：中国的官制必须改革！教育制度必须改革！科举取士制度必须改革！中国变则存，不变则亡！字字掷地作金石声，有如破山之雷，振聋发聩。梁启超说：

> 自从和日本打了一个败仗下来，国内有心人，真像睡梦中着了一个霹雳，因想道堂堂中国为什么衰败到这田地？都为的是政制不良。所以拿“变法维新”做一面大旗，在社会上开始运动，那急先锋就是康有为梁启超一班人。这班人中国学问是有底子的，外国文却一字不懂。他们不能告诉人“外国学问是什么？应该怎么学法”？只会日日大声疾呼，说“中国旧东西是不够的，外国人许多好处是要学的”。这些话虽然像是囫囵，在当时却发生很大的效力。[5]

梁启超被后世称为中国第一代的启蒙大师。当年他在武昌拜会张之洞，张之洞以迎钦差的规格，大开总督衙门的中门、暖阁相迎，只差没有鸣炮致礼。可见他的名气之大。梁启超的成就，远在其师康有为之上，进入民国以后，经历了张勋复辟，康有为的名字已经臭不可闻了，但作为康门弟子，梁启超在风起云涌的新文化运动中，仍能别开生面，自成一家。

梁启超文章之所以大受欢迎，除了观点新颖外，文章风格，突破所谓桐城古文与八股时文的束缚，亦为重要原因。梁启超自称："至是自解放，务为平易畅达，时杂以俚语、韵语及外国语法，纵笔所至不检束，学者竞效之，号'新文体'。老辈则痛恨，诋为野狐。然其文条理明晰，笔锋常带情感，对于读者，别有一种魔力焉。"[6]

"新文体"——第一代的现代白话文出现了。

由于读者喜欢，许多报刊竞相模仿，一时风靡全国。人们又称之为"时务体"或"新民体"(《新民丛报》是梁氏主办的另一份报纸)。白话文先锋胡适总结，"新文体"受欢迎的原因：一、文体的解放，打破一切"义法"、"家法"，打破一切"古文"、"时文"、"散文"、"骈文"的界限；二、条理的分明，梁启超的长篇文章都长于条理，最容易看下去；三、辞句的浅显，既容易懂得，又容易模仿；四、富于刺激性。"笔锋常带情感"。[7]

作为一代国学大师康有为，终生在古文经学与今文经学中打转，他宣称两千多年来盛行的都是伪孔学，真孔学被湮没了，现在他要拨开云雾览日月，洗去真孔学的尘垢，重现其价值光芒，把人民从暴主、夷狄的酷政下解放出来。他的"托古改制"，比张之洞的"中体西用"，又略进了一步，开始尝试把西学的某些"体"，加以包装，移植到中学的"体"内。他要启蒙中国人，所以要引入西学；他要救亡中国，所以要创立孔教，奉孔子为教主。如果他不是有心用孔教包装西学，那他一定是用西学包装孔教。

康有为赞美孔子说："夫大地教主未有不托神道以令人尊信者，时地为之，若不假神道而能为教主者，惟有孔子，真文明世之教主，大地所无也。"[8] 似乎孔子做教主，已是既成事实，其实，又要不托神道，又要成为宗教，这本身已经构成一个难以解套的悖论。康有为呼吁皇帝尊孔教为国教，以教主纪年（1895 年即"孔子卒后二千三百七十四年"），朝廷设立教部，地方设立教会。

康有为把"保教"与"保国"，甚至"保种"相提并论，与其说是一种政治技巧，不如说显示出他已经意识到启蒙与救亡的矛盾，而且在做着调和的努力。他似乎预见到，未来的中国，传统文化会遭到空前的冲击，到那一天，儒学独尊的地位，也将面临瓦解，因此，他要未雨绸缪，及早为儒学安排后路。

康有为在万木草堂里绞尽脑汁，朝思暮想，想出了“宗教”这个主意。其实这也不是他的首创，想创建孔教的人，代不乏人。既然佛学可以变成佛教，为什么孔儒不能成教呢？欧洲启蒙运动，最初也是来势汹汹，挑战上帝的权威，但最后西方的教会制度与政治制度，不也是相安无事吗？

这给了康有为一剂强心针：把儒学升格为宗教，儒学的体制化地位，就可以另一种形式延续下去，岂不皆大欢喜？于是，他致力于创立孔教，一方面，为眼下的政治改革，寻找合法化资源；另一方面，也为儒学在未来“西风压倒东风”的大势下，营造一个永久的安身之所。

这时，另一位大名鼎鼎的人物出场了，他就是余杭名士章太炎，名炳麟，生于1869年。古文造诣极高，对古代典籍的考订疏证，系统而缜密，在小学、音韵、训诂、佛学方面的研究，天下无人可与争锋。若坐而论道，康有为不是他的对手。

章太炎也是维新人士，给《时务报》撰稿，名气与梁启超不相伯仲。谭嗣同曾夸梁启超是贾谊，章太炎是司马相如。不过，章太炎的文章，用典多而冷僻，用词古奥难解，一般人不容易明白，和梁启超的“时务体”，是大路朝天，各走一边。

章太炎对康有为倡言建立孔教，不以为然，写了些批评文章，被康门弟子围攻，打得他鼻青脸肿，章太炎一怒之下，到上海自立门户。他把孔子定位为一个勤奋尽职的历史学家、教育家，而不是教主和圣人。六经皆史，研究经学只是为了研究古代历史，而不是为了所谓“通经致用”。

康、章二人，学问上“辄如冰炭”，政治上却引为同志，互相呼应。在这一代知识分子的推动下，“维新”成了19世纪中国的一出压轴大戏。1895年秋天，康、梁等人组织强学会，创办《中外纪闻》，大吹大擂，打响了戊戌变法的头炮。“变”，终于汇成不可阻挡的潮流。

由甲午战争、《马关条约》而引起公车上书，公车上书为戊戌变法做好了铺垫，戊戌变法则成为清末政治改革运动的先声，而辛亥革命也随之而起。

这一清晰的脉络显示，近代中国的思想运动、文化运动、社会革命运动，都是从 1895 年 5 月那次雷声大雨点小的公车救亡运动开始的。

尝试用宫廷政变来进行政治改革

1898 年 6 月 11 日，光绪皇帝颁布“定国是诏”，正式宣布变法。诏书把兴办京师大学堂，列为头等大事，以期人才辈出，共济时艰。7 月 3 日，光绪批准了由梁启超代为起草的《奏拟京师大学堂章程》，这是中国近代高等教育最早的学制纲要。

章程规定，大学堂的办学方针是“中学为体，西学为用，中西并用，观其会通”。并规定“各省学堂皆归大学堂管辖”。不仅成为全国最高学府，且俨然成了全国最高教育行政机构。康有为期望它成为隆观听而育人才的现代辟雍，殊不料，数年之后，这棵大树却培育出了“打倒孔家店”的一代。这也是康有为始料所不及的。

在提倡尊孔读经的同时，“外国文一字不懂”的康有为，抛出了一系列极具震撼性的政治、经济、文教改革方案，包括提倡私人办实业，奖励新发明、新创造，修筑铁路，开采矿产，改革财政，编制国家预算；废除八股，开办学堂，提倡西学，派人出国留学、游历；允准创立报馆、学会；设立议会，实行君主立宪，允许大小臣民上书言事等等。

梁启超认为，中国落后的病根，在于思想守旧；而思想守旧的病根，在于科举。他说：“科举制度，有一千多年的历史，真算得深根固蒂，他那最大的毛病，在把全国读书人的心理都变成虚伪的因袭的笼统的，把学问思想发展的源泉都堵住了。”[9] 因此，要救中国，首先必须扑灭科举制度。

如果维新派循序渐进，先废科举，后办学堂，取得突破，渐次推广各项改革，未尝不能取得成果，但他们急于求成，希望毕其功于一役，不顾客观条件的许可，全凭血气之勇，采用“挟天子以令诸侯”这种最古老的权谋之术，甚至以宫廷政变来推行新政，其结果如何，不待智者而后知。

在弟子们的眼中，康有为乃当今素王，“六经皆我注脚，群山皆其仆从”，不过，翁同龢却嘲笑他是“说经家一野狐也”；章太炎骂他自居教皇是“想入非非”；孙文的革命党讥笑他是“五级退化”，从教主退化为共和，再退化为立宪，再退化为变法，再退化为勤皇保皇；而正统的儒学原教旨主义者，亦容不得他在儒学中掺入西方的私货，大名士叶德辉一眼识穿了康有为的动机，他说：“康有为隐以改复原教之路德自命，欲删定六经，而先作《伪经考》，欲搅乱朝政，而又作《改制考》。其貌则孔也，其心则夷也。”[10] 给康有为扣了一顶黄皮白心的帽子。

康有为主张教主纪年，不再使用大清统号，什么同治几年、光绪几年，统统作废，更令朝野一片哗然。重定正朔，自古乃帝王专利，所谓“惟王者然后改元立号”，康有为竟敢僭越，等同谋反。强学会所创办的《强学报》，以“孔子卒后若干年”为纪年，招来非议如潮，原本同情维新的张之洞，也吓出一身冷汗，赶紧与维新派划清界限，指出“孔子卒后一条”，未经商议，擅自发布，下令查封强学会，《强学报》也随之停刊。

在强大的保守势力围攻下，康、梁变法，仅仅推行百日，便以人头落地、流血失败告终。谭嗣同、康广仁、刘光第、林旭、杨锐、杨深秀等维新派“六君子”，被处死于北京菜市口。康有为、梁启超仓皇逃亡海外；章太炎也被悬榜通缉，举家逃往台湾。莫道书生空议论，头颅掷处血斑斑。学者蒋梦麟欷歔不已地说：

> 光绪皇帝在 1898 年变法维新，结果有如昙花一现，所留下的唯一痕迹只是国立北京大学，当时称为京师大学堂或直呼为大学堂，维新运动短暂的潮水已经消退而成为历史陈迹，只留下一些贝壳，星散在这恬静的古都里，供人凭吊。[11]

然而，北京古都并不恬静，洪流一旦出闸，就难以回头了。康、梁所开启的变法运动，并没有停止。读书人仕途无望，纷纷转投报界。朝廷开放报禁，民间言路大开，报业的繁荣，缔造了一大批新型的知识分子群体；为其后的立宪运动、保路运动、辛亥革命，打造了最重要的思想舆论工具；也为民国成立后一系列的价值重建运动，奠定了基础。可以说，没有这场改革运动，就没有 1915 年以后的新文化运动。

在清末十年，“有中国特色的资本主义”有如地平线上的山脉，已经遥遥在望，但望山跑死马，何时可以登上山巅，未可期也。而“有资本主义特色的中国君主专制”，却已成为朝野共识。立宪运动，由沉寂而转趋高涨。诚如梁启超所说：“当时所谓新党如康有为梁启超一派，可以说是用全副精力对于科举制度施行总攻击。前后约十年间，经了好几次波折，到底算把这件文化障碍物打破了。”[12]1905 年清廷宣布废除科举。在席卷朝野的改革运动中，走得比康、梁还远。

立宪政治者，恒须两大先决条件，一为开放报禁，一为开放党禁。有这两个“开放”，未必就有真立宪政治；但没有这两个“开放”，搞立宪政治绝对是骗人。慈禧太后和光绪皇帝开放了报禁，但党禁仍不敢放，直到武昌革命已经爆发，火烧眼眉了，隆裕太后和摄政王载沣才宣布开放党禁，却为时已晚。天下之望，殆已尽去。百病缠身的大清江山，除了“人死病断根”，再没有第二条出路。

有人或问，如果戊戌变法没有夭折，还会有辛亥革命吗？清廷还会倒台吗？那是一定会的。清廷可以搞立宪政治改革，但改不了自己的血统。如果龙床上坐的皇帝是汉人，那么实行立宪政治改革也许会出现另一个结局，“君主立宪”未必绝对不能成功，但现在坐龙床的是满人，无论如何过不了“驱除鞑虏”的汉人革命者这一关。结果，这个“有心立宪，无力回天”的大清王朝，就在 1911 年的革命中，被彻底推翻了。

大清的京师大学堂，变成了民国的北京大学。青山依旧在，几度夕阳红。

这个百日维新的仅存遗物，见证了一个朝代的终结。但它绝非退潮后留下的贝壳，这里依然是中国政治、文化的中心。所有新旧思想与势力，都视这里为必争之地，人人都要登台一展身手。

清末民初，在北京这个大舞台上，演出了中国思想界一幕幕精彩纷呈的好戏。梁启超自豪地宣称："戊戌维新，虽时日极短，现效极少，而实为20世纪新中国史开宗明义第一章也。"[13]

"托洋改制"对决"托古改制"

新中国开宗明义第一章，就这么迅速地翻过去了。当年康有为担心风暴一来，孔儒将无处寄身。昨日的远虑，今日已成近忧。

康有为"公车上书"时三十七岁，而立已过，不惑在望；而梁启超则年仅二十二，正是"潜龙腾渊，鳞爪飞扬；乳虎啸谷，百兽震惶"（梁启超在《少年中国说》中对少年的赞美之词）的青春年华。然而，时间过得飞快，少年子弟江湖老，一代比他们更新鲜活泼的孩子，正在康有为的视野范围之外，像春天的野草一样，悄悄地蓬勃成长。

那一年，在这些"如初春，如朝日，如百卉之萌动"（陈独秀在《敬告青年》中对青年的赞美之词）的孩子当中，陈独秀十六岁，鲁迅十四岁，沈尹默十二岁，周作人十岁，钱玄同八岁，李大钊六岁，胡适四岁。属于他们的时代还没到来。当他们刚跟着塾师念"人之初，性本善"时，就碰上了义和拳，然后又碰上辛亥革命，天下大乱，沧海横流，在价值崩溃的年代中成长，从小就磨炼了一双"怀疑一切"的金睛火眼，否定与批判，便成了伴随他们一生的烙印。

他们是中国最后一代受过严格传统文化教育的知识分子，但他们长大成人时，儒学已不再是安身立命的必需品，他们无须像康、梁那一代知识分子那样，要在新世纪进行艰难而痛苦的价值转换；也不用学梁启超，花了半辈子去思考，鼓足了勇气，才说出"吾爱儒学，但吾更爱真理"这句话来，他们跺跺脚，就可以毫不犹豫地高喊出“打倒孔家店”的口号，并不需要克服多少心理障碍。

1911 年的辛亥革命，推翻帝制，创立民国，孙文出任民国第一任临时大总统，一度给中国人带来了希望，以为国家从此走上共和、民主之路。第一任教育总长蔡元培，字鹤卿，号孑民，一位四十四岁的浙江绍兴人，1889 年中举人，三年后中进士，在同盟会时代，有过研制炸弹，谋刺清吏，策划暴动的传奇经历，自称“我是从手枪炸弹中历练出来的”，[14] 但他被后世尊为文化界、知识界的泰斗，却不是因为他会造炸弹，而是因为他在民初开现代教育体制先河的成就。

其实蔡元培年轻时写文章，与章太炎有同好，都是古字连篇，字妖成群，他嫌自己的号“鹤卿”太俗，便改成了没人会读的“隺庼”。他又喜欢用周秦子书典故，连八股先生都嫌太过艰深晦涩，不适合考科举。蔡元培就任教育总长后，首先进行机构改革，在普通教育司和专门教育司外，再增设一个社会教育司，专责推广社会教育，做普及教育的工作。

同时，他着手制定新的教育学制，当时襄助他的蒋维乔，向蔡氏建议：“前清之奏定学堂章程，合乎帝制，不适于共和。今值变革，各省学校，无所适从。惟有先颁通令，对旧制之抵触国体者去之，不抵触者暂仍之。”根据这个原则，决定民国的教育制度，在法规上“去尊孔”，在学校中“废祀孔”，在课程中“删经学”，并制订十四条通令，向全国颁行，其中明确规定：“小学读经科，一律废止。”[15]

1912 年 9 月 2 日，教育部颁布实行新的教育宗旨：“注重道德教育，以实利教育、军国民教育辅之，更以美感教育完成其道德。”这体现了蔡氏的教育思想。蔡氏后来说：“我素来不赞成董仲舒罢黜百家、独尊孔氏的主张。清代教育宗旨有‘尊孔’一款，已于民元在教育部宣布教育方针时说他不合用了。”[16]

蔡元培的思想，有很鲜明的安那其主义色彩，崇尚个人自由、思想自由、学术自由，孔子就是孔子，宗教就是宗教，国家就是国家，义理各别，绝不能混为一谈。在学校中强制推行尊孔、祀孔、读经，在蔡氏看来，皆属“抵触国体”的严重事情，必须立即废止。

那么，国体又是什么？国体就是共和，其核心价值就是自由、平等、博爱。蔡氏宣称：“忠君与共和政体不合，尊孔与信教自由相违。”[17] 想尊孔子的只管尊，但要尊墨子、尊老子、尊耶稣、尊玉皇大帝、尊如来佛、尊苏格拉底、尊赫胥黎，亦应悉听尊便。古今中外，没有哪一家可以独尊，没有谁可以主宰全体国民的精神。

孔儒在中国的至尊地位，开始亮起红灯了。

后来在新文化运动中，被蔡元培称为白话小说开山的鲁迅，也在这时到南京投奔蔡氏，在教育部当了个小小的佥事，而且一当就十三年。鲁迅是浙江绍兴人，蔡元培的同乡，生于 1881 年，原名周樟寿，后改名周树人，“鲁迅”是新文化运动时启用的笔名。他因受不了绍兴混浊的空气所压抑，跑到南京谋事。1912 年，北方官僚袁世凯接替孙文，出任中华民国临时大总统。教育部从南京迁到北京，鲁迅也随之北上。

民初的北京，依然是一派皇城气象，三海日暖龙蛇动，紫禁风微燕雀高。官僚政客来了一大堆，却没有任何共和时代的新气息，活像一间“铁屋子”，里面全是“从昏睡入死灭”的活死人。鲁迅这位思想自由与个性解放的鼓吹者，每天除按时到衙门画卯，“枯坐终日，极无聊赖”之外，便是钻进广和居和朋友饮饮酒，或躲在半截胡同的绍兴会馆，以研究古碑拓片、读墓志、诵佛经打发时光。“古碑中也遇不到什么问题和主义，而我的生命却居然暗暗的消去了，这也就是我惟一的愿望。”[18] 在这种死寂的环境中，躲进小楼，思想犹可自由，但走进人群，个性却很难解放。

1913 年，蔡元培所说的“文学革命”，还没有半点影子。他在教育方面的改革，也遇到阻隔重重，令蔡氏意兴阑珊，于是挂冠出洋，赴德国莱比锡大学考察教育，研究世界文明史去了。他向袁氏辞职时，袁氏极力慰留说：“我代表四万万人留君。”蔡氏却不为所动，回答说：“元培亦对四万万人之代表而辞职。”

接替蔡氏的新总长，就是在任内宣言“决意今后废去中医，不用中药”的汪大燮，他接篆伊始，要求教育部部员往国子监祭拜孔子。鲁迅对这一举措极为反感，但为了五斗米，还是忍气吞声去了。在 9 月 28 日的日记中他写道：

> 昨汪总长令部员往国子监，且须跪拜，众已哗然。晨七时往视之，则至者仅三四十人，或跪或立，或旁立而笑，钱念敏又从旁大声而骂，顷刻间便草率了事，真一笑话。[19]

鲁迅断言，主张拜孔的人，实在是“阴鸷可畏”。但奉命拜孔则另当别论。在他冷峻的眼中，这世上的人，没几个不是“阴鸷可畏”的。他对这个社会的失望，日甚一日。某日，鲁迅在大街上看见几个壮汉围殴一名人力车夫，当晚在日记中愤然写道：“季世人性都如野狗，可叹！”[20] 成立才刚刚一年的民国，已被他视作“季世”，而人性的丑恶，更以“野狗”形容，至今读之，犹有慨叹。

新派人士恒认为，儒学禁锢了中国人的思想自由，中国之所以积弱不振，衰落如斯，正是几千年思想僵化，故步自封的结果；而旧派人士则认为，守国之度，在饰四维，儒学的衰微，礼教的废弃，恰恰是天下大乱的祸源。

自戊戌变法失败以后，康有为浪迹天涯，不复当年“总理衙门章京上行走”时的气派了，虽然还是眼高于顶，但现在只能呆一旁看别人盖高楼。但这局外人身份，却使他最先发现了这座大厦的某些缺陷，辛亥革命造成了价值权威的空阙，而价值权威的空阙，必然导致政治权威的动摇。他指出：“共和有政府议院政党国民，摹欧钩美，以为政治风俗，而无其教以为人心之本，若是者，可谓之国矣乎？”[21]

他的担忧，不仅在前清遗老中一呼百应，在革命党中，也引起共鸣。开国元勋黄兴致电袁世凯，对民国肇创以后，“年少轻躁之士，误认共和真理，以放恣为自由，以蔑伦为幸福，纲纪堕丧，流弊无穷”，表示深切忧虑。吴稚晖、李石曾、汪精卫等老同盟会员，发起进德会于上海。会员分为三等：持不赌、不嫖、不娶妾三戒者，为甲等会员；加以不做官吏、不吸烟、不饮酒在戒，为乙等会员；又加以不作议员、不食肉，为丙等会员。致力于重整道德。9月20日，袁世凯下令“尊崇伦常”：

> 中华立国以孝悌忠信礼义廉耻为人道之大经。政体虽更，民彝无改……自顷以来，人心浮动，于东西各国科学之精微未能通晓，而先醉心于物质文明，以破个人道德，缘饰哲学，比附名词，厚诬彼贤，私遂己过。抑知立国各有本末，岂能举吾国数千年之嘉言懿行，一扫而空。前述八德，百姓与能，乃妄者以为不便于己，弃如弁髦，造作莠言，误人子弟，几欲化全国人民为不孝不悌不忠不信无礼无义无廉无耻而后快……言念及此，忧心如焚，为此申明诰诫，须知家庭伦理、国家伦理、社会伦理，凡属文明之国，靡不殊途同归，此八德者，乃人群秩序之常，非帝王专制之规也。当此存亡绝续之际，固不必墨守旧说，拘拘于一家之言，亦岂可侵轶范围，毁冠裳而随鳞甲。惟愿全国人民恪守礼法，共济时艰。其或倡作诐词，引人入阱，国有常刑，岂能宽纵。本大总统痛时局之阽危，怵纪纲之废弛，每念今日大患，尚不在国势而在人心。苟人心有向善之机，即国本有底安之理。[22]

1914年2月4日，袁世凯颁布《教育纲要》，规定：“各学校均应崇奉古圣贤以为法师，宜尊孔以端其基，尚孟以致其用”，中小学教科书均应增加读经一科。蔡元培的教育改革，被一笔勾销。

袁世凯捧出儒家的八德作为立国之本，不足为奇。一个国家总要有自己的价值体系作为制度的基础，共和、民主那一套，袁世凯搞不懂，老百姓搞不懂，以革命起家的孙文，也没真正搞懂。老袁自己云里雾里，就把独清独醒的人，视作威胁了。结果，宋教仁组织国民党，从事政党政治、议会竞选，想搞“真共和、真民主”，就招来了杀身之祸。

新政权号称共和，这是开天辟地头一回。传统的孔儒中国，面临着一个道统与法统断裂的危机。不仅人与国家如何相处，人与政府如何相处，即人与人在日常生活中的社会关系如何处理，一下子都成了难题。长幼相见，是磕头还是鞠躬；朋友之间，是作揖还是握手，也要三思而行。一不留神，假洋鬼子、遗老遗少这些恶谥，便劈头盖脸而来。这也是民国初年，儒学突然升温的原因，整个知识界都焦虑起来了，忙着想法子填补这个裂口。

袁世凯当政，要祭出“孝悌忠信礼义廉耻”的老八德，孙文当政，也一样要抬出新八德，把“忠孝仁爱信义和平”的“固有道德”和“格物、致知、诚意、正心、修身、齐家、治国、平天下”的“固有知识”，发扬光大起来。[23] 孟子说，“予岂好辩哉，予不得已也。”政治家们也是“予岂独爱‘固有道德’哉，予不得已也”，要振大汉天声，除了发思古之幽情，口袋里实在拿不出别的东西了。

袁世凯在紫禁城太和殿宣誓就任总统，时不及旬，祀天、祀孔等传统典礼，便统统恢复了。尊孔浪潮，骤然高涨，与共和、民主浪潮比肩并起，你唱我和。鲁迅后来讥诮：“从二十世纪的开始以来，孔夫子的命运是很坏的，但到袁世凯时代，却又被从新记得，不但恢复了祭典，还新做了古怪的祭服，使奉祀的人们穿起来。跟着这事而出现的便是帝制。”[24] 其实，20 世纪之初，大家都以为处士横议，百家争鸣，乃自由民主社会的题中之义，所以孔夫子的命运，还不算太坏，你有你俏，我有我妙而已。

1912 年 10 月，孔子诞辰日，陈焕章、王人文、姚丙然、沈守廉等人，在上海成立孔教会。其后，冯国璋、周嵩年、王锡蕃、刘宗国等人分别在北京和山东创设孔道总会和孔道会，恽毓鼎等人组织孔社，杨士琦、谭人凤等人组织昌明孔教社，贺寿煦、殷炳继等人组织孔道维持总会。一时间，但见寰球尊孔总教会、经学会、宗圣会、尊孔崇道会、尊孔文社等五花八门的组织，争奇斗艳，遍地开花，又有《孔教会》、《不忍》、《宗圣》、《道德》等一批杂志，蝉噪蛙鸣，喧啄沸腾。

妻妾成群的康有为被推为孔教会会长，借着他在戊戌变法中创下的品牌效应，声势最为鼎盛，由上海迁至北京，其分支机构散布全国各地，多近两百个，会众数以万计。康有为推动儒学国教化，比他研究今文经学的热情高得多，以致后人讥他“把无处宣泄的参政欲，暂时转向了建立孔教组织，推广中国式宗教”。[25]

1913 年 8 月，国会讨论宪法（即“天坛宪法草案”）时，陈焕章联合严复、夏曾佑、王式通等人上书国会，要求“于宪法上明定孔教为国教”。虽然不获袁世凯首肯，但在草案中，却定明“国民教育以孔子之道为修身大本”。把这种词泛意晦的道德信条入宪，犯了制宪大忌，引起社会激烈争论。法律是用来防止作恶的，不是用来迫人向善的。况且孔子是两千多年前的古人，他的主张怎么能完全适用于今日呢？比如“尊王攘夷”，春秋时代可行，但放到今天，就变成“扶清灭洋”的义和拳了。

梁启超在中国文化史上，是一位承前启后的人物。他一方面日日大声疾呼：“中国旧东西是不够的，外国人许多好处是要学的！”一方面他又对孔子推崇备至，赞不绝口：“试将中国与泰西史比较，苟使无孔子其人者坐镇其间，则吾史殆黯然无色。且吾国民二千年来所以能抟控为一体而维持于不敝，实赖孔子为无形之枢纽。”他试图为后人创造了一个尊孔而不复古的典范。

民国以来，遍地多如牛毛的孔教组织，简直和哥老会、洪门、青帮、天地会、小刀会一样兴旺，其中有多少是为追求理想的人文世界而真尊孔，有多少是假尊孔之名而牟取私利呢？梁启超很清楚，儒学的真正危机，并不来自学术本身，他慨叹：

> 不见近数年来，揭孔子之徽帜，以结集团体者纷纷起于中国乎，其拳拳焉真以道自任者，吾岂敢谓无人，而有所为而为者，实乃什居八九，率此以往，其将以孔子市矣。吾故曰，此种尊孔之法，无益而有害也。[26]

不过，一种学说的兴衰流行，总有它的理由。辛亥革命是另一次的“周秦之变”。“狂澜”既兴，自然就会有人以“力挽”为己任。尊孔读经的浪潮，在全国一浪高过一浪，亦反映了部分国人对革命后天下大乱的现实不满与迫切的求治心理。

有人说，乱世灭孔，盛世尊孔。其实，往往是治乱交替之际，才最需要用孔子来镇雅俗，励颓风，以道德化天下。什么时候人们耳边充满了尊孔的呼声，那一定是因为社会上开始出现许多令贤者觉得礼坏乐崩、山谷陵夷的乱象。中国一向把秩序价值看得比什么都高，在皇权倒塌后的价值崩溃时期，儒学的涨潮，实在是一种自然的社会文化心理需求，就像渴了要喝水，饿了要吃饭，溺水的人抓根稻草也不放手一样，无足深责。

中国的士大夫从小受儒学熏陶，是读四书五经长大的，不抓儒学抓什么？把西方文明抬出来？那时候四万万中国人，有几个真正了解西方文明的官员和知识分子？中国有二十五万种古籍，又有几本翻译正确的西方书籍？吴稚晖曾经感叹：“中国要好好的有三万种书译出来，方才像个国家。”[27] 中国连这最起码的要求都做不到，学问凋零至此，这不是一个理想问题，而是一个现实问题。让官僚、学究、方士们去搬弄一些自己也不懂的东西，岂不是强人所难吗？

1914 年 12 月 23 日，袁世凯亲自主持民国第一次隆重的官式祀孔活动，就是一个恢复帝制启动仪式。他头戴平天冠、身穿四团花十二章大礼服，亲率文武百官到孔庙，俎豆馨香，三跪九叩，向国民传达了一个清楚的信息：搞什么民主、自由、共和、立宪政治，亦不过“托洋改制”，与其托洋，还不如托古，十部宪法治不了国家，半部《论语》就可以治天下了。中国人搞了两千多年“托古改制”，早已驾轻就熟，天下第一。在这一点上，袁世凯还是很坦率的，不懂就是不懂，不会装懂。

尊孔未必导致复辟帝制，但复辟帝制一定要尊孔。袁世凯提倡尊孔读经，也许没有什么预设的政治阴谋，但民国初年的尊孔读经，没有为天下带来大治，却为袁世凯复辟帝制大锣大鼓，做了一场热闹的前戏。这也是不争的事实。

一班原来把目光紧盯着政治的青年，仿佛受到了现实的警示，突然把脸转向了文化领域，原来真正的敌人，隐藏在那儿!

体制内改革走进死胡同

本来，辛亥革命是一个加快中国现代化进程的千载良机。但不幸的是，当时从武昌，到南京，到北京，无论在十八星铁血旗下，还是在五色旗下，为中国设计未来路向的那些人，既不是“五月花号”上的清教徒，也不是华盛顿、杰斐逊，或者穆尼埃，而是梁山三十六天罡的洪门会党、哥老会的山堂香水和前清的太子少保、内阁军机大臣们。在一个历史的关键时刻，为中国万世开太平的，是这样一些草莽英雄和专制官僚。

天赐良机稍纵即逝，一旦错失，接下来就只能慢火炖猪头了。后来当袁世凯要复辟帝制，一批帮闲文人发起国体问题讨论时，梁启超痛斥这些文人：辛亥革命是商榷国体的最好机会，那时你们在哪里?

最初知识分子对政党政治、代议政制、责任内阁一类舶来品，寄予很高的期望，咸认为是救国的良方妙药，都急于把自己从几本外国书上学到的知识，运用到中国，从政热一直高温不退。由武昌起义至1913年底，全国新立党会六百八十二个，其中政治团体三百一十二个，无不以宦海弄潮为志趣。

梁启超亦结束了流亡生活，兴致勃勃，登程返国，在天津创办《庸言报》，放言遣词，“笔锋常带情感”，俨然政府智囊。《庸言报》名为报纸，实为半月刊（后变为月刊），第一号印了一万份，被读者抢购一空，还有几千人预订，梁启超预计到1913年初，即可达到两万份，他喜滋滋地说：“果尔则家计粗足自给矣。”[28] 为《庸言报》撰稿的，是一批与梁启超同辈的文化精英，如麦孟华、麦鼎华、严复、林纾等人，也有晚一辈的文化新秀，如蓝公武、张东荪等人。

有史家批评，在当时的政治家当中，梁启超是对立宪政治理论领会较深的人，可是，一涉及实际政治运作，亦不能免俗，陷入了企图建构威权体制的泥淖。1912 年 2 月 23 日，梁启超写信给袁世凯，劝他实行“开明专制”，梁氏说：“今日之中国，非参用开明专制之意，不足以奏整齐严肃之治。”[29] 恒被后人指为开历史倒车，因为“开明专制”与“民主立宪”乃水火不容的两条道路。

其实，只要看看梁启超提出开明专制的时代背景，不难理解其用心。1906 年梁启超写《开明专制论》一文时，清廷还是一个不开明的专制政府，但新政已经启动，朝廷有向“开明”方向转变的迹象。梁启超的目的，是引导政府朝好的方向发展，推动君主立宪。他认为开明专制是君主立宪的第一步。这种认识，在当时的条件下，无可厚非。开明总比不开明好。

民国成立之初，建立民主制度的条件，是否比清末立宪运动时更完备与更成熟呢？答案是否定的。以江湖帮会（会党）为主力的“革命党”与以军阀、官僚为核心的北洋集团之间的博弈，无论谁赢，都不可能诞生一个民主立宪国来。对袁世凯来说，能够做到开明专制，已经把中国向前推进了一个时代了。因此，在民初仍主张开明专制，算不上“开倒车”，因为车还没真正开到“民主立宪”那里。

对梁氏最常见的批评是说他“以善变著称，其思想又很驳杂”，然而，在一个天翻地覆的时代，谁不在变？谁的思想不驳杂？老顽固才不变；不善变又不驳杂的，那是花岗岩脑袋。民国以后，梁启超的变，有时是因为身份不同，时而在野，扮演知识分子角色，时而在朝，扮演政府官员角色，说话自然有所不同。他主张一点一滴地改良，有尺水，行尺船，有时受环境所限，不得不退而求其次；有时为了事业取得进展，不得不与官僚集团达成某些妥协与让步，只要没有超越底线，都是可以理解的。政治者，妥协之艺术也。

那个年代的知识精英们，后来备受质问：你们为什么不坚持民主共和理想？为什么不把全国的立宪力量都组织起来？为什么要向袁世凯让步？

把全国的立宪力量组织起来，谈何容易，那是烧钱的活儿，梁启超又没有印钞机，他凭什么组织？宋教仁好不容易组织了国民党，后人说他引入腐朽势力，败坏了同盟会；梁启超组织进步党，又说他依附权势，献媚于袁世凯；孙文组织武装斗争，又说他破坏法治，扰乱了立宪政治建设的进程。到底怎样才是万全之策？孙文退让了，黄兴退让了，宋教仁退让了，梁启超退让了，袁世凯也退让了（他接受了他所不喜欢的共和制），没一个不退让的，这自然是有不得不退让的理由。他们硬着头皮死不退让，就能在1912年实现民主共和了吗？那是痴人说梦话。

中国最终能不能走完这段举步维艰的转型之路？用梁启超的话说，天下事是急不来的。行，是一定行；急，是急不来。跬步不休，跛鳖千里。辛亥革命能推翻有形的皇帝，已属一大功德了。要真正把中国从宗法专制的文化传统中解脱出来，还有很长的路要走。

1913年2月，梁启超加入了以副总统黎元洪为首的共和党。从这时起，梁启超与他的老师康有为分道扬镳了。

康、梁最初的裂痕在于，以"帝王师"自居的康氏，不管世界怎么变，死抱住虚君共和不放，但梁氏已经看出这条路走不通了，既然走不通还要一条道走到黑，那就是"缠夹二先生"了。当时知识界、实业界、军界，对袁世凯印象极佳，恒认为他是20世纪中东亚的第一号人物。尽管戊戌年袁世凯和维新派结下宿怨，但梁启超要在中国实现"贤人政治"理想，也只能寄望于袁世凯，而不可能跟着老师去为那个只有六岁大的宣统皇帝瞎折腾。

康有为根本反对共和政体，认为政党就是朋党，是导致社会分裂、混乱的原因之一，君子应群而不党。但梁启超对康有为已不再言听计从了，他不仅加入政党，而且积极组党，希望通过整合社会各种势力，建立以社会精英为骨干的"健全之大党"，利用政党间的健康竞争，在国会进行制宪，确保立宪政治体制的稳定运作，从而把中国建成一个共和法治之国。

当时另一位政党政治的操盘手是同盟会的宋教仁。1912年8月，在这位伟大的湖南人努力撮合下，同盟会、统一共和党、国民共进会、国民公党、共和实进会，合并为国民党。宋氏的理想，是组成参议院内第一大党，在朝可以组织一党的责任内阁；在野可以严密监督政府，使它有所惮而不敢妄为。

共和党与国民党在国会虽然是对头，但梁、宋二人却志同道合，一起做着多党制的美梦。梁启超对宋教仁，恒有惺惺相惜之心，视其为现代中国最优秀的政治家。两人曾在天津会晤，彼此以英美式的两党轮流执政相勉励。宋教仁表示，现在国家前途，是根据《临时约法》推行议会政治，走政党内阁的路子。在即将到来的国会大选后，你上台执政，我愿在野相助；否则我当政，请你善意监督。梁启超慨然应诺：国民党执政，我们愿作为在野党在议会内监督执政党。这番对话，让人觉得中国未来充满希望。

对于多党制的好处，梁启超尝作详细解释：

> 政党之治，凡国必有两党以上，其一在朝，其他在野，在野党欲倾在朝党而代之也，于是自布其政策，以掊击在朝党之政策，曰使吾党得政，则吾所施设者如是如是，某事为民除公害，某事为民增公益。民悦之也，而得占多数于议院，而果与前此之在朝党易位，则不得不实行其所布之政策，以副民望而保大权，而群治进一级焉矣。前此之在朝党，既幡而在野，欲恢复其已失之权力也，又不得不勤察民隐，悉心布画，求更新更美之政策而布之曰：彼党之所谓除公害增公益者，犹未尽也。使吾党而再为之，则将如是如是，然后国家之前途愈益向上。民悦之也，而复占多数于议院，复与代兴之在朝党易位，而亦不得不实行其所布之政策，以副民望而保大权，而群治又进一级焉矣。如是相竞相轧，相增相长，以至无穷，其竞愈烈者，则其进愈速，欧美各国政治迁移之大势，大率由此也。[30]

听起来顺理成章，操作起来就千沟万壑了，甚至要付出生命的代价。1913年3月21日，正值国会成立之期，宋教仁在上海车站被人开枪行刺身亡。调查结果显示，凶手和现任国务总理赵秉钧有秘密关系，表明袁世凯在这宗血腥的政治暗杀中，即使不是杀伯仁者，但伯仁因他而死，却是铁板钉钉的事实。

宋案发生后，梁启超痛惜不已。许多敏感的知识分子已经意识到，民主实验失败了。政治改革的受挫，对几年后新文化运动的兴起，有着直接的刺激作用。

孙文要求国民党对宋案舍弃法律解决办法，立即发动“二次革命”，向袁世凯宣战。5月5日，广东都督胡汉民、湖南都督谭延闿、江西都督李烈钧、安徽都督柏文蔚联名通电，抗议中央的种种非法行为。而坊间竟传出谣言，指梁启超有杀宋嫌疑，因为国会选举，国民党在参众两院均占优势，共和党难望其项背，梁氏为了打击对手而杀宋。梁启超无端被泼了一身污水，不得不发表《暗杀之罪恶》，对暗杀政敌的卑鄙手法，痛加谴责，以表明心迹。

国会在4月8日成立。全国投票人数，约为四百万，占四千万合资格选民的十分之一。选举期间，各种贿选丑闻，层出不穷。武昌初选议员时，竟出现选民哄抢选票，“有一人抢得数十张至数百张者。复选议员每由初选议员私相授受，每票可得银洋四百元，致武昌街头出现公启，谓‘君主专制，贾卖御史；富豪专制，典卖议员’”。[31] 而陕西更离谱，连选民投票的程序也免了，全部由乡绅雇人写票。

梁启超曾说，甲午战争时，李鸿章以一人而敌一国；在搞政党政治这一点上，他与宋教仁，是以二人而敌一国。现在宋死，他便独木难支了。梁启超心灰意冷，甚至萌生退出政坛的念头。5月，袁世凯出资20万，支持他组党，他又产生了幻想，以为袁氏还是愿意向善的。共和党与统一党、民主党合并为进步党，梁氏出任进步党理事（理事长为黎元洪），成为该党之精神领袖。他提出“健全之政党”的六项必具条件：一、必须有共同的政治目的；二、必须有为主义奋斗的决心；三、必须有整肃的号令；四、必须有公正的手段；五、必须有牺牲之精神；六、必须具有优容的气度。

可惜，进步党一条也不具备。没过多久，党就分裂了，各派党员纷纷扯旗，另立新共和党、公民党、民宪党等不同的山头，自弹自唱起来。

7月5日，袁世凯先发制人，派军队开往江西。7月12日，湖口宣布独立。三天以后，黄兴赶到南京，出任江苏讨袁军总司令。“癸丑之役”（二次革命）于焉爆发。7月18日，广东独立。但在袁世凯的大军压境之下，南方省份的独立，昙花一现，转眼便纷纷凋谢。

梁启超反对用武力解决政治问题。直到这时，他仍然相信，袁世凯“确为现时中国一大人物”，应导其向善，“带着袁世凯上政治轨道，替国家做些建设事业”，[32] 而不要把他推到为恶的路上。因此，宋案发生后，现任内阁垮台，袁世凯要热河都统熊希龄组阁，熊氏是湖南省凤凰人，进步党党魁之一。他自知一介书生，搞不过南方的“暴烈分子”和北方的“腐败官僚”，对袁氏的邀请，敬谢不敏。而梁启超则认为这是推行政党内阁的时机，劝熊氏不妨应允，自己愿任财政总长，共组“第一流人才和第一流经验”的内阁。

在梁启超劝导下，熊希龄终于答应勉为其难。殊不知，熊氏还在热河未进京，内阁名单已由袁氏代为拟好了，财长一职，由北洋派的周自齐出任，梁启超仅得一无关宏旨的教育总长。

梁启超大失所望，拒绝入阁，袁世凯亦不肯让步，称梁氏“仅能提笔作文，不能胜任国家重任”。[33] 把熊希龄急出一头大汗，他对梁启超说：“屡次皆公促我来，属我牺牲。我既牺牲，而公乃自洁，足见熊希龄三字不抵梁启超名字至尊重。”梁氏若不入阁，内阁则有流产可能，“此时进步党持何态度？又如公等均不出，熊内阁纯以官僚组成之，舆论必不满意，此时进步党又将持何态度？故为进步党计，公亦不可不出。”[34]

经熊氏努力斡旋，袁世凯答应梁启超改任司法总长，财长由熊希龄自兼，实际上是交给梁启超去做。张謇任农商总长，汪大燮任教育总长。这四人都是进步党的，其势力虽未达至一党内阁的理想，亦足以让梁启超回心转意，答应入阁，并承诺“如将来对于党中所提出之政策和主张失败，即行辞职”。[35]

他亲自起草了一份洋洋万言的《政府大政方针宣言书》，作为内阁的施政方针，其要旨为：一、实行完全责任内阁，划清总统府与国务院权限；二、司法独立，制订切合实际的法律；三、重视教育；四、军民分治，废省改道，整顿吏治，严定考试之制；五、实施县、城镇乡两级地方自治。

名流内阁上台之日，也是袁世凯摧毁代议政制之时。据国务院秘书长张国淦说，这个内阁“所负之任务，只在解散国会。熊不自知，梁启超书生更不知也”。[36] 袁世凯在逼迫国会违法选举他为正式总统之后，过河抽板，宣布取缔国民党的议员资格，痛斥“广东、湖南为该党（国民党）之根据地，暴民专制，土匪横行”，进而解散了国民党。11 月 26 日，袁世凯另成立政治会议，取代国会。1914 年 1 月 10 日，袁氏下令解散国会。而内阁对这一连串的违法事情，束手无策，步步退让。

中国的事情，须要第一流的流氓才能办成，这个第一流人才的内阁，不仅一事无成，而且被财政问题搞得焦头烂额；熊希龄总理亦身陷“盗宝门”，自顾不暇，[37] 早已无心恋栈。梁启超决心与熊氏共同进退，在 2 月递交辞呈。这个内阁委实是眼高手低，来时惊天动地，去时寂天寞地，仅存活了五个月，便三鞠躬散场。

梁启超辞去司法总长后，改任币制局总裁，致力于金融币制改革。他一向把整理货币、流通金融，建立现代财政体系，视为中国救亡图强的第一义。但可惜他的种种改革措施，知音乏人，弦断无人听。1914 年底，不得不又黯然辞去币制局总裁一职。从此，他对政治（体制）彻底失望，愤然发表《吾今后所以报国者》一文，宣言脱离政治：

> 自今以往，除学问上或与二三朋辈结合讨论外，一切政治团体之关系，皆当中止。乃至生平最敬仰之师长，最亲习之友生，亦惟以道义相切劘，学艺相商榷。至其政治上之言论行动，吾决不愿有所与闻，更不能负丝毫之连带责任。[38]

这样的国家，你爱它就是害它

因宋案而引发的“二次革命”，被镇压下去之后，南方的革命党人四散逃亡。孙文、黄兴都逃到了日本，蔡元培则远赴法国留学。夹在恓恓惶惶的逃亡人潮中，有一位披头跣足的安徽才子，名叫陈乾生，也就是后来名震天下的陈独秀，他在安徽都督府当秘书长，参与了倒袁活动，安徽的独立宣言，就是他的大作。事败后逃到芜湖，被军队抓获，几遭枪决，遇救后逃到上海匿居。

陈独秀，字仲甫，生于1879年，安徽怀宁（今属安庆市）人，自称少年“在家里读书的时候，天天只知道吃饭睡觉，就是奋发有为，也不过是念念文章，想骗几层功名，光耀门楣罢了”。直到甲午战争，才知道世界是由一个一个国家组成的，中国只是众多国家中的一个。而且还听说有个日本国，把中国打败了；后来又听说八国联军把中国打败了，可就没听说过中国打败过谁，“我越思越想，悲从中来。我们中国何以不如外国，要被外国欺负，此中必有缘故。”[39]

1896年，梁启超在上海办《时务报》，以一篇《变法通议》轰动朝野，而陈独秀这年考中秀才，在此之前，他一门心思“读八股，讲旧学，每疾视士大夫习欧文谈新学者，以为皆洋奴，名教所不容也。后读康（有为）先生及其徒梁任公（启超）之文章，始恍然于域外之政教学术灿然可观，茅塞顿开，觉昨非而今是”。[40]康、梁的宏论，有如清夜钟声，陈独秀一旦龙场悟道，便迅速卷入了反清活动，做了康、梁的叛徒。

陈独秀被政府通缉，从安庆逃亡日本，入东京高等师范学校速成科学习；1903年7月在上海协助章士钊主编《国民日报》；1904年初，他一身布衣，腋下夹着一把雨伞，跑到芜湖创办《安徽俗话报》，鼓吹革命思想；1905年组织反清秘密团体岳王会，任总会长；1907年入东京正则英语学校，后转入早稻田大学；1909年冬在浙江陆军学堂任教。

“二次革命”后，陈独秀逃往上海，他的老乡汪孟邹也受了他的怂恿，从芜湖到上海，创办亚东图书馆。汪氏是安徽绩溪人，《安徽俗话报》就是由汪孟邹的芜湖科学图书社出版发行，章士钊的上海大陆印刷局承印的。陈、汪二人在上海继续合作，陈独秀帮助汪孟邹搞亚东图书馆。

从1913成立，至1918年，亚东才出版了《中华民国分类地理挂图》、《中华民国地理新图》、《中华民国地理讲义》等六本书，可见经营状况之惨淡，其中只有一本章士钊从《甲寅》里选编的小说集《名家小说》（内收章士钊、苏曼殊、老谈、陈白虚、匏夫等人作品），还算比较好卖，加印几次，其余都是赔本货。

陈独秀编了一套《新华英文教科书》，原定四卷，只出了一、二卷，因卖不动而腰斩了。由于经营不善，汪孟邹不得不兼营杂粮，以补贴书馆的亏损。陈独秀赌气说：“本拟闭户读书，以编辑为生。近日书业，销路不及去年十分之一，故已搁笔，静待饿死而已。”[41]

陈独秀的性格，天生急躁，易受激惹，看什么都不顺眼，动辄发怒，拍桌子摔茶碗。袁世凯恢复三卿士大夫的官秩，设立清史馆，复旧空气弥漫北京，他觉得闷闷不乐；报载行刺宋教仁的要犯在京津火车中被军政执法处侦探杀人灭口，他觉得闷闷不乐；看见失业者盈天下又复繁刑苛税，民间生机断绝，他觉得闷闷不乐；政府大张旗鼓宣传以忠孝节义为立国精神，他觉得闷闷不乐；甚至看着亚东图书馆半死不活地蜗居在狭窄的弄堂里，也觉得忍无可忍。他生气地对汪孟邹嚷道：“你要死，只管缩在弄堂里；你要活，一定要上马路。”

1914年，陈独秀给章士钊写信，痛心地说：“国政剧变，视去年今日，不啻相隔五六世纪”，革命已完全失败，曾经让人无限向往的共和理想，已成镜花水月；爱国烈士为国尽瘁，万死不辞，为袁世凯作了嫁衣裳，而此人正把国家领向专制的旧路。这样的国家，有什么值得我们去爱？八国联军打中国时，何不索性把它给灭了，留下这么一个烂摊子，让中国人世世受苦？陈独秀按捺不住以愤恨的语气疾呼：“国人唯一之希望，外人之分割耳。”可见他的心情，恶劣到了极点。

章士钊是湖南人，曾从事反清活动。辛亥革命后主张“毁党造党”，把全国大大小小的政党一律解散，再按政见分别组成两个大党，实行竞选执政，执政党应借反对党之刺激而维持其进步。在政制方面，章士钊主张内阁制，反对总统制。在他看来，近代的中国政府本来就太弱了，不是太强了，如果再搞个国会事事掣肘总统，政府就更没戏唱了。而宋教仁主张内阁制，是为防范总统的专权野心。两者主张虽同，目的各异。然“二次革命”把政党政治的梦想一朝打破，宋氏死了，章氏也亡命日本了。1914 年（岁次甲寅），他在东京创办《甲寅》杂志，立志向国民传播政治常识。

章士钊很理解陈独秀的愤激，凡有血性的年轻人，面对这样的国家，都会有愤世嫉时的情绪。《甲寅》杂志是他们高谈阔论的小天地。有一位友人写信给章氏，尖酸刻薄地说：“趁国未亡，你有什么话要说，尽管说出来，免得国亡，你有一肚皮话未说，又要气闷了。”似乎国亡乃不可避免的结局，章士钊觉得陈独秀这篇文章，会有许多读者共鸣，于是，“宁负不守秘密之罪”，把这封“写尽今日社会状态”的私函，公开刊登在《甲寅》上。[42]

欧洲战争的炮声，震动了东方。这时隐匿在上海一条小弄堂里的陈独秀，穷得连刮痧铜钱都没有，应章士钊邀请，只穿着一件爬满虱子的汗衫，带着秃笔一支，破书半簏，7 月东渡日本，协助编辑《甲寅》杂志，也为了离开令人窒息的国家，到外面透透空气。

在轮船上倚栏远望，大海茫茫，磅礴无涯，风云开合，鱼龙悲啸，独秀山民，不禁生哀。这是他第二次亡命日本了，闹革命时要逃亡，革命成功了还要逃亡，简直是一个天大的笑话。

《甲寅》的作者队伍，群英荟萃，包括在日本早稻田大学读书的李大钊、高一涵，以及易白沙、张东荪、梁漱溟、苏曼殊等人，全都是些胸襟吞海，青年饱学之士。光听名字，就足以让人激动不已，中国的文化史，因他们而闪耀光辉。陈独秀与他们结识，大有相见恨晚之情。

欧战爆发后，日本对德国宣战，1914 年 9 月，日军在山东龙口、仰口湾登陆，向德国占据的青岛推进。随后，英联军也在崂山湾登陆。日英联军铁蹄驰骋，在山东发动对德军总攻。中国领土再一次成了外国军队厮杀的战场。11 月 8 日，青岛的德国人向日英联军投降，联军遂长驱直入，进据胶州，接管所有德产，声明以后交还中国。中国政府一再抗议，均归无效。

局势的发展，更令陈独秀愤不欲生，他奋笔写下了《爱国心与自觉心》一文，以笔端为炭火，把内心之苦，烧将起来。

> [陈独秀写道] 瓜分之局，事实所趋，不肖者固速其成，贤者亦难遏其势。且平情论之，亡国为奴，岂国人之所愿。惟详察政情，在急激者即亡国瓜分，亦以为非可恐可悲之事。国家者，保障人民之权利，谋益人民之幸福者也。不此之务，其国也存之无所荣，亡之无所惜。若中国之为国，外无以御侮，内无以保民，不独无以保民，且适以残民，朝野同科，人民绝望。如此国家，一日不亡，外债一日不止；滥用国家威权，敛钱杀人，杀人敛钱，亦未能一日获已；拥众攘权，民罹锋镝，党同伐异，诛及妇孺，吾民何辜，遭此荼毒！“奚我后，后来其苏”。海外之师至，吾民必且有垂涕而迎之者矣。若其执爱国之肤见，卫虐民之残体，在彼辈视之，非愚即狂，实则国人如此设心，初不为怪。盖保民之国家，爱之宜也；残民之国家，爱之也何居。岂吾民获罪于天，非留此屠戮人民之国家以为罚而莫可赎耶？或谓：恶国家胜于无国家。予则云：残民之祸，恶国家甚于无国家。[43]

人不仅应该具有爱国心，而且更应该具有自觉心，爱国不是闭着眼睛瞎爱的，什么“天下无不是之父母”啦，“国家再坏也是自己的国家”啦。这全是鬼话！陈独秀大喝一声，这个国家值不值得你爱，要用自觉心去观察、判断！

在这一点上，陈独秀与他的宿敌孔夫子，倒有几分相似，人们常把“忠君爱国”说成是儒家的主张，其实孔子的爱国观念十分淡薄，他周游鲁、卫、曹、宋、郑、陈、蔡、楚诸国，也没对哪一国特别热爱，“道不行，吾将乘桴浮于海”。陈独秀那句惊世骇俗的名言“国人唯一之希望，外人之分割耳”，由他说出来，大概与“请西岐灭掉朝歌”的意思差不多。国家的意义，本在于保障国民的权利与幸福，如果它做不到，你还要爱它，就是“爱之也愈殷，其愚也愈深”，爱国适以误国。

由于国家萎靡不振，类似的主张，在文化精英中，颇为流行，胡适就是其中一人，他在1918年曾写一诗，沉痛呼喊：“我的儿，我二十年教你爱国，这国如何爱得？……你跑罢，莫要同我们一起死！回来！你莫忘记：你老子临死时，只指望快快亡国。”[44] 他有一句被后来的研究者广泛引用的座右铭：“我自命为‘世界公民’，不持狭义的国家主义，尤不屑为感情的‘爱国者’故。”

这些年轻人从憎恨这个国家，进而憎恨这个国家的文化，憎恨这个国家的国民。从希望亡国，甚至到了希望灭种。后来成为新文化旗手的鲁迅，曾经在日本学医学，1906年转为学文，他曾说：“凡是愚弱的国民，即使体格如何健全，如何茁壮，也只能做毫无意义的示众的材料和看客，病死多少是不必以为不幸的。”[45] 他说的“病死”，并不是一种比喻的说法，而是从医生的角度去说的，能不令人心寒？从他们的偏激言辞，可以看出这一代知识分子，对中国、对中国人的失望与怨愤，到了何等深切的程度。

人们称陈独秀、胡适等人为世界主义者，在那个年代，世界主义与国家主义、民族主义，这主义、那主义，其实都连着一条总根，就像自卑与狂妄，都是同一种心理原因，叫嚷“犯大汉者，虽远必诛”嗓门最大的，通常是最没有民族自信心的人。

在中国这种特殊的历史条件下，世界主义往往是对破损的民族自尊心的一种补偿。陈独秀内心的国家主义与民族主义热血愈沸腾，他所表现出来的世界主义就愈强烈。因此，“世界公民”摇身一变，在1915年宣称“国家主义，实为吾人目前自救之良方”，[46] 也是顺理成章的结果。

11 月 10 日，《爱国心与自觉心》以“独秀”笔名，在《甲寅》上发表了。章士钊相信，陈独秀这些话，是“正言若反”，对国家哀其不幸，怒其不争，诚如胡适所言：“今日思想闭塞，非有‘洪水猛兽’之言，不能收振聩发聋之功。”[47] 然此文一出，读者哗然。义愤填膺的批评、责难、咒骂信件，冰雹似的飞到《甲寅》编辑部，直叱陈独秀“宁复为人，何物狂徒”。章士钊扬着手里十几封读者来信，向陈独秀连呼：“扰祸了！扰祸了！”他劝陈独秀写篇文章自辩，但陈氏冷笑一声，屹然不为动。

没过几天，日本向中国政府提出的“二十一条”，被报纸揭发出来。所谓“二十一条”，共分五号。第一号山东问题，把胶州湾和胶济路及其沿线采矿等权利让给日本，开山东各主要城市为商埠，山东沿海一带土地及岛屿概不让与或租借他国等；第二号东北问题，延展旅顺、大连湾和南满、奉安两铁路租借权九十九年，日本在南满、东蒙享有土地所有权或租借权、采矿权，延长吉长铁路管理经营权；第三号，汉冶萍公司各矿附近的矿山概归日本独占开采和经营；第四号，日本独占中国沿岸港湾及岛屿；第五号，要求中国政府聘用日本人为政治、财政、军事等顾问，在中国享有土地所有权，合办中国警察，合办兵工厂，取得武昌至九江南昌、南昌至杭州、南昌至潮州之间铁路建筑权，划福建为其势力范围等。凡此种种，无非是把历史上由列强分享的特权，集中而归于日本而已。

这是中国亡国灭种的先声，举国上下，风云变色，民族情绪如火山一样爆发，人们奔走呼号，痛哭流涕，呼吁政府对日断然拒绝，以保国家一线垂尽的气脉。黄兴等革命者亦号召“暂停革命，一致对外”。李大钊在日本发表《警告全国父老书》，提出要“策政府之后，以为之盾”。1915 年 5 月 7 日，日本提出最后通牒，限四十八小时内答复，否则将采取军事行动。5 月 9 日，袁世凯竟正式承认“二十一条”。

“瓜分之局，何法可逃；亡国之奴，何事可怖！”此时此刻，重读陈独秀《爱国心与自觉心》，当别有一番滋味在心头。章士钊叹服陈独秀为“汝南晨鸡先登坛唤”。甚至连一向支持政府的梁启超，这时也痛心疾首地写文章说：

“大抵爱国之义，本为人人所不学而知，不虑而能。国民而至于不爱其国，则必执国命者厝其国于不可爱之地而已。譬诸人孰不爱其身，而当颠连困横疾痛惨怛之既极，则有祈速死者。”[48]

蔡元培在法国得知“二十一条”的消息，立即和汪精卫、李石曾、吴稚晖等寄迹海外的安那其主义者密商，成立以暴力为武器的“御侮会”，要求会员须“了解并自备适当之武器，如匕首、炸弹、手枪、毒物等”，“见敌侮我同胞者击之，事变如有株连，则挺身任之”；“有华人助敌而侮我同胞者，诛之”。同时还要求会员不买日货、不乘日船，不租屋给日人、不售地产给日人，不与日本银行交易，不服役于日本人。[49]

“二十一条”再一次把民族主义推向高潮。这种民族主义情绪，几乎贯穿着大半个世纪的中国。中国最终放弃了走西方民主的道路，而转向走苏俄的革命道路，民族主义起了极大的作用。

许多原来痛骂陈独秀的人，现在都改口痛骂政府了。但这时李大钊仍然觉得应体谅政府的苦衷，他语重心长地说：“对于政府，诚不愿加以厚责，但望政府之对于国民，亦勿庸其欺饰。盖时至今日，国亡家破，已迫眉睫，相谋救死之不遑，更何忍互为诿过，互相归咎，后此救亡之至计，端视政府与国民之协力。”[50]

但现实是，朝野之间的对立，并没有因为外患而消弭，反而愈趋严重，所谓“政府与国民之协力”，完全是对牛弹琴。李大钊的一位朋友到北京转了一圈之后，伤感地说：“一切颓丧枯亡之象，均如吾侪悬想之所能及，更无可言。吾侪小民，侈言爱国，诚为多事。曩读独秀君之论，曾不敢谓然，今而悟其言之可味，而不禁以其自觉心自觉也。”这番感慨，令李大钊思绪如涛，不久又写了一篇《厌世心与自觉心》，既为陈独秀辩护，亦希望激起国人的斗志。

李大钊说：“我需国家，必有其的，苟中其的，则国家者，方为可爱。设与背驰，爱将何起？必欲爱之，非愚则妄。”这是附和陈独秀之说，随后词锋一转说，“中国至于今日，诚已濒于绝境，但一息尚存，断不许吾人以绝望自灭。晚近公民精神之进行，其坚毅足以壮吾人之意气，人类云为，固有制于境遇而不可争者，但境遇之成，未始不可参以人为。”[51]

其实，陈独秀不过是激于“时日曷丧，与汝偕亡”的愤怒，对国家、民族发出哀叹而已，何尝真的是“绝望自灭”呢？这年头，不把话说绝一点，说狠一点，唤不醒那些昏睡的人。陈独秀不学屈子怀沙自沉，也不学老子骑牛而逝，当李大钊的文章在《甲寅》发表时，这位“愤怒中年”，已“乘桴浮于海”，返回上海，直奔他深恶痛绝的祖国，要对中国的黑暗境遇，作出一个公民的挑战。

回到上海后，陈独秀马上找汪孟邹，说自己准备办一份杂志，想让他承印。汪孟邹一听，面露难色，亚东图书馆这时的经济状况，捉襟见肘，《甲寅》从日本搬回上海以后，也由亚东承印，汪孟邹已经有点扛不住了，自己还要靠卖杂粮糊口，对陈独秀的杂志，有心无力。他介绍了群益书社的陈子沛、陈子寿给陈独秀认识，经过陈独秀拍胸脯、打保票，唇焦舌敝，自卖自夸，好不容易才说服陈氏兄弟同意合作，新杂志为月刊，群益书社每期支付稿费、编辑费共二百元。

1915年9月15日，由陈独秀一手创办的《青年杂志》，在上海面世了。

这时，距离康、梁等人的“公车上书”，已过去了整整二十年。中国的知识分子的中生代，终于到了临盆之期。在《青年杂志》创刊号上，陈独秀为新一代青年谱写的赞歌，洋洋盈耳，充满激情与朝气，完全看不出是一年前那个“静待饿死而已”的绝望者：

> 青年如初春，如朝日，如百卉之萌动，如利刃之新发于硎，人生最可宝贵之时期也。青年之于社会，犹新鲜活泼细胞之在人身。新陈代谢，陈腐朽败者无时不在天然淘汰之途，与新鲜活泼者以空间之位置及时间之生命。人身遵新陈代谢之道则健康，陈腐朽败之细胞充塞人身则人身死；社会遵新陈代谢之道则隆盛，陈腐朽败之

分子充塞社会则社会亡。

文章向当代青年提出了六项迫切的要求：自主的而非奴隶的，进步的而非保守的，进取的而非退隐的，世界的而非锁国的，实利的而非虚文的，科学的而非想象的。陈独秀亟欲以他的笔敲醒沉睡的国人："国人而欲脱蒙昧时代，羞为浅化之民也，则急起直追，当以科学与人权并重。"[52]科学与人权，就像一辆车的两只轮子，承载着车子不断向前走，也就是陈独秀后来所鼓吹的"德先生"、"赛先生"（Democracy 和 Science，即民主与科学）。这篇文章，恒被后世视为新文化运动的开篇之作。

陈独秀对政治深感绝望与厌恶，他认为政治革命失败，是因为没有文化思想革命开路，使人心得以觉醒。因此，他要把政治革命放置一边，把"伦理革命、宗教革命、道德的革命"先搞起来。

《青年杂志》是陈独秀的心血结晶，期望甚高，他要用文章来改造中国几千年形成的国民性。陈独秀曾豪气十足地对汪孟邹说："让我办十年杂志，全国思想都全改观。"[53]他说这话，除了自信，当然还有另一层作用，就是想说服汪孟邹投资。陈独秀有一个特点，喜欢说过头话来打动人心。词气之间，"天下皆醉，唯我独醒"的气魄，不让前辈康有为。

杂志出版后，在社会上却没有引起太大反响，与梁启超的文章一出，天下争相传阅的盛况相比，相去云泥。没有名家压舱，仅以陈独秀的名气，尚不足以吸引读者，头几期，主要靠自己亲自操觚，还有几个老朋友友情客串，支撑门面，宣传一下"德智体三育"，与一般的青年读物无异。每期印数，连免费赠送在内，亦不过千册左右，就算全卖掉，也还是亏本，群益书社陈氏兄弟叫苦不迭，这样下去，他们在经济上吃不消。

陈独秀一直苦思苦想，想寻找一个突破口。那年头，会写骈四俪六、摹仿古人文章的酸秀才，一扫一大筐，但敢于登高一呼，大破大立，开启时代文化生机的，却打着灯笼也难找。高一涵、易白沙等原来《甲寅》的作者，在陈独秀竖起大旗之后，也纷纷投向《青年杂志》，易白沙在《青年杂志》

上一连发表了《述墨》、《战云中之青年》、《我》、《孔子平议》、《诸子无鬼论》等文章。易白沙是湖南长沙人，原名坤，因为仰慕明代大儒陈白沙，自号“白沙子”。辛亥革命前在安徽主持怀宁中学，结识陈独秀。“二次革命”时，二十八岁的易白沙奔走于湘皖之间，参与反袁斗争，事败被通缉，亡命日本。

陈白沙有“圣代真儒”之称，被人誉为“道传孔孟三千载，学绍程朱第一支”，他是唯一能够在孔庙中供奉牌位的广东人。但他的后世崇拜者易白沙，却以批孔出名，真是一个绝大的讽刺。易氏在《孔子平议》中，列举了孔子四大毛病：一、孔子尊君权，漫无限制，易演成独夫专制之弊；二、孔子讲学不许问难，易演成思想专制之弊；三、孔子少绝对之主张，易为人所借口；四、孔子但重做官，不重谋食，易入民贼牢笼。

在陈独秀看来，“平议”实在太过斯文了，对孔儒无须平议，破口大骂也无妨，踢他的山门，拆他的祠堂最好。但这毕竟是《新青年》第一篇公开指名道姓抨击孔子的文章，陈独秀希望能引起更多人的关注。

有了二次革命，就有三次、四次革命

当陈独秀在上海法租界嵩山路吉益里21号的寓所里，一盏孤灯，一杯清茶，一手搓着脚丫，一手撚着狼毫，为《青年杂志》伏案撰稿时，国内的政治局势正急转直下，一泻千里。在离上海一千多公里以外的天津意租界西马路一幢楼房里，梁启超也在伏案疾书。

1915年9月1日，北京参议院开会时，来自山东、江苏、甘肃、云南、广西、湖南、新疆、绥远等省区的所谓“公民代表”，纷纷请愿变更国体、废民主而立君主，伪造民意以欺天下后世。更有筹安会六君子、古德诺、有贺长雄一班中外官僚、学究、方士，掀起了所谓国体问题讨论，吹喇叭的吹喇叭，抬轿子的抬轿子，帝制声浪，一时直上云霄。

中国的问题，在政体而不在国体。如果只谈变更国体，不谈建立健全的政体，那么无论是共和制还是君主制，国家都是好不了的。“吾实不忍坐视此辈鬼蜮出没，除非天夺吾笔，使不复能属文耳！”[54] 梁启超笔端纵横，写成《异哉所谓国体问题者》一文，激烈批驳以君主立宪之名，行帝制恢复之实的主张。

发表前他抄了一份送给袁世凯看，看得袁世凯出一身冷汗。他曾派人给梁启超送去二十万元，希望他毁掉该文。然“亦儒亦侠”的梁启超，绝非金钱所能收买，当即辞谢，将钱原封璧还，并决然表示：“就令全国四万万人中，三万九千九百九十九人皆赞成（帝制），而梁某一人断不能赞成也！”[55]

梁启超本来很懂得政治即妥协的艺术，回国之初，他并不赞成共和，但举国都说共和好，他也就接受共和了。康、梁与袁世凯本有着不共戴天之仇，为了推行政治改革，为了导袁向善，也可以一笑泯恩仇，以致许多人都骂他甘做袁氏帮凶走狗，他也不以介怀。但在复辟帝制这一点上，他站定脚跟，决不妥协，政治的底线不容突破。随后，他宣布脱离进步党，表明他已打算与袁世凯死磕，不想连累进步党。

有人劝他：“你已亡命十年，此种况味亦既饱尝，何必更自苦？”言下之意，反对袁世凯的结果，只有再次亡命。梁启超大笑回答：“余诚老于亡命之经验家也。余宁乐此，不愿苟活于此浊恶空气中也。”[56]

9月3日，这篇力可扛百斛大鼎的雄文，终于刊登在上海《大中华》月刊，《申报》、《时报》等大报迅速转载。梁启超对民国以来的政治现实，作出尖锐批评。

> [梁启超写道] 自辛亥八月迄今，未盈四年，忽而满洲立宪，忽而五族共和；忽而临时总统，忽而正式总统；忽而制定约法，忽而修改约法；忽而召集国会，忽而解散国会；忽而内阁制，忽而总统制；忽而任期总统，忽而终身总统；忽而以约法暂代宪法，忽而催促制定宪法。大抵一制度之颁，行之平均不盈半年，旋即有反对之新制度起而推翻之，使全国国民彷徨迷惑，莫知适从，政府威信，扫地尽矣。今日对内对外之要图，其可以论列者不知凡几，公等欲

尽将顺匡救之职，何事不足以自效？何苦无风鼓浪、兴妖作怪，徒淆民视听，而贻国家以无穷之戚也！

从前在君主国体下，他反对共和；如今在共和国体下，他反对帝制，都是基于这样一种理念：国体乃天下重器，可静而不可动，岂可反复尝试，废置如下棋？他宣称，共和与非共和，是国体问题；立宪与非立宪，是政体问题，二者不能混为一谈。变更政体是进化现象，变更国体则是革命现象。梁启超“无论何时，皆反对革命”。他鞭辟入里地指出：

吾以为中国现在不能立宪之原因，盖有多种：或缘夫地方之情势，或缘夫当局之心理，或缘夫人民之习惯与能力。然此诸原因者，非缘因行共和而始发生，即不能因非共和而遂消灭。例如上自元首，下及中外大小独立官署之长官，皆有厌受法律束缚之心，常感自由应付为便利，此即宪政一大障碍也。问此于国体之变不变，有何关系也？例如人民绝无政治兴味，绝无政治知识，其道德及能力，皆不能组织真正之政党，以运用神圣之议会，此又宪政一大障碍也。问此于国体之变不变，有何关系也？诸类此者，若令吾悉数之，将累数十事而不能尽，然皆不能以之罪于共和，甚章章也！而谓共和时代不能得者，一人君主时代即能得之，又谓君主时代能得者，共和时代决不能得之，以吾之愚，乃百思不得其解。吾以为中国而思实行立宪乎，但求元首能以身作则，视《新约法》为神圣，率群僚凛奉之，字字求其实行，而无或思遁于法外；一面设法多予人民以接近政治之机会，而毋或壅其智识，阏其能力，挫其兴味，坏其节操，行之数年，效必立见。不此之务，而徒以现行国体为病，此朱子所谓“不能使船嫌溪曲”者也。[57]

文章一出，洛阳纸贵，市场上卖断了货。购不到报纸，又急于一睹为快的人，只好纷纷辗转抄读。梁启超写得痛快淋漓，人们读得如醉如狂，三月不知肉味。当时《亚细亚报》悬赏三千大元，征文反驳梁启超，但重赏之下，竟无勇夫。

梁启超为什么反对革命呢？因为他担心革命会成为一种惯性，纵观中外历史，无论哪个国家，既经一度革命，就会有二度三度的革命相寻相续。就像辛亥革命之后，必然会有二次革命、三次革命接踵而来一样。这已成为历史上普遍的规律。梁启超提醒国人，中国现在需要的，不是把一切推倒重来的革命，而是循序渐进的改良。

然而，这时复辟之势，浊浪滔滔，决堤泛滥，已几近失控，别说梁启超一篇文章不能挽狂澜于既倒，就算袁世凯真想打退堂鼓，但到了陈桥兵变、黄袍加身之际，亦难矣哉。在复辟的路上，袁氏被一股潮流推动着，已愈走愈远，想停也停不下来了，只好踩着西瓜皮往前滑，滑到哪算哪了。

1915 年 10 月 10 日，总统下令取消国庆日所有庆祝活动。11 月 20 日，全国各省区“国民代表大会”进行国体问题的投票，全体赞成君主立宪制。12 月 12 日，袁世凯申令接受帝位，改民国为洪宪元年。

既然改变国体的“革命”不刹车，那么，反对改变国体的“革命”，也就无可避免了。梁启超暂时收起他的“批判武器”，联络各方反袁势力，开始“武器的批判”了。

护国元勋蔡锷是梁启超的得意门生，曾为进步党名誉理事和湖南支部长，后来以军人不隶党籍，退了党。时任政治会议委员、参政院参政、将军府将军、全国经界局督办。当帝制愈闹愈凶时，梁启超在暗中策动蔡锷倒袁，承担起护国责任。梁、蔡二人，几乎每周都在天津秘密见面，蔡锷后来回忆：“当去岁（1915 年）秋冬之交，帝焰炙手可热，锷在京师，间数日一诣天津，造先生之庐，咨受大计。”[58] 可见梁启超对蔡锷的反袁，有着举足轻重、无可替代的作用。

袁世凯春睡未醒，梁启超、蔡锷的催命符已经到了。11 月 18 日，蔡锷根据与老师商定的计划，以赴日养病为名，逃离北京，辗转东京、河内，抵达昆明，云南将军唐继尧早已虚位以待。12 月 25 日，渔阳鼙鼓动地来，云南霹雳一声独立，蔡锷自任护国军第一军总司令，拉开了“讨袁护国战争”的序幕。

蔡锷离京后，梁启超也逃往上海，在静安寺暂住，准备南下两广，策动反袁，与云南遥相呼应。传诵一时的《云南檄告全国文》，乃梁启超倚马草檄之作，文中提出护国军四点政治纲领：一、与全国民戮力拥护共和国体，使帝制永不发生；二、划定中央、地方权限，图各省民力之自由发展；三、建设名实相符之立宪政治，以适应世界大势；四、以诚意巩固邦交，增进国际团体上之资格。

当时围绕在梁启超身边预闻机密的，还有一批年轻的文化精英，包括蓝公武、张东荪、吴贯因、黄炎培等人，都是仰慕梁任公的大名，甘愿鞍马相随的。张东荪是清末官派留日学生，担任过孙文南京临时政府内务部秘书，热衷研究哲学，从佛教到西方哲学，无不涉猎，可以从一只黑猫联想到宇宙的过去未来。正如大儒王国维所说，“凡哲学家无不欲兼为政治家”，张东荪也投身政治，在《庸言报》、《甲寅》、《中华杂志》等报刊上，发表大量政论文章。这是他第一次与梁启超相见，两人一见倾心，大有同明相照，同类相求的感觉。

梁启超运筹帷幄，决胜千里，为护国军筹措财政，指导方略，制造舆论，推动各方响应，上海俨然成为反袁的指挥中心。1916 年 3 月，梁启超南下广西，指导两广反袁，张东荪继续在上海，居中联络。

其后，贵州、广东、广西、陕西、四川、湖南等地，相继宣布独立，不数月间，四方瓦解，中枢动摇。面对全国风起云涌的讨袁护国浪潮，袁世凯绝望了，从精神到体力，都彻底垮了下来。他的一生，办了新军办新政、办了共和办帝制，就像老鼠钻进牛角，路愈走愈窄。1916 年 3 月 22 日，袁氏被迫取消帝制。在折腾了八十三天之后，吹灯拔蜡踹锅台，6 月 6 日“崩殂”了账。

袁氏死后，张东荪曾试图撮合梁启超与孙文两大党派。如果这两个广东人具有足够的胸襟与器识，抛弃狭隘的党见，令进步党与国民党携手合作，发挥两党互相监督、制衡、竞争的良性作用，把真正的民主选举制建立起来，确立坚实的民治基础，此为千载一时之机会。这是中国知识分子再一次企图推行两党制，可惜，政客们各有各的算盘，一段大好姻缘，失之交臂。

梁启超一直谋求在体制内进行政治改革，如果可能的话，这是最直截了当、事半功倍的方法，他试过袁世凯、试过黎元洪、试过段祺瑞，甚至试过张勋，但都一一失败。他的"政党政治"，框架虽然搭起来了，但胚胎早已受到污染，不可能产生他所期待的"健全之大党"。事实证明，康有为说得倒也没有大错，中国的政党确实是朋党，一旦结党，必然营私。梁启超悲哀地说：

> 政治运动，在今日之中国，确为一极可厌恶之一名词。其故盖由前此吾国人以政治运动自命者，全不解政治运动为何物，辄假此名以营其私。一般之人，亦误认所谓政治运动者果如是如是，则群视为社会之蟊贼。而稍自爱者皆避之若浼，亦何足怪？[59]

后来新青年同人也以"二十年内不谈政治"为戒约，反映了知识界对"政治"的厌恶心理。人才内阁倒台后，梁启超一度想脱离政治。但他的脱离，并非不谈政治，而是脱离体制，在体制之外，推动国家的政治建设。他觉得在体制内已找不到建立宪法基础的力量了，只能转向社会，从国民中去寻找。他从一个政党政治的倡导者，开始转向不党主义；从寄望于引导当权者向善，转向寄望于促进国民觉悟，推动国民参政，扩大民治，监督官僚，以市民社会的自治力，制衡国家权力。

梁启超说：“无论何种政治，总要有多数人的积极拥护——至少亦要有多数人消极的默认，才能存在。所以国民对于政治上的自觉，实为政治进化的总根源。”他认为，民国以来，国民的政治自觉，已一日比一日鲜明，一日比一日扩大了。这种自觉表现在：

> 第一、觉得凡不是中国人都没有权来管中国的事。
>
> 第二、觉得凡是中国人都有权来管中国的事。[60]

第一种是民族建国的精神，第二种是民主的精神。这固然是不错的，但什么叫“管”？怎么“管”？却是一件极复杂的事情，能够很好地解决这两个问题，中国的现代化转型也就基本完成了。

实际上，早在袁世凯称帝前夜，已有一批早醒的知识分子开始意识到，国家强于社会，是共和失败的原因。独裁专制是革命之母。只有建立成熟的市民社会，才能一方面防止专制独裁，另一方面也防止革命的发生，为共和民主创造稳定的基础。

张东荪就是这批知识分子中的一人。他认为，“必政治与社会分厘，使政治之干涉范围愈小，则社会之活动范围愈大。于是社会以自由竞争而得自然发展也。”[61]国家不能侵犯私的领域，无论经济、教会、地方事务，抑或道德、学术、技艺、信仰等等。社会有社会的自律性，维持公善，创立社会势力之间的竞争与监督制度，缩小官治，扩大民治，防止一种势力独占国家权力。在市民自治的前提下，实行代议制和联邦制。

在1915年，张东荪就鲜明地提出了“扑灭官僚政治”的主张。实现人民自治，以议代政；以立法、司法来拘束行政而驱入正轨。“一方以人民自亲政事，是为自治；一方复取代表主义之精神，为之监督。有健全之舆论，以导于前；有充实之司法以救于后。民志既宣，民权亦固；有竞争而不相残，有调剂而无虞诈；凡为一事，必能充情尽量，使社会得其福，国家蒙其利。”[62]统治者往往只看到市民社会限制了国家权力的一面，却看不到市民社会有防止革命发生的另一面。或者说，他们宁愿革命明天发生，也不愿意他们的权力在今天受到丝毫限制。

研究系虽然喊破喉咙，把“惟民主义”、“小群主义”、“贤人政治”、“市民自治”、“联邦制”说得天花乱坠，终究是“以其昭昭，使其昏昏”。护国战争鸣金收兵后，旧国会恢复。梁启超为了实践不党主义，宣布取消进步党名称，化党为派。以梁启超、林长民为首，成立“宪法研究同志会”，后来与汤化龙、刘崇佑的“宪法案研究会”合并，形成了民初政坛上有名的“无形之党”——研究系。

“泥菩萨”黎元洪继任总统，新一任内阁成立，由军人段祺瑞首揆。这时第一次世界大战正打得如火如荼，段祺瑞力主中国参战，黎元洪则反对之。府院矛盾，演化为激烈的冲突。1917 年 5 月，北京发生督军团大闹国会事件，黎元洪被迫退位，国会解散。7 月再发生张勋复辟帝制事件。

梁启超再次旗帜鲜明地反对复辟。就在张勋复辟的第二天，梁启超就率研究系同人，赶到段祺瑞在天津马厂的大营中，参加反复辟之役。与他的老师康有为，在战场上见了。袁世凯复辟时，梁启超站在共和立场反袁，康有为站在大清立场反袁。出发点虽不一致，但总算有共同的目标。而张勋复辟时，好为帝王师的康有为积极下海，被“皇上”封为弼德院副院长，师徒俩便汉贼不两立了。

梁启超发表通电指：“此次首造逆谋之人，非贪黩无厌之武夫，即大言不惭之书生，于政局甘苦毫无所知。”[63]直斥乃师为“大言不惭之书生”。有人问他：“今令师南海先生从龙新朝，而足下露布讨贼，不为令师留丝毫地步，其于师弟之谊何？”梁启超正色作答：“师弟自师弟，政治主张则不妨各异。吾不能与吾师共为国家罪人也！”[64]康有为听了，悲愤夹着无奈，只好作圣人之叹：“‘回也非助我者也。’这句书，我今日才到底明白了。”

北京政局一团混乱。孙文乘机号召西南各省，起兵捍卫民初约法，讨伐民国叛徒。7 月 8 日，孙文乘坐兵舰，由上海赴粤。7 月 22 日，海军总长程璧光宣布海军自主，率领舰队南下广东。8 月 25 日，民元国会部分议员在广州召开“国会非常会议”，选举孙文为护法军政府大元帅。9 月，军政府在广州开张大吉，宣告护法。从此，中国出现南北两个政府。南北战争于焉打响。

12 月 2 日，孙文以大元帅名义，任命陈炯明为援闽粤军总司令，率二十营粤军攻打皖系军阀的地盘福建。1918 年 1 月 26 日，粤军开赴潮汕地区。2 月，陈炯明就任惠潮梅军务督办。

陈炯明（竞存）——这位在中国近现代史上最具争议性的人物，1878 年生于广东省海丰县。父亲是一位乡村秀才，陈炯明六岁入私塾启蒙，1899 年考中秀才，1908 年以最优等毕业于广东法政学堂，其后当选为广东咨议局议员，是维新运动所培养出来立宪人才。1909 年加入同盟会，参加反清革命。民国后，又参加过讨袁战争，是国民党中最具实干才能的领袖之一。

1918 年 5 月，陈炯明大起三军，攻入福建。其势锐不可当，攻城略地，指东打西，闽军无不胆寒。不久，粤军在闽南开辟了一个拥有二十六个县的护法区。陈炯明驻节漳州，以龙溪为县治，自任军民两政长官。和一般军阀不同的地方，陈炯明具有强烈的民主思想，反对军治、党制，提倡民治。他在漳州开始致力于他的地方自治实验。南方的安那其主义者梁冰弦称：“这与陈氏所倡‘联省自治’说很吻合，以为如此可以在军阀构乱中拓一片干净土，予国人以观感，从而促进全国的革新。”[65]

在北方，梁启超也在致力于他的政治实验。张勋复辟失败后，他加入段祺瑞的新内阁，一偿所愿，出任财政总长。九名阁员，研究系居其六，梁启超的希望之火再度燃起。这是他最后一次尝试从体制内进行政治改革。冀以研究系之力，先改造国会，争取成为国会多数派，然后影响政府政策。他建议效法辛亥革命初期成立临时参议院，制定新的国会组织法，举行全国大选。

可惜这时段祺瑞为了推行武力统一南北的政策，决心要控制国会，由他的门生兼智囊徐树铮出钱，资助以王揖唐为首的政客团体“安福俱乐部”，准备与研究系在国会选举中一争高下。

徐树铮是江苏萧县（今属安徽）人，秀才出身，1905 年被保送日本士官学校，毕业后在老段的第六镇任军事参议及第一军总参谋。敉平张勋复辟之后，出任陆军部次长，是强硬的武力统一论者。11 月 14 日，临时参议院成立，王揖唐出任议长。安福系大胜，研究系惨败。1918 年 8 月 12 日，第一届国会期满，临时参议院解散，安福国会成立，安福系领袖王揖唐当选众议院议长。梁启超的救国大计，再次化为泡影。

从 1915 年至 1917 年，时仅两年，纵观整个文化界、思想界，由于受“二十一条”、洪宪帝制、张勋复辟等一系列事件的刺激，风腾波涌，进入了剧烈的升级换代时期。梁启超作为他那一代知识分子的代表，已是鬓毛染秋霜。年龄上，坐中望老，见到充满阳光的年轻人，不得不用“你们”、“我们”来加以区别了；政治上，他们总被官僚玩弄于股掌之上，改革屡试屡败，政绩乏善可陈，反而落了个献媚权势的恶名；文化上，由于带有浓厚的传统胎记，恒被新进青年视为过气老倌，成了“守旧”的代名词。

然梁启超对 1919 年那一代的新文化精英们，有着极大的影响力，也是无可否认的。时人称赞梁氏“如长彗烛天，如琼花照世”，他当之无愧。白话文急先锋胡适亦自承“受了梁先生无穷的恩惠”。

> [胡适说]梁先生的文章，明白晓畅之中，带着浓挚的热情，使读的人不能不跟着他走，不能不跟着他想。有时候，我们跟他走到一点上，还想往前走，他却打住了，或是换了方向走了。在这种时候。我们不免感觉一点失望。但这种失望也正是他的大恩惠。因为他尽了他的能力，把我们带到了一个境界，原指望我们感觉不满足，原指望我们更朝前走。跟着他走，我们固然得感谢他；他引起了我们的好奇心，指着一个未知的世界叫我们自己去探寻，我们更得感谢他。[66]

以钻研经学起家，以鼓吹新文化闻名的钱玄同，也心悦诚服地说："梁任公先生实为近来创造新文学之一人。虽其政论诸作，因时变迁，不能得国人全体之赞同，即其文章，亦未能尽脱帖括蹊径，然输入日本文之句法，以新名词及俗语入文，视戏曲小说与《论》《记》之文平等（梁先生之作《新民说》、《新罗马传奇》、《新中国未来记》，皆用全力为之，未尝分轻重于其间也），此皆其识力过人处。鄙意论现代文学之革新，必数及梁先生。"[67]

钱玄同是浙江湖州人，生于1887年，1905年赴日本留学时，是一位强烈的国粹主义者，沉迷经学，与鲁迅、周作人、许寿裳等人一起，执经侍坐，跟着国学大师章太炎学古文，从《说文》学到《庄子》，从《汉书》学到《文心雕龙》。那时他听章太炎的课，经常兴奋得手舞足蹈，不自觉地从后排往前移，被鲁迅形容为"爬来爬去"，后来写信时，索性称他为"爬翁"。

钱玄同对一切欧化的事物，开始都甚为抗拒。民国成立时，他还穿了一套自制的玄冠博带"汉服"，昂昂然上衙门办公，惹得同僚们哄堂大笑。不过，他很快就来了个一百八十度大转弯，成了反古文的"黑旋风李逵"，抡着大斧一路砍杀过来。钱氏自号"疑古"，这个别名，彰显出他对传统的挑战。他有一句名言："人到四十岁就该死，不死也该绑赴天桥枪毙。"

这一年，梁启超四十四岁，虽然春秋鼎盛，但长江后浪推前浪，在年轻气盛的新青年看来，盖棺论定，此其时也。

胡适和钱玄同对梁启超的评论，都是非常中肯的。谈新文化运动，不能不把梁启超摆在第一位。新文化运动的第一代旗手，是梁启超，而不是陈独秀。无论新文化也罢，旧文化也罢，总是要靠一代一代人传承的，没有梁启超披荆斩棘，导夫先路，又哪里会有陈独秀、胡适、鲁迅、钱玄同这些晚辈搞的"文学革命"呢？

地虽生尔材，天不与尔时，奈何奈何！一代人只能做一代人的事。梁启超已经把他那一代启蒙者可以做的事情，做得非常充分了，后人对他，应无可指责，要指责，也只能是"他为什么不能跳出历史的局限性"一类苛求了。

梁启超见"道不行"，三番五次提出辞职，终于在1917年11月22日，内阁总辞。梁氏宣言不再参与政治，专门研究学术，转入文教界。从政党政治，到不党政治；从不党政治，到不谈政治。回想当年返国时意气风发的情形，不过几年光景，恍如一梦。他已逐渐成为回忆录中的材料，而不再是潮流浪尖上的变数了。他在给朋友的信中，无奈地叹息："此时宜遵养时晦，勿与闻人家国事，一二年中国非我辈之国，他人之国也。"[68]

"他人之国"，并不是指年轻一代，而是指官僚当道、军阀横行，天下已尽化为侯王。知识分子的政治理想，都是对牛弹琴。体制内的改革既行不通，体制外的革命又不愿意为，梁启超纵然才高八斗，也感觉进退两难了。

启蒙尚未成功，同志仍须努力。在乱世中成长起来的陈独秀、胡适、钱玄同一代知识分子，这时正如日方升，崭露头角，开始从上一代的手中接过"文化旗手"和"青年导师"的接力棒了。

注释

1. 梁启超《康有为传》。《戊戌变法》（四），上海人民出版社、上海书店出版社，2000年版。
2. 《康有为自定年谱》。《戊戌变法》（四），上海人民出版社、上海书店出版社，2000年版。
3. 康为有《公车上书》。该书的序言署名"沪上哀时老人未还氏"，即使不是康有为本人，至少也是他的亲朋好友。
4. 姜鸣《天公不语对枯棋》。三联书店，2006年版。
5. 梁启超《五十年中国进化概论》。《梁任公近著》（下），文海出版社有限公司，1923年版。
6. 梁启超《清代学术概论》。中国人民大学出版社，2004年版。
7. 胡适《五十年来中国之文学》。《胡适文集》（三），北京大学出版社，1998年版。
8. 康有为《请尊孔圣为国教立教部教会以孔子纪年而废淫祀折》。《戊戌变法》（二），上海人民出版社、上海书店出版社，2000年版。
9. 梁启超《五十年中国进化概论》。《梁任公近著》（下），文海出版社有限公司，1923年版。
10. 《叶吏部与刘先端黄郁文两生书》。《翼教丛编》，上海书店出版社，2002年版。
11. 蒋梦麟《西潮·新潮》。岳麓书社，2000年版。
12. 梁启超《五十年中国进化概论》。《梁任公近著》（下），文海出版社有限公司，1923年版。

13. 梁启超《康有为传》。《戊戌变法》（一），上海人民出版社、上海书店出版社，2000年版。
14. 曹建《蔡孑民先生的风骨》。《为了忘却的纪念》，经济日报出版社，1998年版。
15. 蒋维乔《辛亥革命闻见》。《辛亥革命》（八），上海人民出版社、上海书店出版社，2000年版。
16. 蔡元培《我在北京大学的经历》。《东方杂志》第31卷第1号，1934年1月1日。
17. 蔡元培《对于新教育之意见》。《蔡元培全集》（二），中华书局，1984年版。
18. 鲁迅《呐喊·自序》。《鲁迅全集》（一），人民文学出版社，1981年版。
19. 鲁迅《癸丑日记》。《鲁迅全集》（十四），人民文学出版社，1981年版。
20. 鲁迅《癸丑日记》。《鲁迅全集》（十四），人民文学出版社，1981年版。
21. 康有为《〈中国学报〉题词》。《中国学报》第6期，1913年4月。
22.《政府公报》第144号。1912年9月21日。
23. 孙文《三民主义·民族主义·第六讲》。《孙中山全集》（九），中华书局，1981年版。
24. 鲁迅《在现代的中国孔夫子》。《鲁迅全集》（六），人民文学出版社，1981年版。
25. 许纪霖、陈达凯主编《中国现代化史》（一）。上海三联书店，1995年版。
26. 梁启超《孔子教义实际裨益于今日国民者何在欲昌明之其道何由》。《饮冰室合集》（三十三），中华书局，1988年版。
27. 罗家伦《一年来我们学生运动底成功失败和将来应取的方针》。《新潮》第2卷第4号，1920年6月。
28. 丁文江、赵丰田《梁启超年谱长编》。上海人民出版社，1983年版。
29. 丁文江、赵丰田《梁启超年谱长编》。上海人民出版社，1983年版。
30. 梁启超《新民说·论进步》。《新民丛报》第10号至11号，1902年6月。
31. 张玉法《民国初年的国会》。书目文献出版社，1987年版。
32. 梁启超《护国之役回顾谈》。《饮冰室合集》（三十九），中华书局，1988年版。
33.《时报》1913年9月8日。
34. 李剑农《戊戌以后三十年中国政治史》。中华书局，1965年版。
35.《申报》1913年9月11日。
36. 张国淦《中华民国内阁篇》。《北洋军阀史料选辑》（上），中国社会科学出版社，1981年版。
37. 所谓“盗宝门”，指清朝皇帝在热河避暑山庄里收藏大量皇家宝物屡屡失窃，1914年1月，北京各报忽然连篇累牍，指熊希龄任热河都统期间，有盗宝嫌疑。据说，报界突然集中火力猛攻熊氏，是受了袁世凯的指使，要拆内阁的台。
38. 梁启超《吾今后所以报国者》。《大中华》第1卷第1期，1915年2月20日。
39. 陈独秀《说国家》。《安徽俗话报》第5期，1904年6月14日。
40. 陈独秀《驳康有为致总统总理书》。《新青年》第2卷2期，1916年10月1日。
41. 陈独秀《生机》。《甲寅》第1卷第2期，1914年6月10日。

42. 陈独秀《生机》。《甲寅》第 1 卷第 2 期，1914 年 6 月 10 日。
43. 陈独秀《爱国者与自觉心》。《甲寅》第 1 卷第 4 号，1914 年 11 月 10 日。
44. 胡适《你莫忘记》。《新青年》第 5 卷第 3 期，1918 年 9 月 15 日。
45. 鲁迅《呐喊·自序》。《鲁迅全集》(一)，人民文学出版社，1981 年版。
46. 陈独秀《今日之教育方针》。《青年杂志》第 1 卷第 2 号，1915 年 10 月 15 日。
47. 胡适《留学日记》。商务印书馆，1948 年版。
48. 梁启超《痛定罪言》。《饮冰室合集》(四)，中华书局，1988 年版。
49.《华人御侮会》。《蔡元培全集》(十)，浙江教育出版社，1997 年版。
50. 李大钊《国民之薪胆》。《李大钊全集》(一)，人民出版社，2006 年版。
51. 李大钊《厌世心与自觉心》。《甲寅》第 1 卷第 8 号，1915 年 8 月 10 日。
52. 陈独秀《敬告青年》。《青年杂志》第 1 卷第 1 号，1915 年 9 月 15 日。
53. 郑超麟《陈独秀与〈甲寅〉杂志》(未刊稿)。引自《五四风云人物文萃·陈独秀》，人民日报出版社，2005 年版。
54. 丁文江、赵丰田《梁启超年谱长编》。上海人民出版社，1983 年版。
55. 吴贯因《丙辰从军日记》。《梁启超年谱长编》。上海人民出版社，1983 年版。
56. 梁启超《国体战争躬历谈》。《饮冰室合集》(三十三)，中华书局，1988 年版。
57. 梁启超《异哉所谓国体问题者》。《饮冰室合集》(三十三)，中华书局，1988 年版。
58. 蔡锷《盾鼻集·序》。《饮冰室合集》(三十三)，中华书局，1988 年版。
59. 梁启超《政治运动之意义及价值》。《梁任公近著》(下)，文海出版社有限公司，1923 年版。
60. 梁启超《五十年中国进化概论》。《梁任公近著》(下)，文海出版社有限公司，1923 年版。
61. 张东荪《中国之将来与文明国立国之原则》。《正谊》第 1 卷第 7 号，1915 年 2 月 15 日。
62. 张东荪《行政与政治》。《甲寅》第 1 卷第 6 号，1915 年 6 月 10 日。
63.《大公报》1917 年 7 月 3 日。
64. 经堂《康有为与梁启超》。《古今月刊》创刊号，1942 年 3 月。
65. 梁冰弦(海隅孤客)《解放别录》。台湾，文海出版社，1978 年版。
66. 胡适《四十自述》。《胡适文集》(一)，北京大学出版社，1998 年版。
67. 钱玄同《寄陈独秀》。《胡适文集》(一)，北京大学出版社，1998 年版。
68. 梁启超《与亮兄书》。丁文江、赵丰田《梁启超年谱长编》。上海人民出版社，1983 年版。

第二章

向北京大学集合

胡适率先打出“文学革命”旗号

1916年元旦刚过。在《青年杂志》上，陈独秀发表了一篇文章，宣告属于他们的时代来临了。一种“天下者我们的天下”的豪气、傲气、狂气，字字铿锵，跃然纸上：

> 1915年与1916年间，在历史上画一鸿沟之界：自开辟以讫1915年，皆以古代史目之，从前种种事，至1916年死；以后种种事，自1916年生。吾人首当一新其心血，以新人格；以新国家；以新社会；以新家庭；以新民族；必迨民族更新，吾人之愿始偿，吾人始有与晰族周旋之价值；吾人始有食息此大地一隅之资格。青年必怀此希望，始克称其为青年而非老年；青年而欲达此希望，必扑杀诸老年而自重其青年；且必自杀其1915年之青年而自重其1916年之青年。[1]

在达尔文看来，弱肉强食，乃大自然定律；而在社会达尔文主义者看来，老人肉少年食，亦属社会发展的定律。年龄几乎成了该不该打倒的唯一指标。时年三十七岁的陈独秀，坚信自己的心态仍然年轻而富有朝气，还具有与青年一道，加入到“扑杀诸老年”的战斗中去的资格。

但这只是空泛的议论，什么才是新人格、新国家、新社会？怎么破旧？怎么立新？从何入手？都要非常具体的、可操作的方法。《青年杂志》的大旗已经竖起来了，但只有陈独秀一个当家，所以他急于招兵买马。

汪孟邹想起了在美国纽约哥伦比亚大学修哲学的胡适，此人聪明绝顶，高才博学，落笔千言，磊磊惊人，小说文论俱佳，不妨请他为杂志撰稿。陈独秀编《甲寅》时，曾收到过胡适的投稿，印象颇深，虽未谋面，然心向往之。他让汪孟邹尽快寄几本杂志给胡适，约他写稿。

1915 年 10 月 6 日，汪孟邹写了一封信给胡适，向他介绍陈独秀与《青年杂志》，“拟请吾兄于校课之暇担任青年撰述，或论文，或小说戏曲均所欢迎。每期多固更佳，至少亦有一种。”但信去之后，石沉大海。

陈独秀每次见到汪孟邹，一定追问胡适有没有回信，搞得汪氏好像欠了一身债似的，只好在 12 月又再去信胡适，求他解围：“陈君（独秀）望吾兄来文甚于望岁，见面时即问吾兄有文来否，故不得不为再三转达，每期不过一篇。且短篇亦无不可，务求拨冗为之，以增该杂志光宠，至祷，至祷。否则陈君见面必问，炼（汪氏自谓）将穷于应付也。”[2]

陈独秀望穿秋水，比小孩盼过年还焦急，终于在次年 2 月收到了胡适的来信。信中建议：“今日欲为祖国造新文学，宜从输入欧西名著入手，使国中人士有所取法，有所观摩，然后乃有自己创造之新文学可言也。”[3] 并附上一篇俄国文学译作。胡适答应新年时寄上自己的稿子，以慰陈独秀望过年的心情。

这是 1916 年春天的事。帷幕挑起了一角，胡适准备出场了。

地处宣徽之脊的绩溪，七山一水，人杰地灵，方志称“邑小士多，绩溪为最”是没有错的。绩溪历史上名人辈出，近代不仅出了个汪孟邹，还出了个胡适。

胡适，字适之，原名洪骍，乳名嗣穈，生于 1891 年，安徽绩溪人，天资聪颖，从小就被村里的小屁孩们尊称为“糜先生”。1910 年留学美国，入康乃尔大学，后转入哥伦比亚大学，从学于实验主义哲学大师杜威。他在美国发愤攻读杜威的著作，“每日至少读六时之书，读书以哲学为中坚，而以政治、宗教、文学、科学辅焉”，[4] 一心要为将来做中国第一流的哲学家打好基础。

早在 1914 年夏天，康乃尔大学中以任叔永（鸿隽）为首的一群中国留学生，集股筹办《科学》杂志时，胡适已是活跃分子。1915 年 1 月，《科学》杂志创刊，从一开始就使用西文标点符号，这是中国报刊史上第一回。中国文人对西式的标点符号，最初是非常厌恶与抗拒的，觉得像鬼画符，国内有一位学生在文章中写了一个问号，被老师大加斥责：“秤钩也能入文吗？”用鲁迅的话说，那时“单是提倡新式标点，就会有一大群人‘若丧考妣’，恨不得‘食肉寝皮’”。[5]

胡适在《科学》上发表题为《论句读及文字符号》的文章，大赞中文采用标点符号。但他也不是马上就全盘接受，他觉得句号、逗号、冒号这些是可取的，而对问号、感叹号，则有所保留。

> [胡适后来写道] 论句读符号一层，本社同人也不知共同讨论了多少次。我从前在《科学》第二卷第一期作《论句读及文字符号》时，曾说：“吾国文凡疑问之语，皆有特别助字以别之。故凡何，安，乌，孰，岂，焉，乎，哉，欤，诸字，皆即吾国之疑问符号也。故问号可有可无也。”吾对于感叹符号，也颇有这个意思。但后来我的朋友钱玄同先生说，这两种符号（？！）都不可废。因为中国文字的疑问语往往不用上举诸字；并且这些字有各种用法，不是都拿来表疑问的意思。

这班留洋学子，满腹新学，精力旺盛，书窗课暇，弄一本杂志，你和我唱，原是有一点同人玩票性质，并未意识到，他们把蝌蚪一样的标点符号搬上中文，具有何等伟大的意义。新文化运动从白话文开始，白话文从标点符号开始，一股掀天揭地的文化新潮，已在酝酿之中了。

1915 年胡适入哥伦比亚大学研究院时，在日记中勉励自己："梦想作大事业，人或笑之，以为无益，其实不然。天下多少事业，皆起于一二人之梦想。今日大患，在于无梦想之人耳。"他誓言："文学革命其时矣，吾辈誓不容坐视。且复号召二三子，革命军前仗马箠。鞭笞驱除一车鬼，再拜迎入新世纪。"[6]

这是胡适第一次使用"文学革命"这个词，他要像辛亥革命推翻帝制那样，推翻旧文学。他用半白话写了一首《沁园春》，其雄气与狂气，与陈独秀的"扑杀诸老年"，可有一比。其下阕云：

> 文学革命何疑！
> 且准备搴旗作健儿。
> 要前空千古，下开百世，
> 将他腐臭，还我神奇。
> 为大中华，造新文学，
> 此业吾曹欲让谁？
> 诗材料，
> 有簇新世界，供我驱驰。[7]

胡适虽然胸中有三千丈豪气，但并不是一个真正的革命论者，甚至一边说文学革命，一边还小心地与"革命"拉开距离。他自称不是笼统地反对革命，而是反对不成熟的革命。后来他把上面的那首词，改了又改，把"文学革命何疑！且准备搴旗作健儿"，改作"文章要有神思，到琢句雕词意已卑"。一篇慷慨激昂的革命檄文，顿失锋芒，变成了小学生作文指导。

胡适为中国文学诊断出三大弊病：一是无病呻吟，二是摹仿古人，三是言之无物。在胡适心里，文学改良的第一步，从诗歌入手，他主张用散文的语言写诗，所谓“作诗如作文”。这就是一个很具体的、可操作的设想了。即使没有陈独秀的邀请，他也准备杀回国内，向中国“死文学”的“一车鬼”们宣战了。

人与人是有感应的，狂人与狂人的感应更强烈，不然陈独秀也不会苦苦追索胡适的稿子了。1916 年 2 月上旬，汪孟邹又给胡适去信说：“青年杂志已出至五期，六期不日即出。陈君盼吾兄文字有如大旱之望云霓，来函云新年中当有见赐，何以至今仍然寂寂，务请吾兄陆续撰寄。”[8] 陈独秀对胡适的期待，从小孩望过年，上升到大旱望云霓了。

2 月 15 日，《青年杂志》第一卷第六号出版了，胡适的稿子依然未见。3 月初，群益书社收到上海基督教青年会《上海青年》（周报）的来函，声称《青年杂志》的名字雷同，要求改名，免犯冒名的错误。陈子寿与陈独秀商量，拟将杂志名改为《新青年》。陈独秀虽十分郁闷，但群益书社毕竟是投资人，也不好太过反对，只得勉强屈从。

名字虽然改了，但改名后的新刊，却一拖再拖，据说“因战事”暂时休刊，其实，护国战争哪里打到上海滩呢？休刊既有经济拮据的原因，亦有陈独秀赌气的原因。陈独秀于 8 月 13 日给胡适的信中说：“依发行者之意，已改名为《新青年》。”[9] 强调改名不是他的本意，而是发行者的意思，不满之情，溢于言表。

“开下了一场战争”

1916 年春季，胡适虽然还没有提笔给《新青年》写稿，但他对中国文学的思考，却有了重要的突破。他说：“我终于得出一个概括的观念：原来一整部中国文学史，便是一部中国文学工具变迁史——一个文学或语言上的工具去替代另一个工具。”简言之，“一部中国文学史也就是一部活文学逐渐代替死文学的历史。”[10]

观念形成了，胡适对中国文学改良的路向，也就看得愈来愈清楚了。在美国各大学里，有一班思想活跃、有志于文学革新的中国留学生，以梅光迪（觐庄）、任叔永（鸿隽）、胡适、唐擘黄（钺）、杨杏佛（铨）等人为核心，经常相聚一堂，坐而论道，或两日一短笺，三日一长函，相互切磋问难。

胡适说："这一班人中，最守旧的是梅觐庄，他绝对不承认中国古文是半死或全死的文字。因为他的反驳，我不能不细细想过我自己的立场。他越驳越守旧，我倒渐渐变得更激烈了。我那时常提到中国文学必须经过一场革命；'文学革命'的口号，就是那个夏天我们乱谈出来的。"[11] 尽管他们都认为，"今日文学有不可不改革之处"。但到底应该怎么改，多数人还没有一个清楚的方向。

胡适主张从推广白话文入手。他的观点大致为：

一、今日之文言乃是一种半死的文字。

二、今日之白话乃是一种活的语言。

三、白话并不鄙俗，俗儒乃谓之俗耳。

四、白话不但不鄙俗，而且甚优美适用。

五、凡文言之所长，白话皆有之。而白话之所长，则文言未必能及之。

六、白话并非文言之退化，乃是文言之进化。

七、白话可以产生第一流文学。

八、白话的文学为中国千年来仅有之文学。

九、文言的文字可懂而听不懂，白话的文字既可读，又听得懂。

任叔永是《留美学生季报》主笔，中国科学社的董事长兼社长。某日，他和梅光迪、陈衡哲、杨杏佛、唐擘黄等人在凯约嘉湖泛舟游玩后，兴致甚浓，作了一首"泛湖即事"的四言长诗，寄到纽约给胡适看。诗中有"言擢轻楫，以涤烦疴"，"猜谜赌胜，载笑载言"等句子。

这哪像一个倡言文学革命的青年所写呢？胡适马上回信，指诗中的"言"字、"载"字，都是死字。"猜谜赌胜，载笑载言"二句，上句为20世纪之活字，下句为三千年前之死句，殊不相称也。

任叔永也是学物理、化学出身的，并非乡间腐儒，被比自己小五岁的胡适一顿抢白，颇不服气，他回信辩解说："'载笑载言'固为'三千年前之语'，然可用以达我今日之情景，即为今日之语，而非'三千年前之死语'。此君我不同之点也。"

胡、任二人打起笔墨官司，梅光迪出面替任叔永打抱不平。梅氏是1911年的官费留学生，即第三批庚款留学生，在清华学堂留美预备班学习三年，然后入美国芝加哥西北大学，因为仰慕新人文主义大师白璧德教授之名，又转入美国哈佛大学研究院，拜白璧德为师，专攻西洋文学。但幼承庭训，对中国古文情有独钟。他批评胡适：

> 足下所自矜持为"文学革命"真谛者，不外乎用"活字"以入文，于叔永诗中稍古之字，皆所不取，以为非"二十世纪之活字"。此种论调，固足下所持为哓哓以提倡"新文学"者，迪又闻之素矣。夫文学革命，须洗去旧日腔套，务去陈言，固矣。然此非尽屏古人所用之字，而另以俗语白话代之之谓也……足下以俗语白话为向来文学上不用之字，骤以入文，似觉新奇而美，实则无永久价值……一字意义之变迁，必经数十或数百年而后成，又须经文学大家承认之，而恒人始沿用之焉。足下乃视改革文字如是之易易乎？

梅、任都赞成"文学革命"，但他们不认为文言与白话之争，是文学革命的关键，他们不反对在小说、演说中采用白话，但诗歌不行，因为诗歌是"高级的文学形式"。梅光迪、任叔永、杨杏佛等人，都是国内赫赫有名的南社社员。

南社在清末民初，是一个影响很广的文人团体，1909年由柳亚子、高旭、陈去病等一批"反清复明"志士在苏州所创。"南社"的意思，就是要和"北廷"对抗，政治上很激进，承继东林党人结社议政的余风，结交天下豪杰，"以为可藉文酒联盟，好图再举"（陈去病语），不少南社社员都加入了同盟会；民国后，他们支持共和，反对袁世凯复辟。文化上主张保护国粹，坚守传统文化。

从他们成立之初的《南社启》，可以略窥其宗旨："国有魂，则国存；国无魂，则国将从此亡矣……欲存国魂，必自存国学始。而中国国学中之尤可贵者，端推文学，盖中国文学为世界各国冠，泰西远不逮也。而今之醉心欧风者，乃奴此而主彼，何哉！余观古人之灭人国者，未有不先灭其言语文字者孔子。嗟乎痛哉！伊吕倭音，迷漫大陆，蟹行文字，横扫神州，此果黄民之福乎！"[12]

以革命的二分法，是没办法把南社归类的。胡适挑战旧体诗词，不仅挑战了梅光迪和任叔永，亦等于挑战了南社。南社的灵魂人物陈去病、柳亚子等人，虽然与同光体、常州词派、桐城派等旧学人士，积不相能，但他们身上那种以大明遗民自居的名士气，也决定了他们对俚俗的鄙视态度。陈去病称俚俗只可用于警醒世人，而难有传世之作。

胡适知道，他已经"开下了一场战争"。

其实，胡适早就给对方下战书了。1915 年《青年杂志》发表了南社诗人谢无量的一首长律，陈独秀推崇为"希世之音"，胡适当时没看到，一年后翻旧杂志时看到了，忍不住写信给陈独秀，毫不客气地直斥谢诗为下等作品，公开宣称："如南社诸人夸而无实，滥而不精，浮夸淫琐，几无足称者。"[13]

他不仅尖锐批评南社诗人，还以横扫千军之势，把诗坛几大山头——以汉魏为宗的王闿运派，以中晚唐为宗的樊增祥、易顺鼎派，以宋诗为宗的陈三立、郑孝胥派，统统扫荡一遍，摆出与整个"骚坛"为敌的姿态。

胡适觉得光是批评，尚不足以把死水搅起，于是写一首一百多句的白话打油诗给梅光迪，作为答复。胡适自称这是生平所写最长的一首诗，可见胡适对梅光迪的批评，也很在意，并非游戏之作。胡适诗中写道：

> 老梅牢骚发了！老胡哈哈大笑。
> 且听平心静气，这是什么论调！
> 文字没有古今，却有死活可道。

古人叫做“欲”，今人叫做“要”。
古人叫做“至”，今人叫做“到”。
古人叫做“溺”，今日叫做“尿”。
本来同是一字，声音少许变了。
并无雅俗可言，何必纷纷胡闹？

这种满纸俚词鄙语的“诗”，梅光迪愈看愈光火，他严厉训斥胡适：“读大作如儿时听‘莲花落’，真所谓革尽古今中外诗人之命者！足下诚豪健哉！”任叔永也来信说：“足下此次试验之结果，乃完全失败。盖足下所作，白话则诚白话矣，韵则有韵矣，然却不可谓之诗。”

胡适不服气了。你们说文学革命要走大道，可什么是大道你们又说不上来，我提出一个具体办法，你们又反对。这算怎么一回事呢？就算这次试验是“完全失败”，还可以再来嘛。如果一次失败，就期期以为不可，怎么称得上“科学的精神”？

争论令胡适感触颇深。他提倡“作诗如作文”，连接受了西方现代文化教育的青年留学生这一关都过不了，将来在国内遇到的阻力可想而知。胡适在日记中写道：“这一首游戏的白话诗，本身虽没有多大价值，在我个人做白话诗的历史上，可是很重要。因为梅、任诸君的批评竟逼得我不能不努力试做白话诗了。”

朋友们愈反对，他愈来劲，甚至毅然决然宣布：“吾志决矣。吾自此以后，不更作文言诗词。”胡适后来说：“一班朋友做了我多年的‘他山之错’，我对他们，只有感激，没有丝毫的怨望。”然而，六年后，胡适和以梅光迪为首的“学衡派”围绕着新文化的激烈争论，于此埋下了伏笔。

胡适遵奉实验主义哲学，要知道梨子的滋味，就要亲口尝一尝。8月，他像一名出征的战士，向亲朋好友悲壮告别：“我此时练习白话韵文，颇似新辟一文学殖民地。可惜须单身匹马而往，不能多得同志，结伴同行。然我去志已决，公等假我数年之期，倘此新国尽是沙碛不毛之地，则我或终归老于

‘文言诗国’，亦未可知。倘幸而有成，则辟除荆棘之后，当开放门户，迎公等同来莅止耳。”[14]

胡适从此义无反顾地步入了另一个世界。他不仅写了许多“老梅牢骚发了！老胡哈哈大笑”之类打油诗，也创作了不少精致隽永的抒情诗。1980 年代曾红遍神州大地的台湾校园歌曲《兰花草》：“我从山中来，带着兰花草，种在小园中，希望花开早……”原词《希望》便是胡适的大作。

胡适在朋友中是孤立的。在异乡清凉的初秋，当他孤独地坐在寓所的窗台上，遥望着远处无语流淌的赫贞河时，脑子里对新文学的“烟士披里纯”（“灵感”的洋泾浜英语），像潮水一样，一波一波涌起，融入寂寞的愁绪里，化成了一行行新诗：

> 两个黄蝴蝶，双双飞上天。
> 不知为什么？一个忽飞还。
> 剩下那一个，孤单怪可怜；
> 也无心上天，天上太孤单。[15]

对于胡适来说，这种青春寂寞的情怀，是非常难得珍贵的。因为，在他精彩纷呈的后半生，是难得再有机会体验了。

1916 年 9 月 1 日，沉寂了半年的《新青年》，终于重新开锣，二卷一号在上海出版。经过一年的观察与思考，陈独秀对青年的观感有所改变，一年前创办《青年杂志》时，他把年龄当成是否该打倒的唯一标准，现在，他不再一味强调年龄了，而是强调青年也有新旧之分。“自年龄言之，新旧青年固无以异，然生理上，心理上，新青年与旧青年，固有绝对之鸿沟”。[16]

青年有了新旧之分，自然也就有新中年、旧中年，新老年、旧老年之分。于是，整个社会人群，就以新旧划分了。这种新与旧、红与黑、进步与倒退、改革与保守、革命与反革命的二分法，在新文化运动之初，已经初现端倪。

台上锣声急切，台下观众却依然寥寥。未能引起轰动的原因，在于文章大多流于空谈，口号虽然喊得很激烈，但没有提出建设性的意见。

陈独秀也意识到问题症结，他找到了胡适，隔洋喊话："文学改革，为吾国目前切要之事。"但国内苦于没有这方面的优秀作者，光靠译文又不足以直接唤起国人写实主义的观念，因此"务望足下赐以所作写实文字，切实作一改良文学论文，登之下期《青年》"。[17]

对文学改良问题，胡适早有腹稿。因此，他只用了半天时间，一挥而就，写成《文学改良刍议》，用复写纸一式两份，分别投给了《留美学生季报》和《新青年》。

他在文中写道，文学改良，要从以下八事入手：一曰，须言之有物。二曰，不摹仿古人。三曰，须讲求文法。四曰，不作无病之呻吟。五曰，务去烂调套语。六曰，不用典。七曰，不讲对仗。八曰，不避俗字俗语。[18]其中第三、五、六、七、八项为形式革命，第一、二、四项为精神革命。后来胡适有一个说明：

> 这完全是我三四月中写出的中国文学史观稍稍加上一点后来的修正，可是我受了在美国的朋友的反对，胆子变小了，态度变谦虚了，所以此文标题但称"文学改良刍议"，而全篇不敢提起"文学革命"的旗子。[19]

这是胡适在国内首次登台，措辞颇为温良克制，但批评章太炎"刻削古典成语，不合文法"，亦相当尖锐大胆了。陈独秀是识货之人，一眼看出文章的分量，如获至宝，立即登在1917年元旦的《新青年》二卷五号上。他还亲撰一篇《文学革命论》，在下一期的《新青年》上发表，为胡适张目。陈独秀擅长鼓动性文字，腕下霎时兴云雨，纸间顷刻走龙蛇，大声疾呼：

> 文学革命之气运，酝酿已非一日，其首举义旗之急先锋，则为

吾友胡适。余甘冒全国学究之敌，高张“文化革命军”大旗，以为吾友之声援。旗上大书特书吾革命军三大主义：

曰，推倒雕琢的阿谀的贵族文学，建设平易的抒情的国民文学；

曰，推倒陈腐的铺张的古典文学，建设新鲜的立诚的写实文学；

曰，推倒迂晦的艰涩的山林文学，建设明了的通俗的社会文学。

他摇旗呐喊：“吾国文学界豪杰之士，有自负为中国之虞哥、左喇、桂特郝、卜特曼、狄铿士、王尔德者乎？有不顾迂儒之毁誉，明目张胆以与十八妖魔宣战者乎？予愿拖四十二生的大炮，为之前驱。”[20]

所谓“十八妖魔”，乃指明代的“前七子”：李梦阳、何景明、徐祯卿、边贡、康海、王九思、王廷相；“后七子”：李攀龙、王世贞、谢榛、宗臣、梁有誉、徐中行、吴国伦，加上归有光和清代的方苞、刘大櫆、姚鼐一干人等。他们都是提倡尊秦崇汉、师唐废宋的复古派，恒被陈独秀视为阻碍地球转动的守旧势力。

钱玄同也写了一封“小批评大捧场”的长信给陈独秀，盛赞胡适的文章，“实足祛千年来腐臭文学之积弊”。并预言“选学妖孽，桐城谬种”们，又会跳出来咒骂胡适了，“虽然得此辈多咒骂一声，便是价值增加一分也”。[21]

所谓“桐城派”，是清代以方苞、刘大櫆和姚鼐为代表的散文流派，他们三人都是安徽桐城人，并称“桐城三祖”。及至民国，马其昶（曾任京师大学堂教习，辛亥革命后，为清史馆总纂）、姚永朴、姚永概兄弟（二人同时主讲于北大，并同为清史馆纂修）为桐城派正宗传人，时有“二姚一马，名闻天下”之说。而所谓“选学妖孽”，是指清末民初的骈体文派，其佼佼者如易顺鼎、樊增祥等人。后来鲁迅曾作解释：“五四时代的所谓‘桐城谬种’和‘选学妖孽’，是指做‘载飞载鸣’的文章和抱住《文选》寻字汇的人们的，而某一种人确也是这一流，形容惬当，所以这名目的流传也较为永久。”[22]

“选学妖孽，桐城谬种”这句骂人话，铿锵有力，朗朗上口，发明权属《新青年》所有，一经骂开了，立即在文化界不胫而走。有人摇头叹息，亦有人拍手称快。胡适说，这两句口号之所以流传一时，是因为“它们也为文学革命找到了革命的对象”。[23]

一篇胡适自称“胆子变小了，态度变谦虚了”的“刍议”，经陈独秀、钱玄同大吹大擂，俨然成了向旧文化下的最后通牒，在北京那个不大不小的文化圈子里，震动一时，激起了轰轰嗡嗡的议论。《新青年》也一炮而红，从一本默默无闻的滞销杂志，遽成了思想新潮者追捧的明星刊物。“此后文学革命的运动就从美国几个留学生的课余讨论，变成国内文人学者的讨论了”。[24]

胡适人还在大洋彼岸，在国内却已经“暴得大名”了。

蔡元培入主北大

1916 年的段祺瑞内阁，内政毫无建树，外交亦乏善可陈，但却做了一件对 1919 年影响至巨的事情，就是邀请蔡元培出任北京大学校长。

这时蔡元培还在法国，接到教育部电报后，10 月 2 日，登程归国，11 月 8 日抵达上海，当他进入北京时，已是岁聿云暮。巍巍的宫阙与城墙，冷清的胡同和四合院，覆盖着薄薄的白雪，大街上轧轧而行的骡车，笼着袖子缩着脖子的路人，无不予人死寂而凝固的印象，与他三年前离开时，并无两样。

许多同盟会、国民党的老朋友，轮番登门，劝蔡元培不要到北大任职，“说北大腐败极了，进去若不能整顿，反于自己的声名有碍”。蔡氏后来追述，“但也有少数人就说，既然知道北大腐败，更应进去整顿，就是失败，也算尽了心”。[25] 据北大学生罗家伦说，“国父孙中山先生认为北方当有革命思想的传播，像蔡元培先生这样的老同志应当去那历代帝王和官僚气氛笼罩下的北京，主持全国性的教育”。[26] 蔡氏经过慎重考虑，决定服从后说，抱定“我不入地狱谁入地狱”之心，到北大履任。

当时的北大究竟有多腐败，以至于进北大就像进地狱一样呢？

北京大学即原来的京师大学堂，民国成立后，翻译《天演论》的严复被任命为京师大学堂总监督，接管大学堂事务。1912 年 5 月，京师大学堂改名为北京大学，严复成为北京大学的首任校长。但校内山头林立，派系纷繁，严复没干几天，就被人批评抽鸦片，不得不掩面下台。其后，北大像走马灯似的换了三任校长：章士钊、何燏时、胡仁源，大都因人事问题，板凳没坐热就走人。

当年的北大学生，后来的全国人大副委员长许德珩，曾描述蔡元培之前的北大：

在此之前的北大是一座封建思想、官僚习气十分浓厚的学府。当时有“两院一堂”之称（两院，指参议院、众议院；一堂，即京师大学堂，北大之前身）。学生则多是官僚和大地主子弟，有的学生一年要花五千银元，当然，这样的豪富子弟为数不多，至于一年花千把银元的人就多了，少说也有数十人。一些有钱的学生，带听差，打麻将，吃花酒，捧名角，对读书毫无兴趣。教员中不少人不学无术，吃饭混日子，讲课是陈陈相因，敷衍塞责。[27]

古史专家顾颉刚也在北大就读，作为一名学生，他记忆中的北大是这样的：

那时的北大有一种坏现象：一些有钱的教师和学生，吃过晚饭后就坐洋车奔“八大胡同”（和平门外韩家潭一带）。所以妓院中称“两院一堂”是最好的主顾……这种坏现象是从清末保留下来的。那时在学生中还流行一种坏风气，就是“结十兄弟”。何谓“结十兄弟”？就是十个气味相投的学生结拜作兄弟，毕业后大家钻营作官，谁的官大，其他九人就到他手下当科长、当秘书，捞个一官半职，“有福同享”。这个官如果是向军阀或大官僚花钱买来的，那么钻营费由十人分摊。这样的学校哪能出人才？只能培养出一批贪官污吏！[28]

蔡元培从师长的角度，看得更加清楚：北大学生“是从京师大学堂老爷式学生嬗递下来（初办时所收学生，都是京官，所以学生都被称为老爷，而监督及教员都被称为中堂或大人）”。[29]“吾北京大学之被谤也久矣。两院一堂也，探艳团也，某某等公寓之赌窟也，捧坤角也，浮艳剧评花丛趣事之策源地也，皆指一种之团体而言之。其他攻讦个人者，更不可以缕指计。”蔡元培痛心质问：种种之谤，都是无因而至的吗？[30]

堂堂马神庙公主府（北大原校址），与其说是一所现代高等学府，不如说更像一个富家子的俱乐部，一个官僚培训所，衙门里的一切恶习，这里几乎一应俱全了。

1916 年 12 月 26 日，黎元洪总统正式发表命令，任命蔡元培为北京大学校长。1917 年 1 月 4 日，蔡元培发表就职通告，宣布于当天到校视事。顾颉刚回忆：“他到校第一天，校工们排队在门口恭恭敬敬地向他行礼，他一反以前历任校长目中无人、不予理睬的惯例，脱下自己头上的礼帽，郑重其事地向校工们回鞠了一个躬，这就使校工和学生们大为惊讶。”

1 月 9 日，北京雪花飘飘。蔡氏向全校发表就职演说，决心改造北大，把法国、德国的大学学风，移植到中国来。他第一步，就是要改变学生的观念，改掉读书为升官发财的旧观念。他向全体学生提出了三项要求，一曰抱定宗旨，二曰砥砺德行，三曰敬爱师友。

蔡元培殷殷训勉学生，应以研究学术为天职：“大学者，研究高深学问者也。所以诸君须抱定宗旨，为求学而来，入法科者，非为做官；入商科者，非为致富。宗旨既定，自趋正轨，诸君肄业于此，或三年，或四年，时间不为不多，苟能爱惜分阴，孜孜求学，则求造诣，容有底止。”

蔡元培又说：“方今风俗日偷，道德沦丧，北京社会，尤为恶劣，败德毁行之事，触目皆是，非根基深固，鲜不为流俗所染。诸君肄业大学，当能束身自爱。然国家之兴替，视风俗之厚薄。流俗如此，前途何堪设想。故必有卓绝之士，以身作则，力矫颓俗，诸君为大学学生，地位甚高，肩此重任，责无旁贷，故诸君不惟思所以感已，更必有以励人。”[31]

蔡元培到职后，首先向医专校长汤尔和了解北大情形。汤尔和说：“文科预科的情形，可问沈尹默君；理工科的情形，可问夏浮筠君。”北大以文科为重点，汤尔和建议，文科学长可请陈独秀担任。

夏浮筠是北大理科学长。沈尹默是北大老资格的教授，绰号“鬼谷子”，在学生眼里，是一位“很深沉而喜治红老之学（《红楼梦》与《道德经》）的人，手持一把羽扇，大有谋士的态度”（罗家伦语）。

沈氏也希望协助蔡元培办好北大，但又担心蔡氏和前几任校长一样，五日京兆。他与蔡氏进行了一次长谈。沈尹默对蔡氏说：“这次北洋政府借您的招牌来办北大。到了有一天，您的主张和政府有所不同，他马上就会赶走您。所以，您现在对北大应进行改革，但有一点要注意，凡改革一件事，要拿得稳，不然的话，一个反复，比现在更坏。”

蔡氏问：“你的话对，你的意见是怎么办呢？”

沈氏提出三点建议：一、北大经费要有保障。二、北大章程上规定教师组织评议会，而教育部始终不许成立。一定要争取成立，把大权交给教授，教授治校，这样，即使校长走了，学校也不会乱。三、规定每隔一定年限，派教员和学生到外国留学。[32]

其中以第二条最为紧要。蔡元培深以为然。兴化致治，必俟得人，教授治校，必先得有一批好教授。蔡元培急于招揽一些积学而热心的名流学者到北大，以扭转颓败的校风。沈尹默也赞成陈独秀担任文科学长。据北大文科本科专任教授的马叙伦（夷初）说，他也曾向蔡元培推荐过陈独秀。陈独秀的大名，蔡元培已是如雷贯耳了。但后来陈独秀被逐出北大，也是这三个人出力最大。人情的反复，殊堪一叹。

其实，早在1904年蔡元培在上海参与暗杀团工作时，与陈独秀就有过一面之雅，记得这位独力支撑着《安徽俗话报》的年轻人，但对他近年的活动，则不甚了了。蔡元培在国外也没有看过《新青年》，听了人们的郑重推介后，找来《新青年》杂志翻阅，颇有共鸣，决定请陈独秀担任北大文科学长。

校长为教员伪造履历

当时陈独秀就在北京。

由于亚东的经营状况一直未有起色，汪孟邹日坐愁城，连陈独秀这个书生，也不得不下海蹚浑水了。他的北京之行，主要是为了促成亚东图书馆与群益书社的合并。合并后成立一个规模较大的书局，庶可与其他大出版商一争长短。其实也是为《新青年》开辟一条活路，亚东、群益一天不告别“苟延”之局，《新青年》就一天不能摆脱“残喘”之苦。陈独秀与汪孟邹一起，仆仆风尘，到北京为书局招股。

其时陈独秀住在前门西河沿中西旅馆。北大校长任命发表的当天，蔡元培冒着严寒到旅馆登门拜访。“这很像‘三顾茅庐’哩！”与陈独秀同住的汪孟邹说，“蔡先生差不多天天要来看仲甫。有时来得很早，我们还没有起来。他招呼茶房，不要叫醒，只要拿凳子给他坐在房门口等候。”[33]

请陈独秀当文科学长，本来不是蔡元培的意思，是别人推荐的结果，究竟陈独秀在教育上有什么主张，令蔡元培觉得非他不可呢？

1915 年，陈独秀针对当时中国教育的弊病，曾公开宣示他的四大教育方针：一、现实主义（注重现实生活）；二、唯民主义（民为邦本的民权主义）；三、职业主义（从事实际的社会生产活动）；四、兽性主义（体魄与意志的锻炼）。[34]

在就任北大文科学长之后，陈独秀也曾与友人就教育方针交换过意见，他说：“吾国今日教育界之现象，上焉者为盲目的国粹主义，下焉者科举之变相耳，此先生所谓伪教育也。现代西洋之真教育，乃自动的而非他动的；乃启发的而非灌输的；乃实用的而非虚文的；乃社会的而非私人的；乃直视的而非幻想的；乃世俗的而非神圣的；乃全身的而非单独脑部的；乃推理的而非记忆的；乃科学的而非历史的。东洋式之伪教育，胥反乎此，欲求竞进，乌可得哉！”[35]

这与蔡元培在民元鼓吹的“五育并举”（军国民主义教育、实利主义教育、公民道德教育、世界观教育及美感教育），不谋而合，蔡氏本来就爱惜人才，既已当面，焉忍错过？于是便三顾、四顾茅庐，要请陈独秀出山了。

但陈独秀觉得自己既无学位，又无大学教学经验，对教书兴趣也不大，还是想回上海办《新青年》，他再三推辞，并荐胡适以代。

蔡元培说：“你把《新青年》杂志搬到北京来办吧。”同时也非常欢迎胡适回国，北大的哲学、文学教授，俱乏上选，亟盼胡适能回来挑大梁。陈独秀没办法再推了，只好答应，约定以三个月为期，如胜任继续干下去，如不胜任就回上海。蔡元培大喜，立即以北京大学名义，致函教育部，请派陈独秀为北京大学文科学长，随函附陈独秀履历一纸。

这份冠冕堂皇的履历，称陈独秀“日本东京日本大学毕业，曾任芜湖安徽公学教务长、安徽高等学校校长”，实乃全属虚构。蔡元培为了让教育部顺利批准，不惜替陈独秀伪造履历。

后来有人批评蔡元培这样做“违背现代文明社会程序正义优先的原则”，却忘记了蔡元培是个安那其主义者，痛恨国家制度，组织过暗杀团、御侮会，杀人放火都敢做敢当。他的校长办公室里，不仅有文房四宝，而且陈列着炸弹，区区造个假履历算得了什么。

北大学生罗章龙回忆：“陈先生担任北大文科学长，是蔡先生出长北大后发出的第一号校长室通知的。消息传出，全校震动。青年学生无不热烈欢迎，奔走相告，而教师中的遗老遗少则窃窃私议，啧有烦言。”按罗氏说法，仿佛陈独秀在北大学生中，是一颗万众期待的明星，其实，那时的北大，从上面几位亲历者的描述可知，简直是一个污水潭。“窃窃私议，啧有烦言”有之，“无不热烈欢迎”则未必。

蔡元培亲自出来回答那些质疑：“仲甫先生精通训诂音韵，学有专长，过去连太炎先生也把他视为畏友。”[36]陈独秀在清末民初曾发表过《说文引申义考》、《字义类例》、《荀子韵表及考释》、《连语类编》等著述。这才把质疑者的嘴巴给堵住了。

陈独秀终于踏入了北京大学的门槛。《新青年》也随他从上海迁到北京，在箭杆胡同九号落脚（但出版地仍在上海）。出乎陈独秀的意料，果然是树挪死，人挪活，他从上海挪到北京，不仅把《新青年》挪活了，而且亚东图书馆竟也咸鱼翻身，获得了北京大学出版部书籍在上海及南方地区的经理权，凭借着聚集在北大的一批文化精英，注入了强大的活力，渐渐回黄转绿，现出了勃勃的生机。

北大教授马裕藻（幼渔）的公子后来在一篇怀念文章中写道：

蔡元培没有错，陈独秀一任北大文科学长，很快就把全国杰出文科人才集中于北大，当时文科真是人才济济、教授成堆：

国文系教授：马幼渔（兼主任）、沈尹默、沈兼士、钱玄同、林损、黄节、单丕、吴虞、刘文典、吴梅、刘半农、张定璜、周作人、沈士远。

史学系教授：朱希祖（兼主任）、马衡、陈汉章、崔述、张尔田。

哲学系教授：陈大齐（兼主任）、胡适、马叙伦、徐炳昶、樊际昌、张竞生。

英文系教授：胡适（兼主任）、陈源、温源宁、林语堂、张欣海、关应麟、徐志摩。

法文系教授：李景忠（兼主任）、宋春舫、贺之才、李宗侗、铎尔孟（d ' Hormon）。

德文系教授：杨震文（兼主任）、Hundhouse。

俄文系教授：顾孟余（兼主任）、伊凤阁（Ivanov）。

东方语文系教授：周作人（兼主任）、张定璜、徐祖正。

教育系教授：高仁山（兼主任）、樊标昌、蒋梦麟。

政治系教授：陈启修（兼主任）、陶履恭、李大钊、高一涵、周览、张慰慈。

经济系教授：顾孟余（兼主任）、王建祖、马寅初、罗惠侨、皮宗石、余文灿。

以陈独秀为文科学长的北大文科各系（当初“系”称“门”，如“国学门”、“哲学门”等等）包括文史哲、东西方语言学等各系（门）教授多达五六十人，如此雄厚的教授队伍构成当年北大独树一帜的风景线。[37]

其时北大尚在景山东街四公主府，校内北侧为讲堂，东侧为教员休息室，每人一间，人称“卯字号”。新文化运动时期，卯字号星光熠熠，冠盖如云，真是猗欤盛哉，恒为北大校史上最值得骄傲的一段时光。

说这些人都是受陈独秀的吸引而来的，那是夸大了陈独秀的影响力，他们当中不少人在陈独秀之前，已在北大执教了。生在南洋、学在西洋、婚在东洋、仕在北洋，通晓九国语言的怪儒辜鸿铭，支持袁世凯复辟帝制，因“一念之差，误了先人清德”的经学家刘师培，以及“以骂人名海内”的音韵训诂学家黄疯子黄侃等等，都是蔡元培请回来（或保留下来）的名重一时的学术大师。蔡元培看人，只看称职与否，守旧也要守得称职，不能马马虎虎地守。

辜鸿铭脑后留着一条大辫子，到死也不肯剪，连雇回来替他拉车的车夫，也是拖着辫子的。他这条辫子在北大赫赫有名，无论走到哪里，都能招来无数注目礼。第一天上课时，学生们为之哄笑。辜鸿铭不慌不忙地说：“你们笑我，无非是因为我的辫子。我的辫子是有形的，可以马上剪掉，然而，诸位脑袋里面的辫子，就不是那么能剪掉的啦。”这一番话，直如当头棒喝，把大家震得不敢吱声。有资格笑辜鸿铭的人，普天下确实数不出几个来。

蔡元培又聘请了孙国璋（芾仲）到北大教授世界语。这与蔡氏的安那其世界主义情结有关。世界语在民元前后，曾一度风行，后渐式微。蔡元培希望利用北大的阵地，重振旗鼓。而新学诸子又正提倡改造汉字，双方不谋而合，故积极推波助澜。

据曾执教于北大的傅振伦教授说：“苟无北大之世界语宣传运动，恐世界语早成过去历史上之名词，列入死的语言 Lingvo mortita 之林矣！”在校长及陈独秀、钱玄同、周作人等教授推动下，“当时世界语学者 Esperantisto，在五百人以上，分为甲乙丙丁戊五班讲习之。”[38]

应该说，很多人是冲着蔡元培去的，不是冲着陈独秀去的。蔡元培学养纯厚，胸襟廓然，奉行十六字箴言：“囊括大典，网罗众家，思想自由，兼容并包”，有如黑暗中的一盏暖灯。虽然身材瘦削矮小，但他雍容雅步的身影一出现，几有“伯乐一过冀北之野，而马群遂空”的盛况。

一所现代的大学，就应该在学术上有容纳各流各派的泱泱大风。“万物并育而不相害，道并行而不相悖”。陈独秀对蔡元培也大加赞叹：“自戊戌政变以来，蔡先生自己常常倾向于新的进步运动，然而他在任北大校长时，对于守旧的陈汉章、黄侃，甚至主张清帝复辟的辜鸿铭，参与洪宪运动的刘师培，都因为他们学问可为人师而和胡适、钱玄同、陈独秀容纳在一校；这样容纳异己的雅量，尊重学术思想自由的卓见，在习于专制好同恶异的东方人中实所罕见。”[39]

不过，人们通常称赞蔡元培“兼容并包”，或“兼收并蓄”，很少说他“容纳异己”。事实上，蔡元培从未说过辜鸿铭、黄侃等人是“异己”。他们也许是陈独秀、钱玄同的异己，但不是蔡元培的异己。陈独秀把蔡元培延聘辜、黄等人称为“容纳异己”，包含了一句潜台词，即蔡元培是“我们”这一边的人。辜鸿铭也曾经吹嘘，中国只有两个好人，一个是蔡元培，一个是他自己，他要和蔡氏共同进退。[40]似乎也表示，蔡元培是他那边的人。

蔡元培强调，他希望北大只有学术宗师，没有学术门派。他说：“我素信学术上的派别是相对的，不是绝对的；所以每一种学科的教员，即使主张不同，若都是‘言之成理，持之有故’的，就让他们并存，令学生有自由选择的余地。”[41]

1917 年，蔡元培聘请只有中学毕业程度的梁漱溟到北大任讲师，讲授印度哲学。梁氏到校第一天，就问蔡氏对孔子持什么态度，蔡氏回答：“我们也不反对孔子。”[42]这是他的心里话。蔡元培反对的只是政治化的孔子，反对独尊孔子，并不是要把孔儒扫地以尽。他所持的完全是一种平等心和平常心。当梁漱溟表示，他到北大，“不仅是不反对（孔子）而已，我此来除替释迦孔子去发挥外更不作旁的事”时，蔡元培也照样无任欢迎。

后来梁漱溟对蔡元培有一个很恰当的评论，他说：“天性上具有多方面的爱好，极广博的兴趣。意识到此一需要而后兼容并包，不免是伪的；天性上喜欢如此，方是自然的。有意兼容并包是可学的，出于性情之自然是不可学的。有意兼容并包，不一定兼容并包得了。唯出于真爱好而后人家乃乐于为他所包容，而后尽复杂却维系得住——这方是真器局，真度量。”[43] 若论对蔡元培的理解，梁漱溟比陈独秀深刻与贴近多矣。

白话文与文言文，一度被视为是新旧文化对峙的楚河汉界。蔡元培虽然毫不怀疑白话文最终将取代文言文，成为通用的书面语言，但他却没有把赞成文言文的人划入“异己”范畴。他的主张很鲜明：“兼用白话，但不攻击文言”。

> [蔡元培说] 我信为应用起见，白话文必要盛行，我也常常作白话文，也替白话文鼓吹；然而我也声明：作美术文，用白话文也好，用文言文也好。例如我们写字，为应用起见，自然要写行楷，若如江艮庭君的用篆隶写药方，当然不可；若是为人写斗方或屏联，作装饰品，即写篆隶章草，有何不可？[44]

仅仅容纳异己，并不算真正的“兼容并包”，抱着“谅你也跳不出我手掌心”的心态，也可以容忍异己的存在。然在蔡氏看来，白话与文言，不过是行楷与篆隶的区别，完全可以共存共荣。

推而广之，中国传统文化与西方文化，亦不过是花开两朵，各表一枝而已，大可以互相涵摄贯通，用不着剑拔弩张，非要拼个玉碎瓦全不可。明乎此，才是真正的“兼容并包”。

载酒行吟的古文家林纾

1917 年 2 月，上海《大公报》发表了一篇文章《论古文之不宜废》。作者林纾，字琴南，号畏庐，1852 年生于福建闽县（今福州）。年轻时曾梦想当一名佩剑任侠、载酒行吟的豪客，1882 年考中举人，但七上春闱，七番落第，从此绝意仕途，转向从事文化事业。

1900 年，林纾在北京任五城学校国文教员，所作古文，备受桐城派大师吴汝纶赞赏，名声大噪，因任京师大学堂讲席。民国成立后，他与马其昶、姚永概等人，与当时在北大提倡魏晋之学的章太炎闹翻了，相继拂袖而去，以译书售稿与卖文卖画为生。

林纾是文学史上赫赫有名的奇人，他曾说自己的诗，“七律专学东坡、简斋；七绝学白石、石田，参以荆公；五古学韩；其论事之古诗则学杜”。他又说，与他的古文相比，自己的诗又不过是“狗吠驴鸣”而已。林纾对别人称他为翻译家甚为恼恨，康有为赞了他一声“译才”，几乎惹得他翻脸。他希望别人称他为古文家。他放言“六百年中，震川外无一人敢当我者”，可见其对于自己的古文水平，自信心近乎爆炸。

林纾不懂外文，但在懂外文的朋友协助下，翻译法国小仲马的《巴黎茶花女遗事》。这部划时代的译作，乃因一个偶然的机缘产生的。当时林纾因夫人去世，心情低落。他的好友王寿昌来看他，劝他散散心，并把一本叫《茶花女》的法国文学作品介绍给他，让他翻译，说该书以情感人，使法国巴黎倾城男女为之神魂颠倒，他想让中国人也一饱眼福。

“几日后，包括王寿昌在内的几位朋友，邀我祖父到石鼓山散散心，”据林纾的嫡孙追述，“就在前往石鼓山的画船上，我祖父开始了他的第一部译著。”

王寿昌临窗而坐，手捧《茶花女》法文原本，一边浏览，一边口述。船中，我祖父临桌站立，提笔泼墨，挥洒成篇，友人在一旁喝彩。就这样，在近代文学翻译史上曾产生巨大反响的《巴黎茶花女遗事》，以奇特的方式，从不懂一句外文的祖父手中用古文译出，自此，在中国文坛上第一次有了外国小说的影子。

书译成后，由魏瀚（著名造舰专家）出资交由城内最有名的刻书匠吴玉田镌版印刷。1899 年 2 月，《巴黎茶花女遗事》正式在福州发行，书印成刻印的时候，我的祖父和王寿昌都未敢用真名，我的祖父署名冷红生，王寿昌署名晓斋主人。未敢用真名的原因，在于当时小说的文学地位很低下，为士大夫之流所不屑为。但没想到的是，小说问世之后，立即轰动全国。[45]

从此，林纾的翻译一发不可收拾。他的笔头很快，“耳受手追，声已笔止”，毕生把一百八十余部外国文学作品介绍到中国，包括森彼得的《离恨天》、英国狄更斯的《大卫·科波菲尔德》、哈葛德的《天女离魂记》、司哥特的《撒克逊劫后英雄略》、笛福的《鲁滨逊漂流记》、俄国托尔斯泰的《恨缕情丝》、西班牙塞万提斯的《魔侠传》等，均畅销海内，为中国读者打开了一个五彩斑斓的世界。时人笑他是“造币厂”，只要他一下笔，就有出版商抢着给他送稿酬。林纾听了这些传言，不禁苦笑，他把自己的画室题名为“磨坊”，意指他像驴子下磨坊磨粉，一天不磨，即须挨饿，个中苦况，不足为外人道。

严复盛赞林纾翻译的《巴黎茶花女遗事》，“断尽支那荡子肠”，这主要得力于他精彩绝伦的文字。但恰恰是他的文字，受到新学人士嗤之以鼻的讥弹。周作人直指他“把外国异教的著作，都变作班马文章，孔孟道德”，[46]不过是“中体西用”的老本领、旧思想而已。林纾对白话文所表现出强烈的排他性，深感忧虑，唯恐国未亡而文字先亡。他在《论古文之不宜废》中，指出古文不宜废的理由：

然而一代之兴，必有数文家撑拄于其间，是或一代之元气盘礴郁积发泄而成，犹大城名都，必有山水之胜状用表其灵淑之所钟。文家之发显于一代之间，亦正此类。呜呼，有清往矣，论文者独数方（苞）姚（鼐），而攻掊之者麻起，而方姚卒不之踣或其文固有是者存耶。方今新学始昌，即文如方姚亦复何济于用，然而天下讲艺术者仍留古文一门，凡所谓载道者皆属空言，亦特如欧人之不废腊丁耳，知腊丁之为可废，则马班韩亦自有其不宜废者。吾识其理，乃不能道其所以然，此则嗜古者之痼也。

林纾批评某些赶时髦的"新学家"："民国新立士皆剽窃新学，行文亦泽之以新名词，夫学不新而唯词之新，匪特不得新且举其故者而尽亡之"。[47]"未得其新，先殒其旧"，是中国在学习西方时最易患上的毛病，林纾早已洞烛其症，他在1915年为"国学扶轮社"编纂《文科大辞典》作序时写道："新学既昌，旧学日就淹没。孰于故纸堆中觅取生活？然名为中国人，断无抛弃其国故而仍称国民者。"他说，自己提倡古文，"明知其不适于用，然亦所以存国故耳。"[48]专诚所注，唯是不负文化慧命所托。

可见，林纾并非头脑迂腐的冬烘先生，在引入西方文学方面的贡献，全国还没有谁可以超越他。他非常清楚中国的传统旧学，已不适用于今日，他虽主张古文不宜废，却没有说过白话文不宜兴。

早年林纾也写过不少白话诗，收在《闽中新乐府》一书中。胡适尝言："我们晚一辈的少年人只认得守旧的林琴南而不知道当日的维新党林琴南；只听得林琴南老年反对白话文学，而不知道林琴南壮年时曾做很通俗的白话诗——这算不得公平的舆论。"[49]

林纾是赞成"新学旧学并行"的，新学不一定非要建立在旧学的废墟上不可，没有旧文化，何来新文化？文化不仅需要有连续性，而且它本身蕴含着当下人群的情感价值和个人权益在内，不允许别人提倡旧学，不允许读经，本身就是践踏自由的。难道可以用专制的手段去争取自由吗？

林纾在1906年说的一番话，表达了他的良好愿望："或谓西学一昌，则古文光焰灭矣。余殊不谓然，学堂中能将洋汉两门，分道扬镳而指授，旧者既精，新者复熟，合中西二文镕为一体，彼严几道（严复）先生不如是耶？”[50]然而，当新学宣布要完全毁弃传统价值，斩尽杀绝传统文化时，一种深刻的文化危机感，迫使这位以身载道的传统知识分子，“出肩其统”，要为中国数千年文化保存一缕元气。

《论古文之不宜废》一出，立即引起新学诸子的强烈反弹。胡适写信给陈独秀，说“顷见林琴南先生新著‘论古文之不当废’一文，喜而读之，”——为什么不是恶而读之，而是喜而读之呢？因为胡适“以为定足供吾辈攻击古文者之研究”，从中找到乘隙捣虚的破绽，讵料大失所望，其中“吾识其理，乃不能道其所以然”一句，则尤其使胡适嗤之以鼻。他嘲讽说：“此正是古文家之大病。古文家作文，全由熟读他人之文，得其声调口吻，读之烂熟，久之亦能效仿，却实不明其所以然。”[51]

拾人牙慧的毛病，并非古文家的专利，今文家也没有免疫力。“仪刑文王，万邦作孚”是拾古人牙慧，“自由民主，宪政共和”就不是拾洋人牙慧了吗？周作人曾公开宣称，中国小说要有进步，出路就在于“真心的先去模仿别人”，[52]这和“久之亦能效仿”，本质上并无不同。古文家对古人不明其所以然，今文家对今人（洋人）又何尝明其所以然呢？无非都是各取所需，为我所用罢了。

对林纾，胡适后来亦作过公允而冷静的评论。他说：“平心而论，林纾用古文做翻译小说的试验，总算是很有成绩的了……但这种成绩终归于失败！这实在不是林纾一般人的错处，乃是古文本身的毛病。古文是可以译小说的，我是用古文译过小说的人，故敢说这话。但古文究竟是已死的文字，无论你怎样做得好，究竟只够供少数人的赏玩，不能行远，不能普及。”他以鲁迅兄弟翻译出版《域外小说集》为例，他们的翻译水平，也算一流了，“但周氏兄弟辛辛苦苦译的这部书，十年之中，只销了二十一册！这一件故事应该使我们觉悟了。用古文译小说，固然也可以做到‘信，达，雅’三个字——如周氏兄弟的小说——但所得终不偿所失，究竟免不了最后的失败。”[53]

对林纾批评“学不新而唯词之新”这种病症，胡适也一清二楚，他在另一篇文章中指出，中国人现在有一种毛病，除了引古人的话替自己辩护外，又多了一样引洋人的话。“例如你引霍布尔来驳我，我便拿卢骚来驳你；甲引哈蒲浩来辩护自由主义，乙便海智尔来辩护君主政权，丙又引柏拉图来辩护贤人政治。却不知道霍布尔有霍布尔的时势，卢骚有卢骚的时势，哈蒲浩、海智尔、柏拉图又各有他们不同的境遇时代”，根本不能胡乱地套用在中国目前的情况上。

> [胡适说]至于（用）那些合我脾胃的西洋哲人，来驳那些不合我脾胃的西洋哲人，全不管这些哲人和那些哲人是否可以相提并论，是否于中国今日的问题可以引证的理由——这不是奴性的逻辑吗？[54]

林纾与胡适，不谋同辞，却一针见血，指出了中国文化精英的一个死症。旧派言必称孔孟，新派言必称卢梭，其实两者无本质区别，都是没有了“自我”。而新文化运动，恰恰就是要打破这奴性逻辑，把这个湮没了几千年“自我”重新发掘出来，让它焕发光芒。

怎么发掘呢？是用言必称卢梭，去反对言必称孔孟吗？用“新典主义”去反对古典主义吗？用一个极端去反对另一个极端，最后得到的是什么呢？这是新青年们必须面对的一个问题。胡适在给陈独秀的信中说：“甚愿国中人士能平心静气与吾辈同力研究此问题！讨论既熟，是非自明。吾辈已张革命之旗，虽不容退缩，然亦决不敢以吾辈所主张为必是而不容他人之匡正也。”

然陈独秀在复信时，却斩钉截铁地说：

> 鄙意容纳异议，自由讨论，固为学术发达之原则；独至改良中国文学，当以白话为文学正宗之说，其是非甚明，必不容反对者有讨论之余地，必以吾辈所主张者为绝对之是，而不容他人之匡正也。[55]

这就是“革命”与“学术”的区别所在了。

胡适虽然高张革命之旗，但潜意识里，还是把白话与文言之争，视作学术之争，大家不妨坐下讨论讨论，研究研究，而陈独秀一出场，就摆出二元对立、一元绝对的姿态，替天行道的姿态，“不容反对者有讨论之余地”。这种心态，和易白沙批评孔子“讲学不许问难，易演成思想专制之弊”，辞异义同，最终还是会回到“思想专制”的老路上去。因此，几年后陈独秀宣称要“从政治上、教育上，施行严格的干涉主义”，“早日造成一个名称其实的‘开明专制’之局面”，[56] 也是意料中的结果了。

这是新青年们要面对的另一个悖论。陈独秀认为，不作过情的攻击，不足以摧毁这二千多年的堡垒。胡适笑曰：“这样武断的态度，真是一个老革命党的口气。我们一年多的文学讨论的结果，得着了这样一个坚强的革命家做宣传者，做推行者，不久就成为一个有力的大运动了。”[57]

事实上，和前辈康、梁、章诸公不同，这一代知识分子发起的启蒙运动，并不是文化精英小圈子里的解放运动，而是指向中国人的国民性。这才是本质所在。后来胡适总结这段历史时，也悟出了这个道理。他说：白话文并不是文化精英们“大发慈悲心，哀念小百姓无知无识，故降格做点通俗文章给他们看。但这些‘人上人’自己仍旧应该努力模仿汉、魏、唐、宋的文章。这个文学革命便不同了；他们说，古文死了二千年了，他的不肖子孙瞒住大家，不肯替他发丧举哀；现在我们来替他正式发讣文，报告天下‘古文死了！死了两千年了！你们爱举哀的，请举哀罢！爱庆祝的，也请庆祝罢！”[58]

胡适承认自己的历史癖太深，态度太和平了，“七分证据不能说八分话”，若照他这个态度做去，文学革命至少还须经过十年的讨论与尝试，所以他不配作革命的事业。而陈独秀的勇气，恰好补救这个太持重的缺点。文学革命的进行，急先锋是陈独秀。

1917 年 3 月，章太炎联合了几个中国人和日本人，在上海发起成立亚洲古学会，发表公开演说称：“近者欧战发生，自相荼毒，惨酷无伦，益证泰西道德问题扫地以尽，而东方高尚之风化，优美之学识，固自有不可灭者。”[59]鉴于亚洲各国宗教虽殊，然以道德为根本，则颇属一致，所以古学会要成为“全洲思想界联络之一大枢纽”。

这种动辄以“黄种人”、“亚细亚人”相号召的大话，人们也听得多了，耳朵起茧，未必当真，但章太炎在中国有一大批追随者，他的学术成就，以及“七被追捕，三下牢狱”的光荣革命历史，不是林纾可以比拟的，连袁世凯都惮他三分，搞帝制时要先把他关起来，免得他乱放炮。芸芸“暴得大名”的年轻人，不少还是他学生的学生呢。

柳亚子早年曾师从蔡元培、章太炎。章太炎也看不起桐城派，他是魏晋派的。对胡适提倡“文学革命”，柳氏虽不以为然，也不屑理会，但后来得知“自命新人”的胡适，不仅对南社横加批评，还明剃其师章太炎的眉毛，不禁怒从心起，立即撰文反击。他说：“彼倡文学革命，文学革命非不可倡，而彼之所言，殊不了了。所作白话诗，直是笑话。中国文学含有一种美的性质，纵他日世界大同，通行‘爱斯不难读’（即 Esperanto，世界语），中文、中语尽在淘汰之列，而文学犹必占有美术中一科，与希腊、罗马古文颉颃，何必改头换面，为非驴非马之恶剧耶？”[60]

不久前，胡适在《新青年》上发表了八首白话诗，率先打破传统格律，采用自然音节和自由句式，揭开了中国现代白话诗歌的第一章。柳亚子显然看过这些作品，他挖苦胡适的白话诗“直是笑话”、“非驴非马”的“恶剧”，但他捍卫古诗文的理由，并非觉得古诗文有强盛的生命力，而是为中文死亡之后，给考古学家留一份原始的记录而已。他似乎担心后世的考古学家搞不清哪些是正宗的古诗文，哪些是胡适之流的“恶剧”。

柳亚子意犹未尽，几天后，在报纸上继续批评胡适：

> 《新青年》陈独秀弟亦相识，所撰非孔诸篇，先得我心。至论文学革命，则未免为胡适所卖。弟谓文学革命，所革当在理想，不在形式。形式宜旧，理想宜新，两言尽之矣。又诗文本同源异流，白

话文便于说理论事，殆不可少；第亦宜简洁，毋伤支离。若白话诗，则断断不能通。

最后，这位现代的“小旋风柴进”（柳氏自命）反唇相讥：“若胡适者，所谓画虎不成反类犬，宁足道哉！宁足道哉！”[61] 虽然不足道，但他还是忍不住要道。两个月后，他在一篇文章中，又把胡适扯出来抨击一番，他说：“去岁以来，始有美国留学生胡适，昌言文学革命，谓以白话易文言，殆欲举二千年来优美高尚之文学而尽废之，其愿力不可谓不宏，然所创白话诗，以仆视之，殊俳优无当之用。”[62]

“殆欲举二千年来优美高尚之文学而尽废之”，这个罪名不可谓不大矣。而此时此刻，“画虎不成反类犬”的胡适，已在归国途中。5 月 22 日，胡适完成了哥伦比亚大学的博士学位考试，随即与在美国的朋友一一道别。纵然此地风光好，还有思家一片心，他既已在国内开了一场战争，就只能有进无退了。

6 月 9 日，胡适束装就道，踏上了风涛万里的回国之程。尽管当时国内警电纷飞，他悲观地预感到自己从事建设的困难。舟次日本横滨时，国内发生了张勋复辟。胡适更加强烈地感觉到，中国的问题，不是制度的问题，而是文化的问题。传统文化把中国人都变成守旧狂了。

胡适近乡情怯，以摘抄柳亚子的文章打发时间。洪宪帝制才去，张勋复辟又来，令他对柳亚子的“形式宜旧”，深恶痛绝。他在日记中点评说：“此书未免有愤愤之气。其言曰：‘形式宜旧，理想宜新。’理想宜新，是也。形式宜旧，则不成理论。若果如此说，则南社诸君何不作《清庙》、《生民》之诗，而乃作‘近体’之诗与更‘近体’之词乎？”[63] 不过，直到两年后，他才对柳亚子以及南社诸君——当然也包括梅光迪、任叔永等人——作公开的回应。

[胡适写道] 甚至于南社的柳亚子也要高谈文学革命。但是他们

> 的文学革命论只提出一种空荡荡的目的，不能有一种具体进行的计画。他们都说文学革命决不是形式上的革命，决不是文言白话的问题。等到人问他们所主张的革命“大道”是什么，他们可回答不出来了。这种没有设想计画的革命——无论是政治的是文学的——决不能发生什么效果。[64]

陈独秀知道胡适回国，不由得精神大振。国内的“选学妖孽，桐城谬种”，还有许多旁支庶出，宗亲至戚，枝蔓丛生，势力十分雄大。陈独秀虽有杀神杀佛的锐气，但自家阵营，来来去去，就那么三五丁人，显得势单力薄，为了把旧势力彻底打下去，他急于扩张自己这边的力量。胡适回来得正是时候。

蔡元培从《新青年》上，对胡适已有大概的了解。他称赞说：“那时候因《新青年》上文学革命的鼓吹，而我们认识留美的胡适之君，他回国后，即请到北大任（哲学）教授。胡君真是‘旧学邃密’而且‘新知深沉’的一个人。”[65] 从此北大就有了“三只兔子”，蔡元培生于同治元年丁卯，是老兔子，陈独秀生于光绪五年己卯，是中兔子，现在又添一只生于光绪十七年辛卯的小兔子胡适，声势陡然壮了不少。

7 月 10 日，胡适终于抵达上海。汪孟邹在法租界外滩码头迎接他。胡适在上海小住了十几天，了解国内的出版界情况，逛了多家书局，发现这七年来，简直没有两三部以上可看的书，实在是一件令人沮丧的事情，“我几乎要羞死了。”胡适叹息道，“到了上海，看了出版界的孤陋，教育界的沉寂，我方才知道张勋的复辟乃是极自然的现象，我方才打定二十年不谈政治的决心，要想在思想文艺上替中国政治建筑一个革新的基础。”[66]

他离开上海后，回绩溪省亲。江南的山水，依旧是那么柔和、温润、伤感而缱绻。胡适在家里待到 8 月下旬，才与母亲依依惜别，从绩溪赴京，向着那个新文化大本营的北大进发了。

八方风雨会中央

自从蔡元培执掌北大以后，北京渐渐成为全国新文化的中心。

易白沙的《孔子平议》在《青年杂志》上发表后，引起了远在四川成都的一个怪人的留意。这人名叫吴虞，时年四十四岁。他童年曾师从经学大师吴伯竭，经史子集，无不烂熟。戊戌变法之后，开始转求新学，是成都最早鼓吹新文化的人。

吴虞与父亲的关系，一直形同水火，曾被父亲赶出家门，导致他的儿子因缺医少药而死亡。此事令他对父亲恨之入骨，日记中屡斥其父为“魔头”，甚至愤而悲叹“余祖宗何不幸而有此子孙也”。[67]1910年，由于家产纠纷，他被父亲告上衙门，最后官府虽判他父亲败诉，但吴虞却成了当地赫赫有名的“忤逆子”，受到“社会贤达”们猛烈抨击，指他“无君无父”、“非理非法”、“忤逆伦常”、“大逆不道”。

吴虞为了自辩，写了一篇《家庭苦趣》，在各个学堂散发，此举大大激怒了当地旧派势力，骂他外扬家丑，是“投畀豺虎，豺虎不食；投畀有北，有北不受”的士林败类、名教罪人，永远驱逐出四川教育界。

1916年12月，吴虞在看到易白沙的《孔子平议》后，大有共鸣，于是投书陈独秀，毛遂自荐，写过哪些文章，哪些文章遭到官府查禁，哪些文章报纸不敢刊登，章士钊对他的诗文如何评价等等。显然是一份要加入新学阵营的投名状。

陈独秀当然无任欢迎，叫吴虞把全部文章寄来，分载《青年》、《甲寅》，“嘉惠后学，诚盛事也”。对于在四川几沦为丧家之犬的吴虞来说，陈独秀的招揽，简直与及时雨宋江搭救柴大官人出枯井无异。他的文章随即在《新青年》上陆续发表。

陈独秀在日本认识的李大钊，已于1916年夏天回国，当时袁世凯已死，一度被政府封闭的《甲寅》杂志，在章太炎的怂恿下，章士钊也萌发了“中兴之意”。李大钊与高一涵在北京协助章士钊办《甲寅》日刊。陈独秀力邀李、高二人加盟。

钱玄同向陈独秀推荐鲁迅，说此人文采不错，在日本编过两本《域外小说集》。陈独秀是韩信点兵，多多益善。他托钱玄同把《新青年》送给鲁迅，希望他投稿。但鲁迅看过以后，心如止水。据他观察，《新青年》“仿佛不特没有人来赞同，并且也还没有人来反对”。“他们许是感到寂寞了”，所以才来找他捧场。他对钱玄同说了一段很著名的话：

> 假如一间铁屋子，是绝无窗户而万难破毁的，里面有许多熟睡的人们，不久都要闷死了，然而是从昏睡入死灭，并不感到就死的悲哀。现在你大嚷起来，惊起了较为清醒的几个人，使这不幸的少数者来受无可挽救的临终的苦楚，你倒以为对得起他们么？

鲁迅的意思很明显：睡着是死，醒来也是死；不挣扎是死，挣扎也是死。这铁屋子根本就是不可能打破的。为什么打不破？如果这铁屋子是孔夫子造的，一定可以打破；如果是四书五经造的，那也一定可以打破。唯有当这铁屋子是无缘无故和无边无沿时，它才有可能立于打不破之地。

鲁迅无疑认为这铁屋子不仅仅是文化的黑暗，更是人性的黑暗，是人心的黑暗。所以他才会有“置身毫无边际的荒原，无可措手”的感觉。

关于“铁屋子”的比喻，恒被后人反复引用，但问题是——

当真有这么一间铁屋子存在吗？

这个大嚷的人，是在屋里，还是在屋外？

如果他在屋外，他是怎么到屋外的？他是圣人吗？是上帝吗？

如果他在屋里，他怎么知道屋子外面一定比屋子里面好呢？既然这铁屋子是“绝无窗户而万难破毁的”，他又怎么知道有一个“外面”存在呢？

屋里与屋外的界线在哪里？由谁来划定？怎么划定？

当时钱玄同的回答是：“然而几个人既然起来，你不能说决没有毁坏这铁屋的希望。”[68] 这是革命者的口吻了。革命者通常会有一种救世情结，搭救人类，乃义不容辞的天职，他们不会思前想后，只要认准了方向，便一味向前冲。

做了五年京官的鲁迅，多少沾了一点衙门阴气，目光与心态，显得苍老与灰暗，与其说是一位现代知识分子，不如说传统的士大夫色彩更浓。这与陈独秀憧憬的“如初春，如朝日，如百卉之萌动”的新青年形象，本来风马牛不相及，他自称是“思想太黑暗”的“死的随便党”，习惯于站在舞台深处最黑暗的角落里，冷眼相看，钱玄同给他起了个“猫头鹰”的外号，传神之至。

鲁迅对现实不抱希望，没有什么东西可以令他的神经兴奋起来，看到一丝光亮。他不相信靠《新青年》上几篇文章，就可以把铁屋子打破。他把杂志转寄给绍兴的弟弟周作人，并引用了教育部同事许寿裳的一句话：“这里边颇有些谬论，可以一驳。”

鲁迅和许寿裳都是蔡元培的同乡，又都是蔡氏在教育部的老下属，当蔡氏招贤纳士时，他们一起推荐了周作人到北大教希腊文学史与古英文课，蔡元培欣然同意。周作人对北上似乎没有太多的激情。4 月，他从春江水暖的绍兴，辗转来到寒冷依旧的北京。在上海码头遇窃，更令他对北京之行蒙上阴影。

到京后，周作人与鲁迅同住在半截胡同的绍兴会馆。两兄弟聊起《新青年》时，周二先生的反应和周大先生一样，“觉得没有什么谬，虽然也并不怎么对”。他们暂时都没有给《新青年》写稿的兴致。

因为是学期中段，不能开新课，周作人只能暂时在北大的国史编纂处当编纂，和兄长逛琉璃厂，拜访朋友，吃饭饮茶，夜晚被叫春的猫吵得无法入眠，两兄弟便搬凳子，操竹竿，爬到院墙头上做“棒打鸳鸯”的事情。日子过得很平淡。有一回沈尹默去绍兴会馆看鲁迅，碰巧有人在墙边小便，他看见鲁迅正用一弹弓聚精会神在射此人的生殖器官。

钱玄同是绍兴会馆的常客。他给周氏两兄弟送《新青年》，向他们约稿。

据周作人回忆，当年的《新青年》，在他印象中，亦不过“是普通的刊物罢了，虽是由陈独秀编辑，看不出什么特色来”。[69] 倒是他们经常在槐树下的高谈阔论，要比《新青年》激烈许多，从“非圣”、“逆伦”，说到去“东方化”，“用夷变夏”。钱玄同主张烧毁中国书和废除汉字，鲁迅也有同感，深信汉字不灭，中国必亡，认为中国不如改用德文，若办不到，也要在汉文中多羼入外文字句。

1917 年 9 月，北大新学期开学，“蓄浓髯，戴大绒帽，披马夫式大衣，俨然一俄国英雄”（刘半农语）的周作人，正式到北大任文科教授，讲授欧洲文学史。他把译稿《陀思妥夫斯奇之小说》交给了钱玄同，算作第一次向《新青年》投稿。

另一位被陈独秀看好的作者，是出身鸳鸯蝴蝶派的小说家刘半农，江苏江阴人，生于 1891 年，原名寿彭，后改为“复”，号伴侬。他属于没受过严格传统文化训练的第一代文人，童年由父亲开蒙，然后入小学、中学，接受的是新式教育。周作人形容他“不装假，肯说话，不投机，不怕骂，一方面却是天真烂漫，对什么人都无恶意”。刘半农第一次在《新青年》上发表文章，是 1916 年 10 月 1 日第二卷第二号上的《灵霞馆笔记》，还算不上是文学革命的作品。周作人说：“原是些极为普通的东西，但经过他的安排组织，却成为很可诵读的散文。”[70]

迨至 1917 年 5 月 1 日，刘半农在《新青年》三卷三号上，以一篇《我之文学改良观》，正式加入到新文化运动的大合唱之中。他宣称文学要改良，非破除迷信不可：“吾辈做事，当处处不忘有一个我。作文亦然。如不顾自己，只是学着古人，便是古人的子孙；如学今人，便是今人的奴隶。若欲不做他人之子孙与奴隶，非从破除迷信做起不可。”对于新旧两派针锋相对的文言与白话之争，他主张：

文言、白话可暂处于对待的地位，何以故？曰，以二者各有所长、各有不相及处，未能偏废故。胡（适）、陈（独秀）二君之重视

“白话为文学之正宗”，钱（玄同）君之称“白话为文章之进化”。不佞固深信不疑，未尝稍怀异议……今既认定白话为文学之正宗与文章之进化，则将来之期望，非做到“言文合一”或“废文言而用白话”之地位不止。[71]

在学院派看来，刘半农有点花里胡哨，文笔也流于轻薄，散发着上海小报记者的气息，深为胡适等人所不屑，但陈独秀对这位“头大，眼有芒角，生气勃勃”（周作人语）的年轻人，期望甚殷，只要去掉他身上的红袖添香名士气，可望成为冲锋陷阵的勇将。

陈独秀向蔡元培大力推荐刘半农，而蔡元培也从《新青年》上留意到此人了。1917 年秋天，北大聘刘半农为法科预科教员。刘半农遂穿着鱼皮鞋，一步跨进了中国的最高学府。从此，北大校园又添了一只小兔子（他与胡适同属兔）。为了表示与鸳鸯蝴蝶派一刀两断，他把带有脂粉味的“伴侬”，改为“半农”。

9 月 10 日，胡适到了秋风初起的北京。12 日，蔡元培在六味斋设宴为他洗尘。汤尔和、沈尹默、沈兼士、马幼渔、钱玄同等人作陪。胡、钱二人神交已久，这时一壶浊酒喜相逢，不亦乐乎。

钱玄同在日记中，记录了他接二连三去拜访胡适（9 月 14、19、25 日）的经过及谈话内容。胡适的丰神韵度，把钱玄同的神魂都摄去了，两人一见如故，畅谈甚欢。胡适认为“古书伪者甚多”，主张“读书贵能自择，不可为古人所欺”，一番话好像搔着了钱玄同的痒处，不由得连声叫好。

[胡适在 19 日的见面时说]自汉至唐之儒学，以《孝经》为主，自宋至明之儒学，以《大学》为主。以《孝经》为主者，自天子以至庶人，均因我为我父之子，故不能不做好人，我之身但为我父之附属品而已。此种学说，完全没有个“我”。以《大学》为主，必先诚意、正心、修身，而后能齐家、治国、平天下，此乃以“我”为

主者，故陆、王之学均能以“我”为主。如陆九渊所言，我虽不识一字，亦须堂堂做一个人是也。

从时间上，把儒学分为汉唐儒学与宋明儒学，虽是老生常谈，但从内容上分成“《孝经》儒学”与“《大学》儒学”，以此作为这两大阶段儒学的根本区别，在正统儒学看来，则未免有野狐之嫌。何况，胡适似乎把个人主义的“我”、自由主义的“我”，与宋明理学的“我”扯上血缘关系，难怪钱玄同听了，大赞“此说可谓极精”。[72]

由此以观，这批满口“烟士披里纯”、“爱斯不难读”的新学诸子，其实在骨子里，也还是“三分洋货，七分传统”。如果认真考究他们的思想谱系，传统的纵向传承，远多于洋货的横向移植，和他们在文化上的许多对头，其实同出一源。

对此，他们绝不肯承认，而且还故意用过激的言辞姿态，遮掩自己的出身；有的人则含含糊糊、半推半就地承认，胡适自称对传统文化是在“疑古”与“辨伪”的前提下接受的，即为此类。后来胡适提出“整理国故，再造文明”的口号，到晚年埋头钻研《水经注》，不能说他是新文化运动的“逃将”，而实实在在是文化基因的自然归宿。

钱玄同被胡适的才华迷住了，胡适说什么，都好像纶音佛语一般，左一句“此说极是”，右一句“此意吾极以为然”。胡适说他准备编一本《白话文典》，钱玄同大表赞成，逢人说项。他们着手设计新式的标点符号，准备向教育部提出推行议案。胡适还说服了他的老乡汪孟邹，为亚东图书馆订下一个重新出版标点本中国小说名著的大计划。

沙场秋点兵，围绕着《新青年》的队伍，已略见规模。在北京有陈独秀、钱玄同、胡适、刘半农、高一涵、沈尹默、李大钊、鲁迅、周作人等，在外地则有易白沙、吴虞等。而在他们的对面，北大校内的旧学人物如辜鸿铭、梁漱溟、刘师培、陈汉章、黄侃、林损、马叙伦等，校外的林纾等，阵容亦堂堂可观。陈独秀所呼唤的四十二生大炮，已经架起来了，炮弹也上膛了。

但这时，《新青年》却偏偏因财务问题，维持不下去。

在众多史家笔下，《新青年》的诞生，直似“太阳初出光赫赫，千山万山如火发”，新文化运动从此云腾水涌。其实，《新青年》的销量少得可怜，1916 年底，偌大一个成都，只销五份，全盛时亦不过三十份左右。1917 年在全国的总印数（包括大量免费赠送）在内，每期约一万五六千份（据梁启超 1912 年办《庸言报》时说，印一万份仅不亏，没啥赚头）。主要读者，以知识精英的圈子为主，对新文化的争论，亦只是在这个小圈子里闹腾，即使在杭州这样的东部城市，1918 年之前，对新文化注意的人也不多。[73]

《新青年》仍然只是几个知识精英圈子里的事，在社会上影响有限，距离一个“运动”尚远。1917 年底，群益书社提出停止出版。对陈独秀来说，真是一个晴天霹雳。

在“二千人之社会”中试验民主自由

北大，是一所大学，也是一个小社会。蔡元培执掌北大以后，把它作为一个小型的公共社会来治理。辜鸿铭曾说过一句很有名的话，他说“蔡元培是北大的皇帝”。而梁漱溟对蔡氏的评论，也别有意味，他说蔡元培好比汉高祖，他不必要自己东征西讨，却能收合一般英雄，共图大事。

不过，蔡元培这个“北大皇帝汉高祖”，实行的却是“虚君共和”（教授的合议制），虽然他是学校的最高行政首脑，但学校的最高权力机构不是校长室，而是评议会。1917 年 7 月，张勋复辟，蔡元培一度请辞北大校长职，校内匕鬯不惊，运作如常，全赖评议会的维持。据沈尹默记述：

> 评议会会员由全体教授互举，约每五人中举一人。当时教授共八十余人（讲师、助教一百五十余人不在内），举评议员十七人，校长为评议长。凡校中章程规律（如开女禁），均须评议会通过。文、理、法、预四科教授都有代表参加评议会，大家都很兴奋。[74]

评议会是校内的“立法机构”，地位与“国会”相类似。1918 年颁布的《国立北京大学评议会规则》规定，评议会的职权范围：甲、各学科之设立与废止；乙、讲座之种类；丙、大学内部规则；丁、关于学生风纪事项；戊、审查大学院生成绩及请授学位者之合格与否；己、教育总长及校长咨询事件；庚、凡关于高等教育事项将建议于教育总长者，皆由评议会讨论决定。

评议会是北大首创的。“凡是学校的大事，都得经过评议会，”哲学系教授马叙伦说，“尤其是聘任教授和预算两项。聘任教授有一个聘任委员会，经过委员会审查，评议会通过，校长也无法干涉。教授治校的精神就在这里。表面看来，校长只有‘无为而治’，什么权力好像都被剥削了，但是，北大在连续几年风波动荡里面，能够不被吞没，全靠了他，后来北京师大也仿行。”[75]

每个学科又设有教授会。所有教员，无论其为研究科、本科、预科的教授、讲师、外国教员，都为会员。本部教授会负责讨论议决关于改善本部教授方法、本部教科书之采择事宜。本部学科之增设及废止、应用书籍及仪器之添置，亦须由本部教授会参与讨论决定。

在蔡元培的倡导下，五花八门的学会，也从平静的汉花园内纷纷冒出，一派万紫千红。诸如新闻研究会（蔡元培亲任会长）、哲学研究会、平民教育讲演团、地质研究会、国民杂志社、新潮社、国故月刊社、孔子研究会、雄辩会、数理学会、阅书报社、书法研究社、画法研究社、技击会、音乐研究会等（其中有些学会是 1919 年五四运动之后才出现的，然亦可归入蔡氏治校期间），学生们指点江山，论议英发，十分热闹，为校内的“民间社会”添上精彩一笔。

顾颉刚回忆：“学校成立了各种学会（最有名的有‘少年中国学会’，由李大钊、邓中夏主持）、社团（如‘新潮社’等）、研究会（如‘马克思主义研究会’、‘新闻研究会’、‘书法研究会’、‘画法研究会’等），还有‘静坐会’等体育组织。”[76] 许德珩也说：“他（蔡氏）发起了很多学会、研究会，从各种学科的研究会，到戏剧讨论会，象棋俱乐部，无所不包，应有尽有。这样就把学生的精神和爱好引导到学术研究和正当的文娱活动上来了。”[77]

这些“民间组织”，不限于“正当的文娱活动”，更在于激发起学生研讨学问、关心时事、关心天下的热情。1917 年底创办《北京大学日刊》，校长的讲话、学校的文告在上面刊登，许多社团活动广告也在上面刊登。“除了《北京大学日刊》每天出版外，还有在宿舍的影壁上、墙上，随时出现的海报、布告等，有人发出什么号召，就有人响应；说开会，就有人去。开会的地点，大些的会，在饭厅开的时候多，要说话的，站在板凳上就说起来。甚至在厕所里开辟‘厕刊’，互相辩难。”[78]

文、理、法各科几乎每周都举办学术讲座，由专家、教授主讲，学生可以质疑问难；教授与教授之间，也可以互打对台，学术气氛十分浓厚。这种风气一直持续到 1930 年代，成为那一代学人最具亮色的记忆。胡适与梁漱溟互打“哲学对台”的故事，则恒为北大人所津津乐道。

胡适在北大讲“中国古代哲学史”。讲义是自己编写的。在他之前，这门课由陈汉章讲，老夫子讲了一年，才从伏羲讲到洪范九畴。当胡适走上讲台时，许多学生都心存疑问，不知这位年仅二十七岁，风度翩翩的留美学生，怎么讲五行八政皇极庶征五福六极。讵料，他一开口，便把那些半是神话半是政史的东西，统统抛开不讲，直接从周宣王“胡说”起（胡适名言：“有‘子曰’、‘诗云’，难道就不允许有‘胡说’？‘胡适说’就是‘胡说’嘛！”）。顾颉刚是他班上的学生，据顾氏记述：

> 许多同学都这样怀疑，我也未能免俗。他（胡适）来了，他不管以前的课业，重编讲义。开头一章，是“中国哲学结胎的时代”。用《诗经》作时代的说明，丢开唐、虞、夏、商，径从周宣王以后讲起。这一改，把我们一般人充满着三皇五帝的脑筋，骤然作一个重大的打击，骇得一堂中舌挢而不能下。许多同学都不以为然，只因班中没有激烈分子，还没有闹风潮。我听了几堂，听出一个道理来了。[79]

顾颉刚，生于1893年，苏州人。入北大时报的是理科，后来读不下去，才改为文科，他受章太炎影响极大，却常常在自己的书本上署名“上炎”，意思当然不是“上呼吸道炎”，而是要超越章太炎之上。他觉得胡适在课堂上讲课，“有眼光，有胆量，有断制”，很合自己口味，都是他想说而不知道该怎么说的。兴奋之余，他把同住一宿舍的国文门同学傅斯年拉去旁听。

傅斯年，字孟真，生于1896年，老家是“科目鼎新，贤士辈出”的山东聊城，与历史上有名的伊尹、孙膑、鲁仲连、程昱是同乡。学问上，傅斯年是章太炎的崇拜者，深受黄侃、陈汉章、刘师培诸师器重，恒被视为章氏学派的传人。

章太炎在中国知识界影响力之巨，实在令人惊叹，无论新派旧派、革命派保皇派、维新派激进派、老中青年、大中小学，到处都有他的门生与崇拜者，抬头不见低头见。然而岁月如飞刀，刀刀催人老，当新文化崛起时，四十八岁的章太炎，虽然年富力强，但学术的黄金年代已逝，思想上，垂垂老矣。

胡适为他的学术做了一个讣闻：“章炳麟的古文学是五十年来的第一作家，这是无可疑的。但他的成绩只够替古文学做一个很光荣的下场，仍旧不能救古文学的必死之症，仍旧不能做到那‘取千年朽蠹之余，反之正则’的盛业。他的弟子也不少，但他的文章却没有传人。有一个黄侃学得他的一点形式，但没有他那‘先豫之以学’的内容，故终究只成了一种假古董。章炳麟的文学，我们不能不说他及身而绝了。”[80] 果然，衣钵传到黄侃之后，连他的高足傅斯年也要背叛师门了。

据胡适说，当时学生们拉傅斯年去听他的课，是因为傅氏在同学中已有一定的威信（甚至有学生称其为“孔子以后的第一人”，风头可见一斑），曾经率领学生把一位不学无术的老师轰走。他们让他去鉴定一下，要不要把这个企图“绞断中国哲学史”的家伙也照样轰走。

傅斯年听了以后，却很满意地说：“这个人书虽然读得不多，但他走的这一条路是对的。你们不能闹。”于是大家就安静下来了。

傅斯年这个铁杆的“黄门侍郎”（黄侃的爱徒），摇身一变，从此成为铁杆的“胡说弟子”。他的转变之快，连陈独秀也不禁生疑：这山东胖子该不是黄侃派来的细作吧？胡适后来感慨地说：“我这个二十几岁的留学生，在北京大学教书，面对着一班思想成熟的学生，没有引起风波。过了十几年以后，才晓得是孟真暗地里做了我的保护人。”[81]

这一年，顾颉刚二十四岁，傅斯年二十一岁，从年龄上看，与胡适是同一代人，但就文化史而言，已分属不同世代了。新生代的文化传人，开始在北京大学登场了。

陈汉章曾狠狠地挖苦胡适：“只看他的讲义的名称，就知道他不通。哲学史本来就是哲学的大纲，说中国哲学史大纲，岂不成了大纲的大纲了吗？”黄侃也看不起胡适，胡适在哲学史上，十分推崇墨子，黄侃便当着胡适的面大骂：“现在讲墨学的人，都是些混账王八！便是适之的尊翁，也是混账王八！”

胡适大怒，质问黄侃何以无端辱及他的父亲。

黄侃笑曰：“墨子兼爱，是无父也。你今有父，何足以谈论墨学？我不是骂你，聊试之耳。”弄得胡适哭笑不得。

但陈汉章、黄侃等人的嘲笑，并没有令学生们听课的热情稍减，甚至连外校学生，也慕名前来旁听，课室挤不下，只好改在第二院的大教室里上课。

梁漱溟也是教哲学的，他的课题是《东西文化及其哲学》。由于来听他课的学生太多，原来的课室容纳不下，也要换成第二院的大讲堂。梁氏是土头土脑的墨子形象，大讲西方文化与哲学；胡氏是喝足了洋墨水的杜威形象，讲的却是中国哲学。两人在楼上楼下同时开讲，打起了哲学对台，但同样是听者如堵，人头挤挤。

胡适认为，“欧洲民族在这三百年中，受了环境的逼迫，赶上了几步，在征服环境的方面的成绩比较其余各民族确是大的多多。这也不是奇事：本来赛跑最怕赶上，赶上一步之后，先到的局面已成。但赛跑争先，虽然只有一个人得第一，落后的人，虽不能抢第一，而慢慢走去终也有到目的地的时候。现在全世界大通了，当初鞭策欧洲人的环境和问题现在又来鞭策我们了。将来中国和印度的科学化与民治化，是无可疑的。”[82]

但梁漱溟却认为，中国文化与西方文化，根本不是落后与先进的问题，而是大路朝天，各走一边。如果没有西方文化的介入，照中国原来的路子，再走一百年也不会发明飞机。他说："中国人不是同西方人走一条路线，因为走的慢，比人家慢了几十里路。若是同一路线而少走些路，那么，慢慢的走，终究有一天赶的上。若是各自走到别的路线上去，别一方向上去，那么，无论走好久，也不会走到那西方人所达到的地点上去的！”[83]

晚年梁漱溟，被誉为“中国最后一个大儒”，他的这个观点，至死没变。但他相信，中国人同西洋人接触之后，也可以科学化，也可以民治化。他预言全世界西方化之后，还可以再回到中国化。中西文化究竟是先进与落后之别，还是不同路向之别，恐怕再争一百年也不会有定论，但梁漱溟的说法，对当时的中国人，至少是一种心理安慰，西方文化固然要学，但不必取谦卑仰望的姿态，这样学也学得心情舒畅一点。

然新派人士有一特点，就是无法摆脱强烈的自我憎恶情绪，看不惯中国人在文化上的自信和自尊，总觉得那是导致中国落后的根源，恨不得将其一鼓扫荡殆尽。胡适讥讽梁漱溟连电影院都没进去过，怎么可以讲东西文化？岂不同“持管”、“扪烛”一样可笑吗？梁漱溟则批评胡适不懂何为哲学，不过是个学而不思，思而不学的家伙。

两人的对台，打来打去，唾沫横飞，在学生中都那么受欢迎。他们斗得愈激烈，学生们的收益就愈大。

胡适洋洋十余万字的《中国哲学史大纲》，经过整理，由蔡元培作序，1918 年在上海商务印书馆出版了。这是中国第一部用白话文写的，采用了新式标点符号的学术著作。在内容上，完全打破“训诂古书”的老套套，以阐述自己的观点为主，自己的话作为正文，用大字顶格写下来，引用古人的话，则用小字低一格写下来，以彰显自己的观点。这一切，在当时都是破天荒的。

蔡元培没有理会陈汉章的嘲笑，在序中对胡适大加赞扬与鼓励："我只盼望适之先生努力进行，由上古而中古，而近世，编成一部完全的《中国哲学史大纲》。我们三千年来一半断烂、一半庞杂的哲学界，理出一个头绪来，给我们一种研究本国哲学史的门径，那真是我们的幸福了。"[84]

不过，胡适的哲学史只出了上卷，再没出下卷了。当时有人断言他写不出下卷，因为他不懂佛学。他的《白话文学史》，也是只有上卷没下卷。黄侃后来在课堂上调侃说："昔日谢灵运为秘书监，今日胡适可谓著作监矣。"学生们问什么叫"著作监"？黄侃说："监者，太监也。太监者，下面没有了也。"学生们哄堂大笑。

北大教授讲课，一向很欢迎别人去旁听，不管你是不是这个班上的学生，甚至不问你是不是北大的学生。不然，胡、梁二人的课，也不会有一二百人的盛况。学生与先生之间互相析辩驳难，也是寻常之事。

有一回钱玄同在课堂上讲广东音韵，课后被广东籍学生质疑，写信指出他所讲的广东音韵有错。在下一堂课时，钱玄同便向学生公开承认，这位广东同学对广东音韵的解释是正确的，他不是广东人，对广东音韵一知半解，并表示很感谢这位同学纠正了他的纰漏。这一类的美谈，在北大不胜枚举。

北大成了全国思想界、学术界的地标，甚至把远在南方的新青年也吸引来了。在湖南省立第一师范学校毕业的毛泽东，承认深受《新青年》的影响，"我当时非常佩服胡适和陈独秀的文章。有一段时间他们代替了梁启超和康有为，成为我的楷模。"1918 年 8 月，毛泽东偕同萧子升、张昆弟、李维汉、罗章龙等二十四名青年，扛着被服书卷，投奔北大而来。毛泽东由李大钊安排在北大图书馆当一名助理员。他说，从此，"我对政治的兴趣越来越大，思想也越来越激进。"[85]

曾在蔡元培时代当过北大总务长，后来又是北大校长的蒋梦麟，对当时北大热烈而自由的学术氛围，有一个令人悠然神往的描述：

> 保守派、维新派和激进派都同样有机会争一日之短长。背后拖着长辫，心理眷恋帝制的老先生与思想激进的新人物并坐讨论，同席笑谑。教室里，座谈会上，社交场合里，到处讨论着知识、文化、家庭、社会关系，和政治制度等等问题。
>
> 这情形很像中国先秦时代，或者古希腊苏格拉底和阿里斯多德时代的重演。蔡先生就是中国的老哲人苏格拉底，同时，如果不是全国到处有同情他的人，蔡先生也很可能遭遇苏格拉底同样的命运。[86]

经过一年的改革，北大内部的各种组织渐臻完善。消费公社和学生银行建立起来了。著名的沙滩红楼也盖起来了，新图书部开张了。蔡元培在北大作一个“社会与国家平衡”的实验（尚未达至“社会强于国家”），北大的面貌果然焕然一新，往日萎靡不振的校风，被扫荡一空，新鲜的、活泼的、充满激情的空气弥漫校园。

顾颉刚说：“北京大学的变化影响到了北京其他一些高等院校。如北高师、女师、法政专门、俄文专修、高工、高农等，也仿效北大的样子，成立了一些社团组织，有时还和北大合搞一些活动。”[87]蔡元培改造北大的意义，恒不限于北大，而是把整个北京的文化界、知识界，从辛亥革命后国事日非、不胜其弊的挫败感中，重新激活起来。

蔡元培在1917年有一个备受争议的主张：“以美育代宗教”。他认为宗教的真正功能，恒在于慰藉感情，然无论何种宗教，又都具有“扩张己教攻击异教”的褊狭性，使感情受到激刺和污染，反不如美育的感情纯正。美育优胜之处在于：“一、美育是自由的，而宗教是强制的；二、美育是进步的，而宗教是保守的；三、美育是普及的，而宗教是有界的。”[88]因此，从专尚陶养感情之术而言，“则莫如舍宗教而易以纯粹之美育”。人的精神，寄身于美育之内，亦如有宗教的寄托，藏焉息焉，修焉游焉。

然则中国从来没有一种把全体中国人凝结起来的宗教，道教、佛教、回教、基督教都不是。自古以来，中华民族是靠历史凝聚的，崇拜祖宗，崇敬古圣先贤，强调慎终追远，承前启后。历史就是中国人的宗教，遍布乡村的祠堂，供奉着祖宗神位和族谱，其功能，恒与教堂相类。

孔子对三代之治的颂扬，是宗教意义上的颂扬；孟子说“人皆可以为尧舜”，王阳明说“个个心有仲尼”，与佛教的“人人心中有佛”、“人人可以成佛”，也是宗教意义上的相通。康有为致力于建立孔教，章太炎主张六经皆史，争来争去，核心都是一个“宗教”问题。

蔡元培以美育代宗教，立意虽好，但已脱离了宗教的真正意义，所以注定是行不通的。但他把美育作为陶养感情之所，使人有高尚纯洁的习惯，也是一种进德的途径。进德才是目的，美育不过是方法。1918 年 1 月，蔡元培又提出了组织“进德会”的设想。进德会的宗旨，与安那其主义有密切的关系。

1905 年，一批中国留学生，在欧洲学到了安那其主义的真经之后，为躬行实践，在法国搞起了进德会。安那其（Anarchism，希腊原文为 without a ruler，可译为“无统治者”）主义，通常翻译成无政府主义，据后世论者云，希腊原文应为“无统治者”。不是笼统地反对政府，而是反对“侵害个人自由的统治者”。

辜鸿铭把它译作“无王党”，并推演出结论：“中国现在无王，所以人人都是安那其。”辜氏这话，有深意焉，可见安那其在中国势力之大。安那其者是积极的革命分子，崇拜个人自由，抱取个人牺牲的精神，在革命初期，不惜采用谋杀手段（弱者反抗强者不得已的手段），所以蔡元培也参加过暗杀团。

民初中国的安那其运动，分为二支，一支是巴黎的吴稚晖、李石曾、蔡元培等，另一支是华南的刘师复、梁冰弦等。他们的理念，盖有五焉：一、期达一个理想的，没有“侵害个人自由，权威性组织”的社会。二、认为人的本性是善良的，所以这个理想社会不是乌托邦，而是可以存在于现世的。

三、反对国家主义，认为它引致战争，为政治家利用以愚民，所以在理想的社会中，国界必须废除。四、实践自由、平等、博爱与克鲁泡特金的互助论。五、崇尚个人道德操守。

如果把上述理念具体到中国的现实，则还可以举出：反对种族主义，反对国家至上，反对军阀；反对剥蚀人权的买卖婚姻，主张自由恋爱；强调个人自由，大众平等，社会有组织没有阶级；反对帝国主义和国界壁垒，促进世界大同；反对麻醉性的宗教，集中人类智慧，充实物理世界等等。

民国元年，安那其们把进德会带回国内，在上海、广州又搞起了六不会、心社、晦鸣学舍、社会改良会一类组织，揭起蒲鲁东的社会革命、克鲁泡特金的互助论大旗，与浇薄的世风相抗衡，期以保持共和国民的人格，为新社会立范，渐达于大道为公之盛。他们所奉行的道德信条，包括不食肉、不吸烟、不饮酒、不用仆役、不乘轿及人力车、不婚姻、不置妾、不狎妓、不称族姓、不做官吏、不作议员、不入政党、不作海陆军人、不奉宗教等。

"二次革命"后，因政治局势变化剧烈，进德会会员各奔东西。蔡元培出国游学，1916年回国时，"见夫教育、实业各界，凡崭然现头角者，几无不以嫖、赌为应酬之具，心窃伤之。比抵北京，此风尤甚。"他痛心地说："尤可骇者，往昔昏浊之世，必有一部分之清流与敝俗奋斗，如东汉之党人、南宋之道学、明季之东林，风雨如晦，鸡鸣不已。而今则众浊独清之士，亦且踽踽独行，不敢集同志以矫末俗，洵千古未有之现状也。"

不理解安那其，就无法理解蔡元培的办校理念，无法理解蔡元培时代的北大，为什么是这样而不是那样。在安那其主义的人生思想中，改造国民性，要从本上、始上着手，也即要从自身着手，从小处着手，他们的口号是："无地球以外的别个！又无他生来世的另一个！要做好就在这一个上做到好！要改良世界就在本街坊内改良！"所以，搞过暗杀的蔡元培，就转而从北大内开始改良了。从北大内改良，也即从北大人的身上开始改良了。

蔡元培曾在南洋公学同学会和译学馆校友会中，提议以嫖、赌、娶妾三戒编入会章，但应者寥寥。"既承乏北京大学，常欲以南洋同学会、译学馆校友会所提议而未行者，试之于此二千人之社会。”

进德会之等第如左：

甲种会员 不嫖、不赌、不娶妾。

乙种会员 于前三戒外，加不作官吏、不作议员二戒。

丙种会员 于前五戒外，又加不吸烟、不饮酒、不食肉三戒。

入会之条件：

一、题名手册，并注明愿为某种会员。

二、凡题名入会之人，次第布诸日刊。

三、本会不咎既往，传曰人谁无过，过而能改，善莫大焉。袁了凡曰，从前种种譬如昨日死，后种种譬如今日生。凡本会会员入会以前之行为，本会均不过问（如已娶之妾亦听之）。同会诸人均不得引以为口实，惟入会以后，于所认定之戒律有犯着，罚之。

四、本会俟成立以后，当公定罚章，并举纠察员若干人执行之。

蔡元培解释：“会中戒律，如嫖、赌、娶妾三事，无中外，无新旧，莫不认为不德，悬为厉禁，谁曰不然。官吏、议员二戒，在普通社会或以为疑，而大学则当然有此（法科毕业生例外）。”[89] 北大进德会的戒条，与当年上海进德会，一脉相承，基本上反映了安那其主义的信条。

蔡元培临风而呼，全校响应。1918 年 5 月 28 日，北大进德会成立，教员入会者七十余人，职员九十余人，学生三百余人，会员（含本校教职员与学生）共计四百六十一人。其中，陈独秀、李大钊等甲种会员三百三十二人；蔡元培等乙种会员一百零五人；丙种会员二十四人。陈独秀以一百五十二票、蔡元培二百一十二票、章士钊一百一十一票、王宠惠八十一票、沈尹默与刘师培各三十一票被选为进德会评议员；李大钊以六十一票被选为进德会纠察员。

虽然蔡元培曾说，入法学者，非为做官；入商科者，非为致富，但众所周知，法科是为官场培养第三梯队的。当时的北大法科学生陶希圣说："'不作官'的戒条有很大影响。蔡先生来了之后，所谓'不作官'，把做学问的学术和从政的做官分开，而所谓做官，就是当时北京的政客和官僚的那种官。当时北大学生与政客和军阀，在蔡先生的教导下分家了。也可以说北京大学这一风气的改变，把当时北洋军阀和政客的社会基础给打坏了。这是很重要的一件事。"[90] 陶希圣后来官至国民党中央宣传部副部长、立法委员。

蔡元培的许多举措，都可以看出鲜明的安那其印记，评议会即含有建立分权式机构的意义；提倡学术自由，反对权威性的观点；刻意与政府保持距离，不断以辞职表达对政府的不满和施加压力；鼓励老师与学生平等交流，研究学问，把大学变成一个没有压迫性的，非威权性的思想自由园地；在文化方面，批评孔子、解放女权、提倡白话文、推行世界语等等。无一不是安那其的主张。

后人咸称，北大是新文化运动的策源地。但如果没有蔡元培，北大不可能成为新文化运动的策源地；如果蔡元培不是一个安那其，北大也不会是这个样子，能不能成为新文化运动的策源地，还是个疑问呢。新文化运动与安那其，有太多血缘关系，无法抹杀。后来那些为新文化运动大唱赞歌的人，却往往忽略了安那其，或者故意避而不谈，甚至还要踹上几脚，骂上几句。岂不可叹！

注释

1. 陈独秀《一九一六年》。《青年杂志》第1卷第5号，1916年1月15日。
2. 唐宝林、林茂生《陈独秀年谱》。上海人民出版社，1988年版。
3. 胡适《留学日记》。商务印书馆，1948年版。
4. 胡适《留学日记》。商务印书馆，1948年版。
5. 鲁迅《忆刘半农君》。《鲁迅全集》（六），人民文学出版社，1981年版。
6. 胡适《留学日记》。商务印书馆，1948年版。
7. 胡颂平《胡适之先生年谱长编》。台湾，联经出版事业有限公司，1984年版。
8. 汪原放《回忆亚东图书馆》。学林出版社，1983年版。
9.《胡适来往书信选》（上）。中华书局，1979年版。

10.《胡适口述自传》。华东师范大学出版社，1993 年版。
11. 胡适《逼上梁山》。《胡适文集》（一），北京大学出版社，1998 年版。
12.《民吁报》1909 年 10 月 17 日。
13. 胡适《寄陈独秀》。《新青年》第 2 卷第 2 号，1916 年 10 月 1 日。
14. 胡适《逼上梁山》。《胡适文集》（一），北京大学出版社，1998 年版。
15. 胡适《逼上梁山》。《胡适文集》（一），北京大学出版社，1998 年版。
16. 陈独秀《新青年》。《新青年》第 2 卷第 1 号，1916 年 9 月 1 日。
17.《胡适来往书信选》（上）。中华书局，1979 年版。
18. 胡适《文学改良刍议》。《新青年》第 2 卷第 5 号，1917 年 1 月 1 日。
19. 胡适《逼上梁山》。《胡适文集》（一），北京大学出版社，1998 年版。
20. 陈独秀《文学革命论》。《新青年》第 2 卷第 6 号，1917 年 2 月 1 日。
21. 钱玄同《寄陈独秀》。《胡适文集》（一），北京大学出版社，1998 年版。
22. 鲁迅《五论“文人相轻”——明术》。《鲁迅全集》（六），人民文学出版社，1981 年版。
23.《胡适口述自传》。华东师范大学出版社，1993 年版。
24. 胡适《逼上梁山》。《胡适文集》（一），北京大学出版社，1998 年版。
25. 蔡元培《整顿北京大学的经过》。《中央周报》第 406 期，1936 年 2 月 23 日。
26. 罗家伦《逝者如斯集》，台湾，传记文学出版社，1967 年版。
27. 许德珩《回忆蔡元培先生》。《人民日报》1980 年 3 月 4 日。
28. 顾颉刚《蔡元培先生与五四运动》。北京《文史资料选辑》1979 年第 9 期。
29. 蔡元培《我在北京大学的经历》。《东方杂志》第 31 卷第 1 号，1934 年 1 月 1 日。
30. 蔡元培《北大进德会旨趣书》。《北京大学日刊》第 49 号，1918 年 1 月 19 日。
31. 蔡元培《就任北京大学校长之演说》。《蔡孑民先生言行录》，台湾，文海出版社有限公司，1973 年影印版。
32. 沈尹默《我和北大》。《文史资料选辑》第 61 辑，1974 年版。
33. 汪原放《回忆亚东图书馆》。学林出版社，1983 年版。
34. 陈独秀《今日之教育方针》。《青年杂志》第 1 卷第 2 号，1915 年 10 月 15 日。
35. 陈独秀《答胡子承》。《独秀文存》，安徽人民出版社，1987 年版。
36. 罗章龙《陈独秀先生在红楼的日子》。《团结报》1983 年 6 月 4 日。
37. 马泰《永远的北大人》。《我的父辈与北京大学》，北京大学出版社，2006 年版。
38. 傅振伦《五四以后之北大世界语宣传运动》。《北京大学卅五周年纪念刊》，1933 年 12 月。
39. 陈独秀《蔡孑民先生逝世后感言》。《中央日报》1940 年 3 月 24 日。
40. 朱维铮《辜鸿铭生平及其它非考证》。《读书》1994 年第 4 期。
41. 蔡元培《我在北京大学的经历》。《东方杂志》第 31 卷第 1 号，1934 年 1 月 1 日。
42. 梁漱溟《东西文化及其哲学》。商务印书馆，2005 年版。
43. 梁漱溟《我的努力与反省》。漓江出版社，1987 年版。

44. 蔡元培《我在北京大学的经历》。《东方杂志》第 31 卷第 1 号，1934 年 1 月 1 日。
45. 杨闯《林纾嫡孙谈林纾》。《新文化报》2002 年 6 月 29 日。
46. 周作人《安得森的“十之九”》。《新青年》第 5 卷第 3 号，1918 年 9 月 15 日。
47. 林纾《论古文之不宜废》。《大公报》1917 年 2 月 8 日。
48. 林纾《文科大辞典·序》。《林琴南文集》，中国书店，1985 年版。
49. 胡适《林琴南先生的白话诗》。《胡适文集》（七），北京大学出版社，1998 年版。
50. 林纾《洪罕女郎传·跋》。商务印书馆，1913 年版。
51. 胡适《寄陈独秀》。《新青年》第 3 卷第 3 号，1917 年 5 月 1 日。
52. 周作人《日本近三十年小说之发达》。《新青年》第 5 卷第 1 号，1918 年 7 月 15 日。
53. 胡适《五十年来中国之文学》。《胡适文集》（三），北京大学出版社，1998 年版。
54. 胡适《旅京杂记》。《新青年》第 4 卷第 3 号，1918 年 3 月 15 日。
55. 陈独秀《答胡适》。《新青年》第 3 卷第 3 号，1917 年 5 月 1 日。
56. 陈独秀《中国式的无政府主义》。《新青年》第 9 卷第 1 号，1921 年 5 月。
57. 胡适《逼上梁山》。《胡适文集》（一），北京大学出版社，1998 年版。
58. 胡适《五十年来中国之文学》。《胡适文集》（三），北京大学出版社，1998 年版。
59.《时报》1917 年 3 月 5 日。
60. 上海《民国日报》1917 年 4 月 23 日。
61. 上海《民国日报》1917 年 4 月 27 日。
62. 上海《民国日报》1917 年 7 月 6 日。
63. 胡适《留学日记》。商务印书馆，1948 年版。
64. 胡适《尝试集·自序》。《胡适文集》（九），北京大学出版社，1998 年版。
65. 蔡元培《我在北京大学的经历》。《东方杂志》第 31 卷第 1 号，1934 年 1 月 1 日。
66. 胡适《我的歧路》。《胡适文集》（三），北京大学出版社，1998 年版。
67.《吴虞日记》。四川人民出版社，1986 年版。
68. 鲁迅《呐喊·自序》。《鲁迅全集》（一），人民文学出版社，1981 年版。
69. 周作人《知堂回想录》。香港，三育图书有限公司，1980 年版。
70. 周作人《知堂回想录》。香港，三育图书有限公司，1980 年版。
71. 刘半农《我之文学改良观》。《新青年》第 3 卷第 3 号，1917 年 5 月 1 日。
72.《钱玄同日记》。福建教育出版社，2002 年版。
73. 在杭州浙江第一师范读书的施存统，1919 年给《新潮》杂志的信说：“就是‘文学革命’一块招牌……《新青年》虽早已在那里鼓吹，注意的人还不多。”（《新潮》第 2 卷第 2 号，1919 年 12 月）
74. 沈尹默《我和北大》。《文史资料选辑》第 61 辑，1979 年。
75. 马叙伦《我在六十岁以前》。生活书店，1947 年版。
76. 顾颉刚《蔡元培先生与五四运动》。北京《文史资料选辑》1979 年第 9 期。
77. 许德珩《回忆蔡元培先生》。《人民日报》1980 年 3 月 4 日。

78. 杨晦《五四运动与北京大学》。《光辉的五四》，中国青年出版社，1959 年版。
79. 顾颉刚《古史辨自序》。中华书局，2006 年版。
80. 胡适《五十年来中国之文学》。《胡适文集》（三），北京大学出版社，1998 年版。
81. 胡适《傅孟真先生的思想》。《胡适言论集》（甲编），台湾，华国出版社，1953 年版。
82. 胡适《读梁漱溟先生的〈东西文化及其哲学〉》。《胡适文集》（三），北京大学出版社，1998 年版。
83. 梁漱溟《东西文化及其哲学》。商务印书馆，2004 年版。
84. 蔡元培《中国哲学史大纲·序》。商务印书馆，1919 年版。
85.《毛泽东一九三六年同斯诺的谈话》。人民出版社，1979 年版。
86. 蒋梦麟《西潮·新潮》。岳麓书社，2000 年版。
87. 顾颉刚《蔡元培先生与五四运动》。北京《文史资料选辑》1979 年第 9 期。
88. 蔡元培《以美育代宗教》。《现代学生》第 1 卷第 3 期，1930 年 12 月。
89. 蔡元培《北大进德会旨趣书》。《北京大学日刊》第 49 号，1918 年 1 月 19 日。
90. 陶希圣《蔡先生任北大校长对近代中国发生的巨大影响》。台湾，《传记文学》第 31 卷第 2 期，1977 年 8 月。

第三章

新旧文化的“双簧戏”

林纾被无辜拖下水

1917年冬天，群益书社以印数太少，经济负担太重为由，决定停止出版《新青年》，经陈独秀奔走努力之后，书社勉强答应继续出版，但杂志必须进行改革。从1918年1月复刊开始，《新青年》改为同人刊物，编务不再由陈独秀一人承担，改为采取集议制。

胡适说：“民国七年（1918）一月，《新青年》重新出版，归北京大学教授陈独秀、钱玄同、沈尹默、李大钊、刘复（半农）、胡适六人轮流编辑。这一年的《新青年》（四卷五卷）完全用白话做文章。”[1]

据其他人的回忆，编辑中还有高一涵。鲁迅、周作人曾一度挂名，但只是外围的“二级同人”，一般不参与具体编辑工作，“只是遇着兴废的重要关头，才会被邀列席罢了”。[2]杂志对外声明：“本志自第四卷第一号起，投稿章程，业已取消。所有撰译，悉由编辑部同人，公同担任，不另购稿。”[3]

当时胡适不在北京，正在家乡奉高堂之命，与只见过照片的小脚妻子，嘉礼初成，新婚燕尔。他是回到北京后才加入《新青年》编辑部的。

杂志销路不广，令陈独秀大感头痛。一手独拍，虽疾无声，他们虽然四面出击，向旧派人物挑衅搦战，都得不到什么回应，偶有回应，亦多为不温不火，像林纾的《论古文之不宜废》，看得胡适火气都消了。陈独秀抖起丈八蛇矛，大呼“不容匡正”，但林纾却来个“吾不语焉”。所以刘半农叹曰：“自从提倡新文学以来，颇以不能听见反抗的言论为憾。”[4]

做传媒，不怕人捧场，不怕人踢馆，最怕无声无息的冷场。几个大教授一合计，干脆一不做二不休，演一出“双簧戏”。没人骂就自己骂，没炒作题材就自造题材。就像搞学生辩论会似的，一人演正方，一人演反方，互打擂台。这种事让钱玄同与刘半农搭帮做最合适，他们一个偏激，一个活泼，本来就是一对活宝，刘半农开玩笑说：“我们两个宝贝是一见面就要抬杠的，真是有生之年，即抬杠之日。”

于是，在《新青年》四卷三号上，钱玄同化名“王敬轩”，以读者身份，致函杂志，以一种泼妇骂街的姿态，指名道姓，从胡适的新诗开始骂起，一直骂到“辛亥国变以还，纪纲扫地，名教沦胥，率兽食人，人将相食，有识之士，童焉心伤”：

> 惟贵报又大倡文学革命之论，权舆于二卷之末，三卷中乃大放厥词，几于无册无之。四卷一号更以白话行文，且用种种奇形怪状之钩挑以代圈点。贵报诸子，工于媚外，惟强是从，常谓西洋文明胜于中国。中国宜亟起效法。此等钩挑，想亦是效法西洋文明之一。

文章故意把林纾捧到九天之上：“林先生所译小说，无虑百种，不特译笔雅健，即所定书名，亦往往斟酌尽善尽美，如云吟边燕语，云香钩情眼，此可谓有句皆香，无字不艳。香钩情眼之名，若依贵报所主张，殆必改为革履情眼而后可，试问尚复求何说话。”[5] 按照“敌人的朋友必是敌人”的分类法，既然王敬轩赞美林纾，那林纾就是新文化的敌人，“反击”林纾就有了理由了。

真是足不出户，祸从天降，林纾莫名其妙被拖进了这趟浑水中。就在同一期，刘半农以记者身份，撰长文反驳“王敬轩”，继续拿林纾开涮，嬉笑怒骂，尖酸刻薄。刘半农讥笑林纾翻译的外国原著，大部分是没有价值的东西，真正的好著作，他没有选，或没有那个水平去选。他轻蔑地说：“若要用文学的眼光去评论他，那就要说句老实话：便是林先生的著作，由‘无虑百种’进而为‘无虑千种’，还是半点儿文学的意味也没有！”

不过，在批完林纾之后，刘半农还是陈述了一些新文学的主张：

> 文字这样东西，以适于实用为唯一要义，并不是专讲美观的陈设品。我们中国的文字，语尾不能变化，调转又不灵便，要把这种极简单的文字，应付今后的科学世界之种种实用，已觉左以右绌，万分为难。推求其故，总是单音字的制作不好。
>
> ……
>
> 文字是一种表达思想学术的符号，是世界的公器，并没有国籍，也决不能彼此互分界线——这话太高了，恐怕先生更不明白——所以作文的时候，但求行文之便与不便，适当之与不适当，不能限定只用那一种文字。

文章最后的话，愈说愈难听了：“先生既不喜新，似乎在旧学上，功夫还缺乏一点。倘能用上十年功，到《新青年》出到第二十四卷的时候，再写书信来与记者谈谈，记者一定‘刮目相看’！否则记者等就要把‘不学无术、顽固胡闹’八个字送给先生‘生为考语，死为墓铭’！”[6]

2月初，胡适回到北京。他觉得这种自己与自己辩论的做法，未免过于游戏，不是正人君子所为。但鲁迅认为唱唱双簧戏，也无伤大雅，矫枉不忌过正；只要能打倒敌人，嬉笑怒骂，皆成文章。

沈尹默后来“爆内幕”说：胡适因为对这件事不满，提出要把这个杂志编辑归他自己去编，不许刘半农与闻，惹起了鲁迅弟兄的愤慨，他们说：《新青年》如果归胡适一人包办，我们就不投稿。沈氏出头对胡适说：“你不能包办，万不得已时，仍旧由独秀收回去办倒可以。”胡适只好听从劝告，“没有能够达到他想拿去包办的目的”。[7]

这段“逸闻”，后来被胡适斥为“全篇扯谎”。胡适在日记中写道：“这人是一个小人，但这样下流的扯谎倒是罕见的！”[8]事实上，《新青年》采用同人制两个月，刚刚出现良好势头，而胡适又才从家乡回来，以他的性格，根本不可能在这时提出推翻同人制，自己包办《新青年》的。

不久，《新青年》收到一封署名“崇拜王敬轩先生者”的读者来信，声称：“读《新青年》，见奇怪之言论，每欲通信辩驳，而苦于词不达意，今见王敬轩先生所论，不禁浮一大白。王先生之崇论宏议，鄙人极为佩服，贵志记者对于王君议论，肆口侮骂，自由讨论学理，固应如是乎！”陈独秀在复信中，阐述了《新青年》的原则立场：

> 本志自发刊以来，对于反对之言论，非不欢迎；而答词之敬慢，略分三等：立论精到，足以正社论之失者，记者理应虚心受教。其次则是非未定者，苟反对者能言之成理，记者虽未敢苟同，亦必尊重讨论学理之自由虚心请益。其不屑与辩者，则为世界学者业已公同辩明之常识，妄人尚复闭眼胡说，则唯有痛骂之一法。讨论学理之自由，乃神圣自由也；倘对于毫无学理毫无常识之妄言，而滥用此神圣自由，致是非不明，真理隐晦，是曰“学愿”；“学愿”者，真理之贼也。[9]

读者不免要问，既然是“毫无学理毫无常识之妄言”，为什么还要登在杂志上呢？把一些毫无讨论价值的东西放到杂志里，然后痛骂一番，岂不连这痛骂也是毫无价值的吗？岂不是浪费读者的金钱与时间吗？读者为什么要掏钱买一些毫无价值的垃圾呢？

刘半农的轻薄文笔，也颇招物议。《新青年》收到一位姓戴的读者来信批评：“‘通信’（《新青年》的栏目）既以辩论为宗，则非辩论之言，自当一切吐弃；乃诸君好议论人长短，妄是非正法，胡言乱语，时见于字里行间，其去宗旨远矣。诸君此种行为，已屡屡矣；而以四卷三号半农君复王敬轩君之言，则尤为狂妄。”

双簧戏的目的，是要为新文化运动创造一个象征性事件，让它成为公众话题。现在，可以说达到了。陈独秀满心欢喜。钱玄同在复信中，先以冷嘲热讽的语气，请这位戴先生先读读陈独秀在《新青年》四卷六号上的答辩辞，即所谓“答词之敬慢，略分三等”，对于“妄人”的“闭眼胡说”，“则惟有痛骂之一法”。然后尖锐反问：“来书中如‘胡言乱语’、‘狂妄’、‘肆无忌惮’、‘狂徒’、‘颜之厚矣’诸语，是否不算骂人？幸有以教我！”[10]

《留美学生季报》也发表了汪懋祖来信（《新青年》加以转载），对《新青年》终日以骂人为能事，深表不满，批评《新青年》文章，流于“村妪泼骂”。“文也者，含有无上美感之作用，贵报方事革新而大阐扬之，开卷一读，乃如村妪泼骂，似不容人以讨论者，其何以折服人心，此虽异乎文学之文；而贵报固以提倡新文学自任者，似不宜以‘妖孽’‘恶魔’等名词输入青年之脑筋，以长其暴戾之习也。”

胡适负责回答汪函。他的措辞，比钱氏温和、冷静，因为他本身也是一个反对以吵架代替讨论，以骂人代替说理的人。他说：

> 此种诤言，具见足下之爱本报，故肯进此忠言。从前我在美国时，也曾写信与独秀先生，提及此理。那时独秀先生答书说文学革命一事，是“天经地义”，不容更有异议。我如今想来，这话似乎太偏执了。我主张欢迎反对的言论，并非我不信文学革命是“天经地义”，我若不信这是“天经地义”，我也不来提倡了。但是人类的见解有个先后迟早的区别，我们深信这是“天经地义”了，旁人还不信这是“天经地义”。我们有我们的“天经地义”，他们有他们的“天经地义”。舆论家的手段，全在用明白的文学，充足的理由，诚恳的精神，要使那些反对我们的人不能不取消他们的“天经地义”，来信仰我们的“天经地义”。所以本报将来的政策，主张尽管趋于极端，议论定须平心静气。一切有理由的反对，本报一定欢迎，决不致“不容人以讨论”。[11]

听起来好像有指桑骂槐的味道。尤其最后一句，简直就是公开否定陈独秀“不容匡正”的主张了。不过，胡适的“改造”，最终目的仍是要取消异见，使之“皈依我佛”，而不是视多元多维的思想并存是一种自然生态。这还不算真正的自由主义，但至少在路径上，与陈独秀、钱玄同等人，各行其道，已有了距离。胡适决不认同演双簧戏这种举动，要与旧学斗争，就要堂堂正正地辩论。

学术自由，终于还是难自由

这时，胡适找到一个堂堂正正的辩论对手了。

这人叫张厚载，又名张谬子，笔名聊止、聊公等。生于 1895 年，江苏青浦（今上海）人，是林纾在正志中学任教时的学生，现在北京大学法科政治系读书，也是《神州日报》的通讯记者。他在 1918 年初夏向《新青年》投了一篇《新文学及中国旧戏》。他赞成文学改良，主张一切诗文，都须自由进化到一定的范围之内，然“凡一事物之改革，必以渐，不以骤；改革过于偏激，反失社会之信仰，所谓‘欲速则不达’，亦即此意。改良文学，是何等事，决无一走即到之理。”

针对钱玄同在《新青年》上称旧戏剧里“戏子打脸之离奇，舞台设备之幼稚，无一足以动人感情”一语，张厚载提出了不同意见，他认为“戏子之打脸，皆有一定之脸谱，‘昆曲’中分别尤精，隐寓褒贬之义，未可以‘离奇’二字一概抹杀之。总之，中国戏曲，其劣点固甚多；然其本来面目，亦确自有其真精神。”

戏曲的改良，在中国讨论了很多年，早在 1902 年，梁启超就致力于此。1903 年，南社的陈去病高揭起戏曲改良的旗号，得到汪笑侬、孙菊仙、熊文通等戏剧界人士的响应。不过，他们的改良都是集中在内容上，像新青年同人，从形式上全盘否定，甚至要封闭戏院，倒是前所未有。

张厚载的来信，刊登在四卷六号上。客观而论，这封信还算言之成理，没有挑衅之意，但《新青年》同人，几乎是“一声炮响，三军尽出”，胡适、钱玄同、刘半农、陈独秀都在同期杂志上作了答辩，其原因有二，一是张厚载反驳了钱玄同，按照二分法，不为同志，即为敌人。二是张厚载为林纾学生，替老师顶缸，也属分内之事，攻击他，对林纾可收敲山震虎之效。

钱玄同嘲笑说：“朱熹做《纲目》，学孔老爹的笔削《春秋》，已为通人所讥訕；旧戏索性把这种阳秋笔法画到脸上来了，这真和张家猪肆记卍形于猪鬣，李家马坊烙圆印于马蹄一样的办法。哈哈！此即所谓中国旧戏之‘真精神’乎？”

他这番嘲讽，恰恰暴露了一个自相矛盾的问题。

新文学既以通俗为号召，不避俗字俗词，不避坊间语言，目的是让平民百姓都看得懂，钱玄同自己就主张“宁失之俗，勿失之文”。那脸谱是“俗”还是“文”呢？张家猪肆、李家马坊的用具是“俗”还是“文”呢？为什么对平民百姓都看得懂的脸谱，却偏偏不能容忍？“和张家猪肆记卍形于猪鬣，李家马坊烙圆印于马蹄一样”，难道不正是新文学追求的目标之一吗？诗文要俗，戏剧就不能俗了？

陈独秀的反驳，立足点在于“中国不如西洋”，因为中国戏与西洋戏不同，所以中国戏就该打倒。陈氏宣称：“尊论中国剧，根本谬点，乃在纯然回于方隅，未能旷观域外也。剧之为物，所以见重欧洲者，以其为文学美术科学之结晶耳。吾国之剧，在文学上，美术上，科学上，果有丝毫价值邪？”陈氏断言，中国戏剧无非是“助长淫杀心理”，“暴露我国人野蛮暴戾之真相”而已，当然是要全盘否定。

胡适试图摆出说理姿态，从逻辑上，论证文学的进步，其实就是一个不断突破旧范式的过程。他首先肯定张厚载“以评戏见称于时，为研究通俗文学之一人，其赞成本社改良文学之主张，固意中事”，然后指出：

> 来书两言诗文须“自由变化于一定范围之中”，试问自由变化于

一定范围之“外”，又有何不可？又何尝不是自然的进化耶？来书首段言中国文学变迁，自三代之文以至于梁任公之“新文体”，此岂皆“一定范围之中”之变化耶？吾辈正以为文学之为物，但有“自由变化”而无“一定范围”，故倡为文学改革之论，正欲打破此“一定范围”耳。[12]

但钱玄同觉得胡适太过温吞水了，“我与适之的意见却有点反对”。他对刘半农说，“我们做《新青年》的文章，是给纯洁的青年看的，决不求此辈‘赞成’。”他甚至直斥旧戏脸谱是“实与一班非作奴才不可的遗老要保存辫子，不拿女人当人的贱丈夫要保存小脚同是一种心理”。[13]

胡适却不理会，继续温吞水，与一个真实的张厚载辩论，“总比凭空闭户造出一个王敬轩”要有价值得多。何况，只许造一个虚假的王敬轩出来，不许找个真实的张厚载做文章，未免太不公了。他邀请张厚载不妨把中国旧戏的好处，写成一篇文章，在《新青年》上刊登，预备大家讨论讨论。

钱玄同见说不服胡适，甚至还要在《新青年》上继续刊登“遗老”和“贱丈夫”们的文章，不禁大感恼怒，竟激动至要脱离《新青年》。胡适致函钱氏：“至于老兄以为若我看得起张谬子，老兄便要脱离《新青年》，也未免太生气了。我以为这个人也受了多数日报文字和少年得意的流毒，故我颇想挽救他，使他转为吾辈所用。若他真不可救，我也只好听他，也决不痛骂他的。”最后这句话，也可以理解为胡适对“学术多元”的肯定，而不是非要把异见消灭不可。

钱玄同的宗旨，恰好相反，他是要扫灭异见，决不与之周旋的。他奉劝胡适：“老兄的思想，我原是很佩服的，然而我却有一点不以为然之处，即对于千年积腐的旧社会，未免太同他周旋了。平日对外的议论，很该旗帜鲜明，不必和那些腐臭的人士周旋。”

胡适答复：“我所有的主张，目的并不在于‘主张’，乃在‘实行这主张’，故我不屑‘立异以为高’。我立‘异’，并不‘以为高’，我要人知道我为什么要‘立异’，换言之，我‘立异’的目的在于使人‘同’于‘我的异’。”最后不冷不热地奉还一句：“老兄说：‘你无论如何敷衍他们，他们还是狠骂你’。老兄似乎疑心我的‘与他们周旋’是要想‘免骂’的，这句话是老兄的失言，庶不驳回了。”[14]

胡适天生有“盎格罗撒克逊绅士”风度，交流学问，谆谆后喻，绝不恃势凌人，他的学生罗家伦曾写诗赞美：“你永远说你心上要说的话，可是你永不给人家困恼；因为你任何的批评，里面带着无限的同情。”[15]胡适的性格，但开风气不为师。与张厚载的争论，坚持以理服人，在好为天下师的《新青年》同人中，显然是一个另类。

张厚载没跳起来，新青年们先自跳起来了；张厚载还没被驳倒，新青年们内部已先自打起架来了。后世论者尝言：“‘王敬轩’来信发表后，真的引来了一批反对者。值得注意的是，当真的反对者出来辩驳时，《新青年》同人却表现出无法容忍的态度。”[16]这种以思想专制反对专制思想的“革命”，何尝不是一出更大的新旧文化“双簧戏”呢？殊令人扼腕一叹。

当年10月，轮到胡适当值编辑，他便在《新青年》五卷四号上，发表了张厚载的文章《我的中国旧戏观》。同时他约请傅斯年写了《戏剧改良各面观》、《再论戏剧改良》两篇文章，还有欧阳予倩《予之戏剧改良观》、宋春舫的《近世名戏百种目》，列举了百种西洋名戏，作为中国新戏的范本。胡适自己则写了一篇《文学进化观念与戏剧改良》。把这一期的《新青年》做成了一个戏剧改良专号。

鲁迅作为《新青年》半个同人，对这场争论，他是居高临下，冷眼旁观，宣称对“不负责任的随口批评，没有常识的问难”，根本不屑搭理，既不必去骂他，也不与他讨论，“例如见鬼，求仙，打脸之类，明明白白全是毫无常识的事情，《新青年》却还和他们反复辩论，对他们说‘二五得一十’的道理，这功夫岂不可惜，这事业岂不可怜。”

然而，既存在质疑与辩论，就说明不是人皆公认的“常识”。全盘否定旧戏，在张厚载们看来，也可以说是明明白白毫无常识的事情。大家各说各话，黄河哪得澄清日。所以鲁迅不屑于争论，他常常批评中国人不乏看客，但看客也有很多种，有麻木不仁的看客，有故意搅浑水的看客，有幸灾乐祸的看客，也有不屑搭理的看客。

“耶稣说，见车要翻了，扶他一下。Nietzsche 说，见车要翻了，推他一下。”鲁迅告诫人们，“我自然是赞成耶稣的话；但以为倘若不愿你扶，便不必硬扶，听他罢了。此后能够不翻，固然很好；倘若终于翻倒，然后再来切切实实的帮他抬。”[17] 但“旧戏曲”这辆车，虽然没有说不愿别人扶，但依然不肯去扶，而要用力推他一下了。

鲁迅说“不必硬扶，听他罢了”，与胡适说“若他真不可救，我也只好听他”，听起来差不多，其实却不是一回事。胡适是要救人，鲁迅是要救世。两人的思想、性格、处世方式，都截然不同，他们居然可以成为“新青年同人”，实在是历史的大潮，在涨退之间，把他们冲到一块的结果。鲁迅曾对陈独秀与胡适有一段评论：

> 其时最惹我注意的是陈独秀和胡适之。假如将韬略比作一间仓库罢，独秀先生的是外面竖一面大旗，大书道：“内皆武器，来者小心！”但那门却开着的，里面有几支枪，几把刀，一目了然，用不着提防。适之先生的是紧紧的关着门，门上粘一条小纸条道：“内无武器，请勿疑虑。”这自然可以是真的，但有些人——至少是我这样的人——有时总不免要侧着头想一想。半农却是令人不觉其有“武库”的一个人，所以我佩服陈胡，却亲近半农。[18]

鲁迅当然不会说到自己的“韬略”，习惯于“以最坏的恶意来推测中国人”的鲁迅，对这个社会充满戒心，在房子的四周陈列着各式武器，竖一面大旗，大书道：“内外皆武器，来者小心！”而那门是紧闭着的。

在鲁迅的各种比喻中，他自己始终是抽离于这个整体的，他在铁屋子的外面，也在车子外面，是让人们继续昏睡，还是吵醒他们？是扶一扶车子，还是推一下它？都由这个外在于整体的“我”来决定。

鲁迅属于见车要翻了——或者竟还没有要翻，只是被认定要翻——就要使劲推翻它的那批“真正的猛士”。对企图阻止他推的人，鲁迅的性格，是“‘以眼还眼以牙还牙’，或者以半牙，以两牙还一牙”（鲁迅语）的，一个都不宽恕，哪怕上穷碧落下黄泉，也要穷追猛打，至死方休。

“用石条压驼背”

然而，车子是不是真的要翻，不同的人，从不同的角度看去，却往往有不同的结论，原本就没有什么绝对的标准。比如儒学这辆车，有人说它要翻了，有人说再过一万年它也不会翻。说它会翻的人奋力去推它，说它不会翻的人拼命去护它，双方都不肯妥协，就要拔刀相见了。儒学本身的学统意义，反而不再重要了。在新青年看来，不仅儒学要推翻，甚至连记载儒学的中文（汉文与汉字），也罪该万死。

自鸦片战争以后，在相当多的中国知识分子中，形成了一种自我厌恶，甚至自我憎恨的集体想象。钱玄同在1918年4月，提出了他推翻汉文的宣言：“欲使中国不亡，欲使中国民族为二十世纪文明之民族，必以废孔学、灭道教为根本之解决；而废记载孔门学说及道教妖言之汉文，尤为根本解决之根本解决。”原因何在？钱氏指出：

> 儒家以外之学，自汉即被罢黜；二千年来所谓学问，所谓道德，所谓政治，无非推衍孔二先生一家之学说。所谓“四库全书”者，除晚周几部非儒家的子书外，其余则十分之八都是教忠教孝之书：“经”不待论；所谓“史”者，不是大民贼的家谱，就是小民贼杀人放火的账簿，——如所谓“平定什么方略”之类，——“子”、“集”的书，大多数都是些“王道圣功”、“文以载道”的妄谈。还有那十分之二，更荒谬绝伦：说什么“关帝显圣”、“纯阳降坛”、“九天玄

女”、“黎山老母”的鬼话；其尤甚者，则有“婴儿姹女”、“丹田泥丸宫”等说，发挥那原人时代“生殖器崇拜”的思想。所以二千年来用汉字写的书籍，无论那一部，打开一看，不到半页，必有发昏做梦的话。此等书籍，若使知识正确，头脑清晰的人看了，自然不至堕其玄中；若今初学之童子读之，必终身蒙其大害而不可救药。

欲祛除三纲五伦之奴隶道德，当然以废孔学为唯一之办法；欲祛除妖精鬼怪，炼丹画符的野蛮思想，当然以剿灭道教——是道士的道，不是老、庄的道，——为唯一之办法。欲废孔学，欲剿灭道教，惟有将中国书籍一概束之高阁之一法。何以故？因中国书籍，千分之九百九十九都是这两类之书故；中国文字，自来即专用于发挥孔门学说，及道教妖言故。[19]

这是釜底抽薪之计。既然几千年的中国历史上，每页都写满了“仁义道德”，那么，把“仁义道德”这几个汉字铲除了，子孙后代再也不认识它们了，连教书先生也不认得了，这仁义道德不就没有存身之所了吗？在钱玄同看来，汉字就像一条船，载着三坟、五典、八索、九丘这些垃圾，与其费劲地逐一清扫垃圾，不如索性把船凿沉，狗死狗虱死，一了百了。

鲁迅对中国的古书，尽管自己看了很多，但也没有好感，觉得年轻人没必要去读。他有一段话，与他的“铁屋子”同样著名，鲁迅说：“中国书虽有劝人入世的话，也多是僵尸的乐观；外国书即使是颓唐和厌世的，但却是活人的颓唐和厌世。我以为要少——或者竟不——看中国书，多看外国书。”[20]既然中国书不必看，汉文当然也就没有存在的必要了；既然外国书必须看，那外文就一定要推广了。鲁迅建议用德文取代汉文，陈独秀提议用法文，更多的人认为，汉文的替代物，就是“爱斯不难读”的世界语。

世界语是《新青年》上一个长盛不衰的热门话题。最早是一个叫“T.M.Cheng”的读者投书杂志，提倡学习世界语，陈独秀在回信中肯定地说：“世界语为今日人类必要之事业”，在世界语未能普及之前，可以先学习法文，盖法文与世界语文法相近。[21]

一场关于“人类必要之事业”的论战，遂由此鸣锣开幕。

首先由钱玄同与陈独秀做开场白。陈独秀说，对将来是用世界语，还是拼音，或法文取代汉文，无可无不可，只要能取代汉文就行。从步骤上说，可以“先废汉文（文言文），且存汉语（白话文），而改用罗马字母（拼音）书之”。

但钱玄同不赞成以法文代替世界语，他坚信各国牺牲自己的国语，推行世界语，乃世界大同的标志。既然如此，何不一步到位，直接采用“文法简赅，发音整齐，语根精良”的世界语？尽管他自承“于外国文，只略略认得几个日本假名，至于用ABCD组合的文字，简直没有学过”，[22]但这并不妨碍他把“ABCD”视作中国文化的救星。他认为当前的上上之策，就是在中国的学校里，立即以世界语取代英语教学。陈独秀被他说服了，并且想象“吾国教育界果能一致行此新理想，当使欧美人震惊失措”。[23]不过，为什么中国人推行世界语，欧美人就会“震惊失措”，陈独秀倒没有说明。

两人在《新青年》上一唱一和，原指望新文化阵营一呼百应，造成声势，掀起一轮文字革命的高潮，讵料最先起来唱反调的，竟是《新青年》同人陶孟和。

陶孟和，原名履恭，祖籍浙江绍兴，1887年11月5日生于天津。曾在英国伦敦大学经济政治学院攻读社会学和经济学，1913年获经济学博士学位。1914年进入北大，执教社会学。他是《新青年》的编辑之一。编辑部里只有他与胡适是留学英美的，两人的观点，往往比较接近。从1917年至1920年，陶孟和在《新青年》上发表了十余篇文章，其中便包括他对世界语的质疑文章。

他指出钱玄同把世界大同与世界语等同起来，从根本上已经错了。“世界主义是一事，而世界语又是一事，二者未必为同问题。”世界大同只是利益上的相同，而不是民族特性（包括语言）的消灭。他尖锐指出，以世界语取代汉语的主张，实际上是一种语言的专制，与罢黜百家的文化专制，同出一辙。[24]

以思想专制反对专制思想，始终是新青年们一个无法解决的悖论。

陶氏的文章，招来北大世界语的师生以及各地安那其的反驳。双方情绪愈来愈激动，免不了都闹起闲气来了。鲁迅认为世界语能不能独尊，那是以后的事情；以后的事情以后再说，现在没必要讨论。新青年阵营分成了两大派，陈独秀、鲁迅、周作人和安那其主义者为一派，胡适、陶孟和、朱我农、任叔永等人为一派。双方的笔墨官司，从北大一直打到太平洋彼岸。

陶孟和在他负责编辑的《新青年》四卷四号上，组织了一组“论世界语”的通信，他嘲笑世界语是“垂死的假言语”，鼓吹世界语是“卖药者未有不夸赞其药之灵验者”，并斩钉截铁地断言：“绝对的不信世界语可以通用。不信世界语与世界统一有因果关系。不信世界语为人类之语言。”[25]

胡适主张改革文字，宜循序作阶段式前进。他说：“独秀先生主张‘先废汉文，且存汉语，而改用罗马字母书之’的办法，我极赞成。凡事有个进行次序。我以为中国将来应该有拼音的文字。但是文言中单音太多，决不能变成拼音文字。所以必须先用白话文字来代文言的文字；然后把白话的文字变成拼音的文字。至于将来中国的拼音字母是否即用罗马字母，这另是一个问题，我是言语学的门外汉，不配说话了。”[26]

他一方面赞成“先废汉文，且存汉语”，一方面又说自己“不懂语言学，不配说话”，曲曲折折，其实是想强调“凡事要循序渐进”的观点：

> 中国文字问题，我本不配开口，但我仔细想来，总觉得这件事不是简单的事，须有十二分的耐性，十二分的细心，方才可望稍稍找得出一个头绪来。若此时想“抄近路”，无论那条“近路”是世界语，还是英文，不但断断办不到，还恐怕挑起许多无谓之纷争，反把这问题的真相弄糊涂了。[27]

胡适批评钱玄同“抄近路”，明眼人一看即明。为胡适撰写年谱的胡颂平记述，胡适对世界语问题，“始终守中立态度。到了（1918 年）8 月 7 日，才劝那几位文战团体中的人，可以宣告‘讨论终止’了。钱玄同在附言里说，‘适之先生对 Esperanto 也是不赞成的，所以不愿大家争辩此事。’”[28]

但火头已经点着了，一时间还不易熄灭。远在美国的任叔永致函胡适，把钱玄同大大挖苦了一番：“我想钱先生要废汉文的意思，不是仅为汉文不好，是因汉文所载的东西不好，所以要把他拉杂摧烧了，廓而清之。我想这却不是根本的办法。吾国的历史，文字，思想，无论如何昏乱，总是这一种不长进的民族造成功了留下来的。此种昏乱种子，不但存在文字历史上，且存在现在及将来子孙的心脑中。所以我敢大胆宣言，若要中国好，除非把中国人种先行灭绝！可惜主张废汉文汉语的，虽然走于极端，尚是未达一间呢！”

任氏进而又补上一句说：“一面讲改良文学，一面讲废灭汉文，是否自相矛盾？既要废灭不用，又用力去改良不用的物件。我们四川有句俗话说，‘你要没有事做，不如洗煤炭去罢’。”[29]

在日本的朱我农（即后来的交通大学校长）也加入了论战。他对推行世界语，较陶孟和反对得更为激烈、彻底。陶氏说世界语是“垂死的假言语”，朱氏则直斥其为“已死的私造文字”。他断然表示，世界语没有口头语言作为根基，所以是不能进化的死文字；靠几个人私造一种文字来取代日常语言是白日做梦。

> [朱我农致函胡适说]陈钱两先生称为“人类之语言”的语言，究竟是世上能有的，还是不能有的么？这个问题，现在尚不能解决；因为这是将来的语言，不能据现在几个人的理想测度得准的。但是据现在的事实看起来，这语言是现在没有的，所以两先生所说的“人类之语言”，只能算作一个虚拟的名称，不是实有的事物。

人类有没有世界大同那一天，本来就是一个假设；说世界大同之日人类就一定会独尊世界语，更是假设中的假设了，与假设世界大同之日人们穿什么衣服一样无稽。“能否实行，和以后实行时的秩序是否如此，还得实地研究，光这几句空话是不可靠的。”[30] 朱我农从逻辑上否定世界语的必然性。胡适在复信中承认：“我对于世界语和 Esperanto 两个问题，虽然不曾加入《新青年》里的讨论，但我心里是很赞成陶孟和先生的议论的。”[31]

胡适希望争论告一段落。钱玄同也同意休战，这种左手与右手打架的事，实在和洗煤炭一样没劲，他声称今后只和赞成者讨论，“若如陶孟和和朱我农两君及老兄（胡适）之根本推翻 Esperanto 者，甚或不承认将来人类应有公用的语言文字者，则不复置辩。”[32] 在钱氏看来，胡适并不是什么中立者，而是主张根本推翻 Esperanto 的人。这在他们之间，埋下了一根刺。

《本志罪案之答辩书》的烈士情结

钱玄同的废除汉文主张，引起各方责难，最尖锐的批评，来自新青年阵营，这很令人泄气。陈独秀形容当时社会上，“大惊小怪，八面非难，那旧人物是不用说了，就是呫呫叫的青年学生，也把《新青年》看作一种邪说，怪物，离经叛道的异端，非圣无法的叛逆。”“他们所非难本志的，无非是破坏孔教，破坏礼法，破坏国粹，破坏贞节，破坏旧伦理（忠、孝、节），破坏旧艺术（中国戏），破坏旧宗教（鬼神），破坏旧文学，破坏旧政治（特权人治），这几条罪案。”

1919 年元旦刚过，陈独秀就以《本志罪案之答辩书》一文，正式打出民主与科学这两面旗，他宣称：“本志同人本来无罪，只因为拥护那德莫克拉西（Democracy）和赛因斯（Science）两位先生，才犯了这几条滔天的大罪，要拥护那德先生，便不得不反对孔教、礼法、贞节、旧伦理、旧政治；要拥护那赛先生，便不得不反对旧艺术、旧宗教；要拥护德先生又要拥护赛先生，便不得不反对国粹和旧文学。大家平心细想，本志除了拥护德、赛两先生之外，还有别项罪案没有呢？若是没有，请你们不用专门非难本志，要有气力有胆量来反对德、赛两先生，才算是好汉，才算是根本的办法。”

[陈独秀替钱玄同申辩]社会上最反对的，是钱玄同先生废汉文的主张。钱先生是中国文字音韵学的专家，岂不知道语言文字自然进化的道理？（我以为只有这一个理由可以反对钱先生。）他只因为自古以来汉文的书籍，几乎每本每页每行，都带着反对德、赛两先生的臭味；又碰着许多老少汉学大家，开口一个国粹，闭口一个古说，不啻声明汉学是德、赛两先生天造地设的对头；他愤极了才发出这种激切的议论，像钱先生这种“用石条压驼背”的医法，本志同人多半是不大赞成的。但是社会上有一班人，因此怒骂他，讥笑他，却不肯发表意思和他辩驳，这又是什么道理呢？难道你们能断定汉文是永远没有废去的日子吗？[33]

《新青年》主张文学革命，受到旧势力的非难，乃意料中事，但这种非难究竟严重到什么程度？他们是否面临八面非难、乌云压城的局面？如果是，何以刘半农却说“自从提倡新文学以来，颇以不能听见反抗的言论为憾”呢？

鲁迅在1927年回顾这段历史时说：“在中国，刚刚提起文学革新，就有反动了。不过白话文却渐渐风行起来，不大受阻碍。这是怎么一回事呢？就因为当时又有钱玄同先生提倡废除汉字，用罗马字母来替代。这本也不过是一种文字革新，很平常的，但被不喜欢改革的中国人听见，就大不得了了，于是便放过了比较的平和的文学革命，而竭力来骂钱玄同。白话乘了这一个机会，居然减去了许多敌人，反而没有阻碍，能够流行了。”[34]

在胡适看来，中国的白话文，已具备了上升为国语的条件，加上《新青年》“有意的提倡”，没有经过什么大风浪，便得以“轻轻俏俏地成功”了。胡适分析说，“近代中国文学革命之所以比较容易成功”，原因之一，是“那时的反对派实在太差了”。[35]

在北大国文教授中，不乏坚持文言文者，黄侃即其中之一。有一回他对学生解释文言文的优越时，举例说："如胡适的太太死了，他的家人电报必云：'你的太太死了！赶快回来啊！'长达十一字之多，如用文言文则仅需'妻丧速回'四字即可，只电报费就可省三分之二。"这种调侃虽然很刻薄、过瘾，却没有说服力。中国人常以占些"我是你老子"之类的嘴上便宜为乐，堂堂章太炎弟子，不能免俗，要用这种方式来保卫文言文，果然"太差了"，怪不得白话文可以势如破竹。

胡适当时没有回应，事隔多年以后，他也以其人之道，反证白话文比文言文优越。他在课堂上对学生们说：行政院邀请他去做官，他决定不去，请学生们用文言文代他编写一则复电，看看究竟是白话文省字，还是文言文省字。最后他挑出一份字数最少的电稿："才学疏浅，恐难胜任，不堪从命。"胡适说，这份写得确实简练，仅用了十二个字。但我的白话电报却只用了五个字："干不了，谢谢。"

公说公有理，婆说婆有理，黄、胡二人举的例子，都可以成立，正好说明文言、白话各有长短。有古文基础的人，写起白话文来，往往比没有古文基础的，略高一筹，这也是一个事实。两者本来可以取长补短，更上层楼，但白话文与文言文之争，从一开始，就带有强烈的政治含义，意识形态上的意义，远远大于语言本身的意义。《本志罪案之答辩书》一文，便是一种意识形态的表达。

1918 至 1919 年间，真正站出来对新文化作正面反击的，只有以林纾为代表的几位老先生，满嘴之乎者也焉矣哉，他们的反对，无非是写两篇文章，画几幅漫画，丑化一下对手，唱唱反调，《新青年》还巴不得他们唱反调呢，否则太寂寞了。但以文论战，他们远不是新青年们的对手。林纾一介文人，没有权力做靠山，根本不构成什么实质的障碍，所以胡适说他"太差了"。

相反，白话文不仅有一群精力旺盛、锋芒毕露的青年支撑着，很快也得到官方的认可，与由官方主持的国语读音统一运动合流，形成不可逆转之势。胡适曾综述其发展过程：

民国元年，教育部召集了一个读音统一会，讨论读音统一的问题。读音统一会议定了三十九个“注音字母”。这一副字母，本来不过用来注音，“以代反切之用”的。当初的宗旨，全在统一汉文的读音。并不曾想到白话上去，也不曾有多大的奢望。七年十一月，教育部把这副字母正式颁布了。八年四月，教育部重新颁布注音字母的新次序（吴敬恒定的）。八年九月，《国音字典》出版。这个时候，国语的运动已快成熟了。国语教育的需要已是公认的了；所以当日“代反切之用”的注音字母。到这时候就不知不觉的变成国语运动的一部分了。就变成中华民国的国语字母了。

民国九年十年（1920-1921），白话公然叫做国语了。反对的声浪虽然不曾完全消灭，但始终没有一种“持之有故，言之成理”的反对论。[36]

北京政府在1920年向各省发布训令，要求凡国民学校一二年级，先改国文为语体文（白话文）。已审定的文言教科书，将分期作废，包括国语在内的各科教科书，改用语体文。胡适称“这个命令是几十年来第一件大事。它的影响和结果，我们现在很难预先计算。但我们可以说：这一道命令把中国教育的革新至少提早了二十年。”[37]

刘半农、鲁迅、胡适异口同声，说出了一个事实，当时不仅白话文的推广，没有遇到什么阻碍，就能够流行起来了，而且整个文学革命运动，也没有多少反对的声音。胡适说是因为反对力量太过不堪一击；而鲁迅则说，是因为大家都忙着骂钱玄同去了。

那骂钱玄同的力量又有多大呢?

骂钱玄同，主要是骂他废汉文，不光旧学人士骂，新学人士也骂。想象之中，钱玄同一定遭遇排山倒海的攻击。但实际情况并非如此，在民国初年的世界语争论上，支持的力量远比反对的力量大得多。

安那其在中国风头正盛，从蔡元培、吴稚晖、李石曾这些重量级的老牌安那其，到区声白、黄凌霜这些年轻安那其，大江南北，无处不有。安那其是世界语最积极的推动者，不仅创办了《世界语读本》、《国际人民》、《华星》、《人道周报》、《人群》、《社会世界》、《天声》、《绿波》等一系列杂志，还在全国最高学府的北大开设世界语选修课，连普通校役也组织夜校学习；蔡元培、吴稚晖等人又筹建“中国世界语学院”。连新青年同人，也大多支持钱玄同，令胡适虽然心里不赞成以世界语取代汉语，也有点欲言又止，不敢公开反对，而要以中立姿态示人了。

文学革命的几大战役，标点符号的阵地是站稳了，白话诗文也轻易地取胜了，《新青年》从 1918 年 5 月的四卷五号开始，改用白话文。但还有一个重要目标没有实现，那就是文字的横排。

早在 1917 年 5 月，钱玄同就向《新青年》同人提出汉语编辑与印刷的“左行横迤”问题，大家同声附和。钱玄同拜访鲁迅时，兴高采烈地告诉他，《新青年》将要改成横行印刷了。周氏兄弟也很支持。但最终却没有实现，不是因为反对势力太大，而是一旦改为横排，杂志成本将会大大增加，《新青年》负担不起。这个原因，导致有些人退却了。1918 年 11 月 26 日，钱玄同在致《新青年》同人信中，失望地写道：

> 上月独秀兄提出《新青年》从六卷起改用横行的话，我极端赞成。今见群益来信，说，“这么一改，印刷工资的加多几及一倍”；照此看来，大约改用横行的办法，一时或未必实行。我个人的意思，总希望慢慢的可以达到改横行的目的。[38]

梁启超时代，说新文化是弱势，旧文化是强势，还说得过去，到北大的《新青年》时代，早已时移势转，强弱易位矣。

从某种意义上说，夸大《新青年》所受到的围攻，不过是陈独秀的一种策略。“愈受打压就愈受欢迎”的读者心理，古今皆然，为了争取更多的同情，扩大杂志的影响，陈独秀甚至耸人听闻地说：“一切政府的压迫，社会的攻击笑骂，就是断头流血，都不推辞。”[39]其实，那时新旧文化的斗争焦点，是白话文言与非孔尊孔之争，打打笔墨官司而已，何至于“断头流血”呢?

新青年阵营要在大众中塑造一种孤胆英雄的烈士形象，就非要造成十面埋伏，四面围攻的印象不可。没有围攻，甚至不惜自己扮敌人来围攻。实际上，在当时的文化界、思想界，是新文化围攻旧文学，而不是旧文化围攻新文化。至少在北大，新文化对旧文化节节进逼，有如泰山压顶。旧学对新学既无招架之力，只好采取“惹不起还躲得起”的态度。梁漱溟曾描述当时北大的新旧对抗形势：

陈独秀头脑明晰，笔锋锐利，批判旧派观点，如摧枯拉朽。《新青年》杂志诘问旧派：孔子真精神是什么？价值何在？旧派张口结舌。可是许多旧派先生竟不感苦恼，仍埋头于旧学之中，仿佛彼此并不相碍。学生一如教师，也分新旧……虽然我对新思潮莫逆于心，而且我既非新派，又不属旧派，面对新旧之争，似尽可仍埋首于佛学研究，可是我却感到压迫之严重，以为此问题不可忽略而且急切。[40]

“压迫之严重”，一语道尽了旧学人士在北大的处境。那么，来自“政府的压迫”是否存在？这种压迫，在中国是从来都存在的。但这时候来自北洋政府的压迫，并不仅仅针对新学阵营，而是针对整个知识界，整个文化界。中国的统治者一向不喜欢知识分子议政参政，但客观而论，北洋政府对学术自由、思想自由、言论自由、出版自由，还是十分宽松的。一旦出现压迫，文化界的新旧两派，往往也互相支持、声援。曾在北大就读的作家台静农回忆：“中文系新旧对立，只是文言白话之争。如反军阀统治，要求科学与民主，中文系新旧人物，似乎没有什么歧见。”[41]

对白话文、世界语的讨论，政府不仅没有加以压迫，相反，还在1920年用一道行政命令，把他们的白话文革命胜利，提前了二十年（胡适语）。

新文化遇到的正面攻击，虽然不太激烈，但旧文化在现实中根深蒂固，已经渗透到中国人的大脑细胞中了，旧的思维模式、价值标准、行为规范，几已成为中国人生理的一部分，无时无刻不左右着人们的一言一行、一举一动。白话文不过是一件翻领大西装，它可以穿在自由平等的身上，也可以穿在纲常名教的身上。这才是新文化最大的难题。事实证明，后来用白话文宣扬旧文化、旧道德、旧政治的，大有人在。

"用石条压驼背"的方法，显然得不偿失。钱玄同废除汉字、烧毁古书、全数封闭旧戏曲的种种偏激主张，后人恒以其"出于渴望世界大同的美好愿望"，"为惊醒国人，不得不矫枉过直"，加以宽容曲谅。

然而，每个民族都有自己的文化传统，包括语言、饮食、冠服、住宅、舟车、用具、艺术、信仰、道德、风俗等等，为千百年来所形成，是一个民族的人性、人格与人文的综合体现。如果把历史全盘否定，把传统文化全盘推倒，等于把这个民族生存的基础摧毁了，这个民族也就全然解体了。所以，"欲亡其国，必先亡其史"，对中国而言，亡史，等于亡其宗教，亡其精神所托。

经过辩论之后，钱玄同也心知肚明，废除汉字，此路不通，于是他另外提出两个过渡方案，一是实行罗马字母拼音，一是简化汉字笔画。这两个主张，倒渐渐为部分国人所接受。可见改良只要得法，循序渐进，慢慢磨合，又何至于"搬一张桌子都要流血"（鲁迅语）呢？经由钱玄同、刘半农、赵元任、黎锦熙、汪怡、林语堂组成的"数人会"积极推动，1926 年，"国语罗马字"（拼音符号第二式）由教育部国语统一筹备会公布，1928 年由教育部以部令正式颁布。

思想的闸门已被打开，获得了空前的解放，人们开始重新审视中国的历史、文化了，开始重新审视世界了，这才是最重要的。新文化运动的启蒙作用，自有它的历史意义，既不会因为旧势力的激烈反抗而变得更伟大，也不会因为没遇到旧势力的激烈反抗就有所失色，更不会因为参与者日后的变化而被抹杀。

谁是孩子？谁有资格去救孩子？

《新青年》受到最激烈非难的，并不是文学革命，而是伦理革命。

陈独秀在 1916 年已经断言：“儒者三纲之说，为吾伦理政治之大原，共贯同条，莫可偏废。三纲之根本义，阶级制度是也。所谓名教，所谓礼教，皆以拥护此别尊卑明贵贱制度者也。近世西洋之道德政治，乃以自由平等独立之说为大原，与阶级制度极端相反。此东西文明之一大分水岭也。”陈独秀断言，要实行共和立宪制度，就必须打破纲常阶级制。两者绝对没有并行的余地。他宣称：

> 伦理的觉悟，为吾人最后觉悟之最后觉悟。[42]

伦理革命，“非孔”是一个总题目，下面还分许多章节，从“天、地、君、亲、师”一路颠覆过来。什么三纲五常、三从四德，什么父慈子孝、夫唱妇随，什么礼仪三百、威仪三千，统统在横扫之列。

自从易白沙发表《孔子平议》之后，新青年们开始指名道姓批判孔儒，喊出了“打孔家店”的口号。陈独秀撰写了一系列“非孔”文章，如《宪法与孔教》、《孔子之道与现代生活》、《再论孔子问题》、《旧思想与国体问题》等等，对旧文化、旧伦理发起猛烈攻击。

另一员非孔猛将是四川的吴虞，主攻“非孝”、“非礼”，曾写下《家族制度为专制主义之根据论》、《说孝》、《道家法家均反对旧道德说》等文章。他的拿手好戏就是引用道、法诸家之矛，攻儒家之盾，老子说“六亲不和，有孝慈。国家昏乱，有忠臣”，吴虞就说“六亲苟和，孝慈无用”，推而论之，国家强盛时就没有忠臣。这种强词夺理，把旧学人士呛得说不出话来。胡适称赞他是“四川只手打孔家店的老英雄”。

“老英雄”对新文化，其实没有多少了解，他以道反儒，不过用一件古董去否定另一件古董，终究是反不出一种新文化的。他因为与父亲翻脸，被赶出家门，心怀怨恨，适逢新文化运动，他那些骂家庭、骂孝道的言论，正好应节顺时，才成就了一番虚名而已。吴虞自己就是典型的家庭专制主义者，当他面对女儿时，自己所痛骂过的那些“魔头”特质，就从骨子里一一爆发出来了。以致钱玄同后来斥他没有身体力行自己的反儒主张，不过是孔家店里的老伙计。

在非孔的阵营中，鲁迅那支笔，比吴虞尖锐辛辣得多。1918 年 1 月，当《新青年》改为同人刊物以后，鲁迅也获邀参加编辑会议，算是参与了编辑工作，成了“独秀辈”的半个同人了。钱玄同再三请鲁迅为《新青年》写稿，其殷殷之意，直如当年陈独秀望胡适的稿子，由“甚于望岁”，而至于“大旱望云霓”了。

4 月，鲁迅终于把他的第一篇白话小说——《狂人日记》写好了，清明节晚上，交给了到访的钱玄同与刘半农。钱、刘二人一读之下，不禁两眼放光。这真是一篇精彩绝伦的作品。第二天，他们把稿子送到编辑所，陈独秀也连连拍案称绝。随即在《新青年》四卷五号上发表出来。据称，这是中国现代文学史上第一篇白话小说。[43] 而“鲁迅”这个笔名，也随着狂人在月色全无的夜晚出现，第一次与读者见面了。

这篇四千七百余字的小说，字字风霜，其中的许多经典句子，几十年来，被人们不断反复引用，被专家学者不断解读，被课堂上的学生不断朗诵着，早已家喻户晓。比如：

> 凡事总须研究，才会明白。古来时常吃人，我也还记得，可是不甚清楚。我翻开历史一查，这历史没有年代，歪歪斜斜的每叶上都写着“仁义道德”几个字。我横竖睡不着，仔细看了半夜，才从字缝里看出字来，满本都写着两个字是“吃人”！

屋里面全是黑沉沉的。横梁和椽子都在头上发抖；抖了一会，就大起来，堆在我身上。

万分沉重，动弹不得；他的意思是要我死。我晓得他的沉重是假的，便挣扎出来，出了一身汗。可是偏要说，

“你们立刻改了，从真心改起！你们要晓得将来是容不得吃人的人，……”

没有吃过人的孩子，或者还有？

救救孩子……[44]

鲁迅自我评价，这部小说“算是显示了‘文学革命’的实绩，又因那时的认为‘表现的深切和格式的特别’，颇激动了一部分青年读者的心”。鲁迅又挑明：“《狂人日记》意在暴露家族制度和礼教的弊害”。[45]

作者本人的说法，恒为后人评论《狂人日记》最直接的依据。这篇小说一直被赋予了批判封建家族制度和礼教（仁义道德）的“吃人”本质，表现了现代人最初的觉醒意识的意义。这是流行最广的一种解读方式。

另一种解读，认为鲁迅所说的吃人，是指货真价实的吃人肉。吴虞就是这样理解的。他写了一篇《吃人与礼教》的读后感，列举了历史上许多真实的吃人事例，证明凡是“讲道德、说仁义的人，时机一到，他就直接间接的都会吃起人肉来了”，即使没吃，但想吃的心，总未必打扫得干净。[46]

还有论者说，既然吃人是不分朝代，不分阶级，无人不吃，无时不吃的普遍现象，那么，这篇小说的锋芒所向，当已超越伦理的范畴，而直指人性的恶劣本质。这种本质，鲁迅用十六个字概括，就是“狮子似的凶心，兔子的怯弱，狐狸的狡猾”。

道德也罢，人性也罢，精神上的残杀也罢，真的吃人肉也罢，难免都会产生一种疑问：那些狼子村的人，为什么不干脆把狂人吃掉，而要“鬼鬼祟祟，想法子遮掩，不敢直截下手”呢？他们究竟害怕什么？是什么阻碍了他

们在光天化日之下公然吃人？

是官府吗？不是；是法律吗？也不是。恰恰是仁义道德成了他们公然吃人的障碍。人性的恶劣本质，如果没有仁义道德的约束，狼子村的人，恐怕早就变成一群如假包换的“海乙那”（鬣狗）了！

仁义道德在这里起着什么作用？是帮助人吃人，还是阻止人吃人？鲁迅所触及的是历史的本质，还是人性的本质？狂人是旧世界的牺牲品，还是新世界的创造者？一千个观众眼中就有一千个哈姆雷特。

鲁迅的《狂人日记》，注定也会有无数种解读方式。正如鲁迅这个人，在历史上，也将注定会成为一个说不完的话题。

年轻的傅斯年，便从这灰暗的小说中，读出了一片大光明来：“文化的进步，都由于有若干狂人，不问能不能，不管大家愿不愿，一个人去辟不经人迹的路。最初大家笑他，厌他，恨他，一会儿便要惊怪他，佩服他，终结还是爱他，像神明一般的待他。所以我敢决然断定，疯子是乌托邦的发明家，未来社会的制造者。”他甚至兴高采烈地招呼大家：“带着孩子，跟着疯子——向光明走去。”[47]好像去春游似的。

但光明究竟在哪里呢？怎么才走得去？连鲁迅自己也不清楚。

“救救孩子”这句振聋发聩的呐喊，经狂人喊出来后，新文化运动取而用之，高揭起人道主义的大旗。但在鲁迅看来，所有人（不分男女老幼）都是吃人的，孩子被娘老子教坏了，也是要吃人的。人道在哪里？

“没有吃过人的孩子，或者还有？”不知道。

“将来是容不得吃人的人”，为什么容不得？不知道。

“救救孩子！”谁有资格去救孩子？不知道。怎么救？也不知道。

胡适说我们还不配读经，我们配去救孩子吗？

改造国民劣根性其实是一个伪命题。谁敢说自己已经去掉劣根性了，有足够的资格去改造别人了？真正要“救救”的，不是孩子，而是这个社会，这个国家，这个制度。孩子是不是圣贤不要紧，关键是要确立一种连“海乙那”也不敢吃人的制度。只谈改造国民性，不谈改造政治，很容易为统治者说“这样的国民还不配享受更好的制度”留下空间。然而，“救救孩子”这口号，自从被这一代文化革命者奉为义不容辞的天职之后，遂由鲁迅笔下一个余音袅袅的省略号，变成一串串惊人的感叹号了。

后来鲁迅又写了《孔乙己》（1919 年）、《药》（1919 年）、《明天》（1920 年）、《一件小事》（1920 年）、《头发的故事》（1920 年）、《风波》（1920 年）、《故乡》（1921 年）、《阿 Q 正传》（1921 年）等一系列小说，在当时的历史背景下看，篇篇都是杰作，其光芒不仅覆盖了《新青年》圈子，且在他的同时代，几亦无人可及。

陈独秀把鲁迅的小说奉为“上上乘小说”，佩服得五体投地。胡适在新文化运动退潮的 1922 年，犹衷心称赞：“这一年多的小说月报已成了一个提倡‘创作’的小说的重要机关，内中也曾有几篇很好的创作。但成绩最大的却是托名‘鲁迅’的。他的短篇小说从四年前的《狂人日记》到最近的《阿 Q 正传》，虽然不多，差不多没有不好的。”[48]

随着时移势易，鲁迅被愈捧愈高，头上的光环愈来愈耀眼，几乎到了“千古一人”的高度。一生蔑视偶像的鲁迅，终于也免不了被后人奉为偶像。

胡适为独立人格呐喊

新派阵营要救救孩子，旧派阵营何尝不要？

新旧两派，各走极端，今天尊孔读经，明天打孔家店；一会儿是“肫肫其仁，渊渊其渊”，一会儿又是“时光老人滴答滴答滴答滴答”；这个说“百善孝为先”，那个却说“万恶孝为首”。在当时固有惊世骇俗的效果，但可怜嗷嗷待救的孩子们，就在这拔河式的角力中，忽焉驱东，忽焉逐西，被掇弄得晕头转向了。

胡适的弟子唐德刚叹息：“胡适之先生他们当年搞‘革命’，非过正，不能矫枉，原是可以理解的。加之他们又都是一批高高在上的‘决策人’，原不知‘民间疾苦’。在他们大旗之下受教育的孩子们将来是‘福’是‘祸’，不是他们可以想象出来的。”[49] 所谓救救孩子，最后却往往是为了救自己而牺牲了孩子。这也是革命者们始料所不及的。

不过，唐德刚把革命的高帽戴到老师头上，却不太合适。胡适谦谦君子，哪有搞革命的雄心？别说政治革命，就连搞白话文，他也不敢自称革命，而要说是“文学改良”。后来得到陈独秀的四十二生大炮声援，才敢小心翼翼地写了一篇《建设的文学革命论》（发表在 1918 年 4 月《新青年》四卷四号上），“革命”的前面，加上“建设的”三个字，以消除火药味。

胡适对中国旧家庭、旧道德破坏人的个性，看得一清二楚，但他有一句名言：“吾于家庭之事，则从东方人；于社会国家政治之见解，则从西方人。”[50] 言下之意，文化传播的过程，不是黑白分明，你死我活的，而是一个不断与本土文化互相交融、互相涵化，优势杂交的过程。国外好的东西要引进，传统中好的东西也要保留。

胡适也主张批判旧伦理，但不像吴虞因为与父亲搞不好关系，就非礼非孝，搞起“打倒家庭”的革命。胡适对母亲非常孝顺，甚至在婚姻问题上，也顺从母亲的意愿，娶了一位他并不怎么喜欢的半文盲小脚女人，还执子之手，与子偕老。这在以恋爱自由、婚姻自由为时髦的时代，一个大名鼎鼎的留洋新派人物，竟出于孝道维持一桩没有爱情的包办婚姻，岂非咄咄怪事？

胡适 1919 年所写的小说《一个问题》中，可以视作他对这桩婚姻的悲观预言。小说主人公的婚姻由老师包办，婚后生儿育女，为了谋生苦苦挣扎，不仅身体垮了，年轻时的激情与创造力也消磨殆尽，一生就这么毁了。他借小说主人公之口，茫然发问：“人生在世，究竟是为什么呢？”

胡适并不认为自己有资格去解放这位女性。解放妇女的前提，是要自己先解放了的，如果连自己都没解放，如何去解放别人？这是胡适与鲁迅的不同之处，鲁迅是相信自己在铁屋之外，在要倒的车子外面的，他的责任是去扶一下车子，或推一下车子。但胡适却很清楚，自己还远远没有解放，又如何去解放别人？

他甚至很可能暗中希望妻子逃婚、私奔、出走、背叛，成为一个独立的新女性。他在结婚两年后写过一个剧本，赞扬一位与男友私奔的女性。但他的希望落空了，他与小脚妻子的婚姻，以缺乏激情的形式，一直持续到生命的尽头。

胡适认为在婚姻不自由之国，断没有爱情可言；夫妻间若没有爱情恩意，即没有贞操可言。然而，他 1917 年给未婚妻的一首诗中写道：“岂不爱自由？此意无人晓；情愿不自由，也是自由了。”[51] 反映出他内心的种种矛盾，互相交战，苦闷至极。不过，婚姻也为胡适带来一些意外收获，他因此而赢得了守旧人士的好感，使他在新旧两边都有朋友。

胡适对个人自由、个性解放、家庭伦理、婚姻制度、女性主义等问题的思考，集中反映在 1918 年 6 月由他主编的《新青年》四卷六号“易卜生专号”里。他在《易卜生主义》一文中说：

> 人生的大病根，在于不肯睁开眼睛来看世间的真实现状。明明是男盗女娼的社会，我们偏说是圣贤礼仪之邦；明明是脏官、污官的政治，我们偏要歌功颂德；明明是不可救药的大病，我们偏说一点病都没有！却不知道：若要病好，须先认有病；若要政治好，须先认现今的政治实在不好；若要改良社会，须先知道现今的社会实在是男盗女娼的社会！

所有人都浑浑噩噩地过日子，如猪处溷不觉其臭，社会与国家，断无一线生机。胡适认为，“社会最大的罪恶莫过于摧折个人的个性”，而发展个人的个性，须要有两个条件，第一，须使个人有自由意志。第二，须使个人担干系、负责任。

他决然宣称：“自治的社会，共和的国家，只是要个人有自由选择之权，还要个人对于自己所行所为都负责任。若不如此，决不能造出自己独立的人格。社会、国家没有自由独立的人格，如同酒里少了酒曲，面包里少了酵，人身上少了脑筋，那种社会、国家决没有改良进步的希望。”

社会、国家是时刻变迁的，所以不能指定那一种方法是救世的良药。十年前用补药，十年后或者须用泄药了；十年前用凉药，十年后或者须用热药了。况且各地的社会、国家都不相同，适用于日本的药，未必完全适用于中国；适用于德国的药，未必适用于美国。只有康有为那种“圣人”，还想用他们的“戊戌政策”来救戊午的中国；只有辜鸿铭那班怪物，还想用二千年前的“尊王大义”来施行于20世纪的中国。易卜生是聪明人，他知道世上没有“包医百病”的仙方，也没有“施诸四海而皆准、推之百世而不悖”的真理。

要使社会、国家健康，唯有靠“无数永不知足、永不满意、敢说老实话攻击社会腐败情形”的人，甘愿冒着“国民公敌”的罪名，“时刻与罪恶分子、龌龊分子宣战”。[52] 胡适的这篇文章，被称为个性解放的宣言。

对孔家店的态度，胡适的立场，与其他新青年也不尽一致。胡适觉得孔家店固然要打的，但不赞成全盘打倒；鲁迅把批孔视作对中国国民性的批判；而陈独秀则把孔家店作为腐朽政治权威的基础来拆除。而胡适更关注的是，“我们怎样才能以最有效的方式吸收现代文化，使它能同我们的固有文化相一致、协调和继续发展”；如何“在新旧文化内在调和的新的基础上建立我们自己的科学和哲学”。[53]

胡适决不相信世上有什么包医百病的良药，也没有放之四海而皆准的真理。但陈独秀、李大钊却坚信是有的，路漫漫其修远兮吾将上下而求索。文学革命、伦理革命，最终都是为政治革命廓清道路的。

在新文化诸子中，李大钊是最早和最彻底地接受苏维埃革命的，在中国率先喊出“打倒全世界资本的阶级”的激烈口号。他的外表，有一张温和的圆脸，天庭饱满，三阳红润，他没有在欧美大学镀过金，在北大同人中，被视为出身寒微的“樊哙”之辈，但他的性格却敦厚淳朴，陈独秀觉得他“像个教私塾的人”，鲁迅觉得他“有些儒雅，有些朴质，也有些凡俗，所以既像文士，也像官吏，又有些像商人”。这与他的北大图书馆主任身份，十分相配。

李大钊生长于北方，在新青年阵营中，与大部分江南人性情与思想都有相当差别。陈独秀称赞他“诚如日月之经天，江河之行地，光明磊落，肝胆照人”。李大钊是不遗余力的政治革命“吹鼓手”。那个时代，马神庙的学者名流，人人奢谈主义，以致鲁迅一听“主义者”三个字就厌烦，但李大钊是第一个清楚地领悟到“主义”的政治动员作用，也是有意识把提出鲜明的政治口号，作为鼓动民众手段的第一人。

陈独秀、李大钊似乎已意识到，用新文化运动来救救孩子，未免汲深绠短，有意另辟蹊径。傅斯年说：

> 独秀当年最受人攻击者，是他的伦理改革论，在南在北都受了无数的攻击、诽谤及诬蔑。我觉得独秀对中国革命最大的贡献正在这里。因为新的政治决不能建设在旧的伦理之上。支持封建时代社会组织之道德，决不适用于民权时代，爱宗亲过于爱国者，决不是现代的国民。而复辟与拜孔，家族主义与专制政治之相为因果，是不能否认的事实。独秀看出徒然的政治革命必是虎头蛇尾的，所以才有这样探本的主张。[54]

五四运动的预演

在《新青年》的同人中，曾经有一个共识，就是二十年内只谈文化，不谈政治。这个主张是胡适提出来的，凸现了新文化运动的思想启蒙色彩，而不是一场社会革命运动。胡适希望扮演一个自由知识分子角色，而不要像他的前辈梁启超那样，在知识分子与政客之间，来回摇摆，身份模糊不清。

[胡适说] 那时我有一个主张，认为我们要替将来中国奠定非政治的文化基础，自己应有一种禁约：不谈政治，不参加政治，不与现实政治发生关系，专从文学和思想两方面着手，做一个纯粹的思想文化运动。所以我从那个时候起二十年不谈政治，不干政治，这是我自己的禁约。[55]

胡适的这个主张，后来成了他“反对革命”的一条罪状。虽然谈不谈政治，纯属个人自由，萝卜青菜，各有所爱，但在二分法盛行的年代，不革命就是反革命。

最初新青年同人大家约好不谈政治，可是，后来陈独秀要谈，这也是他的自由。陈独秀说：“本志社员中有多数人向来主张绝对不谈政治，我偶然发点关于政治的议论，他们都不以为然。但我终不肯取消我的意见，所以常常劝慰慈、一涵两先生做关于政治的文章。”渐渐地，李大钊、高一涵他们都开始大谈特谈政治了。陈独秀认为这是不可避免的：“你谈政治也罢，不谈政治也罢，除非逃在深山人迹绝对不到的地方，政治总会寻找你的。”[56]

1917 年的俄国十月革命，使这几位北大教授和学生的政治热情更加高涨，比以往任何时候都更想谈政治了。

1918 年的夏天，发生中国留日学生集体回国事件。这时因为中国留学生反对中日军事协定，在举行示威活动时，遭受日本警察殴辱，三千多人辍学返国，组织救国团。

又一个激动人心的 5 月来临了。5 月 20 日晚，北大学生在北大西斋饭厅开全体学生大会，留日归国学生代表上台讲述他们的遭遇。大家对政府的卖国虽然义愤填膺，却又无可奈何。

在一片沉闷气氛中，北大学生罗家伦突然推开人群，跳到台上大呼：“这个事体，徒然气愤也没有用处，我们如果是有胆量的，明天便结队到新华门围总统府去，逼冯国璋（总统）取消成约，若是他用军警干涉，我们要抱有流血之决心！”

大家轰然响应，平静的校园从此不复平静。正如陈独秀所说，政治找上门来了。

5月21日，北京学生二千余人，齐集新华门前，向政府请愿，要求废除此一协定，呼吁开国民大会，抵制日货。出发前，工专学生夏秀峰用刀子割破手指，写下“此条约取消之日，为我辈生还之时”的血书，以激励同学奋勇前进。

蔡元培是不赞成学生们搞政治的，他曾坦言：“我对于学生运动素有一种成见，以为学生在学校里面，应以求学为最大目的，不应有何等政治组织。其有年在二十岁以上、对于政治有特殊兴趣者，可以个人资格，参加政治团体，不必牵涉学校。”他竭力劝止学生请愿，但学生们不听，还是上新华门去了。蔡元培说：“当北大学生出发时，我曾力阻他们，而他们一定要参加，我因此引咎辞职，经慰留而罢。”[57]

这是学生运动的启程炮。罗家伦宣称：“这是学生运动的第一次，也是学生反对帝国主义和军阀勾结而有所表示的第一次，这是五四运动的先声……有了这件事做引子，再加上所谓新文化运动和文学革命，五四运动的产生，几乎是事有必至。”[58]

请愿风波平息之后，政治的空气却迅速弥漫北大。6月，李大钊、王光祈等人，发起组织少年中国学会（1919年7月1日正式成立），许德珩说：

> 李大钊同志和王光祈是这个学会的发起人。会员最后发展到一百零八人，主要有下列几种人：一、向往苏联十月革命的一些人；二、因反对日本侵占山东而归国的一小部分留日学生；三、从事爱国运动的国内各学校少数学生。就我记忆所及，如毛泽东、恽代英、邓中夏、杨贤江、高君宇、李达（鹤鸣）、黄日葵、缪伯英、蔡和森、赵世炎、张闻天、沈泽民等同志都参加了这个组织，而且他们当中有好些都是起领导作用的。参加的人还有杨钟健、许德珩、章廷谦（号川岛），以及周炳琳、孟寿椿、周太玄等。后来堕落成为反动的

> 国家主义分子青年党的曾琦、左舜生、李璜、余家菊等也混进了这个组织。还有参加新潮社的新诗人康白情，陕西文人郑伯奇等。这个学会的宗旨是“本科学的精神为社会活动，以创造少年中国”，还有四条信约：一、奋斗；二、实践；三、坚忍；四、俭朴。[59]

凡是有宗教信仰的人、纳妾的人、做官的人，均不能成为会员。这个学会，名义上是学术团体，实际上是政治团体。一旦成为政治团体，有些人就变成是“混进来”的了。

陈独秀断定非得以阶级斗争为手段，对社会从根本上加以改造，无法彻底解决中国积弊。胡适虽不以为然，但人各有志，也无可奈何。

1918 年 10 月，胡适与陈独秀联名发表一封公开信，指出：“旧文学，旧政治，旧伦理，本是一家眷属，固不得去此而取彼；欲谋改革，乃畏阻力而牵就之，此东方人之思想，此改革数十年而毫无进步之最大原因也。”[60] 等于承认，文学革命、伦理革命，与政治革命，是没办法分开的。不能单搞文学、伦理，而不搞政治。

11 月 11 日，第一次世界大战结束，美国总统威尔逊曾提出所谓的“十四点原则”，其中包括：杜绝秘密外交，签订公开和约；确保平时和战时海上航行的绝对自由；取消一切经济壁垒，建立贸易平等条件；裁减军备；建立旨在国家不分大小、相互保证政治独立和领土完整的国际联盟等等。一种崭新的国际关系，似乎已破蛹而出；一个充满公义、正义的新世界，似乎已展现它的伟大曙光。许多中国人都由衷欢呼：“威尔逊是个大好人！”傅斯年自豪地说，他可以把威尔逊的“十四条”一字不漏地背诵下来。

自鸦片战争以来，中国人几乎每战必败，这回中国虽然没有派一个兵到欧洲战场，但好歹“站对了队”，成了胜利国，整个中国都兴奋得发狂了。徐世昌总统下令全国放假三天，让大家去狂欢。

北京六万民众在太和殿前聚集，举行了盛大的庆祝游行。在许德珩的记忆之中，“1918年11月到1919年4月，这一期间学生们真是兴奋得要疯狂了。庚子（1900年）义和团运动的时候，对德国屈服赔罪而建立在北京东单牌楼最耻辱的‘克林德碑’也拆除了，改建为‘公理战胜’的牌楼，竖立到中央公园去了（现在的中山公园。解放后改为‘保卫和平’牌楼）。”[61]

蔡元培和陈独秀、胡适、陶孟和、马寅初、陈启修、丁文江等学者，在天安门前的露天讲堂，一连做了三天演说。蔡氏宣称协约国的胜利，有四大意义，一是黑暗的强权论消灭，光明的互助论发展；二是阴谋派消灭，正义派发展；三是武断主义消灭，平民主义发展；四是黑暗的种族偏见消灭，大同主义发展。他以安那其主义的目光去看待这场战争，因此，他乐观地预言“协约国占了胜利，定要把国际间一切不平等的黑暗主义都消灭了，别用光明主义来代他”。[62]

李大钊在《新青年》上发表《Bolshevism的胜利》，他认为欧洲战争与我们是无关的，俄国革命的胜利，才是新世界降临的转折点。无政府主义者认为十月革命是安那其主义的胜利，马克思主义者认为是社会主义的胜利，民粹主义者认为是庶民的胜利。

李大钊说：“我们这些和世界变局没有很大关系似的国民，也得强颜取媚：拿人家的欢笑当自己的欢笑；把人家的光荣做自己的光荣。学界举行提灯。政界举行祝典。参战年余未出一兵的将军，也去阅兵，威风凛凛的耀武。”这一切都是过眼云烟，只有庶民的胜利，才是真正伟大的胜利，他大声预言：“试看将来的寰球，必是赤旗的世界！”[63]

新文化诸子纷纷发表文章，纪念战争的结束。他们普遍地对未来表现出极大的期望，甚至认为这是法治主义的胜利，独裁主义的失败。他们根据自己的愿望，为这场战争赋予了许多五光十色的意义。自由、民主、科学、民权一类口号，也随着战争的结束，被推到了三万五千尺高空，光照寰宇。

如果说，新文化运动是为辛亥革命补上理论的一课，那么，它便不可避免地要承担起为新的政治权威作诠释的使命。陈独秀、李大钊这些新文化斗士，几乎都是怀着急切的救世之心，对他们来说，民主与科学，究竟是一回事，还是两回事？亦难分难解。民主都是科学的，科学的必然是民主的。易言之，西方文化即民主与科学。

陈独秀在《新文化运动是什么》一文中，把“新的科学、宗教、道德、文学、美术、音乐等运动”统摄于新文化运动之下，但没有提及“民主”，这并不是他无心之失，把两轮车变成了独轮车，在他看来，“新的”就是“民主的”，新文化运动就是用民主的新精神，去创造“新的科学、宗教、道德、文学、美术、音乐等运动”。

什么是科学？陈独秀说：“科学有广狭二义：狭义的是指自然科学而言，广义的是指社会科学而言。社会科学是拿自然科学的方法用在一切社会人事的学问上，像社会学、伦理学、历史学、法律学、经济学等，凡用自然科学方法来研究、说明的都算是科学；这乃是科学最大的效用。”[64] 他们引进西方文化，与其说是为了启蒙人心，解放个性，不如说是为了直接利用来改造社会。

陈独秀就曾幻想，德先生和赛先生“可以救治中国政治上、道德上、学术上、思想上一切的黑暗”。[65] 这样一来，德先生和赛先生最终被升格为“德菩萨”和“赛菩萨”，也就在所难免了。胡适说：

> 这三十年来，有一个名词在国内几乎做到了无上尊严的地位；无论懂与不懂的人，无论守旧和维新的人，都不敢公然对他表示轻视或戏侮的态度。那个名词就是“科学”……自从中国讲变法维新以来，没有一个自命为新人物的人敢公然毁谤“科学”的。[66]

新人物固然不会毁谤科学，旧人物同样也用不着毁谤科学，因为科学一旦升格为菩萨之后，中国就再也没有不科学的东西了，人人都学会说自己是最科学的，你有科学宇宙观，我有科学人生观；你“用科学的方法研究科学”，我掌握了“科学的真理”——仿佛还有不科学的真理似的。这世间没有什么不可以冠上科学的桂冕了。

正如民主在中国一旦升格为菩萨，也就成了一个可以把任何东西装进去的大箩筐，孟子的“民贵君轻”是 Democracy，墨子的“兼相爱、交相利”是 Democracy，民粹主义也是 Democracy，苏俄式的“工人统治”，也是一种新的 Democracy。李大钊曾说：“现代生活的种种方面，都带着 Democracy 的颜色，都沿着 Democracy 的轨辙。政治上有他，经济上也有他；社会上有他，伦理上也有他；教育上有他，宗教上也有他；乃至文学上、艺术上，凡在人类生活中占一部位的东西，靡有不受他支配的。简单一句话，Democracy 就是现代唯一的权威，现在的时代就是 Democracy 的时代。”[67]

李大钊的民主观，基本上来自卢梭式的“人民主权”论。所谓人民主权，乃排斥个人权利，一切恒以“公意”为依归。但公意不是通过一人一票来反映。李大钊说：“多数取决之制，乃今日施行民治之方法，民治之精神，不在是也。盖各个意志之总计，与普遍意志（general will）全然不同。为此辨者，莫如卢梭。彼以普遍意志，为公我之意志；各个意志之总计，为私我之意志。普遍意志所由发生者，乃因其利益之属于公同普遍，非单由于发表之票数。反之，各个意志之总计，则以私利为的，其实为单独意志之凑合，非为普遍意志之一致。”[68] 公意是一种很抽象笼统的东西，易言之，少数人有可能是公意的代表，而多数人亦有可能只是私意的凑合，不能代表公意。

这是陈独秀、李大钊在“五四”之前，所提倡的一种民主科学观。

据有心人统计，《新青年》从 1915 年 9 月 15 日创刊，至 1926 年 7 月停刊，共出版六十三册，其中直接谈论科学问题的文章，只有两篇译作，六篇原创；研究民主的文章，只有三篇译作。[69] 这不是陈独秀、李大钊有口无心，而是在他们的理解中，民主与科学几乎是无所不包的。前期，认为一切西方文化都是民主与科学的；到后期，接受了马克思主义，则认为苏俄革命才是真正的民主与科学。所以，胡适批评陈独秀对“科学”与“民主”的定义，不甚了了。

胡适代表了新青年同人中的另一种观点。胡适奉杜威学说为圭臬，他认为，“民主”是一种生活方式，是一种习惯性的行为。“科学”则是一种思想和知识的法则。

民主作为一种生活方式，其核心价值是：承认人人各有价值，人人都可以自由发展。作为一种制度的民主，就是要保障个人的自由，使他不受政治暴力的摧残，不受群众压力的压迫。少数服从多数，但多数不能抹杀少数，不能不尊重少数，更不能压迫少数，毁灭少数。所谓科学的精神，就是尊重事实，寻找证据，证据走到哪儿去，我们就跟到哪儿去，决不被别人牵着鼻子走。科学的法则用八个字概括，就是：大胆假设，小心求证。

这两种民主观、科学观，一接触到中国的实际问题，必然出现分歧，一个要革命，一个要改良；一个要毕其功于一役，一个要点点滴滴的改变。分道扬镳，也就是迟早之事了。

《新青年》的“打孔家店”，在第二、三卷上，打得十分卖力，声势逼人，以后就渐渐转移火力了。傅斯年后来谈到《新青年》的变化：“独秀在《新青年》八卷以前对社会主义的倾向全没有具体化，但《新青年》自第六卷（即1919年初）起渐注重社会问题，到第七卷的下半（即1920年夏）便显然看出马克思主义的倾向了。”[70]

1918年冬，陈独秀决定创办一份“专谈政治”的小报——《每周评论》。这是一张用白话文谈时局政治，兼及思想文艺的四版报纸。在筹备期间，胡适因为母亲去世，回乡奔丧去了。这时候，胡适与陈独秀、李大钊他们之间，已渐渐貌合神离。

11月27日，陈独秀、李大钊、高一涵、高承元、张申府、周作人，在文科学长办公室，召集《每周评论》创刊会议。大家公推陈独秀为书记及编辑，其他人为撰述。发行所设在骡马市米市胡同七十九号安徽泾县会馆，编辑所在沙滩北京大学新楼文科学长办公室。参加者每人交五元大洋，做开办经费。

12月22日，第一号《每周评论》新鲜出炉。陈独秀亲撰发刊词：“自从德国打了败仗，‘公理战胜强权’，这句话几乎成了人人的口头禅。列位要晓得什么是公理，什么是强权呢？简单说起来，凡合乎平等自由的，就是公理，倚仗自家强力，侵害他人平等自由的，就是强权。”他慷慨陈词：“我们发行这《每周评论》的宗旨，也就是‘主张公理，反对强权’八个大字，只希望以后强权不战胜公理，便是人类万岁！本报万岁！”[71]

若干年后，胡适回顾往事时感叹：“《每周评论》12 月 22 日出版，它的发刊词使我们看出那个狂热的乐观时代的大影响。”[72]创刊号刊登了陈独秀的发刊词与四则“随感录”、王光祈的社论《国际社会之改造》、蔡元培的《劳工神圣》、梁启超的《欧战结局之教训》，还有胡适的一首新诗——《奔丧到家》。

《奔丧到家》摆在这里是个“例外”，不仅与“专谈政治”的《每周评论》不和谐，即便在《新青年》上，它所抒发对家庭、对母亲的款款深情，与当时高唱入云的“伦理革命”，也显得格格不入。据说，创刊号的稿件，因为要模糊警察厅的注意，登了许多不痛不痒的文章，高一涵看后失望说，尽是些迂腐的议论！

但胡适这时已无暇在意这些了。这个冬天对他来说寒彻骨髓，一种灰色的悲哀色调弥漫天地。在胡适匆匆收拾行装，回乡奔丧前夕，有两位北大学生踏着薄薄的雪尘找上门来，郑重其事地对他说：“我们今天过来，一则送先生起身；二则呢，适之先生向来提倡改良礼俗，现在不幸遭大丧，我们很盼望先生能把旧礼大大的改革一番。”傅斯年也写信给胡适，劝他以理性制服感情，节哀节礼，不殉世俗。

孩子们终于出场了。

胡适对学生表示了感谢，他是信奉实验主义的，改良须一点一滴从自身做起，回家以后，果然，“从发讣闻起一直到受吊、祭礼、出殡、安葬为止，所有虚伪的、说谎的、迷信的、野蛮的、无意识的种种丧礼陋俗，都给革除了”。[73]按传统丁母忧要丧服三年，但胡适半年后就把衣袖上的黑纱摘下来了。有人问他行的是什么礼，胡适回答说是《易传》上说的太古时代“丧期无数”的古礼，那些打算以传统礼数责难胡适的人，倒也哑口无言。

《新青年》在北大掀起了一股“新旋风”，学生们每期都争相传阅。每一篇文章都吸引着大家，从课堂到宿舍，从操场到饭厅，到处可以听到学生们的热烈讨论。大家把汉花园北大一院的国文教员休息室叫做“群言堂”，把红楼一楼的图书部主任室叫做“饱无堂”——这是学生们开玩笑起的“雅号”，前者取群居终日言不及义之意，以南方学生居多；后者取饱食终日无所用心之意，以北方学生居多——这两个地方，常常是“小朋满座”，聚议盈庭。

大家无拘无束，没有辈分与亲疏，自由讨论各种各样的问题。“这两个房子里面，当时确是充满学术自由的空气。大家都是持一种处士横议的态度。谈天的时候，也没有时间的观念。有时候从饱无堂出来，走到群言堂，或者从群言堂出来走到饱无堂，总以讨论尽兴为止。”罗家伦追忆，“当时的文学革命可以说是从这两个地方讨论出来的，对于旧社会制度和旧思想的抨击也产生于这两个地方。”[74]

傅斯年和他的前辈章太炎、梁启超一样，一旦认定了新文化、新思想，便毫不犹豫地背叛了师门。他几乎天天往《新青年》杂志跑，最初陈独秀还担心他是黄侃等守旧派的卧底，后来读了他的文章，才确信他就是自己千呼万唤的那种“新鲜活泼”的青年。

傅斯年的性格，火急火燎，勇于任事，他喜欢《新青年》，就想加入它的队列。1918 年 10 月 21 日，周作人在日记中记述：“玄同说明年起分编《新青年》，凡陈、胡、陶、李、高、钱、二沈、刘、周、陈（百）、傅十二人云。”[75] 即陈独秀、胡适、陶孟和、李大钊、高一涵、钱玄同、沈尹默、沈兼士、刘半农、周作人、陈百年、傅斯年。可见在《新青年》内部，已把傅氏视作同人了。

傅斯年天生具有领袖气质，还没进入《新青年》圈子时，《新青年》就像一个闪闪发亮的殿堂，等他进入了，又被另一个更具光芒的梦想所吸引了——自己办一份杂志。

“因为学生必须有自动的生活，办有组织的事件，然后所学所想不至枉费了。”傅斯年说，“而且杂志是最有趣味，最于学业有补助的事，最有益的自动生活。再就我们自己的脾气上着想，我们将来的生活，总离不了教育界和出版界，那么，我们曷不在当学生的时候，练习一回呢。”

傅斯年随即和徐彦之（子俊）、顾颉刚、潘介泉、罗家伦（志希）等几个学生朋友商量，徐彦之主张说干就干：“不成功也没什么不可以。”于是他们带着游戏的心态，把这当作未来的一种职业实习，开始着手筹备。他们作了一个预算，由徐彦之找陈独秀协商，看校方能否在经费上资助一下。陈独秀很爽快地答应：“只要你们有办的决心，和长久支持的志愿，经济方面，可以由学校担负。”学长的支持，令学生们大受鼓舞。他们邀请胡适做他们的顾问。

为什么是胡适而不是其他人呢？

胡适与傅斯年、罗家伦等青年学生，年龄接近、思想接近，交往十分密切，罗家伦说，他与傅斯年的深交，就是从胡适家开始的，“那时我们常去（胡家），先则客客气气的请教受益，后来竟成为讨论争辩肆言无忌的地方。适之先生甚惊异孟真中国学问之博与精，和他一接受以科学方法整理旧学以后的创获之多与深。适之先生常是很谦虚地说，他初进北大做教授的时候，常常提心吊胆，加倍用功，因为他发现许多学生的学问比他强。”[76]胡适待人接物的谦逊、宽容，令学生们对他甚有好感。

罗家伦对新青年同人，分别有一个评价：陈独秀是一个很激烈的人，好作惊人之语，聪明远过于学问；钱玄同新知识很少却满口说新东西，像疯子一样；刘半农为人轻薄；沈尹默过于深沉；陶孟和的中文太差；胡适为人谦恭，小心翼翼，对学问颇下过苦功，他的白话诗也很适合一般人口味。[77]更重要的是，傅斯年听过他的课以后，对他佩服得五体投地。

［傅斯年回忆］最先和罗志希、康白情两位研究办法，其后有十多位同学加入，对这事都很有兴味。胡适之先生做我们的顾问，我们很受他些指导。10月13日，开第一次预备会，决定我们要办什

么样的杂志，不使他杂乱无章，不使他有课艺性质，定他的原素是：

（1）批评的精神；

（2）科学的主义；

（3）革新的文词。

子俊要把英文的名字定做 The Renaissance，同时志希要定他的中文名字做《新潮》，两个名词恰好可以互译。11 月 19 日，开第二次会，把职员举妥，着手预备稿件。李守常（大钊）先生把图书馆的一个房间拨给了新潮社用。李辛白先生帮助我们把印刷发行等事布置妥协。本年（1919 年）1 月 1 日第一号出世了。[78]

新潮社的内部分工，傅斯年是主任编辑，罗家伦是编辑，杨振声是书记，参加工作的还有徐彦之、康白情、俞平伯诸人。学生们开预备会时，胡适还在北京。但新潮社成立（12 月 3 日）和《新潮》正式出版时，他回老家办丧事去了，1 月上旬才回到北京。他对这本由“孩子们”办的杂志喜爱有加，觉得“精采充足，确是一支有力的生力军”。

新潮社和《新潮》杂志的诞生，发出了一个强烈信号，一直被师辈们视为拯救对象的新生代，终于闪亮登场了。昨天“救救孩子”的呼声犹在耳畔，但现在孩子们却要用自己的声音，来救救那些在旧文化中沉浮挣扎的中老年们了。曾经在大学当“偷听生”的山西作家高长虹，后来大声疾呼：“不再吃人的老人或者还有？救救老人！！！”

傅斯年宣称：“在我们筹备第一号出版的时候，只有有五卷寿命的《新青年》和方出世的《每周评论》，是我们的同道。”罗家伦对《新潮》的宗旨，有更清晰的表述：

我们主张文学主要的任务，是人生的表现与批评，应当着重从这个方面去使文学美化和深切化，所以我们力持要发扬人的文学，而对非人的与反人性的文学。我们主张学术思想的解放，打开已往传统的束缚，用科学的方法来整理国故。我们推广这种主张到传统的社会制度方面，而对固有的家族制度和社会习惯加以批评。我们甚至于主张当时最骇人听闻的妇女解放。《新潮》的政治彩色不浓，可是我们坚决主张民主，反封建，反侵略。我们主张我们民族的独立与自决。总而言之，我们深信时至今日，我们应当与自决。总而言之，我们深信时至今日，我们应当重定价值标准，在人的本位上，以科学的方法和哲学的态度，来把我们固有的文化，分别的重新估价。在三十年前的中国，这一切的一切，是何等的离经叛道，警世骇俗。我们主张的轮廓，大致与《新青年》主张的范围，相差无几。其实我们天天与《新青年》主持者相接触，自然彼此之间都有思想的交流和互相的影响。不过，从当时的一般人看来，仿佛《新潮》的来势更猛一点，引起青年们的同情更多一点。[79]

《新潮》第一卷第一号，继承了《新青年》的文学革命、伦理革命旗号，傅斯年喊出家庭是万恶之源的惊世骇俗口号。在这本一百五十页厚的杂志里，共发表了二十一篇文章，其中十四篇出自傅斯年和罗家伦二人之手。在学生和老师中引起轰动，人人争阅，最初只印了一千册，不到十天便脱销，后来连续加印几次，总销量达一万三千册（后来每期维持在一万五千册左右）。“最初大家办这个杂志的时候，还抱着好玩的心理，”罗家伦说，“等到社会看重了，销数一多，大家一方面有一种高兴的心理，一方面有一种害怕的心理。因为害怕，所以研究的空气愈加紧张。”

据说这本杂志还惊动了国家最高首领，一位遗老把杂志拿去给徐世昌总统看，大骂近代的青年思想至此，那还得了，要求总统加以干涉。据罗家伦记述：“于是徐世昌拿这本《新潮》交给傅增湘，傅示意于蔡孑民，要他辞退了两个教员，开除了两个学生，就是当时所谓四凶，这两个是《新青年》的编辑，两个是《新潮》的编辑。”[80]

是徐世昌授意傅增湘开除“四凶”，还是傅自作主张，迄未见确凿的史料为证，钱玄同在日记中记了这么一件事：

1月5日，钱氏和沈士远、沈尹默及教育部秘书徐森玉四人，在中兴茶楼吃晚饭，徐森玉谈到“有人为大学革新求徐世昌来干涉，有改换学长整顿文科之说”。却又没有提及事情是否因《新潮》而起，亦不清楚所谓“改换学长整顿文科之说”，究竟是“有人”向徐世昌提出的，还是出诸徐世昌自己之口。

这个谣言，倏起倏灭。到1月11日，钱玄同在日记中写道：“尹默来，知‘整顿大学’之说已归消灭。独秀已照常办事了。”[81]前后不到一个星期，谣言不攻自破。

自号“退耕老人”的徐世昌，是前清皇族内阁的协理大臣，满肚子旧学问，一脑子旧伦理，他的母亲刘氏又是桐城派刘大櫆的后人，新文化诸子骂“桐城谬种”，他内心当然不爽。但他既没有派军警抓人，也没有下令《新青年》或《新潮》停刊。你要出版，还让你继续出版；你要骂人，还让你继续骂人。只是让教育总长傅增湘去给蔡元培提个醒。

傅增湘是四川江安人，也是一位学界景仰的大学者，大藏书家，并非官僚出身。他的名字因与太平天国女状元、东殿尚书傅善祥音谐，被鲁迅戏称为“女官首领”。傅氏在3月26日写给蔡元培的信中，并没有提及“四凶”，只是担心北大的新旧两派的对立，“倘稍逾学术范围，将益启学派新旧之争，此则不能不引为隐忧耳”。

蔡元培委婉地回复他：“大学兼容并包之旨，实为国学发展之资。正赖大德如公，为之消弭局外失实之言。元培亦必勉励诸生，为学问之竞进，不为逾越轨物之行也。”[82]但局外失实之言，并未消弭，后来又发生参议员提出查办蔡元培、弹劾傅增湘的议案，结果都是不了了之，不能不说是政府对学界的回护。

然而，北大校方资助《新潮》，在校内却引起不少非议。最令旁人妒忌的，是校方出资给《新潮》，对其他刊物不公平。教授评议会讨论后，决定对校内所有刊物一律只垫款前三期。这样一来，从第四期开始，《新潮》就可能断炊了。“我们当时若托一家书店包办发行，赔赚不管，若《新青年》托‘群益’的办法，一定可成”，但傅斯年等人不愿接受校外的私人支持，于是写信给评议会，说明情况。傅斯年说：“评议会了解《新潮》的情形，又知道方案在后，学校答应我们的在先，就把原定的办法维持住了。”[83]

一本没有名家支撑，靠几个初出茅庐的学生搞起来的杂志，甫一问世，就有这样的成绩，实在是一个异数。与当年《新青年》创刊时惨淡经营的状况相比，中国的思想界，已跨越了不同的世代。胡适也承认：“这份《新潮》月刊表现得甚为特出，编写俱佳。互比之下，我们教授们所办的《新青年》编排和内容，实在相形见绌。”[84]

在《新青年》与《新潮》的互相唱和下，北大更加热闹了。罗家伦兴奋地指出：“这股伟大的思潮，在许多方面很像是十八世纪后期由法国开始，以后弥漫到全欧的‘启明运动’。（这个运动，英文名叫 Enlightenment，意为启明。而德文称为 Aufklärung，带有廓清的意义，似更恰当。）”[85]

Enlightenment，翻译成中文，就是中国近代史上一个最激动人心的词汇：启蒙运动。

两军对垒，鸣鼓而攻

自从《新潮》创刊以后，北大内新旧两派的生态平衡，便被打破了，新派由于有学生的上场，明显占了上风。刘师培、黄侃等旧派教员的弟子们，难免气愤不平，也想办一份杂志，与傅斯年、罗家伦他们唱唱对台。

腊月小寒前后，俞士镇、薛祥绥、杨湜生、张煊等一班学生，着手筹划成立一个以“昌明中国故有之学术”为宗旨的社团和办一份杂志。

老师们纷纷表示支持，学生们的劲头更足了，随即向蔡元培校长提出。蔡氏同意由校方先垫三百元开办，以后杂志赚了钱再偿还。1 月 26 日，星期天，北京飘着鹅毛大雪。刘师培家中热气腾腾。有志于保护国粹的师生，相聚一堂，宣告“国故社”成立。刘师培、黄侃出任《国故》杂志总编辑，陈汉章、马叙伦、康宝忠、吴梅、黄节、屠孝寔、林损、陈钟凡任特别编辑，张煊、薛祥绥、俞士镇、许本裕等学生任编辑。

旧派教员通常是喜欢埋头研究学问的，对新派师生的摇旗呐喊，虽然看不惯，但除了在课堂上骂几句，出口闷气之外，也没什么正面的冲突。刘师培说，通群经才能治一经。没通群经不敢吭声，通了群经不屑吭声。所以他们极少写文章辩驳，文章都是千古事，岂可乱下笔？严复说过一段话，颇能代表他们的心理：“优者自存，劣者自败，虽千陈独秀，万胡适、钱玄同，岂能劫持其柄？则亦如春鸟秋虫，听其自鸣自止可耳。林琴南辈与之较论，亦可笑也。”[86] 现在，却被年轻学子们推到对阵的前沿了。3 月 18 日《公言报》载文：

> 国立北京大学自蔡孑民任校长后，气象为之一变，尤以文科为甚。文科学长陈独秀氏，以新派首领自居，平昔主张新文学甚力。教员中与陈氏沆瀣一气者，有胡适、钱玄同、刘半农、沈尹默等……顾同时与之对峙者，有旧文学一派。旧派中以刘师培氏为之首。其他如黄侃、马叙伦等，则与刘氏结合，互为声援者也……盖学生中固亦分旧新两派，而各主其师说者。二派杂志，旗鼓相当，互相争辩，当然有裨于文化；第不言忘其辩论之范围，纯任意气，各以恶声相报复耳。[87]

仿佛两派人物，已擂鼓出战。原本无意应战的旧学人士，惹了一身膻。刘师培赶紧致函《公言报》澄清：“读 18 日贵报《北京学界思潮变迁》一则，多与事实不符。鄙人虽主大学讲席，然抱疾岁余，闭关谢客，于校中教员素鲜接洽，安有结合之事？又《国故》月刊由文科学员发起，虽以保存国粹为宗旨，亦非与《新潮》诸杂志互相争辩也。祈即查照更正，是为至荷！”[88]

学养深厚的师长，对这类争论，避之若浼，打头阵的几个学生，无论学识、文笔，与傅斯年、罗家伦、顾颉刚这些人，都不是同一档次，蒋梦麟形容傅、罗二人手中的笔，“好像公孙大娘舞剑似的，光芒四照”，所谓“旗鼓相当”，欺人之谈。

新青年同人希望在社会造成一种印象，仿佛有一个“保守的反对集团”存在，时时向新文化进攻。人们果然也相信了，几十年后写历史，仍然对什么“守旧派集团”、“保守派阵营”，津津乐道。其实，以新青年同人的自觉结合，倒很有“集团”的意味；而旧学方面，无论是有形还是无形的集团，都不存在。他们之间也没有什么联盟，更没有勾结官府，北大内的老一辈旧学耆宿，在一片“打孔家店”的口号声中，虽然憋了一肚子闷气，但却完全是一盘散沙，根本没有什么“集团”、“阵营”可言。

梁漱溟有一段客观评语：“新派刊物名《新潮》，宣传科学精神与民主思想，内容充实而有生气。倾向于旧学的学生办有刊物名《国故》，却只是示人以一堆陈旧古董，根本无力与新派对垒。”[89] 罗家伦也说：“当时对于新文学的抵抗力不外三种，一种是林琴南派，一种是东南大学的胡先骕和他所办的《学衡》杂志，一种是北京大学内部的《国故》杂志。但是综合起来，抵抗力还是很薄弱的。”[90]

但新青年的“集团”，不过是众多文人“小圈子”中的一个。《国民》杂志是由北大学生段锡朋、易克嶷、高君宇、许德珩、张国焘等人主办，聘请《京报》总编辑邵飘萍作顾问，李大钊为指导老师。这本杂志采用文言文，被新潮社视为“国故派”的同党，属于另一个小圈子。而李大钊是新青年同人，居然去做他们的指导老师，似乎也表明了，所谓“集团”、“阵营”，并没有很清晰的分疆划界。

《新潮》看不起《国故》，《国民》看不起《国故》，也看不起《新潮》、《新青年》，而《国故》则看不起《新青年》，更看不起《新潮》和《国民》。新潮社的杨振声说：“大家除了唇舌相讥，笔锋相对外，上班时冤家相见，分外眼明，大有不能两立之势。甚至有的怀里还揣着小刀子。”[91] 听起来，事态很严重，大有白刀子进红刀子出的危险，但到底谁揣着小刀子上学？谁想捅对方一刀？杨振声没有明说，后人只能瞎猜。

周作人综述双方力量的对比：“（旧学方面）教员中只有黄季刚（侃）在课堂内外对学生骂骂而已，向不执笔，刘申叔（师培）写些文章，也只谈旧学，却未骂人。《新青年》上写文章的都是教员，积极的取攻势，猛厉无比。”[92] 因此，一些年轻人就沉不住气了，要替他们旧派的师长出头了。

在旧戏讨论上与新学阵营干了一仗的张厚载，1919 年 2 月，在《神州日报》上发表了两篇“半谷通讯”，说陈独秀、胡适、钱玄同、刘半农、陶孟和等人，因思想过激，受政府干预而辞职，并闻陈独秀“已往天津，态度亦颇消极”云云。不久又发表通讯，称北大文科学长陈独秀有辞职之说，当记者向校长蔡元培查问此事时，蔡氏对陈学长辞职，并无否认之表示云云。

> [胡适说] 大学内部的反对分子也出了一个《国故》，一个《国民》，都是拥护古文学的。校外的反对党竟想利用安福部的武人政客来压制这种新运动。八年（1919 年）二三月间，外间谣言四起，有的说教育部出来干涉了，有的说陈、胡、钱等已被驱逐出京了。这种谣言虽大半不确，但很可以代表反对党心理上的愿望。[93]

2 月 15 日，《新青年》编辑部发表启事：“近来外面的人往往把《新青年》和北京大学混为一谈，因此发生种种无谓的谣言。现在我们特别声明：《新青年》编辑和做文章的人虽然有几个在大学做教员，但是这个杂志完全是私人的组织；我们的议论完全归我们自己负责，和北京大学毫不相干。”[94]

当时北大内外，确实是谣言满天飞，新青年同人风头太劲，树大招风，这在中国社会，见怪不怪。张厚载的“半谷通讯”，虽属捕风捉影，但也不完全是面壁虚构，在北大里，相关的“风”与“影”，甚嚣尘上。但由于他是林纾的学生，两人过从甚密，新学阵营马上打蛇随棍上，认定这些谣言，都是林纾与张厚载“背地里勾结”造出来的。林纾曾经在正志学校任教，正志学校是皖系军阀徐树铮（时任西北筹边使兼西北边防军总司令）所创办的，于是又推论出林纾造谣的目的，是要借军阀的刺刀来杀人。

最有力“证据”，就是林纾所写的两篇讽刺小说《荆生》和《妖梦》，被张厚载送到上海《新申报》，发表在“蠡叟丛谈”专栏上。

林纾本来无意卷入论战，但目睹国学沦夷，担心中国历史文化从此澌灭，内心的痛苦却又与日俱增，不能挺身而出，以一人之是抗天下之非，则对不起所读的圣贤书。这是知识分子面对现实时的矛盾心理。《荆生》与《妖梦》，便是在这种心情煎熬之下，图一时泄愤之作。他自我解嘲，“蠡叟”的意思，就是“性既迂腐，又老而不死之人也”。

《荆生》在2月17、18两日连载。小说写了三个书生：皖人田其美（影射陈独秀）；浙人金心异（影射钱玄同）；新归自美洲的狄莫（影射胡适）。三人聚于北京陶然亭畔，饮酒歌呼，放言高论，掊孔孟，毁伦常，废文字以白话行之。忽然一声巨响，隔壁的“伟丈夫”荆生，跷足越过破壁，大骂三人“以禽兽之言，乱吾清听”。

> 田生尚欲抗辩，伟丈夫骈二指按其首，脑痛如被锥刺；更以足践狄莫，狄腰痛欲断。金生短视，丈夫取其眼镜掷之，则怕死如猬，泥首不已。丈夫笑曰，“尔之发狂似李贽，直人间之怪物。今日吾当以香水沐吾手足，不应触尔背天反常禽兽之躯干。尔可鼠窜下山，勿污吾简……留尔以俟鬼诛。”

林纾慨叹：“如此混浊世界，亦但有田生、狄生足以自豪耳！安有荆生？”[95]这个“伟丈夫”显然是虚构的，充其量，不过是他自己早年“少年任侠”的化身，但新青年们一下子抓住了这个把柄，指责林纾是寄希望于徐树铮出面，以武力消灭新文化人士。他们很清楚，只要把林纾和权力绑在一起，他作为一个知识分子的声名，就彻底完蛋了。

在3月8日的第12期《每周评论》上，全文转载《荆生》，并加按语：

"甚至于有人想借用武人政治威权来禁压这种鼓吹。前几天上海新申报上登出一篇古文家林纾的梦想小说就是代表这种武力压制的政策的。"

徐树铮的儿子徐道邻，后来在撰写父亲年谱时也说："林先生很希望能运用政治上的力量来打击新思潮人物。他当时有题名《荆生》的一篇小说，就是暗示他这个意思……小说的用意虽然很明白，（徐）先生却并没有什么反应。"[96] 徐树铮当然不会有什么反应，小说本来就不是写给他看的。

徐树铮与林纾的关系，也非一天两天了，小徐对林纾一向执礼甚恭，言必称"琴南师"，袁世凯搞帝制时，小徐利用师生名分，劝林纾出任总统府高等顾问，又要委他为参政。林纾断然拒绝，小徐走马灯似的进出林家大门，费尽口舌，但林纾始终不改口："我坚决不去！要么，你就把我的头砍去，我的脚决不踏进中华门（袁世凯办公地点）一步。"

林纾真要徐树铮出面，尽可以直接写信给他，或亲自登门，用得着在报纸上发表小说去"暗示"什么吗？难道他指望这位徐总司令读了小说以后，就领兵去镇压北大？这种想象力，未免太过丰富了。

然而，直到今天，仍有不少史家一口咬定：无论当时武人政客是否直接干涉了北大的学术之争，但林纾等人事实上是拥有权力背景的。这不仅因为徐树铮是林的学生，更主要是林的思想与北京政权之思想要求很吻合。

思想与当局吻合，就等于拥有了权力背景，这种推论很可怕。如果引车卖浆之徒的思想正巧与当局吻合，那引车卖浆之徒也拥有权力的背景了；如果思想与美国吻合，就拥有美国的权力背景了；与苏俄吻合，就等于领了莫斯科的卢布了。"权力背景"的逻辑，可以杀人于无形，事实上，在中国的政治游戏中，已经杀人无算了。

但这种无限上纲的推论，竟成了青史上的终审定谳，连胡适在晚年也说："那时甚至有人要想用暴力或迫害[来阻止新文学的流行]，但是也无济于事。"[97] 显然说的还是林纾与徐树铮这件事。在学术界、思想界使用暴力或迫害，是一项极严重的指控，但胡适却没有具体列出使用"暴力或迫害"的证据，"大胆假设"有了，"小心求证"尚缺。

《妖梦》写得比《荆生》更加粗鄙不堪，而且把蔡元培也写入文中。内容大致描写陕西人郑思康梦游阴曹地府，见到一所“白话学堂”，门外一联云：“白话通神，红楼梦，水浒，真不可思议；古文讨厌，欧阳修，韩愈，是什么东西。”二门上额有“毙孔堂”大匾，亦有一联云：“禽兽真自由，要这伦常何用；仁义太坏事，须从根本打消”。主持这学堂的鬼中三杰为：“校长元绪，教务长田恒，副教务长秦二世”，分别影射蔡元培、陈独秀、胡适。所谓“谦谦一书生”的“元绪”，即朱熹注《论语》时所说的：“蔡，大龟也”。最后请出“罗睺阿修罗王”，吃掉了这几个“无五伦之禽兽”，“食已大下，积粪如邱，臭不可近”。[98]

小说送出后，林纾收到蔡元培的一函，略谓：有赵体孟先生想出版明遗老刘应秋先生遗著，求蔡氏介绍梁启超、章太炎、林纾诸先生为品题。面对蔡元培的雅量，林纾顿时觉得有点惭愧，急忙叫张厚载追回《妖梦》，不要发表。但已经晚了。

张厚载匆匆致函蔡元培道歉，代师受过。函称：“《新申报》所登林琴南先生小说稿，悉由鄙处转寄，近更有《妖梦》一篇攻击陈胡两先生，并有牵涉先生之处，稿发后而林先生来函，谓先生已乞彼为刘应秋先生文集作序，《妖梦》一篇，当可勿登。但稿已寄至上海，殊难中止，不日即可登出。倘有渎犯先生之语，务乞先生归罪于生，先生大度包容，对于林先生游戏笔墨，当亦不甚介意也。”[99] 承担责任之余，也想用“大度包容”、“游戏笔墨”这些话堵住蔡元培的嘴，让他不好做出太激烈的反应。

呜呼林纾，“作个翻译真绝代，何苦犯贱写小说”，迎风撒尿，弄得自己一身臊。在文学史上，被骂得狗血淋头，也是咎由自取了。3 月 19 日，《新申报》把小说刊登出来了。胡适看了，亦不禁摇头叹息，觉得这两篇小说“太龌龊了”，“把当时的卫道先生们的心理和盘托出”。[100] 这种丑化诋毁手法，对林纾来说，有污清誉，得不偿失。

新青年诸子的反击，依然是集中火力，攻其“倚靠权势”与“暗地造谣”

两点。3月10日，胡适致函“北大日刊”辟谣：“这两个星期以来，外面发一种谣言，说文科陈学长及胡适等四人，被政府干涉，驱逐出校，并有逮捕的话，并说陈学长已逃至天津。这个谣言愈传愈远，竟由北京电传到上海各报，惹起了许多人的注意。这事乃是全无根据的谣言。”[101]

新青年阵营接二连三发表辟谣声明，使人仿佛真的置身于“骇机一发，浮谤如川”的风口浪尖之上。其实，除了张厚载那两篇“半谷通讯”之外，还有什么谣言？陈独秀在《关于北京大学的谣言》一文中，详尽引用了京、沪各报有关谣言的报道：

上海《时事新报》说道：“今以出版物之关系，而国立之大学教员被驱逐，则思想自由何在？学说自由何在？以堂堂一国学术精华所萃之学府，无端遭此侮辱，吾不遑为陈、胡诸君惜，吾不禁为吾国学术前途危。愿全国学界对于此事速加以确实调查，而谋取以对付之方法，毋使庄严神圣之教育机关，永被此暗无天日之虐待也。”

上海《中华新报》说道：“北京大学教授陈独秀等创文学革命之论，那般老腐败怕威信失坠，饭碗打破，遂拼命为轨道外的反对，利用他狗屁不值人家一钱的权力，要想用‘驱逐’二字吓人。这本来是他们的人格问题，真不值污我这枝笔。”

《中华新报》又说道：“北京非首善之区乎？大学校非所谓神圣之学府乎？今之当局者非以文治号召中外者乎？其待士也如此。呜呼！我有以知其前途矣。”

《中华新报》又说道：“自此事之起，舆论界及一般新教育界，当然义愤之极，以为这是辱没了学者，四君等当然不能受此奇耻。惟记者以为究竟是谁的耻辱？与其曰受者之耻辱，毋宁曰施者之耻辱，与其曰四君等之耻辱，毋宁曰中国全体民族之耻辱。”

上海《民国日报》说道：“自蔡孑民君长北京大学而后，残清腐败，始扫地以尽，而其出版品如《新青年》《新潮》等，尤于举世简陋自封之中，独开中国学术思想之新纪元。举国学者，方奔赴弗遑，作同声之应，以相发挥光大，培国家之大本，立学术之宏基，不图发轫方始，主其事者之数人，竟为恶政治势力所摈，而遂弃此大学以去也。”

北京《晨报》说道：“思想自由，讲学自由，尤属神圣不可侵犯之事，安得以强力遏抑？稍文明之国家，当不至有此怪谬之事实。故连日每有所闻，未敢据以登载。嗣经详细调查，知此说实绝无影响。不过因顽旧者流，疾视新派，又不能光明磊落在学理上相为辩争，故造此流言，聊且快意而已。”

北京《国民公报》说道：“今日之新思想，实有一种不可过抑之潜势力。必欲逆此势力而与之抗，徒然增一番新旧之冲突而已。昧者不察，对于新者，嫉之若仇。果使旧思想在今日有可以存之理由，记者亦将是认之，而无如其否也。记者往常读书，常怀一疑问，即孔、孟之言，何以不许人有是否于其间？昔日之帝王实以是术愚民，今而后非其时矣。”

所有文章，全是力挺新青年阵营的，与其说是“关于北京大学的谣言”，不如说是“新势力利用‘关于北京大学的谣言’对旧势力的万炮齐轰”。

陈独秀指出，造谣者是“可怜的国故党”，他轻蔑地说：“中国人有‘倚靠权势’‘暗地造谣’两种恶根性。对待反对派，决不拿出自己的知识本领来正正堂堂的争辩，总喜欢用‘倚靠权势’‘暗地造谣’两种武器。民国八年以来的政象，除了这两种恶根性流行以外，还有别样正当的政治活动吗？此次迷顽可怜的国故党，对于大学创造谣言，也就是这两种恶根性的表现。”那么，谁是国故党？陈独秀回答：“这班国故党中，现在我们知道的，只有《新申报》里‘荆生’的著者林琴南和《神州日报》的通信记者张厚载两人。”[102]

闹得满天星斗，原来就是这手无缚鸡之力的师徒俩。

《荆生》说不上是造谣之作，顶多扣上一顶“倚靠权势”的帽子。“暗地造谣”者，只有两篇“半谷通讯”而已。何以就造出如此大的风波来呢？从以往《新青年》的办刊手法来看，“四面树敌”是他们扩大影响的策略。从钱玄同、刘半农的双簧戏，到旧戏讨论，到陈独秀声言不怕“断头流血”的“本志罪案”，《新青年》从来是不怕敌人多，就怕没敌人。张厚载造了他们的谣，恰恰是他们求之不得的，虽然张厚载只不过是一个小小的学生，但不把这个题目铺张扬厉，做足做透，那真是对不起张厚载了。从刊物营销的角度去看，这样做，也无可厚非。

在《妖梦》见报的同时，《公言报》又发表了林纾的《致蔡鹤卿书》，以向蔡氏求教的名义，公开质问新青年们：以前说停科举，废八股，剪辫子，放天足，逐满人，整军备，中国就可以强大，现在都做到了，也没见中国强大。于是又说要覆孔孟、铲伦常。“因童子之羸困，不求良医，乃追责其二亲之有隐瘵，逐之，而童子可以日就肥泽，有是理耶？”林纾宣称，他翻译了一百二十多种外国书，凡一千二百万言，从未见过有鼓吹违忤五常之语，新学诸子的叛亲蔑伦主张，究竟是从西洋文化中学来的，还是从别的旁门歪道学来的？[103]

蔡元培对《妖梦》的“游戏笔墨”，固可以“大度包容”，不予理睬，但对林纾正儿八经的公开信，则不能视若无睹了。他在《公言报》上做了公开答复，义正词严，反驳了林纾对北大“覆孔孟，铲伦常”和“尽废古书，行用土语为文字”的两项指责，他再次宣示自己的办学主张：

弟在大学，则有两种主张如下：

一、对于学说，仿世界各大学通例，循“思想自由”原则，取兼容并包主义，与公所提出之“圆通广大”四字，颇不相背也。无论为何种学派，苟其言之成理，持之有故，尚不达自然淘汰之运命者，虽彼此相反，而悉听其自由发展。此义已于《月刊》之发刊词言之，抄奉一览。

二、对于教员，以学诣为主。在校讲授，以无背于第一种之主张为界限。其在校外之言动，悉听自由，本校从不过问，亦不能代负责任。例如复辟主义，民国所排斥也，本校教员中，有拖长辫而持复辟论者，以其所授为英国文学，与政治无涉，则听之。筹安会之发起人，清议所指为罪人者也，本校教员中有其人，以其所授为古代文学，与政治无涉，则听之。嫖、赌、娶妾等事，本校进德会所戒也，教员中间有喜作侧艳之诗词，以纳妾、狎妓为韵事，以赌为消遣者，苟其功课不荒，并不诱学生而与之堕落，则姑听之。

夫人才至为难得，若求全责备，则学校殆难成立。且公私之间，自存天然界限，譬如公曾译有《茶花女》、《迦茵小传》、《红礁画桨录》等小说，而亦曾在各学校讲授古文及伦理学，使有人诋公为以此等小说体裁讲文学，以狎妓，奸通，争有妇之夫讲伦理者，宁值一笑欤？然则革新一派，即偶有过激之论，苟于校课无涉，亦何必强以其责任归之于学校耶？[104]

对张厚载，蔡元培的批评温和而严厉：“在兄与林君有师生之谊，宜爱护林君。兄为本校学生，宜爱护母校。林君作此等小说，意在毁坏本校名誉，兄徇林君之意而发布之，于兄爱护母校之心，安乎，否乎？仆平生不喜作谩骂语，轻薄语，以为受者无伤，而施者实为失德。林君詈仆，仆将哀矜之不暇，而又何憾焉？唯兄反诸爱护本师之心，安乎，否乎？往者不可追，望此后注意。”[105]

蔡函最后一句的用意，似乎对张厚载只作蒲鞭之罚，没有暗示将会有更严厉的处分，但新青年阵营群情大愤，非要把张厚载开除出校不可。周作人回忆：“后来林琴南的攻势愈加来得猛烈了，大有凭借了段祺瑞一派的势力来干涉北大的形势（那篇《荆生》里便很有明显的表示……）张缪子也有在内策应之嫌疑，于是学校方面下了断然的处置，将他除名。”[106]

周作人臧否人物，喜用春秋笔法。这段回忆，先把林纾与段祺瑞挂上钩，再牵藤引葛，说张厚载是内应，“透露校内消息，给林琴南做点情报”。其实，北大的事务原是很透明的，并没有什么秘密情报可言，更何况张厚载不过是一普通学生，他知道什么机密？他策应个啥？就算他把校内的事情告诉林纾，又能怎么样呢？鲁迅不是一样从周作人处得到许多北大的消息？但通过林纾再把管道沟通到段祺瑞那儿，张厚载这热衷旧戏曲的学生，就俨然有了官厅密探的味道了。

但“官厅密探”这种理由，荒诞不经，拿不上台面服众。北大评议会最终以“在沪报通讯，损坏校誉”为由，开除张厚载学籍。这比捏造一个“官厅密探”更糟糕，等于公开以言论入罪了。蔡元培时代的北大，从不轻易开除学生，况且张厚载还有三个月就要毕业了，他也慌了神，连忙找蔡元培求情。蔡氏让他去找评议会。他又去找评议会负责人胡适，胡适又让他找校长，只要校长要刀下留人，谁不给几分薄面？

不过，蔡氏尊重评议会，不愿干预。据张厚载自述，当时“本班全体同学替他请愿；不行。甚至于教育总长傅沅叔替他写信，也不行……特请他所担任通讯的《新申报》出为辩白，列举所作通讯篇目，证明没有一个字足以构成‘破坏校誉’之罪，结果仍不能免除处分。蔡校长给了他一纸成绩证明书，叫他去天津北洋大学转学，仍可在本学期毕业。”[107]

3 月 31 日的《北京大学日刊》，终于登出一则“本校布告”：“学生张厚载屡次通信于京沪各报，传播无根据之谣言，损坏本校名誉，依大学规程第六章第四十六条第一项，令其退学。此布。”张厚载经此打击，不禁心灰意懒，索性辍学了。

林纾对此深感内疚，他一方面在报纸上公开道歉，承认自己骂人不对，一方面撰文劝勉张厚载“临窗读孔孟之书”，“无所戚戚于其中也”。林纾一个大名鼎鼎的读书人，以六十七岁高龄，向社会公开认错，这种勇气，不是一般人能及。一月以后，他在《公言报》上发表一篇文章：

予乞食长安，蛰伏二十年，而忍其饥寒，无孟韩之道力，而甘为其难。名曰卫道，若蚊蚋之负泰山，固知其事之不我干也，憾吾者将争起而吾弹也。然万户皆鼾，而吾独作晨鸡焉；万夫皆屏，吾独悠悠当虎蹊焉！七十之年，去死已近。为牛则羸，胡角之砺？为马则驽，胡蹄之铁？然而哀哀父母，吾不尝为之子耶？巍巍圣言，吾不尝为之徒耶？苟能俯而听之，存此一线伦纪于宇宙之间，吾甘断吾头，而付诸樊於期之函。裂吾胸，为安金藏之，剖其心肝。黄天后土，是临是鉴！子之掖我，岂我之惭？[108]

读起来，和陈独秀不怕“断头流血”的《本志罪案之答辩书》，有异曲同工之效。平心而论，钱玄同骂“选学妖孽，桐城谬种”，伤人之深，不亚于“荆生、妖梦”。林纾从心平气和的《论古文之不宜废》，到恶言秽语的《荆生》、《妖梦》，他的火气，也是一步步被挑起来的，也正是新青年们希望看到的。

鲁迅后来屡把林纾（琴南）呼为“禽男”，则完全是模仿《荆生》、《妖梦》的手法，以丑化对丑化，以诋毁易诋毁了。拿姓名的谐音、字义丑化对手，中国人似乎偏爱此道，林纾不能免俗，鲁迅更个中老手，他把傅增湘叫做女官公，称蒋梦麟为茭白（蒋字古义为茭白），胡适是新月博士（胡字拆开为古月，与新月对，讥胡适与新月派），生动传神，入木三分。但钱玄同、鲁迅他们骂了也就骂了，在文学史上，其“战士”的形象只有更添光彩，何尝受过一丝损伤呢？

当时社会上对北大，确实有不少风言风语。其中最为小报所津津乐道的，是陈独秀狎妓、打场（即与别人争妓而生纠纷），挖伤了某妓下体这一轶闻。无论任何时代，这种色香味俱全的八卦新闻，都是大众低级趣味的最佳调料，因此传得沸沸扬扬。

陈独秀这回是披了虱子袄，扯缠不清，百口莫辩了。蔡元培在致林纾的公开信中，特别声明：“教员中间有喜作侧艳之诗词，以纳妾、狎妓为韵事，以赌为消遣者，苟其功课不荒，并不诱学生而与之堕落，则姑听之”，就是为陈独秀辩护。

红袖添香、狎妓冶游，在中国文人传统中，虽然不算什么丑行，但争风呷醋、大打出手，则从来也不是什么美德。陈独秀在北京有狎妓行为，似乎是坐实了，连最维护他的胡适也都承认。后人的辩解，多集中于两点：一是陈氏没有因争妓打架而挖伤妓女的下体；二是关于陈氏狎妓的传闻，是守旧派对新文化运动的攻击。

周作人在回忆录中说，"北京御用报纸经常攻击仲甫，以彼不谨细行，常作狭斜（邪）之游，故报上记载时加渲染，说某日因争风抓伤某妓下部，欲以激起舆论，因北大那时有进德会不嫖不赌不娶妾之禁约也。"[109] 所谓御用报纸，不是官府御用，而是守旧派御用。

胡适也就此事致函汤尔和说："我并不主张大学教授不妨嫖妓，我也不主张政治领袖不妨嫖妓，我觉得一切在社会上有领袖地位的人都是西洋所谓'公人'（Public men），都应该注意他们自己的行为，因为他们自己的私行为也许可以发生公众的影响。但我也不赞成任何人利用某人的私行为来做攻击他的武器。"[110]

其实，陈独秀有没有挖伤某妓下体，无关宏旨。关键在于作为一位公众人物，私行为与公行为，是否真的可以分开？同样，批评陈独秀狎妓行为的舆论，恒不必问来自旧派还是新派，只消问公众人物是否需要舆论的监督？如果公众人物的私行为确实有懈可击，是否因为他是公众人物而获得豁免？答案是不言自明的。况且，风月场所，并不是自家的卧房，本身就是一个公众地方，怎么能以"私行为"搪塞过去呢？从胡适对此事的反应来看，他的自由主义，在袒护朋友之际，便显出火候不够。

针对《神州日报》说"蔡氏对陈学长辞职，并无否认之表示"，3 月 19 日，蔡元培发表《致神州日报函》，为陈独秀"辞职"等事，公开辟谣，称陈学长并无辞职之事；暑假后文理拟合并，不设学长，而设一教务长以统辖教务，曾由学长及教授主任会议定，经评议会通过，陈学长也参加了会议。但这未能遏制谣言的传播，反而愈传愈凶。

3 月 26 日夜晚，蔡元培、汤尔和、马叙伦、沈尹默等人，在汤氏寓所开会，商讨怎样应付社会上对陈独秀私德的攻击。这一夜空气寒冷，室内的气氛也降到冰点。会议一直开到深夜 12 时，意见仍未能一致。

蔡元培觉得不应该向舆论压力屈服，牺牲一个难得的人才，但汤尔和力主驱逐陈独秀，以保全北大声誉，马、沈二人都支持汤氏，形成三比一的形势。据陈独秀的亲属后来讲述：“会上汤尔和、沈尹默极力主张不能留陈独秀，蔡元培校长原要挽留的，然汤尔和等极力引用小报上的种种诽言，声称此为堂堂高等学府所不能容。蔡不得已，乃废文、理科学长制，设教务长，统由教授会领导，陈独秀仍为教授。这明明是针对陈独秀的一招，汤、沈、马知道这样陈独秀定会愤然离去的。”[111]

蔡元培曾批评，北大是一个不自由的大学，北大提倡新文化、新思想，“教育部来干涉了，国务院来干涉了，甚而什么参议院也来干涉了”。[112]但这些干涉，是一般性的言论，还是强制性的行政命令？是政府的正式表态，还是某些政客的私人意见？政府究竟是如何施加压力？这些压力与陈独秀被免文科学长，有无直接关系？仍须有具体证据，具体分析，“有一分证据说一分话”，不应含糊笼统。中国虽无民主之实，却还有民主之形，政府、议员、坊间，各持己见，吵吵闹闹，本属平常事，动辄提升到政治迫害的高度，实际也是一种“不容匡正”的专制表现。

汤、沈、马出于什么动机非要赶陈独秀走不可，历史上并无定论。是秉承政府的旨意，做了政府的卧底？还是与新旧文化之争有关？或者仅仅是浙江人排挤安徽人，搞同乡小圈子的把戏（汤、沈、马三人都是浙江人）？只能留待证据来说话了。

蔡元培没有屈从于政府的压力，却屈从于几位教授的压力，似乎内部的压力，较外部压力大得多。周作人后来说：“校内评议会多半是‘正人君子’之流，所以任凭陈氏之辞职，于是拔去了眼中钉，反动派乃大庆胜利了。”[113]言下之意，汤、沈、马都是“反动派”阵营中人了。

胡适强烈反对处分陈独秀，但他无缘参加 3 月 26 日晚的会议。多年以后，他还耿耿于怀。1935 年，他和汤尔和通信时，再次重提旧事：

3月26日夜之会上，蔡先生不愿于那时去独秀，先生力言其私德太坏，彼时蔡先生还是进德会的提倡者，故颇为尊议所动。我当时所诧怪者，当时小报所记，道路所传，都是无稽之谈，而学界领袖乃视为事实，视为铁证，岂不可怪？嫖妓是独秀与浮筠（即当时的北大理科学长夏浮筠）都干的事，而"挖伤某妓之下体"是谁见来？及今思之，岂值一噱？当时外人借私行为攻击独秀，明明是攻击北大的新思潮的几个领袖的一种手段，而先生们亦不能把私行为与公行为分开，适堕奸人术中了。——当时我颇疑心尹默等几个反复小人造成一个攻击独秀的局面，而先生不察，就做了他们的"发言人"了。

4月8日，蔡元培召集文理科教授会议，决定提前实行文理科教务处组织法。文理科统由教授会领导，教授会主任由文理科主要教授轮流担任。这样，陈独秀的文科学长，就是无形取消，而不是被辞退，为他保留了颜面。

陈独秀对北大充满怨愤，已有离开的念头。沈尹默自知无法再与陈独秀合作，也以眼疾为由，自动退出《新青年》。甚至有人想另办一份新杂志（《新中国》）。从李大钊致胡适的一封信中，可看出当时《新青年》内部的矛盾，已昭然若揭。李大钊说："听说《新青年》同人中，也多不愿我们做《新中国》。既是同人不很赞成，外面又有种种传说，不办也好。我的意思，你与《新青年》有不可分的关系，以后我们决心把《新青年》、《新潮》和《每周评论》的人结合起来，为文学革新的奋斗。在这团体中，固然也有许多主张不尽相同，可是要再想找一个团结像这样颜色相同的，恐怕不大容易了。"[114]

李大钊是好好先生，人前人后，尽量补罅葺漏，但新青年阵营的分裂，却已无可弥合。对中国日后的发展，产生深远影响。十六年以后，胡适在谈到3月26日那天晚上的会议，仍有无限的欷歔与感慨。他说："独秀因此离开北大，以后中国共产党的创立及后来国中思想的'左倾'，《新青年》

的分化，北大自由主义者的变弱，皆起于此夜之会。独秀在北大，颇受我与孟和的影响，故不十分‘左倾’。独秀离开北大之后，渐渐脱离自由主义的立场，就更‘左’倾了。此夜之会……不但决定北大的命运，实开后来十余年的政治与思想的分野。此会之重要，也许不是这十六年的短历史所能论定。”[115]

而历史，往往就是被这样一些偶然的因素改写。

注释

1. 胡适《五十年来中国之文学》。《胡适文集》（三），北京大学出版社，1998年版。
2. 周作人《知堂回想录》。香港，三育图书有限公司，1980年版。
3. 《本志编辑部启事》。《新青年》第4卷第3号，1918年3月15日。
4. 刘半农《复王敬轩书》。《新青年》第4卷第3号，1918年3月15日。
5. 《给新青年编者的一封信》。《新青年》第4卷第3号，1918年3月15日。
6. 刘半农《复王敬轩书》。《新青年》第4卷第3号，1918年3月15日。
7. 沈尹默《胡适这个人》。香港《大公报》1951年12月2日。
8. 《胡适日记全编》（八）。安徽教育出版社，2001年版。
9. 陈独秀《答崇拜王敬轩者》。《新青年》第4卷6号，1918年6月。
10. 戴主一、钱玄同《驳王敬轩君信之反动》。《新青年》第5卷第1号，1918年7月。
11. 汪懋祖、胡适《读新青年》。《新青年》第5卷第1号,1918年7月。
12. 张厚载、钱玄同、陈独秀、胡适信函，均见《新青年》第4卷第6号，1918年6月15日。
13. 钱玄同《寄刘半农》。《新青年》第5卷第2号，1918年8月15日。
14. 钱玄同、胡适的通信，均见《胡适来往书信选》（上），中华书局，1979年版。
15. 罗永芳《胡适与罗家伦》。台湾，《华美族研究集刊》，2003年第6期。
16. 王奇生《新文化是如何“运动”起来的》。《近代史研究》，2007年第1期。
17. 鲁迅《渡河与引路》。《鲁迅全集》（七），人民文学出版社，1981年版。
18. 鲁迅《忆刘半农君》。《鲁迅全集》（六），人民文学出版社，1981年版。
19. 钱玄同、陈独秀、胡适《中国今后之文字问题》。《新青年》第4卷第4号，1918年4月15日。
20. 鲁迅《青年必读书》。《鲁迅全集》（三），人民文学出版社，1981年版。
21. 陈独秀《复T.M.Cheng》。《新青年》第2卷第3号，1916年11月1日。
22. 钱玄同《区声白、陶履恭信跋》。《新青年》第5卷第2号，1918年8月15日。
23. 陈独秀《复钱玄同》。《新青年》第3卷第4号，1917年6月1日。
24. 陶孟和《致陈独秀》。《新青年》第3卷第6号，1917年8月1日。

25. 陶孟和《答孙国璋》。《新青年》第 4 卷第 4 号，1918 年 4 月 15 日。
26. 钱玄同、陈独秀、胡适《中国今后之文字问题》。《新青年》第 4 卷第 4 号，1918 年 4 月 15 日。
27. 胡适《致钱玄同》。《中国现代文艺资料丛刊》第 5 辑，1980 年。
28. 胡颂平《胡适之先生年谱长编》。台湾，联经出版事业有限公司，1984 年版。
29. 任叔永《致胡适》。《新青年》第 5 卷第 2 号，1918 年 8 月 15 日。
30. 朱我农《致胡适》。《新青年》第 5 卷第 4 号，1918 年 10 月 15 日。
31. 胡适《跋朱我农来信》。《新青年》第 5 卷第 4 号，1918 年 10 月 15 日。
32. 钱玄同《致胡适》。《新青年》第 5 卷第 4 号，1918 年 10 月 15 日。
33. 陈独秀《本志罪案之答辩书》。《新青年》第 6 卷第 1 号，1919 年 1 月 15 日。
34. 鲁迅《无声的中国》。《鲁迅全集》（四），人民文学出版社，1981 年版。
35.《胡适口述自传》。华东师范大学出版社，1993 年版。
36. 胡适《五十年来中国之文学》。《胡适文集》（三），北京大学出版社，1998 年版。
37. 胡适《国语讲习所同学录序》。《胡适教育论著选》，人民教育出版社，1994 年版。
38. 钱玄同《致〈新青年〉同人》。《钱玄同文集》（六），中国人民大学出版社，2000 年版。
39. 陈独秀《本志罪案之答辩书》。《新青年》第 6 卷第 1 号，1919 年 1 月 15 日。
40. 梁漱溟《我生有涯愿无尽——梁漱溟自述文录》。中国人民大学出版社，2004 年版。
41. 台静农《早期三十年的教学生活》。台湾，洪范书店，1988 年版。
42. 陈独秀《吾人最后之觉悟》。《青年杂志》第 1 卷第 6 号，1916 年 2 月 15 日。
43. 据夏志清在《新文学初期作家及其作品选录》（《现代文学》复刊号，时报文化出版事业有限公司，1979 年）里考证，最早一篇现代白话小说是陈衡哲的《一日》，发表于 1917 年 6 月的《留美学生季报》新 4 卷夏季卷第 2 号上。
44. 鲁迅《狂人日记》。《鲁迅全集》（一），人民文学出版社，1981 年版。
45. 鲁迅《〈中国新文学大系〉小说二集序》。《鲁迅全集》（六），人民文学出版社，1981 年版。
46. 吴虞《吃人与礼教》。《新青年》第 6 卷第 6 号，1919 年 11 月 1 日。
47. 傅斯年《一段疯话》。《新潮》第 1 卷第 4 号，1919 年 4 月。
48. 胡适《五十年来中国之文学》。《胡适文集》（三），北京大学出版社，1998 年版。
49.《胡适口述自传·唐德刚注释》。华东师范大学出版社，1993 年版。
50. 胡适《容忍迁就，各行其是》。《不思量自难忘》，安徽教育出版社，2001 年版。
51. 胡适《病中得冬秀书》。《尝试集》，安徽教育出版社，2006 年版。
52. 胡适《易卜生主义》。《新青年》第 4 卷第 6 号，1918 年 6 月 15 日。
53. 胡适《先秦名学史》。学林出版社，1983 年版。
54. 傅斯年《陈独秀案》。《傅斯年全集》（四），湖南教育出版社，2003 年版。
55. 胡适《在台北市报业公会欢迎会上讲演录》。《胡适言论集》（乙编），台湾，华国出版社，1953 年版。

56. 陈独秀《谈政治》。《新青年》第 8 卷第 1 号，1920 年 9 月 1 日。
57. 蔡元培《我在五四运动时的回忆》。《中国学生》第 3 卷第 9 期，1936 年 10 月 23 日。
58. 罗家伦《蔡元培时代的北京大学与五四运动》。台湾，《传记文学》第 54 卷第 5 期，1978 年 5 月。
59. 许德珩《五四运动六十周年》。《文史资料选辑》第 61 辑，1979 年版。
60. 胡适、陈独秀《论〈新青年〉之主张》。《新青年》第 5 卷第 4 号，1918 年 10 月 15 日。
61. 许德珩《五四运动六十周年》。《文史资料选辑》第 61 辑，1979 年版。
62. 蔡元培《在庆祝协约国胜利大会上的演说词》。《北京大学日刊》1918 年 11 月 27 日。
63. 李大钊《Bolshevism 的胜利》。《新青年》第 5 卷第 5 号，1918 年 11 月 15 日。
64. 陈独秀《新文化运动是什么》。《新青年》第 7 卷第 5 号，1920 年 4 月 1 日。
65. 陈独秀《本志罪案之答辩书》。《新青年》第 6 卷第 1 号，1919 年 1 月 15 日。
66. 胡适《科学与人生观·序》。辽宁教育出版社，1998 年版。
67. 李大钊《劳动教育问题》。《李大钊文集》（上），人民出版社，1984 年版。
68. 李大钊《强力与自由政治》。《李大钊文集》（上），人民出版社，1984 年版。
69. 张涛《〈新青年〉研究》。《历史档案》1993 年第 1 期。
70. 傅斯年《陈独秀案》。《傅斯年全集》（四），湖南教育出版社，2003 年版。
71. 陈独秀《〈每周评论〉发刊词》。《每周评论》第 1 号，1918 年 12 月 22 日。
72. 胡适《纪念五四》。《独立评论》第 149 期，1935 年 5 月 4 日。
73. 胡适《我对于丧礼的改革》。《新青年》第 6 卷第 6 号，1919 年 11 月 1 日。
74. 罗家伦《蔡元培时代的北京大学与五四运动》。台湾，《传记文学》第 54 卷第 5 期，1978 年 5 月。
75.《周作人日记》。大象出版社，1998 年版。
76. 罗家伦《元气淋漓的傅孟真》。《谔谔之士——名人笔下的傅斯年、傅斯年笔下的名人》，东方出版中心，1999 年版。
77. 罗家伦《蔡元培时代的北京大学与五四运动》。台湾，《传记文学》第 54 卷第 5 期，1978 年 5 月。
78. 傅斯年《〈新潮〉之回顾与前瞻》。《新潮》第 2 卷第 1 号，1919 年 9 月。
79. 罗家伦《元气淋漓的傅孟真》。《谔谔之士——名人笔下的傅斯年、傅斯年笔下的名人》，东方出版中心，1999 年版。
80. 罗家伦《蔡元培时代的北京大学与五四运动》。台湾，《传记文学》第 54 卷第 5 期，1978 年 5 月。
81.《钱玄同日记》。福建教育出版社，2002 年版。
82.《为了忘却的纪念》，经济日报出版社，1998 年版。
83. 傅斯年《〈新潮〉之回顾与前瞻》。《新潮》第 2 卷第 1 号，1919 年 9 月。
84. 罗久芳《胡适与罗家伦》。台湾，《华美族研究集刊》2003 年第 6 期。
85. 罗家伦《元气淋漓的傅孟真》。《罗家伦先生文存》（十），台湾，中国国民党中央委员会党史委员会，1989 年版。
86. 严复《与熊纯如书》。《严复集》（三），中华书局 1986 年版。
87.《公言报》1919 年 3 月 18 日。
88. 刘师培《致公言报函》。《北京大学日刊》1919 年 3 月 24 日。
89. 梁漱溟《我生有涯愿无尽——梁漱溟自述文录》。中国人民大学出版社，2004 年版。
90. 罗家伦《蔡元培时代的北京大学与五四运动》。台湾，《传记文学》第 54 卷第 5 期，1978 年 5 月。
91. 杨振声《回忆“五四”》。《人民文学》1954 年第 5 期，1954 年 5 月。
92. 周作人《红楼内外》。《子曰丛刊》第 4、5 辑，1948 年 10 月、12 月。
93. 胡适《五十年来中国之文学》。《胡适文集》（三），北京大学出版社，1998 年版。
94.《新青年》第 6 卷第 2 号，1919 年 2 月 15 日。
95. 林纾《荆生》。《新申报》1919 年 2 月 18 日。
96. 徐道邻《民国徐又铮先生树铮年谱》。台湾，商务印书馆，1981 年版。
97.《胡适口述自传》。华东师范大学出版社，1993 年版。
98. 林纾《妖梦》。《新申报》1919 年 3 月 19 日。
99. 蔡元培《复张缪子君书·附录》。《蔡孑民先生言行录》，台湾，文海出版社有限公司，1973 年影印版。
100. 胡适《五十年来中国之文学》。《胡适文集》（三），北京大学出版社，1998 年版。
101.《北京大学日刊》第 328 号，1919 年 3 月 10 日。
102. 陈独秀《关于北京大学的谣言》。《每周评论》第 13 号，1919 年 3 月 16 日。
103. 林纾《致蔡鹤卿书》。《公言报》1919 年 3 月 18 日。
104. 蔡元培《致公言报并答林琴南君函》。《蔡孑民先生言行录》，台湾，文海出版社有限公司，1973 年影印版。
105. 蔡元培《复张缪子君书》。《蔡孑民先生言行录》，台湾，文海出版社有限公司，1973 年影印版。
106. 周作人《红楼内外》。《子曰丛刊》第 4 辑，1948 年 10 月。
107. 张缪子《歌舞春秋》。广益书局，1951 年版。
108. 林纾《腐解》。《公言报》1919 年 4 月 5 日。
109. 周作人《知堂回想录》。香港，三育图书有限公司，1980 年版。
110. 胡适《致汤尔和》。《胡适来往书信选》（中），中华书局，1979 年版。
111. 吴孟明《陈独秀和他的北大情结》。《我的父辈与北京大学》，北京大学出版社，2006 年版。
112. 蔡元培《不肯再任北大校长宣言》。《蔡元培全集》（三），中华书局，1984 年版。
113. 周作人《知堂回想录》。香港，三育图书有限公司，1980 年版。
114. 李大钊《致胡适》，《李大钊文集》（下），人民出版社，1984 年版。
115. 胡适《致汤尔和》。《胡适来往书信选》（中），中华书局，1979 年版。

下篇　救亡

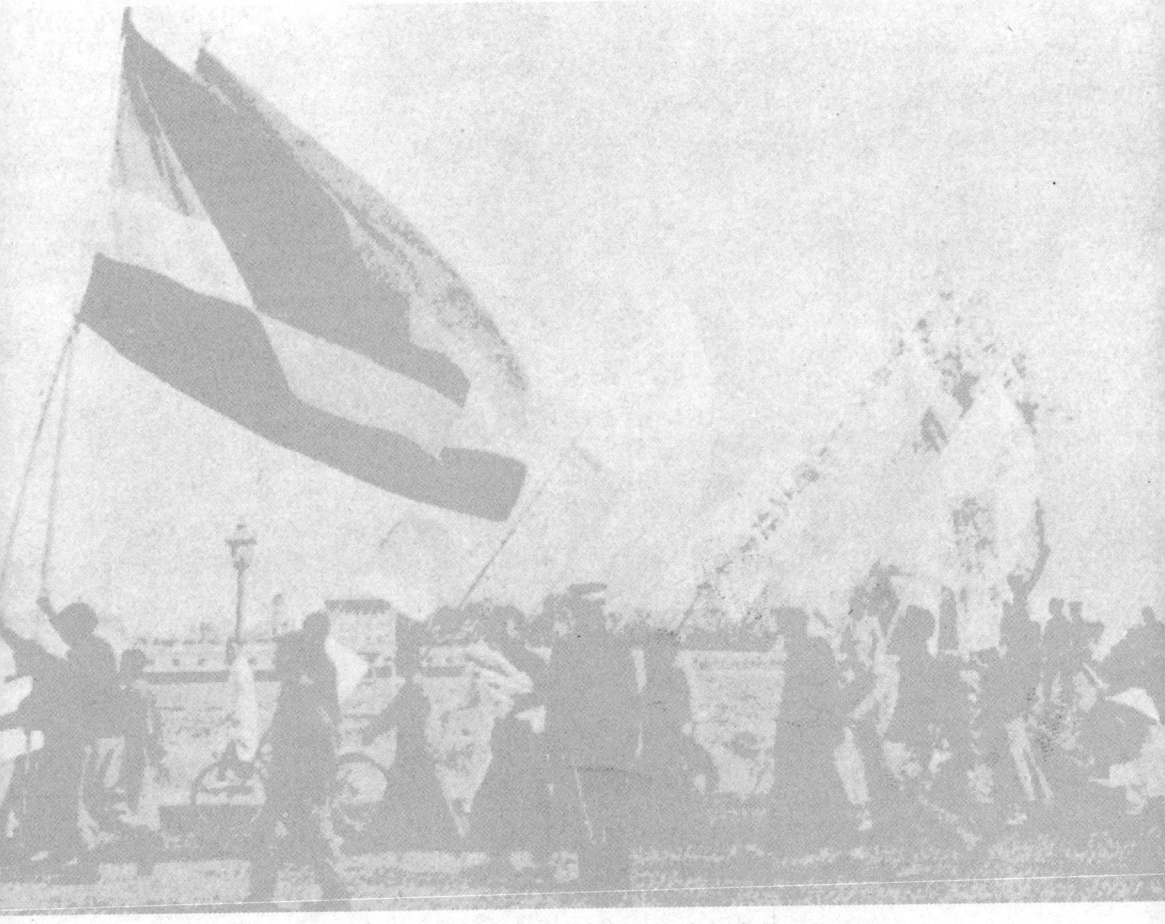

第四章

外争主权，内除国贼

从巴黎传来的噩耗

1917年11月11日，第一次世界大战结束，德国战败。1919年1月18日，协约国将在法国巴黎召开和平会议，中国也领到了一张入场券。国内许多有识之士都期待，巴黎和会将是中国在国际上翻身的一个重要机会。

1918年12月29日，梁启超率领军事家蒋方震、政治学家张君劢、外交家刘崇杰、经济学家徐新六、科学家丁文江，以及负责后勤的杨鼎甫等七人，组成一个非官方考察团，前往巴黎，以观察员身份，就近为参加巴黎和会的中国代表团提供咨询顾问和援助。

梁启超退出政坛后，没有归隐林泉，而是转向学术研究和文化教育，他谈及自己游历欧洲的目的："第一件是想自己求一点学问，而且看看这空前绝后的历史剧怎样收场，拓一拓眼界。第二件也因为正在做正义人道的外交梦，以为这次和会真是要把全世界不合理的国际关系根本改造，立个永久和平的基础，想拿私人资格将我们的冤苦向世界舆论申诉申诉，也算尽一二国民责任。"[1]

梁启超对推动民间社会的成长，贡献良多。他行前向总统徐世昌建议，成立一个以前外交总长汪大燮为委员长，进步党领袖、前司法总长林长民为理事长，包括熊希龄、陆宗舆、孙宝琦、李盛铎、王宠惠等十四人为委员的外交委员会，专责研究与巴黎和会相关的外交事务。据在外交委员会内担任事务员的叶景莘讲述：

> 外交委员会成立后，汪、熊二人即联合提出对巴黎和会的提案。共五大纲，首列破除势力范围，分目为收回租借地和铁路附属地、统一管理铁路、撤销外国邮电机关。其他大纲为取消领事裁判权、关税自主、撤退外国军队、停付庚子赔款。梁启超出国前，亦来会与汪、熊、林、王等讨论了这个提案，以便在外接洽。提案经委员会开会讨论审查，于1919年1月6日一致决议通过，由汪、林二人亲呈徐世昌，奉命交院发。次日由林长民亲交代总理钱能训，于8日电致各专使，正在陆征祥抵法之日。18日和会开幕。但以后我们才知道国务院电专使只将这个提案作为希望条件。[2]

梁启超在北京又拜会了各国驻华公使，游说他们的同情与支持。日本驻华代理公使劳泽曾宴请梁氏，问他对山东问题的看法，梁氏斩钉截铁地回答：中国是对德宣战国，中德条约自当废止，中国理应收回其在山东权益，日本在山东继承德国权利之说，没有任何根据。“中日亲善的口头禅已讲了好些年了，”梁氏说，“我以为要亲善就今日是个机会，我很盼日本当局要了解中国国民心理，不然恐怕往后连这点口头禅也拉倒了。”[3]

梁启超早已预见到日本鬼蜮多端，一定会花样百出，迫使中国政府让步。为了给政府撑腰，他认为有必要在官方的外交委员会之外，再组织一个民间的团体。叶景莘说：“外交委员会成立时，我们早已感觉到政府的亲日倾向，就组织了一个国民外交协会，以备与外交委员会互相呼应。”[4]外交委员会是官方组织，国民外交协会是非官方组织，有些活动官方不宜出面，则由民间出面。两者内外配合，互相支持。

由国民外交后援会、财政金融学会、和平期成会、兰社、战后外交研究会、京师总商会、政治学社、国际研究社等组织，共同发起成立一个各团体的联合组织。在台前幕后，合纵连横，促成此事的林长民，是梁启超的挚友。

1919 年 1 月 26 日，彤云密布，朔风渐急。六大团体代表聚集在北京石虎胡同七号，共同决定成立国民外交协会。2 月 3 日，开第一次常会，作出四项决定：一、彼此互约有始终不懈能作中坚之决心；二、本会决定应有会长或理事为之表率；三、商定宣言书与最要条目通电之意见，推定蓝公武、梁秋水两会员起草；四、推定魏阜瓯、梁秋水、张展云、李道衡等接洽商集经费问题。当天，与会代表便以“国民外交协会及各省省议会、商会、教育会”名义，致电巴黎的顾维钧、王正廷专使，对他们作“声援赞助”。

2 月 16 日，国民外交协会在北京正式成立，推举熊希龄、汪大燮、梁启超、林长民、范源濂、蔡元培、王宠惠、严修、张謇、庄蕴宽十人为理事，[5] 会员百余人，全是社会知名人士，其中熊、汪、梁、林、范等都是研究系的人士。协会的宗旨为：一、促进国际联盟之实行；二、撤废势力范围并订定实行方法；三、废弃一切平等条约及以威迫利诱或秘密缔结之条约、合同及其他国际文件；四、定期撤去领事裁判权；五、力争关税自由；六、取消庚子赔款余额；七、收回租界地域，改为公共通商。

协会在全国许多大城市，都设有分会。这是中国第一个由多个民间团体联合组成的具有全国性质的国民外交组织。他们不断以通电形式，向社会宣传上述七项外交主张，扩大影响，还组织社会名流，举办各种演讲会。其目的在于动员全体国民“群策群力，再接再厉，于外交请愿皆有一致坚决之态度”。[6]

1919 年 1 月 21 日，徐世昌总统特委外交总长陆征祥、驻美公使顾维钧、驻英公使施肇基、驻意公使魏宸组，以及由南方护法政府委派的参议院副议长王正廷五人为全权代表，参加巴黎和会。由于代表团人数甚少，力量单薄，因此，民间对梁启超寄予颇高期望，希望他能够“化私为公”，协助政府在国际舞台上，为中国争取合理的权益。

在中国五人代表团中，首席代表陆征祥，上海人，生于 1871 年，1912

年民国成立之初，出任外交总长，中国政府的现代外交体制，由其一手创立。顾维钧，中国新一代的年轻外交官，1888 年生于上海，1904 年留学美国，在哥伦比亚大学主修国际法和外交。学成回国后，曾担任袁世凯的英文秘书，后来进入外交部任职。

行前，徐世昌召集会议讨论方针。段祺瑞当年是力主中国参战的第一人，这时俨然以功臣自居，他认为此次参战，宣布过迟，不宜提过多要求。只要能收回德奥租界，取消其在中国的权益，并提议撤销庚子条约驻兵一条，以及修订海关税则，就很不错了。至于青岛问题，日本一再声言交还中国，谅不至食言。

然而，日本偏偏食言了，段氏以为不成问题的青岛问题，后来偏成为一个无法逾越的大问题。

在巴黎和会上，中国提出七项要求：废除势力范围；撤退外国军队、巡警；裁撤外国邮局及有线无线电报机关；撤销领事裁判权；归还租借地；归还租界；关税自由。大致上，还是梁启超出国前与外交委员会商定的那些要求。其中包括，把德国在 1898 年利用不平等条约，强占的山东青岛权益（包括租借地及路矿权、铁路警察权等附属权利），归还中国。

1919 年 1 月 27 日，巴黎和会召开最高会议（即美、英、法、意、日所组成之十人会议）讨论山东问题，中国代表顾维钧、王正廷被邀列席，日代表牧野伸显要求无条件继承德国在山东权利，他一开场就打出了一张令中国代表相顾失色的牌：原来早在 1917 年 2 月，英、法、意三国已经和日本签订密约，保证在战后支持日本获得德国战前在山东及各岛屿的领土权。一直对中国表示同情的美国，也哑口无言了。顾维钧起而反对，指出此问题须先由中国陈述理由，再行讨论。

1 月 28 日，顾氏在十人会议上，不用讲稿，即席陈词，长达半小时，解释中国直接收回山东权利的理由，并表示愿将中日密约公开。所谓中日密约，指 1918 年 9 月，段祺瑞曾以牺牲山东权益为交换条件，与日本签订了 2000 万日元的秘密借款合同。该密约规定，日本有权在山东筑路，有权驻军青岛、济南。当时驻日公使章宗祥在换文中有“中国政府对于日本政府右列之提议，欣然同意”的字样。根据此规定，日本不仅继承了原德国在山东之所得，而且有过之而无不及。

这个密约成为和会上日本强占中国山东的借口。中国代表称，“二十一条”是在日本武力胁迫下签的，应视为无效；1918 年的密约是“二十一条”的后续，当然也是无效的。但日本则称，密约是中国参战以后签的，不能说是受了胁迫，而且既然“欣然同意”，就证明不是在武力胁迫之下签的了，当然应该有效。

2 月 2 日，农历大年初二，日本公使小幡趁中国人都在过年，向中国外交次长陈箓提出，中国代表在巴黎和会发言反对日本，全失友谊，要求电令其不得宣布中日密约，并改变态度，凡所主张，非经日本同意不得提出和会，否则日将取消去年 9 月参战借款合同，索还已付的三百万，并以将取相当行动为恫吓。坊间甚至哄传，日方要求中国撤换顾维钧、王正廷二位专使。

研究系再次挺身而出。2 月 5 日，和平期成会主席熊希龄密电在上海举行南北和谈的双方代表，提议共同要求政府公开中日密约：“弟拟请双方各代表，目前将内政口口（暂缓）商议。以此次外交为第一问题，赶开临时紧急会议，联电政府，速照陆使（陆征祥）等所请，概将密约宣布。”[7] 在熊氏的推动下，南方总代表唐绍仪致电徐世昌要求：“中日一切秘密条约得由我国全权代表随时提出，诉之万国公论。”[8]

由于有民间及各政团党派的积极参与，当巴黎和会召开时，外交问题，已受到国内、国外（留学生与华侨）舆论广泛而高度的关注，政府的一言一行，都在舆论的严密监督之下。由研究系所控制的《晨报》，每天都刊登大量有关和会的新闻、函电。没有这种强大的舆论力量，单靠北京大学的学生，是搞不出一个五四运动来的。

梁启超一行，辗转旅途，2 月 18 日才抵达巴黎。与此同时，国内各党派政团的观察员，纷纷汇聚巴黎。各界人士给中国代表团的函电，如雪片飞来，出谋划策，各抒说论，甚至连康有为也不甘寂寞地致函代表团，建议争取废除庚子赔款、收回胶州湾等租借地、废除“二十一条”、改订关税、收回治外法权等等。

顾维钧说：“他们是专为来观察和会向代表团献计献策的。其中有许多是各政党的首脑人物。如国民党的汪精卫先生、张静江先生、李石曾先生及该党其他要人；有与国民党对立而与北京政府合作的研究系领袖梁启超；有所谓交通系的领导人；也有民本社的代表……这些政党领袖看来大都认为中国将在此案中获胜。同时，根据代表团所收到的贺电来判断，获胜的看法在国内肯定也很普遍。”[9]

然而，这种乐观没有维持多久，和会形势便发生对中国的逆转。日本的要求得到英、法的支持，美国虽同情中国，但口惠而实不至。当日本以退出和会相威胁时，亦转而支持日本。他们对中国表示，不是我不想帮你们，而是你们自己和日本签下这么一个密约，让我想帮也没办法帮。中国陷于完全孤立的处境。

梁启超第一次听说有中日密约这回事，直如雷电劈脑，五内俱焚，从巴黎十万火急，致电外交委员会汪大燮、林长民，通报此事，并严词质问政府：“本去年9月间，德军重败，政府究用何意，乃于此时对日换文订约以自缚！”聚九州之铁，铸成的大错，亦莫过于此。梁氏沉痛呼吁：“尚乞政府勿再授人口实。不然千载一时良会，不啻为一二订约人所败坏，实堪惋惜。”[10]

汪大燮、林长民接电后也炸了庙，立即委托梁启超为协会代表，向巴黎和会请愿，力争山东主权。上海洋货商业公会、出口公会、江苏省教育会等团体，纷纷致电北京政府，请拒绝日本公使2月2日的无理要求。自此，民间的声音，渐渐从市井坊间，突破恶浊的政治空气，上达庙堂。

自山东问题交涉发生后，中国始而提出直接归还，但无人响应，只好退而求其次，对美国提出五国共管亦表同意，仅要求日本以文字声明将来交还山东。然所有妥协方案，均为日本所拒绝。

3、4月间，上海报界接到王正廷的电报，内称“吾国人中有因私利而让步者，其事与商人违法贬卖者无异，此实卖国之徒也。所望全国舆论对于该卖国贼群起而攻之，然后我辈在此乃能有讨论取消该条件之余地”。电报没有明言卖国贼是谁，以致国内猜测纷纭，竟然有人怀疑到梁启超头上。

上海商团致电梁启超，警告他：“惟人言可畏，难免嫌疑，为君计，请速离欧回国，方少辨明心迹，特此忠告，勿再留连。”并向政府举报梁氏“干预和议，倾轧专使，难保不受某国运动”。

当时中国南北分裂，南方的护法政府、非常国会，乃以国民党系为主，国民党与研究系，是国会中的一对老冤家。这时，南方的非常国会也趁机起哄，利用外患，挑起党争。4 月 5 日，广州国会开两院联合会，议决：一、由两院函请军政府，立即下令通缉梁启超，并将其在籍财产没收，另由军政府要求法公使引渡；二、要求北京政府法办梁氏；三、由两院全体成员通电全国及除日使以外之各国驻京公使、驻广州领事，申明梁氏在巴黎卖国活动，为全国人民所共弃；四、以两院全体名义电巴黎和会中国代表，请严斥梁氏，并声明两院决定为其后援。广州国会全体成员通电全国，宣布梁启超卖国罪状。

一场莫须有的闹剧，大轰大嗡地上演。前方打仗，后方内讧，历来如此。攻击梁启超的人叫嚣不已，挺梁的人也不甘示弱，国民外交协会、国际联盟同志会、蔡元培、王宠惠、范源濂等社会名流，先后发表通电，为梁氏辩诬。蔡、王、范三人的联名通电称：“梁赴欧后，迭次来电报告并主张山东为国家保卫主权，语至激昂，闻其著书演说极动各国观听，何至有此无根之谣？愿我国人熟察，不可自相惊扰。”[11]

4 月 8 日，张謇、熊希龄、林长民、王宠惠、范源濂、庄蕴宽致电梁启超，给他打气、鼓劲：“此次巴黎和会，为正义人道昌明之会，尤吾国生存发展之机。我公鼓吹舆论，扶助日多，凡我国人，同深倾慕……俾达目的，则我四万万同胞受赐于先生者，实无涯矣。”[12] 不久，梁启超致电国民外交协会，强烈谴责去年 9 月的中日借款密约，呼吁尽快废除这一密约。谣言遂应声而破。

但王正廷所指的卖国贼究竟是谁？却仍属哑谜。在中国代表团内，除了要面对强大的“外患”，也有无数的“内忧”。和会一开始，代表团就因排名问题，闹出了许多风波。王正廷要排在顾维钧前面，北京政府要他排在顾氏后面。排名问题又牵涉到国内南北和谈的问题，更加复杂。

陆征祥以身体欠佳，不太理事，一度不辞而别，躲到瑞士。顾维钧在他的回忆录中说，王正廷甚至造谣说他与交通总长曹汝霖的女儿订婚，《字林西报》据此发表了两整版文章，指顾氏与北京的亲日派联姻，令这位中国代表团中的强硬派，备受困扰。因此，王正廷口中的卖国贼，是确有其人？还是为推卸交涉失败责任而虚构出来的？抑或是出于窝里斗而砌词诬指？不得而知。

不过，既然王正廷说有卖国贼从中捣乱，国内的舆论便像探照灯一样，孜孜不倦地搜索着这个暗藏的卖国贼。千目千手，慢慢集注于袁世凯时代的“二十一条”、段祺瑞时代的中日密约经手人——交通总长曹汝霖（曾主持对日借款）、驻日公使章宗祥（与日本签订《山东善后协定》的经手人）、中华汇业银行（向日本借款经办银行）总理陆宗舆身上。他们都被舆论打上了亲日派的烙印，“欲维持此等戕国条约以便其私图者，非此一种人更有谁耶！”

4 月 11 日，章宗祥从日本返国，在东京车站被三百多名愤怒的中国留日学生包围痛骂，学生们大叫“卖国贼”，把一面面写着“卖国贼”、“矿山铁道尽断送外人”、“祸国”等字样的白旗，投掷到他的汽车上，竟像下雪一样把汽车覆盖了。章宗祥的夫人吓得抱头而哭。陈独秀在国内闻讯，幸灾乐祸地嘲笑说：“其实章宗祥他很有‘笑骂由他笑骂’的度量，只苦了他的夫人。留学生何忍这样恶作剧！”[13]

北京，山雨欲来风满楼

巴黎和会已到了最后时刻。

随着美国的立场转变，中国唯一的指望也没有了，在和会上解决山东问题的希望，愈来愈渺茫了。4月30日，五国会议对山东问题作出最后裁决，在巴黎和约中，将山东问题从中国问题中单列出来，成为一个单独的问题。

山东问题共有三项条款，即第156条：德国将按照1898年3月6日与中国所订条约，及关于山东省之其他条件所获得之一切权利、所有权名义及特权，其中关于胶州领土、铁路、矿产及海底电线为尤要，放弃以与日本。

所有在青岛至济南铁路之德国权利，其中包含支路、连同无论何种附属财产、车站、工场、铁路设备及车辆、矿产、开矿所用之设备及材料，并一切附属之权利及特权，均为日本获得并继续为其所有。

自青岛至上海及自青岛至烟台之德国国有海底电线，连同一切附属之权利、特权及所有权，亦为日本获得，并继续为其所有，各项负担概行免除。

第157条：在胶州领土内之德国国有动产及不动产，并关于该领土德国因直接或间接负担费用，实施工程或改良而得以要求之一切权利，均为日本获得，并继续为其所有，各项负担概行免除。

第158条：德国应将关于胶州领土内之民政、军政、财政、司法或其他各项档案、登记册、地图、地契及各种文件，无论存放何处，自本条约实行起三个月内移交日本。

在同样期间内，德国应将关于以上两条内所指各项权利，所有权名义或特权之一切条约、协议或契约通告日本。

以上三条款中，都没有列明日本须将山东交还中国的字样。当晚，中国代表召开紧急会议，顾维钧、王正廷都主张退出和会抗议。但经过讨论，认为中国是弱国，即使退出，对大局亦无甚影响。只好连夜起草抗议书，派专使送达和会。

但一切抗议，终归无效。5月1日，英国代表以和会所定解决山东问题办法通知中国代表。至此，中国在山东问题上的交涉完全失败。陆征祥向北京政府报告失败的消息，并主张有条件地签字（即“保留签字”），也就是在和约内注明中国对山东问题条款不予承认的保留意见，中国才能签字。这是中国的最后底线。

5月3日，陆、王、施、顾、魏五位全权代表联名致电北京政府，以“力竭智穷，负国辱命”，请求辞职。国务院随即复电，一律挽留。陆征祥晚年总结出一句名言：“弱国无公义，弱国无外交”。痛哉斯言！

从历史的角度看，美国在巴黎和会上对中国的伤害，甚至比日本还要深。日本是中国的大敌，这是毋庸置疑的，但美国总统威尔逊的“十四条”，一度令中国人相信世界是有公义的，美国也曾信誓旦旦地表示要支持中国，但事实证明，在利益面前，无公义、公理可言，只惜苍生望一场。北大学生杨晦挖苦说：“威尔逊发明了一个数学公式：十四等于零。”[14]

美国驻华公使保罗·S·芮恩施担心，“这种（对美国）普遍失望的情绪可能会激变为一种反美情绪。”[15]他的担心很快就被证实了。1919年以后，整个中国知识界对美国的好感一落千丈，开始转向苏俄。共产主义运动能够在1920年代风靡中国，实在是拜美国在巴黎和会上的背信弃义所赐。梁启超愤怒指出：

> 擦擦眼睛一看，他们真干得好事，拿部历史一比，恰好和一百年前的维也纳会议迢迢相对，后先辉映。维也纳会议由几个大国鬼鬼祟祟的将万事决定，把许多小国牺牲了，供他们利益交换，这回还不是照样吗？维也纳会议过后有个俄普奥三国同盟，这回有个英法美三国同盟。维也纳会议后，大家都红头涨脸的来办法国革命的防堵，这回又有个俄国过激派供他们依样画葫芦的材料。[16]

噩耗传出，最先行动起来的，是以梁启超为首的一班研究系人士。梁氏在获悉交涉失败的消息之后，火速驰电国民外交协会，建议在国内发动不签字运动，声援中国代表团：“对德国事，闻将以青岛直接交还，因日使力争，结果英、法为所动，吾若认此，不啻加绳自缚，请警告政府及国民严责各全权，万勿署名，以示决心。”[17]

外交委员会决定不能签约，汪大燮、林长民将致专使拒签电稿亲呈徐世昌，由国务院拍发。同时，国民外交协会也宣称，如果巴黎和会不能采纳中国主张，即请政府撤回代表，并通告全国，定于5月7日在北京中央公园召开国民大会：

> 巴黎和会，关于山东问题，消息极紧。查日本所借口之民国四年五月廿一日（款）之约，系以威力胁迫。又民国七年九月关系胶济铁路之换文，顺济、高徐铁路之草约，并非正式订定。我国民决不认为有效。本会定于本月七日之廿一款签字之国耻纪念日，在北京中央公园开国民大会，正式宣言并要求政府训令专使坚持，如不能争回国权，宁送（退）出和会，不得签字。望各地方、各团体同日开会，以示举国一致，并希鉴示。[18]

整个北京，处在山雨欲来风满楼的紧张空气中。

那些曾经站立在潮流尖端的新文化先驱们，这时也面临一个何去何从的问题。国家兴亡，匹夫有责。是继续研究他们的伦理革命、文学革命，还是投向这个“外争主权，内除国贼”的政治革命、民族革命？

3、4月间，一批欧美留学生在清华园开了三天会，讨论对国家政治前途的意见。与会者组织了一个“政治主张起草委员会”，负责起草一份政治纲领。有人问：“假如政府不睬我们的主张，仍旧这样腐败下去，我们又怎么办？”大家默然不知所对，这时，蔡元培缓缓起立，神色凝重地说：“将来总有一日实在黑暗的太不像样了，一班稍有人心，稍为自爱的人实在忍无可忍了，只好抛弃各人的官位差使，相率离开北京政府，北京政府也就要倒了。”[19] 他已作出了自己的抉择：对政府实行不合作主义。

陈独秀也作出了他的抉择。被北大从学长之位撸下来后，他毫不气馁，写了大量短小精悍的“随感录”，除了一如既往地批判旧纲常名教之外，国内的亲日派和日本也成了他猛烈攻击的目标。《日本人可以在中国随便拿人吗？》、《陆宗舆到底是哪国的人？》、《四大金刚》、《世界第一恶人》、《苦了章宗祥的夫人》等一系列文章，尖酸辛辣，他那支笔杆子，左右开火，比毛瑟枪还厉害。

《新青年》的六卷五号轮到李大钊负责，原定5月出版，李大钊决定把它编成一个“马克思研究专号”。同时，他也在《晨报》副刊当编辑，5月1日推出一辑“劳动节专号”，他正为组织这两个专号的稿件而忙碌。胡适当时不在北京。杜威博士与夫人到中国访问，5月1日抵达上海。胡适4月底便到上海候驾。5月2日，胡适应江苏省教育会邀请，在上海作关于实验主义的演讲。而鲁迅在北京半截胡同的生活，依然沉闷如故，他在5月1日前后的日记中写道：

> （4月）二十九日　晴。收东京堂寄杂志一本。午后大风。往浙江兴业银行存泉。往留黎厂买《定国寺碑》一枚，有额，券一元五角。又《王氏残石》一枚，杂专拓片八枚，共券二元。
>
> （5月）一日　雨。午后大风。往日邮局寄泉百并与二弟妇信。晚晴。得沈尹默信。
>
> 二日　晴。午后寄尹默信。下午同寿山至辟才胡同看地。[20]

师辈们还没真正走出书斋，而北大的学生们已经开始行动了。

他们一直关注着巴黎和会的消息，早在4月间，一些学生已经凑了几百块钱，打电报给巴黎的中国代表，要求他们坚持到底；并向全国通电，反对因为日本压迫而撤换本国专使。当国民外交协会决定5月7日召开国民大会时，学生们马上决定参加。但他们也担心会连累北大，所以，罗家伦说，“当时我们有一种非正式的成议，要在5月7日国耻纪念日，由北大学生在天安门外率领一班群众暴动，因为这样一来，北大的责任可以减轻。”[21]他没有解释“群众暴动”的含义，从上下文揣测，只是指一种示威性的群众骚动，还没到“流血革命”的程度。但无论如何，他们已决心走上街头了。

5月2日，林长民在《晨报》上发表署名文章，惨痛疾呼："胶州亡矣，山东亡矣，国不国矣！"他发出号召："国亡无日，愿合四万万众誓死图之！"[22]日本竟因这篇文章，向北洋政府提出外交抗议，要求警告林氏，并加以取缔。

林长民愤然辞去在外交委员会中的职务。国民外交协会的八名代表，与总统府秘书长见面，严正指出："山东问题实为此次外交一大关键。今既有此噩耗，最要之对待方法惟有请政府电训专使勿予署名为第一着，因不署名尚有可研究种种办法，若一署名则已成铁案，不啻自戕，毫无解除之余地。"[23]

然而，国民外交协会还在总统府内慷慨陈词，又有一种谣言，从政府内部传出，据说国务院已有密电给巴黎专使，指示他们在和约上签字。

[叶景莘说]院里电报处一个林长民的同乡当晚潜去报告他。3日侵晨，汪、林到会，汪命即刻结束会务，并自草自缮辞呈送徐处而去。我将档案整理了，亲自送交外交部条约司长钱泰接收。林密电梁启超并请他通知巴黎中国留学生，他另又通知国民外交协会嘱发电反对。我回会收拾杂务后，打了一个英文电与上海复旦公学李登辉校长，说"政府主签，我们在此已尽其所能反对，请上海响应"，这个电的署名是随便写了三个英文字母。这个电文曾经登在英文大陆报面页第二行一个方格里，日期不记得了。傍晚我到汪处报告，汪问还有什么办法可想。我说："北大学生本要游行，何不去告蔡先生。"汪即坐马车从东单二条东口赶到东堂子胡同西口蔡宅。[24]

一场震撼历史的大风暴，由此平地而起，瞬间席卷大江南北。

国务院究竟有无致电陆征祥，指示他们签约？是要求他们有保留地签字，还是无保留地签字？据当时在外交委员会中任职的梁敬錞说："政府方面，初令陆外长向大会声明，对于三国决定草案，不能满意。旋令专使在保留山东条款之条件下，签字和约（5月13日）。迨知保留不能办到，则曾经一度，密令专使签字（5月23日）。嗣因国内风潮激烈，又令专使相机办理。”[25]

由此可知，签字与否，在5月初，似乎还不算最急迫的问题，按顾维钧的说法，“从整个5月，一直到6月上旬，中国代表团都在全力以赴敦促修改（和约中关于山东问题的）方案”。顾氏亦指出，直到6月26日之前，“代表团所接训令一直为‘签字’”，“从未收到北京关于拒签的任何指示”。[26]

研究系一直紧盯着政府的举动。外交问题最终酿成了一个轰轰烈烈的五四运动，林长民出力最多，有论者甚至称 :“在革命史上有名之‘五四运动’遂由林氏一人造成。”[27] 这虽然是夸大其词，但研究系为五四运动发动时最有力的推手，亦为抹杀不去的事实。

按叶景莘的回忆，汪大燮是5月3日晚上把所谓的“内阁密令”告诉蔡元培的，蔡氏当晚9时，找了几个学生代表在他家里开会，决定把5月7日的集会提前到5月4日举行。但这段记忆显然有误，如果汪大燮确实有去通知蔡氏的话，也应该在5月2日晚。因为5月3日白天，关于巴黎和会上交涉失败的噩耗，已经传遍北京了。提前举行大游行的决定，不大可能在蔡元培家里作出，因为蔡氏是不赞成学生们游行的。

许德珩证实，汪大燮向蔡元培透露消息的时间，是5月2日 :“最初，这个消息（山东问题交涉失败）是林长民（一说是汪大燮）告诉蔡先生的，蔡先生马上透露给我，于是国民杂志社的各校代表，于1919年5月2日晚间召开紧急会议。”[28] 不过，许德珩在另一篇文章中，却说这个会是5月2日下午开的 :“5月2日，我从蔡校长那里听到了这个晴天霹雳的消息，便约集参加在国民杂志社的各校学生代表，当天下午在北大西斋饭厅召开了一个紧急会议，讨论办法。”[29]

那么，这个会究竟是下午开，还是晚上开?

据当时还是北大学生的张国焘回忆，是在当晚开，但只是循例举行的社务会议，并非专门为讨论山东问题而开的，“参加者是原有的十多个社员，议程也只是讨论杂志的出版事务”。会上大家不约而同谈到山东问题，愈谈愈激愤，当张国焘提议，由国民杂志社发起，约集北京各校同学举行一次示威游行时，大家轰然响应。于是，会后由国民杂志社通告北大全体同学，于次日晚7时在北大法科第三院礼堂开学生大会，并邀请高师、工专、农专、法专等学校的代表参加。[30]

另据北大学生何思源回忆，“5月2日（他没有说明是白天还是晚上），蔡元培在北京大学饭厅召集学生班长和代表一百余人开会。他讲述了巴黎和会上帝国主义互相勾结，牺牲中国主权的情况，指出这是国家存亡的关键时刻，号召大家奋起救国。”[31]何思源说他当时是学生班长，参加了这个会，并亲聆蔡氏演说。代表们决定翌日召开全校学生大会，并约北京13间中等以上学校代表参加。

这个会，与许德珩召集的国民杂志社的会议，显然不是同一个会。那天北大究竟开了几个相关的会？有哪些人参加了？关于第二天举行各校学生会议的决定，是在哪个会上作出的？各家说法不一，言人人殊。事实上，那天许多学生团体，都纷纷召集自己的会议，商讨抗议办法。

这些大大小小的会议，有些是公开的，有些是地下的。少年中国学会、爱国会、国民杂志社三个团体的少数成员，大约二十余人——据高师学生俞劲回忆，大部分是湖南人和江西人，有匡日休、夏秀峰、易克嶷、熊梦飞等——曾秘密碰头，讨论如何暗杀卖国贼，如何举行暴动。[32]在匡日休的回忆录中，对他们之间的秘密讨论，有详细的记述：

> 5月3日那一夜，某校的工学会开全体会议，由会员提议讨论“对于中日的示威运动，本会应取何种态度？”大多数主张采用激烈的手段去对付那几个仰日本军阀的鼻息，作国内军阀的走狗，并且惯以构成南北战争以快私意的曹、陆、章，就决定次日联络各学校的激烈分子，伴大队游行至曹、章、陆等的住宅时候，实行大暴动，并一面派会员先将曹、章、陆等住宅的门牌号数调查明白，以便直

> 接行动。于是5月4日早晨凡在校主张激烈的分子就由这个工学会的代表实地联络的结果，暗中已心心相印了。[33]

最后决定派人密查曹汝霖、章宗祥、陆宗舆的行踪。夏秀峰也证实，最初的计划，是打算在5月7日的国民大会上，“请曹汝霖等出席受质询时，将曹等当场打死一两个，以快人心”；但现在学生们决定5月4日游行，“一定会把卖国贼吓住，再不敢于5月7日到中央公园去出席会议。他们原来的计划，须提前于今天执行，到哪一个卖国贼的家里去（因此时还不知道一定是到曹汝霖家里去），就在哪里动手，能打倒一个卖国贼，就是好的。”[34]

这些来自各校的激烈分子，都把克鲁泡特金的名言“一次暴动胜于数千百万册书报”奉为座右铭。他们已做好明天早上站着走出校门，晚上躺着抬回学校的准备，有的人甚至写好遗书，安排好身后事了。

在经过近四年的启蒙运动熏陶后，这一代的年轻人，还是回到了辛亥革命前那种草莽英雄、暴力革命的起点上。

中国的启蒙运动，与欧洲的启蒙运动，有一个根本差异，即欧洲的启蒙运动立足于“理性主义”之上，而中国的启蒙运动立足于“民族问题”之上。中国的启蒙先驱者，不少人对启蒙运动最重要内容之一的“社会契约”理论，有着完全不同的理解，他们认定民主就是群众的专制，就是革命的暴力，甚至像蔡元培这样的哲人，也口口声声说自己是手枪与炸弹历练出来的。

匡日休说：“当时在北京读书的学生，大多数是满清末年和民国初年的中小学的学生。凡满清末年一切革命烈士所有的侠烈行为和伟大事迹，这时候的中小学的学生都留了一种很深的印象。”[35]因此，当国家有事时，他们便直接模仿起这些烈士前辈了。

其结果，在中国历史上，便出现了“民主革命”这一特殊的名词组合。两个看似相反的东西，组合在一起，会创造出怎样的一种奇迹呢？

今夜无人入睡

5月3日，一个晴朗、大风的星期六。

许德珩和北大预科学生黄日葵到北女师串联。据罗家伦所说，这天《京报》主笔邵飘萍到北大，向学生们报告山东问题已经失败。学生们情绪激动。下午1时，北大校园内张贴通告，召集北京十三间中等以上学校学生代表，当晚在北河沿法科第三院开临时会议。

十三家学校，计有：北大、清华、高等师范、中国大学、朝阳法学院、工业专门学校、农业专门学校、法政专门学校、医药专门学校、商业专门学校、汇文学校（燕大前身）、高师附中、铁路管理学校，共有一千多名代表到会。

> 最初由邵飘萍报告，以后由许德珩等一班人慷慨激昂的演说，还有一个刘仁静（他现在是共产党中很重要的人物），当时还不过十八岁，带了一把小刀，要在大会场上自杀。还有一位，要断指写血书的，于是当场主持的几个人，不能维持我们以前决定的五七发难的成议，当场议决在第二天（即5月4日）联合各学校发动，并且当场在北大学生中推出二十个委员负责召集。

当晚成立了由二十名委员组成的干事会，下面分成总务、演讲、国货维持等股。傅斯年、罗家伦、段锡朋、许德珩、方豪、康白情等人，都在干事会的二十名成员之中，几乎由《新潮》与《国民》平分秋色。罗家伦自豪地说："这两个杂志，所以也可以说是五四运动的基础。"[36]

但这两个杂志在五四运动之前，并不咬弦。《新潮》是白话文杂志，以启蒙为职志，而《国民》是文言文杂志，以救亡为理想。两者对新文化运动的态度，南辕北辙，《国民》不仅反感《新潮》，也不以《新青年》为然。许德珩直言，“五四”以前他们与傅斯年不对头，“五四”以后才统一起来。他们对陈独秀的态度，也是在“五四”以后，陈独秀赞成学生运动，才逐渐好转。[37]

由于新潮社的骨干人物，这天都到清华大学参观去了，晚上9时许才回校，所以没有赶上法科第三院的会议。这次会议由《国民》唱主角，会议主席是北大法科四年级学生廖书仓（但张国焘说是北大学生易克嶷），《国民》特别编辑员黄日葵、孟寿椿做记录。学生丁肇青、谢绍敏、张国焘、易克嶷、许德珩、夏秀峰等人在会上发言。除了丁肇青外，其他人全是《国民》成员。

谢绍敏当场咬破手指，在衣襟上写下“还我青岛”四个血字，会场上爆发了一阵暴风雨般的万岁声和鼓掌声，预示着中国的问题，最终是要用血来解决的。

> 大会共议决办法四条：一、联合各界一致力争；二、通电巴黎专使，坚持和约上不签字；三、通电全国各省市于5月7日国耻纪念日举行群众游行示威运动；四、定于5月4日（星期日）齐集天安门举行学界大示威。[38]

具体时间是5月4日下午1时正。

新潮社的同学从清华回来时，会议已开到了尾声。罗家伦着急地埋怨许德珩，我们说好在5月7日发动，现在改了期，不是要把北大断送了吗？但既然已经这么定了，他表示坚决支持，并马上在上面签了字。气氛如火如荼。

晚上11点多，各校代表陆续回校准备，没走的人仍不肯散去，继续聚集演说。这时一位山东学生登台发言，他说，断送国土主权，实曹贼等卖国的结果，章宗祥回国时，留学生高举卖国贼之旗以送之，世人称快。我们对于曹贼，为什么不能用同样方法一泄胸中之愤呢！与会者纷纷拍掌呐喊，以示支持。于是决定明天游行到公使馆表达意见后，到帽儿胡同的曹宅一行。学生们连夜做了三千多面旗子。

许德珩回忆说，那天晚上的北京十三校会议，推举他起草宣言。他笔酣墨饱，一挥而就，当场就把《北京学生界宣言》写好了，“西斋的同学一夜没睡，用竹竿做旗子，长的做上大旗子，短的做上小旗。我于宣言写好后把自己的白布床单撕成条幅，书写标语，一直搞到天亮。”[39]宣言是用半文半白的文字写的，全文如下：

鸣呼国民！我最亲最爱最敬佩最有血性之同胞！我等含冤受辱，忍痛被垢，于日本人之密约危险，以及朝夕企祷之山东问题，青岛归还问题，今已有由五国公管，降而为中日直接交涉之提议矣。噩耗传来，黯天无色。夫和议正开，我等所希望所庆祝者，岂不曰世界上有正义、有人道、有公理。归还青岛，取消中日密约，军事协定，以及其他不平等之条约，公理也，即正义也。背公理而逞强权，将我之土地由五国公管，侪我于战败国如德奥之列，非公理，非正义也。今又显然背弃，山东问题，由我与日本直接交涉。夫日本，虎狼也，既能以一纸空文，窃掠我二十一条之美利，则我与之交涉，简言之，是断送耳，是亡青岛耳，是亡山东耳。夫山东北扼燕晋，南拱鄂宁，当京汉、津浦两路之冲，实南北咽喉关键。山东亡，是中国亡矣。我同胞处此大地，有此山河，岂能目睹此强暴之欺凌我、压迫我、奴隶我、牛马我，而不作万死一生之呼救乎？法之于亚鲁撒、劳连两州也，曰：“不得之，毋宁死。”（意之于亚得利亚海峡之小地也，曰：“不得之，毋宁死。”）朝鲜之谋独立也，曰：“不独立，毋宁死。”夫至于国家存亡，土地割裂，问题吃紧之时，而其民犹不能下一大决心，作最后之愤救者，则是二十世纪之贱种，无可语于人类者矣。我同胞有不忍于奴隶牛马之痛苦，极欲奔救之者乎？则开国民大会，露天演讲，通电坚持，为今日之要着。至有甘心卖国，肆意通奸者，则最后之对付，手枪炸弹是赖矣。危机一发，幸共图之！[40]

宣言公开以“手枪炸弹”相威胁，放在任何国家，都将被视为触犯刑律的言论。然而，以清末革命志士为榜样的青年，认为这是他们的神圣天职。这份宣言当晚似乎没有送去印刷，作为明天游行的传单。罗家伦说，五四游行时的宣言传单，是他起草的，而且是当天唯一的印刷品。不过他的说法，前后也有不一致之处。他在《蔡元培时代的北京大学与五四运动》一文中是这样说的：

> 当夜（5月3日）11点钟的时候，各代表在北大开了一个预备会议，当场举出了三个总代表，一个是我，一个是江绍原，一个是张廷济，并且当时推我写了一个五四运动宣言，由狄君武送到北京大学印刷所去印了五万份，第二天的早上，我们还预备了一个英文的备忘录，送给各国使馆。[41]

但在另一篇文章中，他却是这样说的：

> 民国八年5月4日上午10点钟，我方从城外高等师范学校回到汉花园北京大学新潮社，同学狄福鼎（君武）推门进来，说是今天的运动，不可以没有宣言，北京八校同学推北大起草，北大同学命我执笔。我见时间迫促，不容推辞，乃站着靠在一张长桌旁边，写成此文，交君武立送李辛白先生所办的老百姓印刷所印刷五万张；结果到下午一时，只印成二万张分散。此文虽由我执笔，但是写时所凝结的却是大家的愿望和热情。这是五四那天惟一的印刷品。

罗家伦在两篇文章中都提到的狄君武，是一位“一天到晚咿咿唔唔在做中国小品文学，以斗方名士自命”（罗家伦语）的学生，并非新文化同人，但在5月初，他成了最活跃的学生领袖之一。可见在国家、民族大义面前，新旧两派的学生都已站到一起了。

除了狄君武，另一位被提及的李辛白，是北大出版部的主任。可以肯定，罗家伦两处所说的是同一篇宣言，但写的时间与地点，都不相同。罗家伦起草的是白话文宣言，字数不及许德珩的一半，全文如下：

> 现在日本在国际和会，要求并吞青岛，管理山东一切权利，就要成功了。他们的外交，大胜利了。我们的外交，大失败了。山东大势一去，就是破坏中国的领土。中国的领土破坏，中国就要亡了。所以我们学界，今天排队到各公使馆去，要求各国出来维持公理。务望全国农工商各界，一律起来，设法开国民大会，外争主权，内除国贼。中国存亡，在此一举。
>
> 今与全国同胞立下两个信条：
>
> 一、中国的土地，可以征服，而不可以断送。
>
> 二、中国的人民，可以杀戮，而不可以低头。
>
> 国亡了，同胞们起来呀！[42]

罗家伦不愧倚马之才，文不加点，一气呵成。许、罗二人的宣言一对比，罗氏的文笔，无论其气势或气概，都更具有鼓动性，因为它是用白话文写的，喊出“外争主权，内除国贼”这样一个朗朗上口，掷地有声的口号，形成扣人心弦的强烈效果。口号具有强大的动员力，能够创造出一个好的口号，行动就已成功一半了。

5 月 3 日夜晚，北京各大中学校内，灯火通明。学生们都在紧张地准备着。北大书法研究会和画法研究会的同学，一个个手不停挥，忙着在旗子上书写口号：“还我青岛”、“收回山东权利”、“拒绝在巴黎和会上签字”、“宁为玉碎，勿为瓦全”、“卖国贼宜处死刑”、“章宗祥曹汝霖卖国贼”等等。

对这些年轻人来说，这是一个终生难忘的不眠之夜。

五月四日那一天

1919年5月4日，星期日。

鲁迅用一个字记录了这天北京的天气："昙"——浓云密布。柳絮在天空中飞舞。胡同里的香椿树悄悄地绿了，洋槐花已开始绽放。

在前一天晚上的会议上，议决行动时间为5月4日下午1时。但后来有不少人回忆说，示威活动，实际上从早上就开始了。北大学生方豪说："于1919年的5月4日上午8时，在北京的天安门前聚集了一万左右的大专学生和部分中学生。"[43] 俞劲也说："1919年5月4日上午10时左右，各校学生约六七千人，在天安门前集会，每人手执小旗，上面写着'打倒卖国贼，收回山东权利'等标语。"[44] 许德珩的回忆录是这么写的："1919年5月4日早晨，北京各校学生按计划在天安门广场集会，约计有三千余人。那天到天安门最早的是高师、汇文两校。"[45]

但更多的回忆材料都说，天安门前的示威活动，是从下午才开始。上午9时，各中等以上学校代表在堂子胡同法政专门学校开会，讨论下午的游行路线，决定从天安门出中华门，先到东交民巷，向美、英、法、意四国使馆陈述青岛必须归还中国的意见，促请他们电告各国政府。然后转入崇文门大街、东长安街，前往赵家楼曹汝霖住宅，将旗帜投入曹宅，以表达愤怒。傅斯年被推举为行动委员会主席，由他正式宣布，下午1时在天安门广场集合，前往东交民巷进行和平的示威抗议。

但参加者来自不同的学校、不同的团体，傅斯年并不完全掌握他们的情况。事实上，他们当中不少人已下了决心，必要时以暴力进行抗议。

下午1时，天安门广场上，聚集着愈来愈多的学生，而且不断有学生队伍开来加入，北大学生在上午10时提前吃饭，饭后在马神庙二院大讲堂前集合，按班级排队，约一千人（几乎占了北大全校学生的一半），列队前往天安门广场。教育部派了官员到北大，希望阻止学生外出。蔡元培在校门口拦住同学们，劝他们不要上街游行。

蔡氏神色凝重地说：示威游行并不能扭转时局，北大因提倡学术自由，颇为守旧人物和政府所厌恶，被视为鼓吹异端邪说的洪水猛兽。现在同学们再出校游行，如果闹出事来，予人以口实，这个惨淡经营，植根未固的北大，将要首先受到摧残了。他说学生们有什么要求，他可以代表同学们向政府提出来。

易克嶷挺身而出，向蔡校长说明学生们上街游行的理由，请校长不要阻拦。队伍中响起了一片嘘声，张国焘挤到前面说："示威游行势在必行，校长事先本不知道，现在不必再管，请校长回办公室去罢。"几个学生一拥而上，把蔡氏半请半推地拥走。其实蔡氏也只是尽校长的本分，做做样子而已，并非认真阻拦学生。他后来自述其态度是"不去阻止他们了"。[46] 于是，队伍立即像开闸的洪水一样，一泻而出了。

学生们沿着北池子向天安门广场前进，队伍高揭起谢绍敏那件写着"还我青岛"血字的衣服开路，一种"风萧萧兮易水寒"的悲壮气氛笼罩现场。走在前面的同学举着一副挽联："卖国求荣，早知曹瞒遗种碑无字；倾心媚外，不期章惇余孽死有头"——"卖国贼曹汝霖、陆宗舆、章宗祥遗臭千古"。后面的学生不断高呼口号，向围观的路人派发传单。市民夹道欢迎，鼓掌助威。

由于出校时耽搁了一会儿，北大成了最后一支到达广场的学生队伍。这时，广场上已人如潮涌，各式各样的旗帜迎风飘扬。太阳从云层后透露出来，有如苍天之眼，俯瞰着这动荡不安的大地。人们一看到北大队伍到达，欢呼声、口号声、鼓掌声，把广场的气氛推到了沸点。

北京步军统领李长泰、警察总监吴炳湘，都赶到了广场，劝学生立即散去。学生们以嘘声作为回答。教育部的官员告诉学生，他们无法通过使馆区，建议学生返回学校，改推代表向政府和各国公使馆交涉。李长泰说："有话尽对我说，不必如此招摇。"学生们叫嚷：我们不信任当官的人！

学生代表向前对李长泰说："我们今天到公使馆，不过是表现我们爱国的意思，一切的行动定要谨慎，老前辈可以放心的。"现场学生已经等得不耐烦了，纷纷催促启程。李长泰取下眼镜，认真读了传单，嘱咐学生们："那么，任凭你们走么。可是，千万必要谨慎，别弄起国际交涉来了。"说完，跳上汽车，绝尘而去。

罗家伦、江绍原、张廷济三名总代表，因为要准备一些文件，1 时 10 分才赶到广场。学生们随即整队出发，在傅斯年带领下，打着两面巨大的五色国旗，浩浩荡荡向东交民巷前进。游行队伍整齐，气氛严肃，受到狂热气氛的感染，所有人都忘记了恐惧，成了凛凛正气满心间的勇士。

忽然一阵大风，吹得漫天尘土。学生在风中用力举着旗帜，继续前行。在东交民巷口，他们被巡捕拦住，不准通行。这时学生们还是相当克制，相当守秩序，他们派罗家伦、江绍原二人为代表（另一说为段锡朋、罗家伦、许德珩、狄君武四人），到美国公使馆递交说帖。说帖指出：

> 1915 年 5 月 7 日二十一条中日协约，乃日本乘大战之际，以武力胁迫我政府强制而成，吾中国国民誓不承认之。青岛山东一切德国利益，乃德国以暴力夺去，而吾人之所日思取还者。具以对德宣战故，断不承认日本或其他任何国继承之。如不直接交还中国，则东亚和平与世界永久和平，均不能得确切之保证。[47]

当天美国公使去了西山休息，由参赞出来接见学生，他接了说帖，讲了些同情的话。学生们又转去其他国家的使馆，递交说帖。但因为是星期天，大部分公使都不在。后来有人感叹，如果学生们得到各国公使的接见，有机会向国际社会表达意见，也许就不会发生火烧赵家楼的事件了。就游行组织者而言，确实如此，但就少数激进学生而言，他们是揣着火柴而来，赵家楼是非烧不可的。

因沿途受到巡捕的阻拦，成了学生情绪愤激的发酵剂。但他们并不打算在使馆区闹事，有人高喊："到外交部去！"也有人高喊："到卖国贼的家去！""我们去除国贼吧！"声浪此起彼伏，一呼百应。傅斯年劝大家冷静，但没有人能够冷静下来，傅斯年只好扛起大旗，领着队伍离开东交民巷，经御河桥、东单牌楼，往赵家楼的曹汝霖住宅去了。

4 月从日本回国的章宗祥，在天津逗留了一段时间，住在曹汝霖的私邸里，陆宗舆又专程赴津与他会面，4 月 30 日，章氏到了北京。他在这敏感时刻回国，引起诸多猜测，有人说他即将取代陆征祥担任巴黎和会的中国首席代表，也有人说他准备接替曹汝霖出任外交总长。

5 月 4 日这天，徐世昌在总统府设午宴为章氏洗尘，内阁总理钱能训、曹汝霖、陆宗舆等人作陪。觥筹交错间，忽闻警察总监吴炳湘来电话，天安门外有学生聚集，指巴黎和会失败，攻击曹、章、陆诸位，请诸位暂留总统府，不要回家。

曹汝霖对学生的抗议，并不在意，认为小泥鳅翻不起大浪。据曹汝霖回忆，当时徐世昌对钱能训说："打电话令吴总监妥速解散，不许学生游行。"钱能训即用电话向吴炳湘传达总统指示。

过了一会儿，钱能训又电问吴炳湘："现在怎样了？"吴说正在劝说不许游行，但学生增加到约有二千人了。

又等了一会儿，钱氏又电问吴总监："解散了没有？"

吴氏回答："人多嘴杂，颇不易为，恐他们定要游行示威。"

钱氏说："请你多偏劳。"

不久，吴炳湘来电话说，他正在劝说解散之时，卫戍司令段芝贵忽然要出兵弹压。"如果段芝贵出兵，即由他去办，我不问了。"

钱氏随即打电话给段芝贵："这是地方上的事，不到出兵时候不必出队伍，由吴总监去办，请你不必过问。"不久，段芝贵来电话说，照吴总监办法，不能了事，非派队伍出来，吓唬吓唬他们不可。吴炳湘也来电话说："段芝贵如定要派兵，我即将警察撤回，以后事情，由他负责吧，我不管了。"

钱能训只好两面协调，一面劝吴总监妥速解散学生，一面劝段司令不要出兵，地方上事，应由警察负责，不必派兵弹压。段芝贵则说，照吴总监办法，不但不能解散学生游行，恐事情扩大更麻烦。双方各执一词，争辩不已。[48]

据许多亲历者的回忆，在学生游行时，警察的态度还算温和，而曹汝霖也证实，当时执勤警察奉了对学生要“文明对待”的命令，所以连警棍都没带。但段芝贵是段祺瑞的心腹大将，人称段祺瑞为“老段”，段芝贵为“小段”，乃皖系军阀的首领之一。这些军人虽然没有收复山东权益的本事，但镇压学生的本事还是有的。幸亏徐世昌头脑还算清醒，不允许军队介入。

公府的酒席散了以后，章宗祥没有回家，而是随着曹汝霖去了曹府。这真是“天堂有路你不去，地狱无门闯进来”。赵家楼离外交部很近，东起北总布胡同，西至宝珠子胡同，南邻小羊宜宾胡同，据说是明代隆庆朝文渊阁大学士赵贞吉的故居。

陆军部航空司长丁士源与日本新闻记者中江丑吉也赶到赵家楼。丁氏告诉曹氏：学生已往使馆去了，似无来本宅之意。且庭外已有警察，即使来时亦能充分保护，勒令解散。于是，他们都放心安坐，饮茶聊天。其实，这时学生的队伍正往赵家楼开来。

没过多久，街上渐渐传来人群的呼喊声，由远而近，由弱而强，滚滚而来，大有怒潮排壑之势。曹氏诸人才意识到大事不妙，匆匆关门闭户，不敢做声。这时，数以千计的学生已从南小街涌入大羊宜宾胡同，开始他们误认了另一座大院是曹府，纷纷把白旗扔到瓦面上，一名警察走来提醒学生，离此不远的那座有宽敞大绿门的才是真正的曹府。学生们经警察指点，蜂拥到曹府前。

［许德珩记述］队伍到达赵家楼时，已是下午两点多钟。数百名军警早把胡同口封住了，队伍不得进去。我们于是变计，向军警和和气气的讲明来意说：“我们是爱国学生，来这里是找曹总长谈谈国事，交换意见，要他爱中国。我们学生手无寸铁，你们也是中国人，

难道你们不爱中国吗？”我们做了很多说服教育工作，果然有效，军警让我们进了胡同。可是曹汝霖的住宅朱门紧闭，怎么办呢？我们还是用说服军警的办法，包围他们。我们进一步用三四个人包围一个军警的方式，向他们说服，几乎等于缴械。[49]

许德珩说保护赵家楼的军警有数百人，曹汝霖没说有军人，只说有三四十名徒手的警察；而罗家伦却说在曹府“门口站着一大队荷枪实弹的警察”，也没提及有军人；北大学生范云所看到的情况是：“曹家的大门关得紧紧的，门外站着四个拿枪的警察。”

北京工专学生尹明德说，军警是在曹府大门内：“曹宅早有准备，前后门都紧闭，内有一百多名军警保卫。”他看到的军警是有武器的，但对学生“也不敢干涉制止，持枪直立，呆若木偶”；另有时人所编《五四》一书则说“（曹汝霖）卒于3时顷偕章宗祥同归赵家楼私宅，并嘱吴炳湘派警察二百名至其家保护”，但警察对学生“皆束手不理”。[50]

比较一致的说法是，警察对学生颇为同情，对阻拦学生不太卖力。如果换了是小段的北洋军队，岂容你几个学生娃“说服教育”、“包围缴械”？早已机关枪伺候、刺刀见红了。几年后的“三·一八”，在执政府门前，他们就是这么干的。

警察一时间想不出阻挡学生的办法，只好用石块堵塞曹府大门。“顷刻之间，呐喊之声，越来越近。有顷，见白旗一簇一簇在墙外出现。”曹汝霖所述现场气氛，紧张刺激，有如电影一样，“父亲嘱咐我躲避，但我家房子的建筑是一排平列的西式房，无处可躲。正在这时，忽有一石朝我父亲飞掷过来。幸亏丫环用身子一挡，打中了她的背脊，肿痛了好几天。若打中我的病父，就不堪设想了。我赶紧扶我父亲进屋。我于仓猝间，避入一间小屋（箱子间）。章宗祥由仆人引到地下锅炉房（此房小而黑）。”[51]

学生们开始冲击大门，但没冲开，正准备离去，忽然有五名学生爬上围墙，打烂了一扇窗户，钻进院里。这完全出乎总指挥傅斯年的预计，激进学生们预谋的“大暴动”，终于把火药点燃了。示威活动开始失控。

这五名学生的英勇行为，遂成了五四运动由和平示威，演变为暴力示威的转捩点。而这五名学生的身份，也一直成为众说纷纭的话题。综合各家说法，他们有可能是：北大理学院的蔡镇瀛、北高师学生匡日休（互生）、傅斯年的弟弟傅斯岩、易克嶷、江绍原、高等工业学校一姓水的学生等人。

对学生们进入曹府的过程，参与者俞劲有生动的描述：

> 这时突然有领队某君（参加五四前夕秘密会人员之一，湖南人，高师数理部学生，曾习武术，膂力过人），奋不顾身，纵步跳上右边小窗户，随即有好几个警察死死的拉住他的腿往下拽，领队的学生们看到后，有的就用尽力气去掰开警察的手，坚持不下。另有一部分人就痛哭流涕地向他们演说：卖国贼如何卖国，中国如何危险等，警察们终于被感动而放松了手。某君头向里面一望，内部还有数十名武装警察，正枪口对着他。接着某君向这些警察演说，警察大概也由于良心发现，不敢开枪，改变了瞄准的姿态。某君便不顾一切地跳下去，迅速而机警的把大门开了，于是大队学生蜂拥而入。[52]

俞劲所说的湖南人领队某君，即匡日休。当他们从破毁的窗户“滚入曹汝霖的住宅”后，看见院内有十几个全副武装的卫兵，“已被外面的呼声鼓掌声震骇，并且受了跳进去的同学的勇猛的感动，已丧失了用武的胆量和能力，只得取下上好的利刀，退出装好的子弹，让继续跳进去的五个同学从内面把那紧闭重锁的后门打开！后门打开之后，如鲫如鳞的群众就一拥而入”。[53]

取下刺刀、退出子弹这些细节，是否确有其事，还是一种文学描写，殊难判断。但他有一个与众不同的说法，即他们不是从前门，而是从后门进入曹府的。学生们到处搜查曹汝霖不获，遂捣毁了许多家具和瓷器以泄愤。

据范云说：“有人在汽车房里找到一桶汽油，大家喊着‘烧掉这个贼窝’。汽油泼在小火炉上，当时火就烧起来了。”[54] 但更多人的说法是，纵火者是匡日休，而且是有备而来的。北大学生萧劳说：“我行至曹家门外，看见穿着长衫的两个学生，在身边取出一只洋铁偏壶，内装煤油，低声说‘放火’。然后进入四合院内北房，将地毯揭起，折叠在方桌上面，泼上煤油，便用火柴燃着，霎时浓烟冒起。我跟在他们后面，亲眼看见。大家认得他俩是北京高等师范的学生。”[55] 如果他没看错，那纵火者的煤油是从外面带进来的。

罗家伦在曹宅内也看见，“有两个学生，自身上掏出许多自来火来，如果他们事前没有这个意思，为什么要在身上带来这许多自来火呢？”

当匡日休准备放火烧屋时，北大学生段锡朋大惊失色，连忙跑来阻止：“我负不了责任！”匡日休回答：“谁要你负责任！你也确实负不了责任。”说完，顺手就把寝室内的蚊帐扯下来，划火点燃了。

火光和黑烟顿时冲天而起。曹汝霖半身不遂的父亲、妻妾和佣人，纷纷夺门而逃。学生们没有为难他们，都让他们走了。章宗祥听见着火，被迫从锅炉房逃出，却被学生逮住，见他西装革履，以为是曹汝霖，便围上来用砖头、铁棍痛打一顿。中江丑吉拼命护着他，也被学生们打得七荤八素。罗家伦讲述他目睹的事情经过：

> 章宗祥比较老实，他和那个日本人一道躲在一个小房间里，群众跑进去的时候，日本人还掩护着他，于是大家知道他是一个要人。群众便把他们围起来了。不久一个北大的校工进来，他说自己是认识章宗祥的，并且说这就是章宗祥，于是大家便动手打起来，打了一顿，忽然有人说“打错了”。大家便一哄而散，于是这个日本人和曹家的佣人，便把章宗祥抬出去，停在一间杂货店里面，这个日本人也去了，于是群众中忽然有人叫“刚才并没有打错”，大家便去找章宗祥，在他后门杂货店中找着了。当时这个日本人还掩护着他，群众们便用杂货店中鸡蛋来丢这个日本人，重新把章宗祥拖进曹宅来，拆散了一张铁床，拿铁床的棍子来打，所以当时章宗祥确是遍体鳞伤，大家以为他已经死过去了。[56]

打过章宗祥后，学生们因怕出人命事情闹大了，都跑出门，四散而去。罗家伦、傅斯年、匡日休等学生领袖，夹在人群中跑出曹府。这时救火车和水夫都赶来了，忙着扑灭大火；大批宪兵和游缉队也赶来了，警察吹起了凄厉的警笛。到处是尖叫声、杂沓的脚步声、憧憧的身影，烟雾弥漫的胡同，在夕阳中混乱不堪。

一位记者被这种惊心动魄的群众场面震撼了，他写道："吾人骤闻是种消息，几疑法兰西革命史所记载恐怖时代一般乱民之暴动，及路透电所报告布尔什维克党人在俄国各地之骚扰，又发见于吾华首都。"[57] 这位敏感的记者，已经嗅到"革命"的火药味了。由于发生闯私宅、纵火与殴打官员一连串事件，事态迅速恶化，原本对学生态度友好的警察，也不得不采取镇压行动了。

军警旋即在东交民巷宣布戒严，在赵家楼也开始捕人了。走在后面的易克嶷、许德珩、江绍原、杨振声等32名学生被抓，军警把他们两人一组捆绑起来，用板车押往步军统领衙门。易克嶷沿途大呼："二十年后又是一条英雄好汉！"

吴炳湘也赶到赵家楼，亲自向曹汝霖道歉，并把他们全家护送到六国饭店。曹府的火被扑灭了，但东院一排西式房已烧成瓦砾，只剩下门房及西院一小部分中式建筑尚存。章宗祥身受数十处伤，脑部受到震荡，然并无生命危险。

被捕学生当晚关押在步军统领衙门的监房里，不许走动，不许交谈。许德珩描述囚室的环境："极其拥挤肮脏，只有一个大炕，东西两边各摆着一个大尿桶，臭气满屋。每半小时还要听他们的命令抬一下头，翻一个身，以证明'犯人'还活着。"这位壮怀激烈的年轻人，作了两首诗以表心意，其中一首云：

为雪心头恨，而今作楚囚。
被拘三十二，无一怕杀头。

痛殴卖国贼，火烧赵家楼。

锄奸不惜死，来把中国救。[58]

以爱国的名义

被捕学生在黑暗的囚室里等候着天明。

他们的命运，令许多人彻夜难眠。北京各校的同学都在开会，讨论营救被捕同学的办法；曹汝霖在六国饭店开会，和幕僚们商议应付他个人危机的办法；内阁总理钱能训也在自己的官邸召开阁员会议，研究如何处理学运。

对5月4日那天学生与警察的表现，历来有不同的评价。年轻而激情的学生，参与政治示威活动，大致上，有两种不同的心态，一种是立志要演绎宋代太学生伏阙上书，请求抗金的现代版；另一种则自视为聂政操琴、荆轲献图、鲁仲连蹈海的传人，誓以一己之性命，求社会正义的伸张。

从天安门广场的集会，到东交民巷的请愿，由一群现代太学生领导，表现出高度的文明，足以垂范后世。而后来火烧赵家楼与殴打章宗祥，则是侠士登场，少数学生不惜以身犯禁，制造惊世骇俗的事端，甚至以牺牲个人来唤醒民众。他们相信只要目的是正义的，无论采取任何手段，都足以名垂青史。

社会舆论几乎是一面倒地同情支持学生，指责警察抓学生是"残暴"、"野蛮"、"专制"。在一场中华民族大觉醒的运动中，个别人的过激行为是对是错？曹、陆、章等人是否真有卖国？似乎都是微不足道的，诚如梁敬錞所说："私人是非，乃至政治生命，都不过是意识觉醒中的微波，或怒火中的燃料而已，不足影响这运动在历史上之评价与地位。"[59]

学生的爱国主张，以及他们不畏牺牲，不畏强权，坚持和平、理性地表达诉求，完全是正当的、正义的，理所当然会赢得社会的钦佩和支持。然而，当个别学生不顾指挥者的劝阻，开始纵火、殴人时，警察到底应该怎么做，才符合法治社会的要求呢？这是一道考验政府政治智慧和执政能力的难题。

从5月4日的情况看，警察还算克制，没有过分使用暴力，学生集会游行时，警察没有强行阻止，甚至在学生闯入曹府后也没有马上抓人，只是当事情发展至纵火和打伤人（当时以为打死了人）以后，才开始抓捕和驱散学生。

当被捕学生从步军统领衙门移送警察厅后，待遇大为改善，警察总监吴炳湘亲自慰劳学生，给他们换了较宽敞的囚室，允许他们走动与交谈，还赠送报纸给他们了解外面的情况；伙食标准按警察厅科员例，每人每餐约一毛有零，吃饭时共分五桌，每桌六七人；允许外面的同学探视，也允许里面的同学托寄信外出。

由此可见，警方的处理方式，并没有太多可指责的地方，以一个文明国度对待政治抗议活动和政治犯的标准来看，至少算是合格的。

总统和内阁对事件的反应，也没有头脑发昏，马上诉诸白色恐怖，所谓“解散大学、严惩学生”等等，只不过是某些人的意见，并不代表政府，政府也没采纳。徐世昌最初想拿学潮做筹码，打压段祺瑞的气焰，所以对学生颇为宽容，坊间甚至有一种传说，把五四运动说成是徐世昌与林长民携手搞出来的，“徐世昌为幕后政战总司令，林长民为临时前敌总指挥，徐意在对段示威，林意在对段泄愤，徐、林各有隐情，倒段目标同”。[60]

徐世昌和段祺瑞都是北洋老人，但段祺瑞自恃敉平张勋复辟，有再造共和之功；又主张中国参战，使中国成为战胜国，忝列巴黎和会，功高盖世，气焰熏天，把个退耕老人压得透不过气来。徐世昌讨厌段祺瑞是实，但说他为了“对段示威”而搞出个五四运动来，则未免荒诞不经了。

作为政府，它首先要考虑的是“利弊”，而不是“是非”。学生们首先考虑的是“是非”，而不是“利弊”。大家在不同的位置，考虑问题自会有不同的立场与视角。

双方领导者的局量、器识、策略，对事态发展，起着至关重要的作用，但如果把视野再扩大一点，拉开历史的距离来看，辛亥革命把旧有的价值和伦理秩序瓦解了，却没有建立起一种新的、为社会所接受的价值与伦理秩序，则为五四运动最根本的催化剂。政府的失败，不是外交的失败，而是道德的失败。政府也是这种政治环境的牺牲品。这次学生运动，既有可能成为中国“光荣革命”的序幕，也有可能成为“攻打巴士底狱”的前奏，这就要看朝野双方如何博弈了。

身为北大教师的梁漱溟认为，即使学生们的目的是正义的，也不能作为侵害他人自由的理由。他在《国民公报》上撰文说：“我愿意学生事件付法庭办理，愿意检厅去提起公诉，审厅去审理判罪，学生去遵判服罪。”因为，“在道理上讲，打伤人是现行犯，是无可讳的。纵然曹、章罪大恶极，在罪名未成立时，他仍有他的自由，我们纵然是爱国急公的行为，也不能侵犯他，加暴行于他。纵然是国民公众的举动，也不能横行，不管不顾。绝不能说我们所作的都对，就犯法也可以使得。”[61]

梁漱溟的言论，遭到社会舆论的猛烈批评。几乎所有批评者都认为：学生是爱国的，法律不能惩罚爱国；学生运动是群众运动，群众运动难免过火。《每周评论》上一篇署名知非（蓝公武的笔名）的文章，直言不讳：“梁君说无论什么人，有他的自由，不许他人侵犯，这话本来极是。可是侵犯人的，要是出于群众的行动，那就不能这样的说法了。法国在欧战初起的时候有个极有名的社会党领袖，因为主张平和，给群众打死，后来并没有发生法律上的问题。这种事情实例不知有多少。”[62]也就是说，只要是出于群众运动，即使杀人，亦属无罪。

这种主流观点的一个基本依据，恒认为五四运动为政治事件，不是法律事件。学者周策纵在他的专著中指出：“当时多数中国人至少认为这个问题是政治的、道德的，而不是法律上的问题。”[63]这种观点必须建立在这样一个前提下：政治问题可以不用法律解决。政治是超越法律的。当年宋教仁遇刺身亡后，孙文就是以这个观点，发动了“二次革命”。

“司法归司法，政治归政治”，虽是现代法治社会的基本原则，但绝不是说两者互不相干，司法是绝对高于政治的，政治不能干预司法，但司法则要规范政治。

然中国是一个伦理之国。对梁漱溟的批判，一直持续到当代。1980 年代出版的《中华民国史》，仍作如是析论 ：“梁漱溟的论点，试图脱离五四运动爆发的政治背景，孤立地从法纪的角度看待这一事件，实质上站到了人民运动的对立面，说出了反动当局不便说、不敢说的话。”[64] 那么，人们就应该弄清楚，五四运动到底拥有怎样一个可以令法律失效的政治背景呢?

一言蔽之，就是爱国的群众运动。在这个堂皇的名义之下，一切个人自由、纲纪法制，都是无足轻重的，谁敢对“人民运动”说个不字，谁就是人民的敌人。

在中国江湖文化中，这种观念源远流长 ；而新文化运动，又只强调“民主”与“科学”，没有把“自由”、“法制”的理念，同时张扬起来，这对中国的政治转型，造成极其深远的影响，事实上，也为 1920 年代铺天盖地而来的国民革命，定下了“群众绝对主权”的基调。后来关于农民运动是否痞子运动，是糟得很，还是好得很的争论，也就是梁漱溟与蓝公武争论的延续。再往后几十年里，群众运动作为一种革命模式，在中国愈演愈烈，则更是五四运动这颗种子结出的必然之果。

政府似乎低估了学潮，以为只是一起孤立的事件。因此，政府在一开始忙着封锁消息，切断北京与外国的无线电联系，希望事态不再扩大。在钱宅的会议上，竟有人提议解散北大，教育总长傅增湘坚决反对。又有人提议至少要罢免蔡元培北大校长职，傅氏仍然反对。双方争论不休，钱能训气急败坏地问傅氏 ：“你说蔡鹤卿（元培）校长地位不能动摇，假如蔡鹤卿死了怎么办? ”

在政府中，徐世昌对学运，是倾向于温和处理的，而以段祺瑞为首的军方，则力主严厉镇压，包括解散学校、更换校长。段芝贵甚至扬言，宁可十年不要学校，也不可一日容此学风。尽管被拘捕的学生不一定就是纵火和殴打官员的人，但政府依然决定把他们移送法庭审判，以收杀鸡儆猴的作用。

在这种令人窒息的低气压下，各种飞短流长，在校园里不胫而走，有人说章宗祥已经死了，学生背了杀人的罪名 ；有人说被捕学生在警察厅遭到严刑拷打；有人说他们会被判处死刑。大家都没经历过这种大风浪，一时间茫然不知所措，都等着学生领袖们决定下一步的行动安排。罗家伦说："当时各学校的中心，自然是北京大学，至于北大主持这个运动的躯干，要算是新潮社及国民杂志社里面的人。"[65]和所有的群众运动一样，一批学生领袖，已在风浪中自然形成，受众星所拱了。

罗家伦从赵家楼回到北大东斋（第一宿舍）后，筋疲力尽，倒头便睡，睡到黄昏6点爬起来，又再投入活动。晚饭后，北大派出了一批代表，到各学校联络，准备在第二天，全北京的高等以上学校，一律罢课。罗家伦负责连夜到各报馆去解释今天发生的事情。他马不停蹄地跑了十几家主要报馆。当他拖着疲乏的步履返回北大时，已是凌晨3点多了。夜幕下的古都，一片死寂。

当晚，北大学生聚集在第三院开会，商讨营救被捕同学的办法。有人担心地说，校长可能会因这次事件辞职，大家都愤然表示，如果校长辞职，我们就全体解散。室内灯火通明，却一片愁云惨雾。这时，蔡元培赶到了会场，有的学生见到校长，竟号啕大哭起来。蔡元培登上讲台，和颜悦色地对大家说："你们今天所做的事情我全知道了，我寄以相当的同情。"

话音刚落，全堂欢声雷动。

"我是全校之主，"蔡元培说，"我自当尽营救学生之责。关于善后处理事宜也由我办理，只希望你们听我一句话就好了。请大家从明日起照常上课。"

据北大学生曹建说，对校长的意见，"大家一致表示听从"。[66]但学生杨晦却说，"这次大会表现了青年学生们的爱国主义的情绪，已经集中在对卖国政府的痛恨上。议决：各校同盟罢课。"[67]

"杀君马者道旁儿"

5月5日，星期一。北京苏醒了。

北大校园内，人人都在谈论今天的罢课。当时有一个流行说法："罢不罢，看北大。”如果北大罢课，北京其他学校都会跟进。现在，北大的课是罢定了，因此，从早上开始，全北京专门以上的学校，也一律罢课了。高等师范开始不赞成，担心一罢课，同学们就会星散，无法召集。但到了下午，也开始加入罢课行列了。

学生们宣布罢课的理由是："各校学生既痛外交之失败，复愤同学之被拘，更有何心研究学问？此罢课之第一理由也。青岛问题当以死力争，被拘同学亟宜营救，全体奔走，日无暇晷，学虽至宝，势难兼顾，此罢课之理由二也。"[68]

然则，这时的罢课，乃各校学生自行决定，并没有统一的组织领导。上午9时，各校代表齐集北大一院第三十六课堂开会，议决：派北大同学方豪率领各校请愿代表，向各校校长、教育总长和大总统请愿释放被捕学生，不达目的，决不上课。另派刘兆瑸等同学去谒见警察总监吴炳湘，了解被捕同学的情况。

下午3时，北京十四所专门以上学校的校长，在北大开会。他们接获教育部指令，要求查明为首滋事学生，一律开除。校长们纷起反对，他们认为，这是多数市民的运动，不能让被捕的少数学生负责；如果当局认为这是学校的运动，也应当由各校校长负责。他们决定派代表到警察厅要求释放学生，如警厅不允，就去教育部；教育部不允就去总统府，总之不释放学生，誓不终止。当推蔡元培（北大）、陈宝泉（高等师范）、金邦正（农业专门）、洪熔（工业专门）、汤尔和（医学专门）、姚憾（中国大学）、刘抱愿（法政专门，时校长王家驹在外未归，校务由教务长刘抱愿代理）为代表，前往警察厅交涉。

吴炳湘告诉他们，这次捕人是出于院令，要放人也须院令。于是一群校长踌躇跄跄，又转去教育部，部里职员说，傅总长已决定辞职，今天没有到部办公。他们只好又去总统府、国务院，但都吃了闭门羹。

与此同时，来自北京各校的三千多名学生，正在北大法科开会。由段锡朋主持，首先报告上午各校代表会议，议决：由各校联合上书大总统惩办曹汝霖、章宗祥、陆宗舆；各校一律罢课至被捕同学回校为止；宣言中外、通电全国教育会、商会，请其一致行动；电请上海和平会议主持公理；电请中国巴黎和会专使对青岛问题死力抗争，万勿签字。

国会议员符定一登台演讲，对学生大表同情，并十分支持学生的主张，愿效犬马之劳云云。方豪报告上午请愿过程，由于专门以上学校的校长都在开会，所以未能到教育部请愿。刘兆琔报告谒见吴炳湘的结果，并宣读了被捕学生托他们带出来的一封信。

随后，罗家伦也向大家报告与报界、商界接洽的情形。商界对学生极为同情，定于明日开紧急大会商议方法。而报界亦希望各界一齐努力，并希望学界组织总机关，电报不能外发，报界可以代劳，总机关内部须有一新闻团，专责传布新闻于各界，又建议学生派代表到上海接洽各界。

警官学校的代表上台，又展示一件“杀卖国贼”的血书，令会场气氛再度燃烧起来。段锡朋号召大家，如果被拘同学不能放回，最后手段就是联络各校学生到地方厅自首，决不能使少数同学负全体之责。大会宣布 5 月 7 日全北京中等以上学校总罢课。

大会一个最重要的议题，就是成立北京中等以上学校学生联合会。大家热情高涨，公推北大和高师的代表起草组织章程。但在推举学生会主席时，发生了一件不愉快的事情。据罗家伦记述：“大家本来要推傅斯年做临时主席，忽然有一个浙江籍的学生姓陶的，打了傅斯年一拳，这一拳就把傅斯年打得不干，自此以后，五四运动和傅斯年便不发生关系了。因为他是一个以感情用事的人，一拳被打万念俱灰了。我当时因为在各处接洽的事太多，所以不愿意做会场上固定的事，经大家一想再想，最后推出段锡朋来，由他做北大学生会的代表，结果就是北京学生联合会的主席。”[69]

究竟因什么问题发生争吵，以至于动手，罗家伦没说。但蒋梦麟有一篇文章，可作为此事的注脚，蒋氏写道：“我识孟真远在 1919 年，他是五四运动领袖之一，当时有人要毁掉他，造了一个谣言，说他受某烟草公司的津贴。某烟草公司有日本股份，当时全国反日，所以奸人造这个谣言。我在上海看见报上载这个消息，我就写信去安慰他。”[70]

似乎就是这件事情，令傅氏与学运领导层发生隔阂，以至于心灰意冷。但更重要的原因，则是傅氏对政治的厌恶。他在“五四”发生四个月后，写文章说：“在中国是断不能以政治改政治的，而对于政治关心，有时不免是极无效果，极笨的事。我们同社中有这见解的人很多。我虽心量褊狭，不过尚不至于对于一切政治上的事件，深恶痛绝！然而，以一个人的脾胃和见解的缘故，不特自己要以教书匠终其身，就是看见别人作良善的政治活动的，也屡起反感。”[71]故也可以说，傅斯年之脱离学运，是他远离政治的一种自觉行动。

最后大会推举段锡朋为学生会主席，方豪为副主席。罗家伦形容段锡朋：“他总是穿一件蓝竹布大衫，扇一把大折扇，开口就是我们庐陵欧阳公的文章气节，所以大家都当他有几分迂气，哪知道被选举出来以后，他处理事务非常灵敏，运用群众，大有特长，于是段锡朋的名气陡然间闻于全北京。”[72]

学生联合会“以尽学生天职谋国家之福利为宗旨”，其组织架构，由评议部与干事部组成。评议部由各校各选派两名代表参加，设正副评议长各一人，每周日举行一次常委会，负责决定学生联合会的方针和决议。干事部由各学校的学生社团选出代表组成，分总务、庶务、会计、文书、新闻、交际六股。学生联合会的经费，由与会各学校学生分筹之。大家当场发动捐款，筹集了几千元经费。

大会通过了致徐世昌总统书，略云：

> 山东问题，关系国家存亡，谁人不知。日人利用我南北和议不协，以对待朝鲜手段，利用李完用其人，隐为操纵。于欧洲和会提出强硬之主张，岂仅目无公理，直为亡国导线。我等与其坐而待毙，如朝鲜今日之现象，万劫千亿而不能复，孰若乘一息尚存之时，及早唤醒卖国之贼，以谋挽救。此昨日游街大会所由来也。
>
> 章宗祥、曹汝霖服官历年，无非媚日，国外华侨及国内舆论，

无日不指摘唾骂。而青岛问题彼辈阴谋更盛，高徐、济顺之路约，直断送主权于日人之手。章曹卖国之罪，非由一日。学生等欲唤醒卖国贼，发现天良，有所觉悟，致有5月4日之事。

学生等均系赤手，为万目所共见。乃警厅竟下令逮捕至三十余人之多。学生诚无状，但此次之事，乃为万余学生与市民之爱国热忱所激发。扪心自问，实可告无罪于国人。如有谴责，万余人愿分担之，断不能以全体所为之事，使三十余人独受羁押之累。[73]

北京各界都被事态震惊了，商会、农会、旅京鲁省同乡、山东籍议员等团体及人士，纷纷开会，通电各省，请各地一致行动，为山东问题做后援。国民外交协会召开特别会议，派代表向政府请求释放学生。5月5日，汪大燮致函徐世昌，劝其尽快释放学生。当晚，汪大燮又与林长民、王宠惠联名致函警察厅，请求保释学生。其函称：

窃本月4日，北京各校学生，为外交问题，奔走呼号。聚众之下，致酿事变。当时喧扰场中，学生被捕者三十余人，未必即为肇事之人。大燮等特先呈恳交保释放，以后如须审问，即由大燮等担保送案不误。群情激动，事变更不可知，为此迫切直陈，即乞准保。国民幸甚。[74]

5月6日，北京总商会决定会员一律拒绝购买日货，并提出断绝与日本一切工商业关系的倡议，要求政府严惩卖国贼和暴虐官吏。北京鼎沸了。连一向闭门读书的女学生，也手挽着手走上街头了。

学生们的情绪，至为激昂，受着一种“国家者我们的国家”的崇高理想鼓舞，誓要以热血报效国家。一向闭门读书的女学生，受着这种气氛的感染，也按捺不住，要和男学生一道走上了街头。在北京协和女校就读的著名作家冰心，在《回忆五四》一文中，描写得活灵活现：

学生们个个兴奋紧张，一听到有什么紧急消息，就纷纷丢下书本涌出课堂，谁也阻挡不住！我们三五成群地挥舞着旗帜，在街头宣传，沿门沿户地进入商店，对着怀疑而又热情的脸，讲着人民必须一致起来，反对日本帝国主义的侵略压迫，反对军阀政府的卖国行为的大道理。我们也三三两两抱着大扑满，在大风扬尘之中荒漠黯旧的天安门前，拦住过往的洋车，请求大家捐助几个铜子，帮我们援救慰问那些被捕的爱国学生。我们大队大队地去参加北京法庭对于被捕学生的审问，我们开始用白话文写着各种形式的反帝反封建的文章，在各种报刊上发表。[75]

针对政府对外封锁消息，学生们把关于5月4日事件的真相，通过某些外国机构，传到天津租界，再从天津传到上海，从上海传遍全国其他城市和外国。政府的封锁，只维持几个小时就被冲破了。

事实证明，采取封锁消息捂盖子的办法，是最愚蠢的，而且全无作用。蒋梦麟说他5月5日早上在上海的报纸已经读到来自北京的消息了。内容大致为："北京学生游行示威反对签订凡尔赛和约。三亲日要员曹汝霖、陆宗舆、章宗祥遭学生围殴。曹汝霖住宅被焚，数千人于大队宪警监视下拘留于大学第三院。群众领袖被捕，下落不明。"（蒋氏似乎把5月4日的事件与6月3日的事件混为一谈了，当为记忆之误。）[76]

全国各地的抗议电报，像潮水一样涌向北京。

上海南洋公学、复旦大学、圣约翰大学等三十余校学生电请北京政府速释被捕学生。天津学生也有相同要求。上海报界公会电请北京政府勿漠视舆论，望立释学生。上海商业公团、中华学界联合会、江苏省教育会、留日学生救国团等纷电北京政府，严惩曹汝霖等，释放被捕学生，并电巴黎中国专使，坚持山东权利，万勿签字和约。在上海的南北和谈总代表也分别致电徐世昌，表示同情学生。这些来自地方和民间的声音，对政府构成了重大压力，迫使它不敢草率从事。

北京专门以上学校校长继续在北大开会，会后再次到教育部请求释放学生。傅增湘虽已递交辞呈，但仍允向钱能训疏通。接着，大家又去警察厅，向吴炳湘强烈表示，如果今晚还不能释放学生，各校秩序，都将难以维持。吴氏代表政府答复，只要学生取消明天（5 月 7 日）的大罢课，被捕学生就可释放。校长们问他有什么保证，吴氏发誓说："如果复课而不放学生，我吴炳湘便是你们终身的儿子。"

当天，交通总长曹汝霖、币制局总裁陆宗舆呈请辞职。徐世昌一方面对曹、陆二人"浓情温语，再三慰留"，另一方面又颁布严厉的命令：

> 本月 4 日，北京大学等校学生，纠众集会、纵火伤人一案。方事之始，曾传令京师警察厅，调派警队，妥为防护。乃未能即时制止，以致酿成纵火伤人情事。迨经警察总监吴炳湘亲往指挥，始行逮捕解散。该总监事前调度失宜，殊属疏误。所派出之警察人员，防范无方，有负职守。著即由该总监查明职名，呈候惩戒。首都重地，中外具瞻，秩序安宁，至关重要。该总监职责所在，务当督率所属，切实防弭，以保公安。倘再有借名纠众，扰乱秩序，不服弹压者，著即依法逮捕惩办，勿再疏弛。此令。[77]

这道总统令，一经颁布，舆论哗然，群情愈加汹涌，恒指为"袒庇曹章，不恤甘犯众怒，欲置爱国学生于死地，摧残士气"云云，其实只要细心研读，不难看出政府希望大事化小，小事化了的心态。它没有指责学生，反而指责警察；没说要惩办学生，反而说要惩戒警察。但在众声喧哗之下，没有人可以理性地思考，"借名纠众，扰乱秩序，不服弹压者，著即依法逮捕惩办"这类措辞，立即引起了强烈的反感和反弹。

晚上，蔡元培回到北大，马上把罗家伦、方豪等学生领袖找来商量，以取消明天的罢课，换取警察厅释放被捕学生。学生领袖们为难地说："昨天才决议罢课，明天便要复课，乃是办不到的，我们也负不起这个责任。"但罗家伦倒是同意取消罢课，他说："现在如果尽让同学们关在里面，也不成事，况且我们这一次有放火及殴伤等重大情节，章宗祥还没有离危险境界，有两天没有大小便，医生说他命在旦夕了。适巧政府又捉去我们几个人，用这几个人去抵命，也是没有办法的事。"

他问校长们："若是我们明天复课，他们不放人，怎样办？"

校长们说："我们可以用生命人格为担保，而且吴炳湘也曾发誓过'如果复课而不放学生，我吴炳湘便是你们终身的儿子。'"

罗家伦觉得应该答应政府的条件。但其他学生领袖都反对，认为未经学生联合会的讨论，这样答应下来乃是越权。罗家伦说："现在为减少被捕同学之危险，这件事非如此办不可，我们只有从权办理了。"

> [罗家伦记述]当夜我们分成五队，去通知全体同学，明天复课，除每个宿舍派一队外，其他两队，是负责通知宿舍附近公寓里面的同学的。大家出发时候，已经是12点钟，同学们完全睡着了，一个一个房间敲起门来，把睡熟的人叫醒了，告诉他们这件事，他们还不相信，还要费许多心血去解释，解释不明白的时候，还要受大家的责骂。半夜醒转过来的人，相对讲话，口中臭气是最令人受不了的。这可以说是我在那一晚上特别记得深刻的一种感觉。幸而能得大多数同学之了解，谢谢大家对于我们还有最低限度的信任，所以第二天北京各大学亦先后复课了。[78]

5月7日上午10时左右，被捕学生全部释放了（不是无罪释放，而是保释候审）。各学校出动六辆汽车，赴警察厅欢迎获释同学。被捕同学开始以青岛问题还没解决，不肯出狱，经吴炳湘再三劝告，始肯离去。

当汽车驶抵北大时，马路两旁的市民欢呼雷动，好像欢迎凯旋英雄一般。

学生们也鼓掌答谢，不停高呼“学生万岁”、“还我青岛”。《益世报》还以汽车环城散发号外，人们争相传阅，雀跃不止。漫天的阴霾，仿佛露出了一线阳光。许德珩是获释学生之一，他回忆当时的情景：

我们是在5月7日上午11时许被释放的。北大全体学生都在汉花园红楼北面的广场上等候我们的归来。不知道从什么地方借来了三辆小汽车，我们就是分别坐着这三辆小汽车回来的。广场各放着五张方桌，我们被捕的北大同学大约十二三人，都站在方桌上和同学们见面。蔡校长也在场。大家的情绪都万分激动，被捕同学没有一人说话，蔡元培校长讲了几句安慰并勉励的话，大家激动得热泪交流。有人说：“还是快去休息一下罢！”我们从桌上跳下来，走到红楼返回各自的宿舍，接着就参加《五七周刊》的发行工作去了。因为5月7日是北洋军阀签订二十一条条约的国耻纪念日。[79]

在这个国耻纪念日，国内国外发生了一连串事件，令人目不暇给。最引人注意的是，这天原是国民外交协会定下召开国民大会的日期，5月6日晚，警察厅冒名发出通知，称大会已停止，劝大家勿空劳往返。7日当天，天安门及中央公园一带，军警林立，戒备森严，天安门东西两侧一二公里范围交通断绝，布满军警、马队，从上午10时起公园停止对外开放。在中央公司门聚集演说的人群，很快被马队驱散。国民大会无法召开，大会组织者把会场临时改到先农坛，又被警察驱散。最后改到京师总商会会所举行，因为场地狭窄，只有两百名代表与会。

大会议决四项：一、宣布取消1915年5月7日“二十一条”。二、胶州、青岛应由德国直接交还我国。三，胺济及顺济、高徐铁路换文，认为无效。四、巴黎和会如不容我主张，我专使不得签约。并计划于11日再开大会，如再遭官方禁阻，则派代表到济南或南京，联合各省召开国民大会。

另一件轰动的事件，发生在日本。四千多中国留学生，这天在东京召开国耻纪念大会，向各国驻日本公馆递交意见书。但遭到大批日本马队和武装警察的镇压，双方在街头爆发激烈冲突，学生有一百多人受伤，其中二十九人重伤。日本警方逮捕了三十九人，第二天被保释出来。但最令中国留学生愤怒的是，日本警方宣称，这不是他们的错，他们是受中国代理公使庄景珂和中国学生监督江庸所请。

在北京，北大学生郭钦光，这天因病去世。他是广东文昌人，患有肺病，五四那天参加了示威游行和火烧赵家楼，因为跑路太多，疲劳过度，病情恶化，吐血不止，5月7日在医院去世。学生们这时正担心章宗祥会和他们打官司，上了法庭，纵火打人，终究有点理亏，于是狄君武急中生智，想了个主意：不妨把郭钦光的死，说成是被曹家佣人打死的，也许可以抵消章宗祥的官司。大家一致叫好，结果郭钦光便被塑造成五四运动的烈士，受到全国各地隆重的追悼和公祭。罗家伦说："郭君那一天因为走路过多，身体过劳而使肺病加重乃是确实的，这是我们应该同情他。但是把他造成五四的烈士，全国亦以烈士待之，多少未免有点滑稽。"[80]然当时作为一种斗争计策，亦无可厚非。

北京的空气紧张而压抑，为下一个高潮的爆发，积蓄着能量。

从5月4日开始，北京谣诼满天，频频有人向蔡元培报告，政府方面"有焚烧大学、暗杀校长之计画"。据说曹汝霖、章宗祥出三百万买蔡元培的人头。5月8日，北京忽然传出一种惊人的消息，说军队正从廊房开入北京城，准备武力镇压学生。

《青岛潮》记载了这种谣言："8日，更盛传捣毁大学，有某上将已调廊房军队入都之说。"[81]这并非唯一的记载，正在中国访问的杜威也有耳闻，他写道："（在蔡氏辞职之前），各省纷纷谣传中国军阀为了打倒反对势力而准备好要走屠杀的极端。谣传甚至要来一次政变，以求永久稳固军阀和亲日派政府的把持。"[82]甚至有人说，军队已在景山上架设大炮，对准了北京大学的校园。一时间全城风声鹤唳。

另一种传言指政府已决定派马其昶接替蔡元培为北大校长，并提出查办教育当事和告诫学生两项命令，傅增湘拒绝在命令上副署，三天之内，数上辞呈。但告诫学生一令，终于由钱能训、朱琛（司法总长）、傅增湘副署发表，内称：

> 学校之设，所以培养人材，为国家异日之用，在校各生，方在青年，质性未定，自当专心学业，岂宜干涉政治，扰及公安。所有当场逮捕滋事学生应即由该厅送交法庭依法办理。至京师为首善之区，各校学风，亟应力求整饬，著该部查明此次滋事确情，呈候核办，并随时认真督察，切实牖导，务使各率训诫，勉为成材，毋负国家作育英髦之意。[83]

一度缓和的形势，陡然急转直下。

蔡元培感到身心疲惫，他既是一位崇尚个人自由的安那其主义者，也是一位学者，他虽然很同情学生的爱国热情，但一向认为大学是研究学问的地方，不是搞政治的地方，现在忽然被学生当成搞政治活动的靠山，被各学校校长奉为和政府打交道的领头人，学生们出了事向他求援，他不能不管；各校校长们要联合行动，他也不能不参加；而政府也把他视为学运风潮的幕后操纵者。他身不由己地被推到了风口浪尖上，今天到教育部请愿，明天到警察厅求情，这完全违背了蔡氏的性格与做人原则。

5 月 8 日午后，又有人向蔡元培通风报信，说政府方面认为，只有蔡氏离开，风潮才能平息。如果蔡氏不去，法庭就要严办被拘学生。蔡氏倒不怕有人要买他的脑袋，但是，“我恐若因此增加学生对于政府的纠纷，”蔡氏后来写道，“我个人且将有运动学生保持地位的嫌疑，不可以不速去。”[84] 同时，蔡氏也预见到学生经过这次风潮的洗礼，初尝权力的滋味，将来更不会安于学习，他的办学宗旨，将更难以贯彻。于是，他向政府递交了辞呈。5 月 9 日凌晨，留下了一张字条，悄然离去，甚至连他最亲近的人，亦不知其何往。

字条云：

> 我倦矣！“杀君马者道旁儿”。“民亦劳止，汔可小休”。我欲小休矣。北京大学校长之职，已正式辞去；其他向有关系之各学校，各集会，自5月9日起，一切脱离关系。特此声明，惟知我者谅之。[85]

“我倦矣！”这三个字，好像铁锤撞击着知识分子的心头。多少失望、愤怒、悲哀、深重如山的忧劳和痛心疾首的抗议，尽在这三字之中。天亮以后，人们发现校长不见了，顿时群情惶惑，六神无主，许多人都认为，他一定是被政府逼迫出走的。字条中那些含义隐晦的字句，引起了诸多猜测。不少学生拿去向国文教师请教，那些老夫子平时门庭冷落，一时间门限为穿，也不禁飘飘然起来。

“杀君马者道旁儿”一句出自《风俗通》，意思是一匹好马跑得很快，但路边的看客不停地鼓掌，马主就不停地加速，结果把马累死了。于是有人揣测，“君”是不是指政府？“马”是不是指曹、陆、章诸人？“道旁儿”是不是指学生？

北大文科教授程演生在《北京大学日刊》发表了一封答复学生的信，解释这些典故的出处和含义。他说蔡氏以“马”自况，本心只是担心自己“溺身于害”，并无责怪学生的意思。至于“民亦劳止，汔可小休”则取自《毛诗·大雅·民劳》。蔡氏用此语的意思，民者，似为自指，他名为孑民。意为我已经很疲劳了，要好好休息一下。蔡元培后来对程演生的解读，做了个按语，说前者“但取积劳致死一义，别无他意”，后者亦“但取劳则可休一义，别无他意”。[86]

实际上，蔡氏所说的“道旁儿”，并非单指学生，而是指整个社会舆情的氛围，包括政府、社会、学生与其他学校的校长们，有意无意，合力把他置于舞台中心，令他“人在江湖，身不由己”，最后只能像一匹肥马，“驰驱不已，至于死”。这是蔡氏所不能忍耐的，“敛辔且归去，吾畏路旁儿”（张士简诗），于是，蔡氏毅然选择了夤夜出走。但他又担心字条会被学生们解读出“他意”来，造成不良影响，于是5月10日从天津乘津浦车返乡途中，又写了一封公开信给学生，解释说：

> 仆深信诸君本月4日之举，纯出于爱国之热诚，仆亦国民之一，岂有不满于诸君之理。惟在校言校，为国立大学校长者，当然引咎辞职。仆所以不于5日即提出辞呈者，以有少数学生被拘警署，不得不立于校长之地位以为之尽力也。今幸承教育总长、警察总监之主持，及他校校长之援助，被拘诸生，均经保释。仆所能尽之责，止于此矣。如不辞职，更待何时？至一面提出辞呈，一面出京，且不以行踪告人，所以避挽留之虚套，而促继任者之早于发表，无他意也。北京大学之教授会，已有成效，教务处亦已组成，校长一人之去留，决无妨于校务。惟恐诸君或不见谅，以仆之去职，为有不满于诸君之意，故特在途中匆促书此，以求谅于诸君。[87]

但这封信并没有达到蔡氏的预期目的，反而令人们愈加相信，蔡氏是被政府逼走的，整个北京学界愤慨激怒的情绪，就像干柴遇火一样，瞬间点燃。各校约定，5月11日全体一律“停课待罪”（后来又决定改期）。当晚10时，由北京二十八所学校派出的学生代表谒见傅增湘，商定三项办法：一、请总统下令挽留；二、派司长到天津寻找蔡氏；三、通电上海，请蔡氏即日回任。各校也派代表到天津挽留蔡氏。“各校全体学生进退，以蔡君一人视之”。这恰恰是蔡氏要躲避的“道旁儿”，他怎么可能因此回心转意呢？

学潮的扩大与升级

5月10日，保释外出的学生接到检察厅传票，出席第一次预审。学生们声称，他们是尊重总统命令，顾全蔡校长信誉而来。当检厅长问谁是5月4日事件的主脑时，他们异口同声回答：各人具有良心，谁能主使？预审草草结束。学生们回校后，向检察厅正式递交了一份声明，表示今后再不会到检察厅应讯。

声明指出："曹章等卖国，罪不容诛。凡有血气，罔不切齿。5月4日之事，乃为数千学生，万余商民之爱国天良所激发。论原因不得谓之犯罪，则结果安有所谓嫌疑。且使我国而果有法律之可言，则凡居检察之职者，应当官而行，不畏强御，检察曹章等卖国各款，按照刑律108条、109条之罪，代表国家提起公诉，始足以服人心。乃曹章等卖国之罪，畏不检举，而偏出传票传讯学生？"声明质问：如此执法不公，"所谓'法律'二字者，宁复有丝毫价值之可言！"

声明最后宣称："如钧厅认为有再讯之必要，嗣后不论其为传票为拘票，请合传十六校学生。德珩等亦当尾同到厅，静候讯问，决不能单独再受非法之提讯也。"[88]学生要求检察厅如此这般，否则就抗传不到。学生们坚定地认为，他们所承担的伦理义务，远高于法律责任。不独学生如此，法官亦同样认为自己的伦理义务，远高于法律责任。两造都抱这种理念，法律也就形同虚设了。

在学生联合会的指挥下，北京中等以上各校学生纷纷提出自行检举呈文，"依法自行投案，静候处分"，以大规模的自首行动，凸显司法的不公。这当然不是真正服从法律，而是要营造出反讽效果，带有鲜明的示威性质，一旦付诸实行，势必瘫痪司法系统。政府从来没有应付这种场面的经验，一时手忙脚乱，结果，所谓交法庭"依法办理"，亦不了了之。学生与政府之间，火药味已愈来愈浓了。

5月10日，北大教授会派出马叙伦、马寅初、李大钊、康宝忠、徐宝璜、王星拱、沈士远等教授为代表，到教育部与傅增湘见面，请其设法挽留蔡氏。傅增湘表示，他也是非常诚恳地要挽留蔡校长的。大家询问总统、总理的意见如何，傅氏沉默了一会儿回答："总统、总理的意见，我未深知，所以我亦无从代为宣布。”

下午，各校教职员在北大开会，大家对政府再三挽留曹汝霖、陆宗舆，而对蔡元培却如此冷漠，深感愤怒和伤心，咸认为蔡氏能否挽回，决不仅是一校长的去留问题，而与教育及外交前途，均有关系。决定联名上书政府，务请挽留。如果不能挽回蔡校长，他们将一致总辞职。

从蔡元培的性格与处事方式而论，他的辞职，当出于真诚。但置身于大时代的漩涡中心，往往被一股无形力量牵引着往前走，已无个人的自由意志可言。这股力量，恒来自蔡氏所说的“道旁儿”。

道旁儿本身，也同样受着一种集体无意识的力量牵引。匡日休对此有切身感受，他慨叹“这时候群众的各个分子都没有个性的存在，只是大家同样唱着，同样走着”[89]——同样喊着口号，同样挽留着蔡元培。当其时也，几乎所有人都认定挽留蔡氏是天经地义的，没有人会顾及蔡氏个人的真实意愿与感受。

5月11日，焦头烂额的傅增湘，索性也步蔡元培后尘，留下辞呈，一走了之。教育部派人到西山和天津，但都不见踪影。坊间哄传政府对蔡、傅二人均无意挽留，拟以胡仁源接替北大校长，以田应璜接替教育总长。学生们更加激愤，一致发起反对运动。下午，北京专门以上学校教职员联合会正式成立，由康宝忠任会长，马叙伦任秘书，派出九名代表与徐世昌、钱能训会面，要求政府就以下问题明确表态：一、对于北京教育界的切实态度；二、善后办法；三、对于挽留蔡氏的态度。

外交风潮已呈全面扩散之势，不仅学界、商界卷入，政界、军界内的不同派系，亦看准了这个机会，推波助澜，欲动摇段祺瑞的皖系势力。由外交引起的学潮，至此，已发展成政府高层内部的派别斗争了。政府要偏袒皖段，就要冒得罪其他势力的风险，但要惩办皖段，又没这个胆量与实力，只能顾左右而言他。5月12日，国务总理钱能训也步了蔡、傅二人的后尘，向总统撂挑子。

政府陷入了严重的政治危机。

学生被捕后，学运领袖们对下一步该怎么走，颇觉踌躇，学潮一度转趋沉寂。然蔡元培的辞职，引起连锁反应，成了刺激学潮再度升温的重要因素。罗家伦说："蔡先生去了以后，北京大学自然是第一个恐慌，为维持北京大学，北大学生不得不继续闹下去，而且不能不联合旁的学校学生一同的闹下去，于是五四运动又重新紧张起来了。"[90] 这时的学运，已不仅仅是为了声援青岛问题，而是带有自保的用意了。安福系的喉舌《公言报》亦公然质问："与日本争青岛乎？抑为蔡元培等争位置乎？"

为了给学运拓展新的空间，北京学生联合会决定从 5 月 11 日开始，组织十人讲演团，开赴各处讲演，把爱国的信息，传播开去。高师在前门一带，北大在内城，清华在西门，每组一二十人不等，手持"学生演说团"小白旗，分段游行讲演。演说内容，大抵是惩办卖国贼、不买日货、力争青岛等，并向市民散发各种传单和地图。不久，讲演范围扩展至昌平、南口、西郊等地。

5 月 13 日，北京高等专门学校的全体校长，全体向教育部具呈辞职。医专校长汤尔和、工专校长洪镕，即日离京远去。学生们聚集在北大开会，讨论是否要举行全体总罢课。会上众说纷纭，未有定论。

5 月 14 日，徐世昌召集段祺瑞和全体阁员、安福国会的两院议长，在公府举行紧急会议，研究外交、南北和会和学潮问题。段祺瑞坚持对学生要采取强硬态度，并要求罢免傅增湘，态度咄咄逼人。徐世昌无奈，只好下令：

> 京师为根本重地，各友邦使节所在，尤应切实防卫，以期弭患销萌。著由京畿警备总司令督同步军统领、京师警察厅总监、军警督察长、京兆尹等，一律认真防护，共维秩序。遇有纠众滋事不服弹压者，仍遵照前令，依法逮惩。其余关于保卫治安事宜，均责成该总司令等，悉心调度，妥慎办理。至各省区地方治安，该管督军、省长、都统，责无旁贷，并著切实筹维，勿涉疏弛，是为至要。[91]

命令中提及的各治安单位，警察厅负责维持社会秩序，固无疑义，然步军统领衙门的职责，主司城门启闭和四乡车捐，它何来权力处理学生游行示威活动（虽然它的越权由来已久）？而京畿警备总司令则属军队系统，总司令就是段芝贵。平时卫戍军队由陆军部指拨，遇特殊情况时，则由陆军部指派京师附近军队归总司令调遣。这道命令，赋予军队弹压逮惩示威民众之权，这是一个非常危险的信号。5月15日，政府在段祺瑞的压力下，批准傅增湘辞职，委次长袁希涛代理总长。

5月18日，北京十八家专门学校召开紧急会议，表达对政府的三大失望：一、政府未表示山东问题不签字之明决态度，且勤于对内，无对外之决心。二、政府对于国贼极称许，对于傅蔡诸公则相反，近且有离奇更换之主张，危及教育之基本。三、政府对于留东学生之被捕而不问，北京学生之呼号而不顾，反下令禁止学生集会言论及发行印刷品之自由，如临大敌。全体学生忍无可忍，决定采取罢课的手段，作最后的要求及运动，望全国一致赞助。

会议向总统提出六项要求：一、巴黎和会不得签字；二、惩办国贼；三、挽回蔡、傅，打消田应璜长教育；四、收回警备令；五、交涉留日学生被捕事；六、维持南北和议。十八所学校一致决定：明日全体罢课。罢课期间，学生们将从事以下工作：一、组织“北京护鲁学生义勇队”，以备国家不时之需；二、推行各校“平民教育讲演团”，促使国人知道以国家为重；三、由各校自组“十人团”力维秩序，以舒国家内顾之忧；四、以暇时潜心经济，俾勿负国家树人之意。

5月19日，星期一，北京下了一场雨。从上午开始，全北京26所中等以上学校的课室都空空荡荡，总罢课开始了。

这一个标志性的转折。以前学生们的各种示威活动，都是以学校为单位的，直到这时，才真正第一次有组织地举行全北京的总同盟罢课。其次，以前的学潮，都是学生们聚集在一起，现在则相反，由聚而散，像水银泻地一样，渗透到社会各个角落，在北京街头演说的学生骤然激增，19日那天有三四百人，20日增至六七百人，21日多至上千人。警察疲于奔命，就像十个指头按跳蚤，按得东来西又跳。

大批军警日夜包围着北大等学校，限制学生外出。尽管校方抗议，称学校为国家永久作育人才之地，非政府随意执行刑法之地，要求撤去包围学校的军警，但政府不为所动。北京学生联合会主办的《五七》日刊、《救国》、女子救亡会主办的《女界钟》，安那其主义者的刊物《进化杂志》、《工人宝鉴》、《太平》、《民声》，以及同情学潮的《北京晨报》、《京报》、《正义报》、《益世报》，均先后被查封，禁止出版。显示出政府内部的强硬派，渐渐占据了上风。

5月20日晚上，北京各校教职员联合会决议，反对更换北大校长，反对田应璜执掌教育。21日，罢课潮扩大到中学。第一中学、第二中学等各处中学亦一律罢课。北京简直成了一个谣言世界。有人说，政府将以武力解散学生团体，强迫学生上课；也有人说，教育部准备提前放暑假；还有人传言，北京第二中学已经被解散，高等工业学校也要被解散。"今天一个呈子，是某某等几百几十几人欢迎胡仁源作大学校长。明天一个呈子，是某某等几百几十几人请惩办熊希龄、林长民等。后天又一个传单，是北京大学本预各科一千三百五十八人'揭破教员之阴谋'。"[92]各种风言雾语，像病毒一样传遍京师。

气氛愈来愈紧张，仿佛有一个巨大的阴影从天边缓缓升起，向大地压来，马上就要合拢了。学生感到不寒而栗，政府也同样感到不寒而栗。

21日，徐世昌撤了镇压学生不力的步军统领李长泰职，换上陆军第十三师师长王怀庆为京师步军统领。当天上午，北大教职员在法科大礼堂开会，再次表达誓不承认田应璜长教育的决心，认为这是教育界的羞耻。

23日，陈宝泉等校长，以学潮扩大，无法挽回为由，第二度向教育部请辞。25日，教育部下令所有学校必须在三天内复课，不复课的就开除。但教职员们却以全体名义，上呈总统和国务院，称学校秩序自有职员维持，无须军警入校干涉，如军警再有此情，即认为是破坏教育机关。

民间的呼声日益高涨，皖段军阀的态度亦日益强硬，徐世昌如同三文治，日子甚不好过，但他的官僚本质，决定了他最终选择牺牲民意，向军阀屈服。5 月 25 日，他颁布了一道更为严厉的命令：

近日京师及外省各处，辄有集众游行、演说、散布传单情事。始因青岛问题，发为激切言论。继则群言泛滥，多轶范围。而不逞之徒，复借端构煽，淆惑人心。于地方治安，关系至巨。值此时局艰屯，国家为重。政府责任所在，对内则应悉心保卫，以期维持公共安宁；对外尤宜先事预防，不使发生意外纷扰。著责成京外该管文武长官剀切晓谕，严密稽察。如再有前项情事，务当悉力制止。其不服制止者，应即依法速办，以遏乱萌。京师为首善之区，尤应注重。前已令饬该管长官等认真防弭，著即恪遵办理。倘奉行不力，或有疏虞，职责攸归，不能曲为宽假也。[93]

天子脚下，官方重兵把守，北京学生的活动空间，愈收愈窄，有如身陷暗黑牢房，只能跳到外线，冲出京畿警备司令部的势力范围，寻找社会各界和外地的支持，以求把“学潮”变成一种民众的社会运动。这也是没办法中的办法。于是，罢课以后，学生们便顶着春天的风沙，分批秘密前往上海、天津、南京等城市。罗家伦说：

北京方面，学生运动已到了一筹莫展的地步，于是便遣派代表到上海去组织全国学生联合会，第一批南下的就是段锡朋、陈剑翁、许德珩、黄日葵、祁大鹏（中国大学）、瞿世英（燕京大学）等。他们到了上海以后，就联合上海及各省学生代表组织全国学生联合会，到了 5 月底，各处的布置已经有点头绪了，于是我们在北京接到段锡朋的密电，说是可以相机发难。[94]

六月的怒吼

气温一天一天升高。炽热的夏天来临了。

北京5月4日发生的事情，是什么时候传到上海的呢？蒋梦麟说他是5月5日早上，通过报纸知道的，“当天下午，公共团体如教育会、商会、职业工会等纷纷致电北京政府，要求把那三位大员撤职，同时释放被捕或被扣的学生。第二天一整天，全上海都焦急地等待着政府的答复，但是杳无消息。于是全市学生开始罢课，提出与各团体相同的要求，同时开始进行街头演说。”[95]

但在中国公学读书的学生李玉阶说，北京火烧赵家楼后几个小时，复旦大学就接到消息了：“5月4日晚上北京学潮的专电到达上海，先是复旦大学教授们，立刻在校园内紧急鸣钟，召集在校的全体学生，报告北京大学学生游行示威，及殴打章宗祥，火烧赵家楼（曹汝霖住宅），并与警察冲突，被捕五十余学生的详细情形。当即决定连夜推派同学分赴上海各校联系报告，并请各校代表出席5日下午在复旦大学举行的上海学生会筹备会议。”[96]

在上海复旦大学读书的学生朱仲华，则说复旦大学是5月5日晚上10时半，接到《民国日报》经理邵力子电话，才知道北京的情况的，因夜已深，电车停驶，于是请邵力子翌晨来校报告详情。[97]另一位复旦学生张廷灏说，教授敲钟是在5月5日晚上，他记得很清楚：“北京发生这一伟大运动后的第二天夜里12点钟左右（据朱仲华回忆为5月6日晨），学校里的大钟忽然敲起乱钟来了，敲个不停。全校同学在睡梦中惊醒过来，都莫名其妙。”[98]

几分钟后，北京的消息在上海传开了。

5月6日上午，邵力子到了复旦，向学生们报告了北京学生示威游行，和北洋政府的镇压经过。最后，邵力子呼吁学生：“我们校里的同学对国事比较关心，现在北京的同学，已有这种壮烈举动，我相信本校同学必有所表示以响应北京同学。”会场上群情激愤，当场通过两项决议：一、联合上海各学校通电全国营救北京的被捕学生；二、从速组织上海学生联合会。当晚，上海三十多所学校联合致电北洋政府：

山东问题外交失败，噩耗传来，举国震骇！吾民当戮力同心，为政府后援，力争至最后之一日而后已。北京各校学生激于公愤，发生示威运动，凡我国民，咸表同情，若政府弁髦民意，滥肆权威，则吾人为保全全国青年神圣计，义不独生，誓当前仆后继以昭正义。上海各学校学生全体公电。[99]

5月7日，上海响应国民外交协会的号召，在公共体育场召开国民大会。大会由复旦学生代表何葆仁担任主席，全场一致支持北京学生的爱国运动，要求严惩卖国贼、不得在巴黎和约上签字、要求日本归还青岛和撤走胶济铁路沿线军队、废除“二十一条”。

在上海陪同杜威的胡适，也大汗淋漓地挤在与会的人群之中，他说：“我要听听上海一班演说家，故挤到台前，身上已是汗流遍体。我脱下马褂，听完演说，跟着大队去游街，从西门一直走到大东门，走得我一身衣服从里衣湿透到夹袍子。”[100]

胡适曾慨然表示：“在变态的社会国家里面，政府太卑鄙腐败了，国民又没有正式的纠正机关（如代表民意的国会之类），那时候干预政治的运动，一定是从青年的学生界发生的。”[101]中国的学生界，有着东汉末年太学生、两宋太学生、明末东林和复社、几社的传统。然而，胡适却没有料到，对青岛问题的抗议活动，不仅迅速扩大为一次全国性的学生运动，而且导致民族主义的迅猛高涨，最终演变成一场社会革命。

商界与学界几乎同时行动。从5月9日起，上海洋货业宣布一律停售日货。商帮协会、纸业公会、钱业公会、北货业、糖业、商业公团、南市商铺、米业商会、烟酒业联合会、面粉公会、押店公会、杂粮公会、报关公会等纷纷召开同业大会，致函同业、报馆和政府，呼吁抵制日货，提倡国货。

上海学界很快就成立了学生联合会，作为学运的统一指挥机关。关于上海学生联合会成立的时间，有多种说法。李玉阶说，5 月 5 日下午，五十余所大学、中学的代表，假座复旦大学，召开筹备会议，决定各学校组织学生分会，推出代表组成上海学生联合会。5 月 7 日上午 10 时，上海学生联合会在公共租界静安寺路寰球学生会举行成立大会。但这个时间，正是国民大会召开之时，大部分学生领袖都参加国民大会去了，李氏的回忆显然有误。据《青岛潮》一书记载，是 5 月 11 日成立。

5 月 18 日以后，上海学生与市民发起了一个以抵制日货为宗旨的“抢帽运动”，从路人头上抢走日产草帽并踏毁。当时日产草帽是相当普遍的一种日用品。其后，抵制日货的行动，变成抵制日本人，黄包车夫拒绝日人乘车，游乐场拒绝日人进场。

5 月 19 日，上海学生会举行紧急会议，提出三项要求：一、政府收回批准傅增湘辞职的成命；二、就留日学生被日方粗暴镇压事，罢免驻日代理公使庄景珂，并对日本进行严重交涉；三、不得在巴黎和会上签字。决定从 5 月 22 日开始全上海总罢课，非得学生会正式上课的通告，不得私自上课。经过蒋梦麟等教育界人士的斡旋，改为 5 月 26 日总罢课。

然而，罢课潮已经在全国蔓延开了。

北京的学生到达上海。经过商议后，北京学生会代表方豪、天津学生会代表杨兴亚和上海学生会代表何葆仁，风尘仆仆，联袂南下，到南中国最大的城市广州进行宣传和组织工作。“到了广州，”方豪在回忆文章中写道，“召开了四次群众大会，吸引了听众十余万人，所以不出三天，非但全体青年学生一致响应，连广大的工商界也一致实行罢市、罢工。于是就以京、津、沪、粤四大都市为基干，向北京的反动统治者，提出罢免曹、章、陆等卖国贼及拒签巴黎和约的群众要求。”[102]

5 月 20 日，九江学生罢课；5 月 23 日，天津学生联合会宣布全体罢课，以援助北京学生；同日，济南罢课；24 日，唐山、保定罢课；26 日，太原罢课。这天，上海公私立中等以上男女学校学生二万余人，在西门公共体育场集合，举行宣誓仪式。学生们向飘扬的国旗致敬，齐声庄严地朗读誓词："民国八年五月二十六日，上海男女各校学生二万余人，谨在中华民国国旗之下宣誓曰：吾人期合全国国民之能力，挽救危亡，死生以之，义不返顾，谨誓。"在一片惊天动地的"中华民国万岁"、"学生联合会万岁"口号声中，上海学生总罢课开始了。

5月28日，苏州罢课；29日，杭州、南京罢课；30日，福州罢课；31日，安庆、开封、宁波、无锡罢课；6月1日，武汉罢课；3日，南通、长沙罢课；5日，漳州罢课；6日，镇江、武进罢课；9日，徐州罢课……这些都是实行总罢课的城市，还有许多地方是学校各自罢课的。短短半个月内，罢课潮席卷了全国两百多个城市。

5月31日，上海八十二所学校，共十万学生，在公共体育场开追悼郭钦光烈士大会。北大的代表杨健、许德珩、陈宝锷，以及天津学生代表张扬先、南京学生代表郎宝鎏、留日学生代表凌炳，均到会演说。气氛悲壮而激越。6月1日，北京、天津、上海、南京等地学生代表，齐集上海学生联合会，举行非正式会议，提出成立全国学生联合会的议题。

至此，局势的发展，已到了罗家伦所说的，可以相机发难的时候了。

从5月底开始，北京学生纷纷组织演讲团，走上街头，向市民演讲，推销国货。每天至少有两三千人上街。6月1日，政府颁布两道命令，一道称曹汝霖、章宗祥、陆宗舆任职期间，各能尽维持补救之力，国人不明真相，始有误会。另一道指学生纠众滋事，纵火伤人，扰及公安，应即日上课，不得借端旷废，致荒本业。这两道命令，实际上是政府准备采取大规模镇压的先声。

由于军警加紧防范，驱赶和阻止学生演讲，街头的学生活动，一度几近绝迹。大部分支持学生的报纸都被查禁了，露天演讲也停止了，学生们只在公园、茶馆等地，推销牙粉、肥皂、手巾、香水、纸烟之类的国货，为学生会筹款。《每周评论》说："轰轰烈烈的'五四运动'，几几乎'石沉大海'似的。"

然而，徐世昌的命令，把逐渐缓和的形势，再次推向激化。6月2日，在东安市场推销国货的七名学生，突被军警包围逮捕。其中一人是北大学生会讲演部长张国焘，据他说，这七人是因讲演而被捕，并非因推销国货。

当晚，学生会召开紧急会议，决定从6月3日起恢复街头演讲，但只说提倡国货的话，不说抵制日货的话，以免授人以柄。每次派五十人去演讲，如果这五十人被捕，就再派五十人去，如官厅逮捕其中一人，其他人就一起到官厅自首，听候发落。如果今日遭逮捕，次日则加倍派人，直到所有学生被捕尽为止。

6月3日，农历五月初六，星期二。

根据鲁迅日记记录，这天北京的天气，“晴，下午昙，晚大风一阵后小雨”。然而，在陈独秀的笔下，“民国八年6月3日，就是端午节的后一日，离学生的五四运动刚满一个月，政府里因为学生团又上街演说，下令派军警严拿多人。这时候陡打大雷刮大风，黑云遮天，灰尘满目，对面不见人，是何等阴惨暗淡！”[103]《晨报》也有类似记载：“北京的天气，忽然间大变起来，狂风怒号，阴云密布，继之以打雷，闪电，下雨，一时天地如晦。”[104]

就在这神怒人愤，天呈异象之际，官厅缇骑四出，一发现学生演讲，马上逮捕。当天被捕学生人数，有说四十六人（方豪说），有说一百七十八人（北京学生会通电说），也有说多达四百多人（尹明德说）。被捕者之一的方豪说：

在1919年的6月3日，就发生了北京第二次大规模逮捕青年学生的血腥事件。一共逮捕了四十六名所谓各大专学校的激烈分子，而以北大的我、工专的夏君秀峰和法专的何君其伟三人为“主犯”，——彼时我担任北京学联会的主席，夏、何二君是工专和法专的出席代表。——于1919年6月3日下午在北大第一院举行学联会议散会时，在沙滩东口一齐被捕，同时被捕的还有其他各校代表四

> 十人。被捕后我和夏、何分别隔离，关在首都卫戍司令部；其余各校的代表们，则混合分禁在三个大统间。我就这样被关了七个月零八天，至 1920 年 2 月初旬才被释放。[105]

后来的史家，恒将 5 月 4 日的逮捕行动，与 6 月 3 日的大逮捕，相提并论，视同一律，其实两者大有分别。5 月 4 日在赵家楼是因纵火伤人的刑事罪而捕人，6 月 3 日（包括 4 日）是以街头演说、抗议示威、罢课等罪名，也就是言论罪、思想罪、表达罪、行使宪法权利罪，抓捕学生。两者性质完全不同。

白色恐怖终于来了。

然而，民不畏死，奈何以死惧之。到了 6 月 4 日，迎着军警的刺刀，走上北京街头演说的学生愈来愈多，他们抱定“田横五百人同死”的决心，携囊负橐，做好了入狱的准备。古老的帝国上空，到处回荡着“牺牲自由和身体来救国的时间到了”的悲壮声音。

> [《每周评论》记述] 4 日上午 10 点钟时候，各学生怀里藏着白旗，上写某校某队讲演团字样，或五六人或十几人不等，静悄悄的出去，走到行人多的地方，就从怀中摸出白旗子，大声疾呼的演说。这个时候街心的警察比平常增加好几倍，又有穿灰衣的马队，背着枪，骑着马，四处乱跑。遇到有人讲演，不问他人多人少，放马过去左冲右突也不知道踏伤了几多人。把听的人冲散之后，便让游缉队、保安队把演说的学生两人夹一人，送到北河沿法科大学里边监禁起来。[106]

被捕学生沿途大呼“抵制日货”、“惩办国贼”的口号，也有的学生号召“大家起来革命！”路边的学生与市民流着眼泪，冲他们喊：“你们先去呀！”“我们就来呀！”气氛凝重而凄婉。“真个把北京城圈里闹了成一个鬼哭神号的世界”（匡日休语）。

大学校舍竟然成了临时监狱，大门贴上“第一学生拘留所”的字条。当晚，被捕学生多达一千一百五十人。法科校舍人满为患，又把马神庙的理科校舍改作第二拘留所。北京学生会向全国通电：“北京大学法科已被军警占据，作为临时拘留所，拘囚被捕学生于内。校外驻扎兵棚二十，断绝交通。军警长官，对于学生，任意侮辱。手持国旗，军警夺而毁之。讲演校旗亦被撕掷。其坚持国旗与校旗者，多遭枪殴。受重伤者二人。”[107]

被捕学生在拘留所范围内，行动还算自由，甚至可以踢足球。他们马上在拘留所内组织起一个“被捕学生联合会”，和外面的学生会一样有评议部、干事部，有庶务股、交际股之类的机构。

前往拘留所慰问学生的各界人士，络绎不绝。北京的基督徒邀请学生们到他们的布道坛去演讲。梁启超的弟弟梁启雄受广东同乡之托，送了一千元给学生，但学生们拒绝接受，并在报纸上刊登广告，表示不接受一切金钱捐助。

4日下午，北京十五所女校的学生也冲出校园，到总统府请愿。她们顶着狂风，排着整齐的队列，据在场的女学生吕云章记述，“女师师范部学生一律是淡灰裙、淡灰上衣，专修科学生则是蓝布褂、黑裙子，后头一律都梳一个髻；附中的学生也是淡灰裙、淡灰制服，头上则是左右一边梳一个小髻。队伍从下午1时后陆续出发，到总统府前变换队形排列站立，等代表们向军警交涉……好几个钟头之久，没有一个人坐下休息。”

钱中慧、吴学恒、陶斌、赵翠兰四名代表们进入总统府后，没见到徐世昌，只能向总统的秘书递交了请愿书，请他转达。女学生们提出四点要求：一、大学不能作为监狱，请从速释放被捕学生。二、不应以对待土匪的办法对待高尚的学生。三、以后不得命军警干涉爱国学生的演说。四、对学生只能告诫，不能拘禁虐待。[108]女学生的行动，在中国这个极端保守的孔儒之邦，是破天荒的壮举。

自傅增湘辞职躲到西山之后，袁希涛勉强支撑，亦已山穷水尽，无计可施，唯有效法蔡、傅，三度请辞，跳出这个烦恼场。4日，钱能训召开内阁会议，安福国会议长王揖唐也参加了，他提议由傅岳棻接替袁氏。傅岳棻是湖北省武昌人，曾任山西大学堂监督，民国后任北洋政府国务院铨叙局佥事、参事，与安福系关系密切。钱能训病急乱投病，无论谁自称有办法解决学潮，他都一概照准了。嗣经阁议通过，任傅岳棻为教育次长，摄行部务。

傅氏提出两项解决学潮办法：一、请军警当局撤去对付学生的军警。二、由部与学校会同劝告学生回校，恢复原状。钱氏忙不迭一口答应。傅氏再就商于各校长和教职员，大家也都赞成。于是，由教育部派两名官员，会同各校长到北大法科斡旋。

这时胡适陪同杜威，已到了北京，他震惊地感到，北京大学——甚至整个北京——与他离开时，已是天上人间。"北河沿一带，有陆军第九师步兵一营和第十五团驻扎围守。从东华门直到北大第三院，全是兵士帐棚。"[109]这简直是对神圣的教育事业的亵渎，打算二十年不谈政治的胡适，也忍不住拍案而起。

刘半农执笔起草了《致本校全体教职员诸君函》，在校内征集签名，声援学生。6月9日，胡适与陈大齐、沈士远、刘半农等北大老师和罗家伦、狄君武等学生，一起到警察厅交涉释放被捕学生。胡适又去探望被捕学生，他对外界表示，他们的待遇十分悲惨，缺少被褥和食物，受伤和生病的也得不到医治，呼吁教员给学生们送些面包。周策纵后来说："胡适对学生在学校拘留所的悲惨遭遇大概有点夸张。"但当时为了激起社会舆论对学生的关注，这种夸张是可以理解的。各校教员以私人名义，买了三千个馒头送给学生。

与此同时，上海方面的紧张空气，一天比一天加剧。自从罢课以后，学生不断与商界联络，寻求支持。到6月4日，北京镇压学生的消息传来，上海市民的情绪，一发不可收拾，有如炸药遇上了洋火，开始爆炸燃烧。学生们涌上街头演说，散发传单，号召工商界支持学生的爱国行动。

上海是中国第一大商埠，商人给人的印象，一向是不问政治，唯利是图。

然而，6 月 5 日，震惊全国的上海大罢市，却在学生的鼓动下，突如其来地爆发了。最令人惊讶的是，这次罢市并非商会的统一行动，而是先由南市的中小商户发起，所有店铺一律关门，停止营业；邻近法租界的商铺也跟随关门了，紧接着，法租界、公共租界的商铺也起而效之。罢市潮就像倒了多米诺骨牌似的，从南市迅速向闸北蔓延。到中午时分，全市已经没有一家商店开门做生意了。

罢市以后，人们忙着在店铺外张贴“还我自治，还我学生”、“爱国自由，不受干涉”、“压力无用”等标语；各团体纷纷致函、致电北京，要求罢免曹、陆、章三大员，释放被捕学生。蒋梦麟描述：“成千上万的人在街头聚谈观望，交通几乎阻塞。租界巡捕束手无策。男女童子军代替巡捕在街头维持秩序，指挥交通。由剪了短发的女童子军来维持人潮汹涌的大街的秩序。”对罢市并不十分热心的上海总商会，发出紧急通告，告诫商户：“此次商界罢市虽激于义愤，而一切举动务求文明，勿酿意外。”

当天下午，上海学生会邀集社会各界名流，在总商会举行会议，与会者包括上海工商界大亨虞洽卿、江苏省教育会副会长黄炎培、蒋梦麟、张东荪、叶楚伧等人，学生代表有段锡朋、许德珩、朱承询。由何葆仁主持。会议以“上海商学工报联合会”名义，发表对内宣言，表明其立场为：一、国贼不诛，誓不开市。二、纯粹为对内的行为，对外概守相当的敬礼与友谊。三、尊重市场秩序，拥护法律之自由。四、辍业不效，则更求多数之应援，待公道之裁判。会议决定成立一个包括工、商、报、学界的全国性联合机构，定名为“全国各界联合会”。

罢市的多米诺骨牌，瞬间扩散至宁波、杭州、苏州、松江、南京、扬州、镇江、九江、武汉、天津、济南等地。继罢课、罢市之后，上海工人也发起了罢工运动。内外棉第三、四、五厂、日华纱厂、上海纱厂、商务印书馆印刷工人、祥生船厂、船坞铜匠铁匠、江南船坞、铜铁机器工人、浦东和平铁厂、锐利机器厂、札新机器厂、沪宁、沪杭两路机师工人、浦江各轮船水手、沪南商轮公司、南市电车、英美电车公司、华洋德律风公司接线生、中国电报局等，纷纷加入罢工行列。仅上海一隅，至少有四十三家工厂、公司和公用事业机构，卷入了罢工潮中。

6 月 5 日，上海宣布戒严。警察殴打演讲学生，并拘捕百余人。上海公共租界工部局禁止散发抵制日货传单。

> [蒋梦麟说]几天之内，罢课成为全国性的风潮。上海附近各城市的商店和商业机构全都关了门。上海是长江流域下游的商业中心。这个大都市的心脏停止跳动以后，附近各城市也就随着瘫痪，停止活动，倒不一定对学生表同情。[110]

当时，由于受到广州军政府内桂系的排挤，孙文愤然辞去大元帅职务，离粤赴沪，居于上海法租界，潜心著述。5 月 4 日以后，北京的消息陆续传来，有党人写信询问他的态度，他也无暇复信，由旁人代复："中山先生同属国民一分子，对诸君爱国热忱，极表同情，当尽能力之所及以为诸君后盾……尚望诸君乘此时机，坚持不懈，再接再厉，唤醒国魂。"[111]

孙文在私下谈话，对五四运动大加褒扬，但在报刊上，却一直没有公开发表支持言论。一位老同盟会员忍不住写信给他，质问何以对青岛问题，一言不发。"顾此次外交失败，凡有血气者，莫不奋起，乃我公噤不一语，以开国之伟人，效刘胜之寒蝉，真令人百思不解其故。蜚语传来，谓我公与徐（世昌）、段（祺瑞）一鼻孔出气，然耶？否耶？"孙文简单地回答："近日闭户著书，不问外事。"[112]

5 月 20 日，孙文所撰《孙文学说》一书，在上海出版。本书的中心思想，就是"知难行易说"。对于革命的学说，"行之非艰，知之惟艰"。但就在孙文伏案著书之际，全国学生不仅已经"知"，而且已经"行"起来了；不仅学生行起来，连工人也行起来了。

当戴季陶告诉孙文："就这次的现象看来，工人直接参加政治社会运动的事，已经开了幕"，孙文断然回答："中国现在不但工人没有知识，连号称知识阶级里面的人，也是一样没有知识。”言下之意，他们的“行”，并不是出于“知”，所以是危险的。他说：“我们要晓得，群众的知识是很低的，要教训群众，指导群众，或者是教训指导知识很低的人，最要紧要替他们打算，不好一味拿自己做标本。这样的去做工夫，方才有趣味，方才得到研究的益处，方才能够感化多数的人。”[113]

罗家伦、张国焘、康白情、许德珩等学生领袖，曾拜访孙文，希望得到他的鼓励与支持。孙文则开始“教训、指导”这些学生，和平抗议并不算“知”，只有武力革命才是真正的“行”。他说：“你们反抗北京政府的行动是很好的；你们的革命精神也是可佩服的。但你们无非写文章、开大会、游行请愿、奔走呼号。你们最大的成绩也不过是集合几万人示威游行，罢课、罢工、罢市几天而已。如果我现在给你们五百支枪，你们能找到五百个真正不怕死的学生托将起来，去打北京的那些败类，才算是真正革命。”

满腔热情的学生们，并不认同他的说法。许德珩回答：“孙先生也掌握过几万人的部队，何以革命还是失败了呢？新文化运动反对旧思想、旧势力，在那里艰苦奋斗，学生们赤手空拳不顾生死的与北京政府抗争，只因为没有拿起枪来，就不算革命吗？”学生们“以‘初生牛犊不怕虎’的精神和他（孙文）剧烈辩论三个钟头，而他始终娓娓不倦，越辩越起劲，硬是要说服我们！”[114]

各地声援北京学生的浪潮，受到上海事态的刺激，迅速蔓延高涨。北京学生“一刹那间，个个悲欢交集、哀痛淋漓，而声势遂大振”（罗家伦语），态度愈加强硬，不肯向政府让步。6月5日，有五千多学生向警方自动要求入狱。

经过各方斡旋，大学外面的军警，终于全部撤走。但被拘学生宣称，政府无故逮捕，又无故撤退军警，形同儿戏，为尊重法律和学生的人格起见，不得圆满的结果，决不出拘留所。学生们的心理，如罗家伦所说：“因为他们一出来要减少了天津及上海方面的紧张空气。”

教育部派员苦劝学生出狱，学生们不听。徐世昌又派一名官员，偕教育部专门、普通两司长，到拘留所向学生们低声下气道歉，学生们还是不理。“到了第二天，步兵统领衙门和警察所却派人来道歉，他们才肯出来，还有拘禁在警察所和步兵衙门里面的，他们请他们出来，而却不肯，以后预备了汽车和爆竹送他们出狱，还是不肯。最后一个总务处长连连向他们作揖说：‘各位先生已经成名了，赶快上车吧！’”[115]学生们这才离开拘留所，在同学的夹道欢迎之下，踏着一片欢呼声和军乐声，昂昂然返回各自的校园。

蒋梦麟为之感叹不已：“各地学生既然得到全国人士的同情与支持，不免因这次胜利而骄矜自喜。各学府与政府也从此无有宁日。北京学生获得这次胜利以后，继续煽动群众，攻击政府的腐败以及他们认为束缚青年思想的旧传统。”[116]

注释

1. 梁启超《欧游心影录·新大陆游记》。人民出版社，2006年版。
2. 叶景莘《巴黎和会期间我国拒签和约运动的见闻》。《中华文史资料文库·政治军事编》（二），中国文史出版社，1996年版。
3. 梁启超《欧游心影录·新大陆游记》。人民出版社，2006年版。
4. 叶景莘《巴黎和会期间我国拒签和约运动的见闻》。《中华文史资料文库·政治军事编》（二），中国文史出版社，1996年版。
5. 许冠亭在《试论五四前后的国民外交协会》一文中称，协会只有七名理事，蔡元培、梁启超、汪大燮不是理事。然叶景莘在《巴黎和会期间我国拒签和约运动的见闻》中称梁氏为理事之一。
6. 《晨报》1919年3月1日。
7. 《一九一九年南北议和资料》。中华书局，1962年版。
8. 《唐绍仪发电稿》。《近代史资料》总51号，中国社会科学出版社，1983年版。
9. 《顾维钧回忆录》（一）。中华书局，1983年版。
10. 丁文江、赵丰田《梁启超年谱长编》。上海人民出版社，1983年版。
11. 蔡晓舟、杨景工编《五四》。《五四爱国运动》（上），中国社会科学出版社，1979年版。
12. 丁文江、赵丰田《梁启超年谱长编》。上海人民出版社，1983年版。
13. 陈独秀《苦了章宗祥的夫人》。《每周评论》，1919年4月27日。
14. 杨晦《五四运动与北京大学》。《光辉的五四》，中国青年出版社，1959年版。
15. 保罗·S·芮恩施《一个美国外交官使华记》。商务印书馆，1982年版。
16. 梁启超《欧游心影录·新大陆游记》。人民出版社，2006年版。

17.《晨报》1919 年 5 月 2 日。
18.《北京国民外交协会为青岛问题定五七召开国民大会电》。《五四爱国运动档案资料》，中国社会科学出版社，1980 年版。
19. 胡适《蔡元培以辞职为抗议》。《努力周报》第 38 期，1923 年 1 月 21 日。
20. 鲁迅《己未日记》。《鲁迅全集》（十四），人民文学出版社，1981 年版。
21. 罗家伦《蔡元培时代的北京大学与五四运动》。台湾，《传记文学》第 54 卷第 5 期，1978 年 5 月。
22.《晨报》1919 年 5 月 2 日。
23.《晨报》1919 年 5 月 3 日。
24. 叶景莘《巴黎和会期间我国拒签和约运动的见闻》。《中华文史资料文库·政治军事编》（二），中国文史出版社，1996 年版。
25. 梁敬錞《我所知道的五四运动》。台湾，《传记文学》第 8 卷第 5 期，1966 年。
26.《顾维钧回忆录》（一）。中华书局，1983 年版。
27. 吴虬《北洋派之起源及崩溃》。《近代稗海》（六），四川人民出版社，1987 年版。
28. 许德珩《回忆蔡元培先生》。《人民日报》1980 年 3 月 4 日。
29. 许德珩《五四运动六十周年》。《文史资料选辑》第 61 辑，1979 年版。
30. 张国焘《我的回忆》（一）。东方出版社，1991 年版。
31. 何思源《五四运动回忆》。《北京文史资料》第 4 辑，1982 年版。
32. 俞劲《对火烧赵家楼的一点回忆》。《五四运动回忆录》（续），中国社会科学出版社，1979 年版。
33. 匡互生《五四运动纪实》。《五四爱国运动》（上），中国社会科学出版社，1979 年版。
34. 夏明钢《五四运动亲历记》。《中华文史资料文库·政治军事编》（二），中国文史出版社，1996 年版。
35. 匡互生《五四运动纪实》。《五四爱国运动》（上），中国社会科学出版社，1979 年版。
36. 罗家伦《蔡元培时代的北京大学与五四运动》。台湾，《传记文学》第 54 卷第 5 期，1978 年 5 月。
37. 许德珩《回忆国民杂志社》。《五四时期的社团》（二），三联书店，1979 年版。
38. 许德珩《五四运动六十周年》。《文史资料选辑》第 61 辑，1979 年版。
39. 许德珩《五四运动六十周年》。《文史资料选辑》第 61 辑，1979 年版。
40. 许德珩《北京学生界宣言》。《五四爱国运动》（上），中国社会科学出版社，1979 年版。
41. 罗家伦《蔡元培时代的北京大学与五四运动》。台湾，《传记文学》第 54 卷第 5 期，1978 年 5 月。
42. 罗家伦《五四运动宣言》。《罗家伦先生文存》（一），台湾，中国国民党中央委员会党史委员会，1989 年版。
43. 方豪《回忆在北京参加五四运动》。《金华（市）文史资料》第 2 辑，1986 年版。

44. 俞劲《对火烧赵家楼的一点回忆》。《五四运动回忆录》（续），中国社会科学出版社，1979 年版。
45. 许德珩《五四运动六十周年》。《文史资料选辑》第 61 辑，1979 年版。
46. 蔡元培《我在五四运动时的回忆》。《中国学生》第 3 卷第 9 期，1936 年 10 月 23 日。
47. 龚振黄编《青岛潮》。《五四爱国运动》（上），中国社会科学出版社，1979 年版。
48. 曹汝霖《一生之回忆》。香港，南奥出版社，1966 年版。
49. 许德珩《五四运动六十周年》。《文史资料选辑》第 61 辑，1979 年版。
50. 参见曹汝霖《一生之回忆》、罗家伦《蔡元培时代的北京大学与五四运动》、范云《五四那天》、尹明德《北京五四运动回忆》及蔡晓舟、杨景工编《五四》等文章。
51. 曹汝霖《一生之回忆》。香港，南奥出版社，1966 年版。
52. 俞劲《对火烧赵家楼的一点回忆》。《五四运动回忆录》（续），中国社会科学出版社，1979 年版。
53. 匡互生《五四运动纪实》。《五四爱国运动》（上），中国社会科学出版社，1979 年版。
54. 范云《五四那天》。《人民日报》1957 年 5 月 4 日。
55. 萧劳《火烧赵家楼的片断回忆》。《中华文史资料文库·政治军事编》（二），中国文史出版社，1996 年版。
56. 罗家伦《蔡元培时代的北京大学与五四运动》。台湾，《传记文学》第 54 卷第 5 期，1978 年 5 月。
57.《公言报》1919 年 5 月 5 日。
58. 许德珩《五四运动六十周年》。《文史资料选辑》第 61 辑，1979 年版。
59. 梁敬錞《我所知道的五四运动》。台湾，《传记文学》第 8 卷第 5 期，1966 年。
60. 吴虬《北洋派之起源及崩溃》。《近代稗海》（六），四川人民出版社，1987 年版。
61. 梁漱溟《论学生事件》。《每周评论》第 22 号，1919 年 5 月 18 日。
62. 知非《评梁漱溟君之学生事件论》。《每周评论》第 22 号，1919 年 5 月 18 日。
63. 周策纵《五四运动史》。岳麓书社，1999 年版。
64.《中华民国史》第二编第二卷。中华书局，1987 年版。
65. 罗家伦《蔡元培时代的北京大学与五四运动》。台湾，《传记文学》第 54 卷第 5 期，1978 年 5 月。
66. 曹建《蔡孑民先生的风骨》。《为了忘却的纪念》，经济日报出版社，1998 年版。
67. 杨晦《五四运动与北京大学》。《光辉的五四》，中国青年出版社，1959 年版。
68. 蔡晓舟、杨景工编《五四》。《五四爱国运动》（上），中国社会科学出版社，1979 年版。
69. 罗家伦《蔡元培时代的北京大学与五四运动》。台湾，《传记文学》第 54 卷第 5 期，1978 年 5 月。
70. 蒋梦麟《忆孟真》。台湾，《中央日报》1950 年 12 月 31 日。
71. 傅斯年《〈新潮〉之回顾与前瞻》。《新潮》第 2 卷第 1 号，1919 年 9 月。

72. 罗家伦《蔡元培时代的北京大学与五四运动》。台湾，《传记文学》第 54 卷第 5 期，1978 年 5 月。
73. 龚振黄编《青岛潮》。《五四爱国运动》（上），中国社会科学出版社，1979 年版。
74. 龚振黄编《青岛潮》。《五四爱国运动》（上），中国社会科学出版社，1979 年版。
75. 冰心《回忆五四》。《人民文学》1959 年第 5 期。
76. 蒋梦麟《西潮 · 新潮》。岳麓书社，2000 年版。
77. 龚振黄编《青岛潮》。《五四爱国运动》（上），中国社会科学出版社，1979 年版。
78. 罗家伦《蔡元培时代的北京大学与五四运动》。台湾，《传记文学》第 54 卷第 5 期，1978 年 5 月。
79. 许德珩《五四运动六十周年》。《文史资料选辑》第 61 辑，1979 年版。
80. 罗家伦《蔡元培时代的北京大学与五四运动》。台湾，《传记文学》第 54 卷第 5 期，1978 年 5 月。
81. 龚振黄编《青岛潮》。《五四爱国运动》（上），中国社会科学出版社，1979 年版。
82. 杜威《中国的学生革命》。引自周策纵《五四运动史》。岳麓书社，1999 年版。
83.《大总统严禁学生干政并将被捕学生送交法庭令》。《五四爱国运动档案资料》，中国社会科学出版社，1980 年版。
84. 蔡元培《我在五四运动时的回忆》。《中国学生》第 3 卷第 9 期，1936 年 10 月 23 日。
85.《北京大学日刊》第 374 号，1919 年 5 月 9 日。
86.《北京大学日刊》第 375 号，1919 年 5 月 10 日。
87.《北京大学日刊号外》1915 年 5 月 11 日。
88. 龚振黄编《青岛潮》。《五四爱国运动》（上），中国社会科学出版社，1979 年版。
89. 匡互生《五四运动纪实》。《五四爱国运动》（上），中国社会科学出版社，1979 年版。
90. 罗家伦《蔡元培时代的北京大学与五四运动》。台湾，《传记文学》第 54 卷第 5 期，1978 年 5 月。
91.《五四爱国运动档案资料》，中国社会科学出版社，1980 年版。
92. 胡适《数目作怪》。《每周评论》第 28 号，1919 年 6 月 29 日。
93.《大总统镇压反日运动令》。《五四爱国运动档案资料》，中国社会科学出版社，1980 年版。
94. 罗家伦《蔡元培时代的北京大学与五四运动》。台湾，《传记文学》第 54 卷第 5 期，1978 年 5 月。
95. 蒋梦麟《西潮 · 新潮》。岳麓书社，2000 年版。
96. 李玉阶《上海学生响应五四爱国运动的经过》。共青团中央、全国学联、中国社会科学院主办《五四运动纪念馆》，http://54.china1840-1949.net.cn。
97. 朱仲华《五四运动在上海》。《五四运动回忆录》（续），中国社会科学出版社，1979 年版。

98. 张廷灏《在上海参加五四运动的回忆》。《20世纪上海文史资料文库》（一），上海书店出版社，1999年版。
99. 朱仲华《五四运动在上海》。《五四运动回忆录》（续），中国社会科学出版社，1979年版。
100. 胡适《我对于丧礼的改革》。《新青年》第6卷第6号，1919年11月1日。
101. 胡适、蒋梦麟《我们对于学生的希望》。《晨报副刊》1920年5月4日。
102. 方豪《回忆在北京参加五四运动》。《金华（市）文史资料》第2辑，1986年版。
103. 陈独秀《六月三日的北京》。《每周评论》第25号，1919年6月8日。
104.《晨报》1919年6月5日。
105. 方豪《回忆在北京参加五四运动》。《金华（市）文史资料》第2辑，1986年版。
106.《每周评论》第25号，1919年6月8日。
107. 瞀盦《学界风潮纪》。《五四爱国运动》（上），中国社会科学出版社，1979年版。
108. 吕云章《五四运动中的北京女学生》。共青团中央、全国学联、中国社会科学院主办《五四运动纪念馆》，http://54.china1840-1949.net.cn。
109. 胡适《五四的第二十八周年》。《胡适时论》（一），六艺书局，1948年版。
110. 蒋梦麟《西潮·新潮》。岳麓书社，2000年版。
111. 孙文《复陈明汉函》。《孙中山全集》（五），中华书局，1985年版。
112. 孙文《批马逢伯函》。《孙中山全集》（五），中华书局，1985年版。
113. 孙文《与戴季陶谈话》。《孙中山全集》（五），中华书局，1985年版。
114. 罗家伦《五四的真精神》。《罗家伦先生文存》（一），台湾，中国国民党中央委员会党史委员会，1989年版。
115. 罗家伦《蔡元培时代的北京大学与五四运动》。台湾，《传记文学》第54卷第5期，1978年5月。
116. 蒋梦麟《西潮·新潮》。岳麓书社，2000年版。

第五章

诸神的分手

出了研究室就进监狱

学潮爆发一个月以来，冲在最前线的，都是青年学生，而他们的师长辈，直接参与的不多，所扮演的角色，多半是学生与政府之间的斡旋者。蔡元培在9月复职时，对学生有一个讲话，他说："诸君经了许多艰难危险的境遇，我卧病在乡，不能稍效斡旋维持之劳，实在抱歉得很。"[1] 他并不赞成学生从事政治运动，但学生既然已经从事了，他也不会制止，盖各人皆有自己选择的自由，但他认为作为师长的职责，充其量，也就止于"效斡旋维持之劳"而已。

陈独秀认为蔡元培的态度是消极的。他与李大钊对学生从事政治运动，不仅予以极大的同情，而且积极鼓励。据高一涵说，李大钊参加了学生游行，还生动地描述，当队伍走到国务院门前，铁门紧闭，门内架着机关枪，李大钊"愤怒异常，一个人跑出队伍冲将上去"。[2] 但有人质疑，既然铁门紧闭着，怎么看得见里面架着机关枪？

一位"五四"亲历者说，李大钊当时"受了客观条件的限制，无法像后来的'三一八'运动，亲身参加在请愿队伍里"。[3]1959年出版的《李大钊选集》附录的《李大钊同志生平事略》，及李大钊哲嗣李葆华的回忆文章《怀念父亲李大钊》，都没提到他参加学生的游行。不过，他对学潮的关心与支持，则是可以肯定的，学生们天天往北大图书馆跑，那儿是学生们讨论问题的重要场所。

作为新文化主旗手的陈独秀，虽然已请辞文科学长，但评议会还没正式批准，他还是教授，北大让他放一年长假避风头。5月4日那天，据朱洪所著《陈独秀与中国名人》一书说，“陈独秀在家中写文章，没有上街游行”。[4] 他也没有参加学生们讨论行动的会议。但他以笔为武器，一系列短小精悍的时评，“每发一论，辟易千人”（梁漱溟语），对学生无疑起着一种鼓舞和煽动的作用。

至于其他新青年同人，陶孟和3月受全国高等以上专门各学校和全国教育会联合会公推，赴欧美考察教育去了，5月时不在国内。

鲁迅为了搬家一事，到处去看房子，折腾了好几个月，忙得晕头转向。

5月4日那天，刘半农上午坐守北大，下午学生大游行时，他在鲁迅家里做客（见鲁迅日记）。

另一位《新青年》同人沈尹默，正在什刹海会贤堂面湖的楼上吃茶，回家路上，看见满街都是水流，听街上人说是消防队在救赵家楼曹宅的火，才知道北大学生们烧了赵家楼（见沈氏《五四对我的影响》一文）。

那么，教员中有谁参加了游行？据就读于北京高师的学生周谷城说，5月4日大游行之日，“当时的教师，没有参加游行，但表示同情，始终陪着学生走的也有，如钱玄同先生，即其中之一”。[5] 胡适参加了5月7日上海的大游行。北大的第一位体育教员白雄远也参加了游行，游行前蔡元培还特地吩咐白雄远，遇到非常情况时，要注意学生安全，设法照顾学生返校。和学生一起走上街头的老师，虽然不止于此，但在北大二百零二名教授和教员中，毕竟屈指可数。

蔡元培辞职南下以后，6月15日发表了一篇宣言，措辞激烈地提出：一、北京大学校长是简任职，是半官僚性质的，所以他绝对不能再做那政府任命的校长；二、思想自由，是世界大学的通例，但北京大学却被强权干涉，所以他绝对不能再做不自由的大学校长；三、北京是个臭虫窠，无论何等高尚的事业，一到北京，便都染了点臭虫的气味，所以他绝对不能再到北京的学校任校长。[6]

北大学生冯友兰曾论及当时师生两代人对学潮的不同态度：

> 在学潮中，学校负行政责任的人和学生之间出现了尖锐的矛盾。这些负行政责任的人是当时的政府任命的，他不可能公开地同学生站在一起。但是他们和学生们又是师生的关系，站在这个关系上，他们对于学生又有爱护的责任。况且学生的主张，也往往是他们所赞成的。在这种情况下，他们只可以采取中立的态度，虽不公开地同学生站在一起反对当时的政府当局，也不同政府当局站在一起暗中迫害学生，蔡元培当北大校长时采取的就是这样的态度。[7]

他屡用“他们”一词，显然所谓“行政负责人”，并非单指蔡元培，而是泛指北大的师长辈。揆诸事实，对游行、罢课这种形式的“态度中立”，基本属实，但与学生“尖锐矛盾”，则还不至于。

胡适作为师长辈，他也有一番批评，可与作为学生的冯友兰的见解，互相参照印证。胡适说：“（因为）中年的智识阶级不肯出头，所以少年的学生来替他们出头了；中年的智识阶级不敢开口，所以少年的学生替他们开口了。现在大家往往责备各省的学生干政，酿成学潮；殊不知少年学生所以干政，正因为中年的智识阶级缩头袖手不肯干政……故五四与六三之大牺牲，正是全国中年智识阶级的羞耻。”[8]

中年智识阶级，当然包括在大学里任教的老师。他们不敢出头，原因很多，有些人是从理念上不赞成学生的过激行动，有些人是出于利害关系考虑，担心影响自己的生计，担心影响学校的生存。当时政府中的强硬派，对北大恨之入骨，解散北大的谣言，不绝于耳。胡适一回到北京，就被这些传言搞得耳热眼跳，坐立不安。

胡适支持学生的诉求，但不赞成用罢课这种形式，罢课是最不经济的下下之策，于敌人无损，于自己却有大损失。游行、罢课、喊口号，都是治标不治本的，对青年来说，读书才是第一重要的，唯有读好书，将来才能从根本上救国。

当傅斯年、罗家伦来看望胡适时，胡适提出，如果北京真的不容北大，就把北大迁往上海。傅、罗二人也觉得与其解散，不如迁往上海。他们随即在学校征求师生签名支持。胡适当然明白，要搬迁一所大学，谈何容易，此举与其说真的要搬迁，不如说是对政府的一种警告表示。

但胡适等人的苦心，并未得到师生们的谅解。马叙伦说这是逃跑，他对北大三只小兔子之一的刘文典（刘文典、刘半农与胡适同属辛卯年生的兔子）说："我们不是要奋斗？奋斗要在黑暗里的。"陈独秀把傅、罗二人叫去，训斥了一通，说这样没头没脑地迁到上海，不是和蔡校长一样消极吗？傅、罗二人面面相觑，只好把签名簿子收了起来。

一直鼓吹要"直接解决"的陈独秀，这时决定要身体力行，采取直接行动了。

6月8日，陈独秀发表了一篇随感："世界文明发源地有二：一是科学研究室，一是监狱。我们青年要立志出了研究室就入监狱，出了监狱就入研究室，这才是人生最高尚优美的生活。从这两处发生的文明，才是真文明，才是有生命有价值的文明。"[9]表明他已做好走出研究室进监狱的准备了。6月9日，他和李大钊共同起草了一份《北京市民宣言》，由胡适翻译成英文，印刷成中英文的传单，准备亲自上街散发。传单略谓：

中国民族乃酷爱和平之民族。今虽备受内外不可忍受之压迫，仍本斯旨，对于政府提出最后最低之要求如下：

一、对日外交，不抛弃山东省及经济上之权利，并取消民国四年、七年两次密约；

二、免除徐树铮、曹汝霖、陆宗舆、章宗祥、段芝贵、王怀庆六人官职，并驱逐出京；

三、取消步军统领及警备司令部两机关；

四、北京保安队改由市民组织；

五、市民需有绝对集会、言论自由权。

我市民仍希望和平方法达此目的，倘政府不愿和平，不完全听从市民之希望，我等学生、商人、劳工、军人等，惟直接行动，以图根本之改造。特此宣言，敬求内外士女谅解斯旨。[10]

在《每周评论》第二十号上，陈独秀宣称：世界与中国的问题，“非得全世界的人民都站起来直接解决不可”，现在又说“直接行动”。上街游行示威，散发传单，表达意见，是直接行动的一种；但如果现实连这个也不允许，也要横加镇压，那么“暴力革命”就是下一步的直接行动了。

这是新文化运动的必然结果。一直为自身缺乏传统文化支撑、处于浮游漂离状态而苦恼的新文化运动，最终的去向只能是：要么回归学术，要么从事政治。五四运动令陈独秀、李大钊他们眼前豁然一亮，找到了传统价值的立足点——民族主义和爱国主义。这是团结和动员民众的最有效武器，也是他们转向社会革命的最充分的理由。

陈独秀上街撒传单，被军警拘捕，这是颇具象征意义的，他已经为自己在过去几年的努力，作了一个总结，也为新文化运动作了一个总结。长逾半个世纪的社会革命运动，从这时起拉开了帷幕。

6月10日，由于北洋政府终于准交通总长曹汝霖、驻日公使章宗祥、币制局总裁陆宗舆免职，整个社会气氛为之一松，各地的罢市陆续结束了；北京各校原定从10日起，中等以上学校全体学生同往总统府前痛哭，也因曹、章、陆的罢免而取消了。然而，就在这天，陈独秀却怀揣着《北京市民宣言》，在中央公园（即今北京中山公园）等地散发。

陈独秀为何选择这样一个时间实行他的“直接行动”？这时距离五四运动的开始，已一个多月了，学潮已渐趋平静，学生的要求快达到胜利了，他却在这时才走上街头，究竟是出于什么考虑？为何他不跟随学生一起上街，不争取做学生抗议活动的领导者，却采取单独行动这样一种抗议形式？

虽然巴黎和会还没闭幕，但在陈独秀提出的五条要求中，有四条是对内的，只有一条是关于山东问题的，他的目的，显然不是针对外交问题，而是显示出他希望把五四运动转化为对内的革命运动。他在一个月内不行动，这时才走出研究室，其心路历程，很值得后人探讨与深思。

6月11日，徐世昌向国会提出辞职；钱能训也坚辞总理一职，徐世昌让财政总长龚心湛代理内阁总理。次日，内阁总辞，徐世昌通电辞职（经段祺瑞及各省督军挽留，国会拒绝接受他的辞职，6月22日宣布取消辞意）。上海商工学界以已获胜利，开市、回工、复课，举行游行庆祝胜利。

然而，就在11日这天，陈独秀又到香厂新世界散发传单。据高一涵说，在场有五个人：陈独秀、高一涵、王星拱（北大理科教授）、程演生（北大预科教授）、邓初（内务部佥事），他没有提及胡适也在场。他们在香厂新世界附近一个四川菜馆子浣花春晚餐后，陈独秀、高一涵、邓初三人上新世界去散发传单，王星拱、程演生往城南游艺园去散发传单。高一涵的描写，绘影绘声，极富戏剧性。

[高一涵写道]我同陈独秀、邓初三人到新世界，见戏场、书场、台球场内，皆有电灯照耀，如同白日，不好散发传单。陈独秀同我两人只得上新世界的屋顶花园，那里没有游人，也无电灯。这时刚看到下一层露台上正在放映露天电影，我们就趁此机会，把传单从上面撒下去。哪知道，我们正在向下撒传单时，屋顶花园的阴暗角落里走出一个人来，向陈独秀要传单看，陈独秀实在天真、幼稚，就从衣袋里摸出一张传单给那个人，那个人一看，马上就说："就是这个。"即刻叫埋伏在屋顶花园暗地里的一伙暗探，把陈独秀抓住。我乘着这个机会，急走到顶层花园的天桥上，探子大叫："那里还有一个！"我就在此一刹那间，把手中拿的传单抛了，赶快走下去，

杂在戏园的观众中，并脱去长衫，丢掉草帽，躲藏起来。转眼看到邓初一人，还在对过台球场内，把传单一张一张地放在茶桌子上。我小声告诉他，说："独秀已被捕。"他还说："不要开玩笑罢！"正说间，遥见陈独秀已被探子们捉下楼来。陈独秀怕我们不知道他被捕，故意大呼大跳起来，说："暗无天日，竟敢无故捕人！"[11]

但胡适当时也在场，他提供了另一种比较没有戏剧性的说法："此事发生在北京城南一个叫做'新世界'娱乐场所。那时陈独秀、高一涵和我三位安徽同乡正在该处吃茶聊天。陈氏从他的衣袋中取出一些传单来向其他桌子上发散……未几一涵和我便先回了（那时高君和我住在一起）。独秀一人留下，他仍在继续散发他的传单。不久警察便来了，把独秀拘捕起来送入警察总署的监牢。"[12]

在另一篇文章中，胡适对那天晚上发生的事情，有更详细的讲述："民国八年五四以后，有一天陈先生在新世界（香厂）散发传单……那时候，高一涵先生和我都在内，大家印好传单，内容一共有六条……到了 11 点钟回家，我和高先生在洋车上一边谈，看见没有关门的铺子，我们又要给他们一张，我还记得那时是 6 月，天气正热，我们夜深还在谈话。忽然，报馆来电话，说东京大罢工，我们高兴极了；但一会又有电话，说自你们走后，陈先生在香厂被捕了。"[13] 根据胡适的回忆，他不仅参与了制作、印刷传单，而且参与了散发。

陈独秀被逮进号里的消息，轰动了北大，校园里沸反盈天，李大钊匆匆找到北大的文科预科学生罗章龙，商议营救办法。"大家想出来的办法，首先是将陈独秀被捕消息告诉全国人民，造成强大的社会舆论，使北洋政府有所顾忌，不敢胡作非为"。[14]

6 月 13 日，北京《晨报》、《北京日报》刊出了陈独秀被捕的简短消息。由蓝公武任主笔的《国民公报》发表文章说："近日外界发布之市民宣言传单，政府疑为陈氏所发；再则曰：政府认为此次学生风潮发难于北京大学，皆陈君鼓吹新思想所致，故有拘捕之举。”言下之意：一是传单不一定是陈独秀所撰；二是捕陈乃针对北京大学。又把警方的拘捕行动描写成有军警数百人，荷枪实弹包围陈宅。用这种夸张的笔法，激起民愤，引起各方关注。上海的《民国日报》全文刊出《北京市民宣言》，并发表《北京军警逮捕陈独秀黑暗势力之猖獗》时评。

6月14日，周作人、李辛白、王星拱等人，以北大代表名义，到警察厅看望陈独秀，却不得见面，怏怏而返。京师警察厅发表公告，交代逮捕陈独秀经过，指出“本厅派人访查缉获，乃出于维持市面之一种正当手续，且派赴陈宅检察人数不过八九人，提署人员仅十余人”，绝非《国民公报》所说有数百名全副武装的军警，同时表明警方事先并不知道被捕者是陈独秀，此举亦非有意针对大学：

> 查十一日晚，有人在新世界散布市民宣言传单，系被侦缉队便衣侦探及步军统领衙门密探当场拿获，交由警察厅，彼时在场各界人士，共见共闻，并不知其为何如人，亦不知其系何名姓，迨再三诘问，始说出姓陈，在北河沿箭厂胡同居住，当即速派厅员带同巡官长警数名前往该宅。会同步军统领衙门官员，慎重检察，对陈之眷属仆役人等，极其文明和平，陈之妻业已具结，并未受何等惊扰，此当日实在经过情形。[15]

然而，陈独秀被捕，依然在整个知识界造成大地震，引起了严重恐慌，人们担心这是政府秋后算账，不敢拿学生开刀，就拿教员做替罪羊，因此人人自危。

继《晨报》、《北京日报》和上海的《民国日报》之后，《时报》也发表时评；《申报》以《北京之文字狱》为大标题，尖锐指出：陈独秀之被捕，标志着文字狱的开始，北京“利用黑暗势力，以摧毁学术思想之自由”；上海《神州日报》、《时事新报》等各大报纸，纷纷发表消息和评论。

罗家伦写信给上海安徽协会及全国学联，呼吁向政府施压；李大钊和高一涵分别给章士钊拍电报，请他出面和龚心湛斡旋。6月15日，北京中上学生联合会致函警察总监，要求保释陈独秀，并提请政府注意两点：

> 一、陈先生夙负学界重望，其言论思想皆见称于国内外，倘此次以嫌疑遽加之罪，恐激动全国学界再起波澜。当此学潮紧急之时，殊非息事宁人之计。二、陈先生向以提倡新文学现代思潮见忌于一般守旧学者，此次忽被逮捕，诚恐国内外人士疑军警当局有意罗（织），以为摧残近代思潮之地步。现今各种问题已极复杂，岂可再生枝节，以滋纠纷。

6月16日，聚集在上海的北京、天津、南京、杭州等地学生，决议成立全国学生联合会。这天，在大东旅社召开成立大会。北京代表段锡朋、许德珩、黄日葵、陆宗锷等，上海代表何葆仁等三十余人，及蒋梦麟等二百多名嘉宾到会。全国学生联合会成立后，立即致电北洋政府，强烈呼吁释放陈独秀。

北京大学教授刘师培当时患病卧床，闻讯扶病而起，6月16日，与民国大学校长应善以一起，联络北大教授马叙伦、马裕藻、程演生、王星拱、马寅初，及中国大学、高等师范学校等著名教授、学者七十余人，联名请保陈独秀。函称“陈先生夙负学界众望，言论思想皆见称于国内外，此次被捕，恐激起全国学界再起波澜，当此学潮紧急之际，殊非息事宁人之计”。古文家马其昶（通伯）、姚永概（叔节）等，亦以陈独秀“所著言论或不无迂直之处。然其学问人品亦尚为士林所推许”，恳请当局准予保释。

刘师培、马其昶、姚永概等人，都是著名的旧派学者，桐城派传人，曾被新青年诸子斥为“妖孽”、“谬种”，但在这维护人权，捍卫自由的重要关头，他们却挺身而出，领头为营救陈独秀而奔走努力。6月22日，章士钊致电龚心湛，义正词严，谴责政府“忽兴文网，重激众怒”：

惟念陈君平日，专以讲学为务。虽其提倡新思潮，著书立论，或不无过甚之词，然范围实仅及于文字方面，决不含有政治臭味，则固皎然可征。方今国家多事，且值学潮甫息之后，讵可蹈腹诽之殊，师监谤之策，而愈激动人之心理耶。窃为诸公所不取。故就历史论，执政因文字小故而专与文人为难，致兴文字之狱。幸而胜之，是为不武。不胜人心瓦解，政纽摧崩，虽有善者，莫之能挽。试观古今中外，每当文网最甚之秋，正其国运衰歇之候。

6月25日，安徽同乡会、在京皖籍官绅、安徽省长吕调元，相继致电京师警察厅，以“学潮初定，似不宜又兴文字之狱”，请尽快释陈。上海工业协会、江苏教育会、学商界及和平联合会各省公会、国民大会上海干事会、中国工业协会，都先后致电政府，众口一词，警告政府勿兴文字狱。[16]

当时寓居上海的孙文，在接见徐世昌、段祺瑞的代表许世英时，以讽刺的语气说：你们抓了陈独秀，“做了好事，很足以使国人相信，我反对你们是不错的。你们也不敢把他杀死，死了一个，就会增加五十、一百个，你们尽管做吧！”许世英颇感尴尬，连说“不该，不该，我就打电报回去”。[17]

7月14日，毛泽东在《湘江评论》创刊号发表《陈独秀之被捕及营救》一文，全文转载了陈独秀的传单内容，详细报道了各界营救陈独秀的情况，毛泽东预言：“政府尚未昏聩到全不知外间大事，可料不久就会放出（陈独秀）。若说硬要兴一文字狱，与举世披靡的近代思潮，拼一死战，吾恐政府也没有这么大胆子。”他继而慷慨激昂地宣称：

中国名为共和，实则专制。愈弄愈糟，甲仆乙代，这是群众心里没有民主的影子，不晓得民主究竟是甚么的结果。陈君平日所标揭的，就是这两样。他曾说，我们所以得罪于社会，无非是为着“赛因斯”（科学）和“兑莫克拉西”（民主）。陈君为这两件东西得罪于社会，社会居然就把逮捕和禁锢报给他，也可算是罪罚相敌了，凡思想是没有畛域的，去年十二月德国的广义派社会党首领卢森堡被民主派政府杀了，上月中旬，德国仇敌的意大利一个都林地方的人员，举行了一个大示威以纪念他。瑞士的苏里克，也有个同样的示威给他做纪念。仇敌尚且如此，况在非仇敌。异国尚且如此，况在本国。陈君之被逮，决不能损及陈君的毫末。并且是留着大大的一个纪念于新思潮，使他越发光辉远大。政府决没有胆子将陈君处死，就是死了，也不能损及陈君至坚至高精神的毫末。陈君原自说过，出实验室，即入监狱。出监狱，即入实验室。又说，死是不怕的。陈君可以实验其言了。我祝陈君万岁！我祝陈君至坚至高的精神万岁！[18]

早年参加过暗杀团的陈独秀，一直有某种烈士情结。办《新青年》时，他声称已做好“断头流血”的准备；五四运动起来时，他又说“我极盼政府早日捉我下监处死，不欲生存于此恶浊之社会也”的话。现在他终于实现了“出研究室入监狱”的誓言，可以说是求仁得仁矣。

“还有一点人味”的社会

6月28日是巴黎和约签字的日子。徐世昌态度暧昧，一直不肯下拒签的训令，但又不敢公然下令签字。6月24日，学生们忽然接到消息，说政府已训令中国的巴黎和会专使，在和约上签字。大家的情绪又激动起来了。

27日，几百名学生聚集在新华门外，向徐世昌请愿，要求他下令拒绝签字。他们露宿在总统府前，通宵达旦不散，坚持了两天一夜。最后，徐世昌当面承诺，专使如未签字，即电令拒绝签字；如已签字，则将来和约送到中国时，一定予以批驳。

各界纷纷致电巴黎，敦促中国专使万勿签字。陆征祥是欧美同学会会长，蔡元培是总干事，王宠惠、叶景莘是副总干事，蔡、王、叶三人联名致电陆征祥，电稿由叶景莘起草，最后称“如签，回国不利”。“蔡以为不应恫吓他而删去了。但国民外交协会连去三电，第三电全文为‘公果敢签者，请公不必生还’。此外各处去电必有更激烈的。”[19]

据《华北明星报》（英文）说，巴黎中国议和专使团先后收到国内国外团体或个人关于和约的电报，共七千余通。在国内强大的舆论支持下，6 月 28 日，在巴黎的中国代表团，由陆征祥领衔，包括代表顾维钧、王正廷、施肇基、魏宸组，致电徐世昌，决定拒绝在巴黎和约上签字并辞去代表职务，并通电各参战国家，说明拒绝签约的理由。

巴黎和约在凡尔赛宫签字时，中国代表拒绝出席。顾维钧在回忆录中，激动地写道：“这对我、对代表团全体、对中国都是一个难忘的日子。中国的缺席必将使和会，使法国外交界，甚至使整个世界为之愕然，即使不是为之震动的话。”[20]

诚如胡适所说：“现在中国专使居然不签字了。将来一定有人说这是‘电报政策’的功效。其实不然。这一次七千个电报所以能收效，全靠还有一个‘五四运动’和一个‘六五运动’。要不然，那七千个电报都只是废纸堆里的材料。”[21]7 月 25 日，全国学生联合会宣言结束罢课。从 5 月 4 日开始，长达两个多月的学生运动，至此告一段落。

然而，这时除陈独秀之外，尚有北京学生会的孟寿椿、鲁士毅、江绍原等多名学生领袖（张国焘说是十一位，罗家伦说是二十多位），被北京地方法院用拘票逮捕，准备公开审讯。他们被捕的原因，不是游行示威，而是“私设公堂”。据罗家伦记叙：

政府的目的，是要逼走蔡孑民先生，所以他们要胡仁源来买通一批投考的学生，来占据北大学生会，硬把学生会的图章抢去，以学生会的名义，欢迎胡仁源到校。同时教育部方面，胡仁源已预备好上任的汽车。谁知此谋不密，被北大学生会中人知道了，当时便召集紧张会议，每一个人发一个特别符号，集合在第三院，时三院的被买及投考学生，正议“夺帅印”的事，还没有完结，哪知这边去了两三百个人，一个个的把他们擒住了，并且带了纱麻绳把他们捆将起来，便在法科大礼堂设立公案，推举出了五个审判官，来审判这些人的罪状，他们也陆续的把被买经过供将出来，大家又逼他们写悔过书，写了悔过书还要他们在悔过书上盖手印，再拍了一个相，然后把他们放了。

从学潮最初针对外交问题，到后来转向国内政治问题，从和平示威，到火烧赵家楼，到设立学生法庭，可以清晰看到，学生运动是如何一步一步，从一场单纯的爱国运动，走向革命的过程。青年是如何从文化的觉醒，走向政治的觉醒。这不是哪个人物，或政治集团预设的路轨，而是历史发展到这个阶段，瓜熟蒂落、水到渠成的结果。

当局以学生会“私设公堂和逼迫人行使无义务之行为”，拘捕了一批学生领袖。由于暑假已经开始，多数学生都各散东西，要再组织集体抗议活动，殊不容易。张国焘说：“学生会的一部分重要人物到上海等地去了，一部分重要职员被捕了，还有一些从前较活跃的同学，因避免被捕，不再露面或暂不返京。”[22]

罗家伦负责营救被捕学生的工作。他说：“我几乎天天晚上要和律师刘崇祐接洽。许多上诉状都是我写的，这场官司打完了，我倒因此得到了许多关于法律的知识。”[23] 刘崇祐是研究系的领袖之一，义务为学生打官司。

李大钊成了学生们的军师，北大的师生经常在图书馆开会，商量营救陈独秀与其他被捕学生的办法。李大钊不仅提供许多意见，而且亲自草拟一些重要文书，在师生之间、新闻界之间，发挥了积极作用。

[张国焘写道] 开庭的那一天，学生联合会组织了一千多人的学生队伍假称去旁听，实际是向法院示威，反对当局非法拘禁学生达

两个月之久，要求立即释放。大批警察列队在法院门口，严阵以待，准备弹压。法庭旁听席上仅有的四十几个座位，早被同学们占住了，其余大队围坐在法院大门外不散……我和其他在那里旁听的同学们每当听见检察官陈诉被告曾犯殴打官吏、反抗政府、扰乱治安等内乱罪行时，便一致怒目而视。当我们听到刘律师声称被告的行动是出于爱国义愤，依法无罪的时候，就一致点头称快。学生们这种没有妨害法庭秩序而又能清楚的表示他们意向的举动，鼓励刘律师说出一段极有分量的话，他说如果被告人等罪名成立，全国将有万千学生自请拘禁。审判长在庭内外这样舆情压力之下，终于当庭宣告各被告无罪开释，这多少是违反当局的意旨的。[24]

学生们簇拥着被释放的学生领袖，一路欢呼，返回学校。被捕学生释放了；曹、陆、章罢免了；和约拒绝签字了；7月9日，蔡元培已允复职，返校前由蒋梦麟代掌校务（9月20日正式返回北大）；7月30日，署北京大学校长胡仁源免职。学生们的诉求，已接近完全胜利。现在，只有陈独秀一案，成为五四运动一个未了结的尾声。

7月9日，广州军政府总裁之一岑春煊（8月21日被推为主席总裁）致电徐世昌和代总理龚心湛，敦促北洋政府尽快释放陈独秀。舆论奔腾怒卷，当局要装聋扮哑，几无可能。徐世昌急于和南方和谈，也主张从速开释陈独秀。

胡适在《每周评论》上，写了一篇短文，激励身陷囹圄的陈独秀："《每周评论》第二十五号里，我的朋友陈独秀引我的话'爱情的代价是痛苦，爱情的方法是要忍得住痛苦'。他又加上一句评语道：'我看不但爱情如此，爱国爱公理也都如此。'这几句话出版后的第三日，他就被北京军警捉去了。现在已有半个多月，他还在警察厅里。我们对他要说的话是：'爱国爱公理的报酬是痛苦，爱国爱公理的条件是要忍得住痛苦。'"[25]

后来，胡适感慨地对陈独秀说：

> 我记得民国八年你被拘在警察厅的时候，署名营救你的人中有桐城派古文家马通伯与姚叔节。我记得那晚在桃李园请客的时候，我心中感觉一种高兴。我觉得这个黑暗社会里还有一线光明；在那反对白话文学最激烈的空气里，居然有几个古文老辈肯出名保你，这个社会还勉强够得上一个“人的社会”，还有一点人味儿。[26]

人们往往将当时的北京警察，描绘成专制恶魔，其实，李长泰、吴炳湘二人，都是当时公认同情学生的官员，陈独秀被捕后，也有赖于吴炳湘的暗中保护，才得以化险为夷。《申报》有一篇报道，为这个“还有一点人味”的社会，留下了珍贵的记录：“尚幸警察总监吴炳湘，脑筋较为新颖，虽被军阀派多方威胁，及守旧派暗中怂恿，然其对于陈氏始终毫无苛待（当陈氏初被捕时，步军统领王怀庆即与吴争执权限，斯时陈最危险，盖一入彼之势力圈，即无生还之望，幸吴警监坚执不肯让步，故仍得留置警厅）。”[27]

事实上，“五四”时代的北京政府，比上不足，比下有余，虽然与制度完善的民主国家没法比，但与它的前任（慈禧的晚清时代、袁世凯时代、黎元洪时代）相比，还是前进了一大步，称得上是近代中国最开放、最具现代色彩的政府了。

新文化运动能够在这样的时代勃勃乎兴起，绝非偶然。尽管发生了6月3日、4日的大逮捕事件，以及把大学校园变成监狱的荒唐事，但不可否认，这并非政府的原意，而是受到军阀蛮横干政的结果，政府很快就加以纠正了。五四运动没有演变成义和拳运动，天下没有大乱，政府也没有在菜市口杀人，没有侦骑四出，大兴诏狱，没有秋后算账，这是朝野双方共同努力的结果，是时代进步的一个表现。

政府的可悲之处在于，由于没有完善的政治制度，缺少坚实的法治基础，甚至连最基本的现代法治观念——诸如人人皆受法律统治，无人可凌驾于法律之上等等观念——都成了空言虚语，军阀有了枪炮在手，就可以罔顾法律；学生有了正义在手，也同样可以罔顾法律。罗家伦承认："自从六三胜利以来，我们学生界有一种最流行而最危险的观念，就是'学生万能'的观念，以为我们什么事都能办，所以什么事都要去过问，所以什么事都问不好。"[28] 这就是滥用公权的第一步，要说违背"科学"、"民主"，这才是真正的背道而驰啊。

蔡元培对此早有预见，他深知学生们一旦尝到权力的滋味，就是九头牛也拉不转了。7 月 9 日，他在致全国学生联合会的电报中，语重心长地说："惟深望诸君亦能推爱仆之心，有所觉悟；否则教育前途，必生障碍。非特仆难辞咎，诸君亦与有责焉。"[29]

谈主义的左边来，研究问题的右边去

陈独秀入狱后，《每周评论》负责无人，6 月 23 日，胡适在六味斋宴请新青年同人，商量《每周评论》的善后，胡适、李大钊、高一涵、周作人、张申府等十二人到场。一直讨论到晚上 10 点，最后决定维持现状，由胡适、李大钊共同负责编辑。但当时传闻李大钊已上了警方的黑名单，正准备离开北京避风头，实际上是胡适一人编辑。

据说 6 月 15 日出版的第二十六号《每周评论》，被胡适编成"杜威讲演录专号"，引起一些人的不满，认为他擅改了《每周评论》的宗旨。其实，陈独秀在被捕前，已把第二十六、二十七号的《每周评论》编好了，当时杜威在北京的两个演讲：《美国之民治的发展》与《现代教育的趋势》，都是由高一涵记录（一说罗家伦），胡适翻译，最后由陈独秀编入第二十六号的《每周评论》上。

胡适对"专谈政治"的《每周评论》，本不太感兴趣，但处于非常时期，又觉得责无旁贷，只好答应下来。他无奈地说："我现在忍着心肠来谈政治，一只脚已踏上东街，一只脚还踏在西街，我的头还是回望着那原来的老路上！"[30] 正如穆罕默德不朝山，山朝穆罕默德一样，政治逼人来谈。胡适二十年不谈政治的戒约，一朝打破，“后来只是不干政治”，“把二十年不谈政治放弃了”。[31]

在胡适接手的第二十八号《每周评论》上，发表了李大钊的文章《牢狱的生活》，胡适的长文《欢迎我们的兄弟——〈星期评论〉》，以及随感《爱情与痛苦》、《研究室与监狱》、《他也配》、《北京大学与青岛》、《数目作怪》等，保持着《每周评论》的一贯风格，并没有削弱其政治色彩。

真正引起某些同人不满的，并非“杜威讲演录专号”，而是胡适在第三十一号《每周评论》上发表的被他自称为“发愤想谈政治”的“政论导言”文章——《多研究些问题，少谈些“主义”》。胡适以王揖唐公开主张民生主义，安福部设立“民生主义的研究会”为切入点，针对目前社会有一种侈谈主义，而不从事解决实际问题的风气，批评说：

> 第一，空谈好听的“主义”，是极容易的事，是阿猫阿狗都能做到的事，是鹦鹉和留声机器都能做的事。
>
> 第二，空谈外来进口的“主义”，是没有什么用处的。一切主义都是某时某地的有心人，对于那时那地的社会需要的救济方法。我们不去实地研究我们现在的社会需要，单会高谈某某主义，好比医生单记得许多汤头歌诀、不去研究病人的症候，如何能有用呢？
>
> 第三，偏向纸上的“主义”，是很危险的。这种口头禅很容易被无耻政客利用来做种种害人的事。欧洲政客和资本家利用国家主义的流毒，都是人所共知的。现在中国的政客，又要利用某种某主义来欺人。罗兰夫人说，“自由自由，天下多少罪恶，都是借你的名做出的！”一切好听的主义，都有这种危险。

胡适举例分析：“比如‘社会主义’一个名词，马克思的社会主义，和王揖唐的社会主义不同，你的社会主义，和我的社会主义不同；决不是这一个抽象名词所能包括。你谈你的社会主义，我谈我的社会主义，王揖唐又谈他的社会主义，同用一个名词，中间也许隔开七八个世纪，也许隔开两三万里路。然而你和我和王揖唐都可自称社会主义家，都可用这一个抽象名词来骗人。这不是‘主义’的大缺点和大危险吗？”

接下来，胡适列举了一大堆亟待解决的实际社会问题，这些问题，李大钊早在《可怜的人力车夫》、《劳动教育问题》、《战后之妇人问题》、《唐山煤厂的工人生活》、《混充牌号》等文章中，一再提出过的。

> [胡适指出] 现在中国应该赶紧解决的问题，真多得很。从人力车夫的生计问题，到大总统的权限问题；从卖淫问题到卖官卖国问题；从解散安福部问题到加入国际联盟问题；从女子解放问题到男子解放问题……哪一个不是火烧眉毛紧急问题？
>
> 我们不去研究人力车夫的生计，却去高谈社会主义；不去研究女子如何解放，家庭制度如何救正，却去高谈公妻主义和自由恋爱；不去研究安福部如何解散，不去研究南北问题如何解决，却高谈无政府主义；我们还要得意扬扬夸口道，“我们所谈的是根本解决”。老实说罢，这是自欺欺人的梦话，这是中国思想界破产的铁证，这是中国社会改良的死刑宣告！[32]

这篇文章就像重磅炸弹，首先受到震动的，不是王揖唐，不是安福俱乐部，而是新青年同人阵营。

文中的许多言辞，似乎隐晦地指向他们，如“根本解决”，就是新青年们的口头禅，社会主义、布尔扎维主义，更是李大钊等人所信奉的主义。胡适后来辩解，他的意思是“针对那种有被盲目接受危险的教条主义，如无政府主义、社会主义和布尔什维克主义等等，来稍加批评”。[33] 他不赞成被主义（不管它是孔子、朱熹，还是马克思、列宁）牵着鼻子走，而不是否定这些主义。

蓝公武马上写了一篇反驳胡适的《问题与主义》，由胡适经手，编入 8

月 3 日的第三十三号《每周评论》上。这时，李大钊正在家乡昌黎的五峰山上，“饮的是泉水，烧的是松枝”，听着大海的夜夜涛声，撰写他的雄文《我的马克思主义观》。当他读到胡适的文章后，立即写了一篇《再论问题与主义》作为回应。

> ［李大钊说］一个社会问题的解决，必须靠着社会上多数人共同的运动。那么我们要想解决一个问题，应该设法使他成了社会上多数人共同的问题。要想使一个社会问题，成了社会上多数人共同的问题，应该使这社会上可以共同解决这个那个社会问题的多数人，先有一个共同趋向的理想、主义，作他们实验自己生活上满意不满意的尺度（即是一种工具）。那共同感觉生活上不满意的事实，才能一个一个的成了社会问题，才有解决的希望。不然，你尽管研究你的社会问题，社会上多数人，却一点不生关系。那个社会问题，是仍然永没有解决的希望；那个社会问题的研究，也仍然是不能影响于实际。

李大钊坦言：“我可以自白，我是喜欢谈谈布尔扎维主义的。”他写过一篇《Bolshevism 的胜利》的文章，给《新青年》惹了一些麻烦，但他并不后悔。“我总觉得布尔扎维主义的流行，实在是世界文化上的一大变动。我们应该研究他，介绍他，把他的实象昭布在人类社会，不可一味听信人家为他们造的谣言，就拿凶暴残忍的话抹煞他们的一切。”

李大钊指出，当一个社会变得没有组织、没有生机，一切机能，都已闭止，任你有什么工具都失效的时候，“根本解决”就是唯一的办法。他以俄国革命为例，“罗曼诺夫家没有颠覆，经济组织没有改造以前，一切问题，丝毫不能解决。今则全部解决了。”[34]

俄国十月革命刚成功的头几年，俄国的现实，确实令人眼前一亮，抱着急切的救国理想的李大钊，持有这种乐观期待，毫不奇怪，反映了当时知识界的一种普遍思潮，指望毕其功于一役，一场革命把一切问题“全部解决”。

胡适写了《三论问题与主义》，发表在第三十六号《每周评论》上，接着又写了《四论问题与主义》，准备在《每周评论》上，继续讨论这个话题。讵料 8 月 30 日，正当《每周评论》排版之际，警察忽然光临。“他们封了杂志，一切财物也被充公了。所以‘每周评论’第三十七期也就始终没有和读者见面了”。[35] 胡适到警察厅和吴炳湘交涉，吴炳湘劝他：“不要办《每周评论》了，要办报，可以另取报名嘛。”胡适无奈，只好作罢。

在《多研究些问题，少谈些“主义”》一文中，胡适谈的是主义的定义与研究方法——什么是主义，应该如何研究主义——而不是具体评判哪种主义好，哪种主义坏。《新青年》同人有一个好传统，即经常交流意见，有些准备发表的文章，也先在同人中互相传阅，征求意见，并经常会把批评与商榷的文章一并发表，形成争鸣。但胡适这次显然没有事先征求李大钊的意见，因为李大钊不在北京。结果，文章一出来，引起了李大钊误会，认为是针对他所信奉的布尔什维克主义。

细读胡适的原文和李大钊的驳论，不难发现，两人其实是各说各话，谈论的并不完全是同一个问题。胡适从来没有说不谈主义，李大钊也从来没有说不研究问题。胡适是从认识论的角度去谈主义与问题的关系；而李大钊则谈如何运用主义去解决现实问题。

胡、李辩论时，陈独秀仍在狱中，无缘参与，但他出狱后，写了一篇题为《主义与努力》的短文，表明立场，一方面肯定了胡适的“一点一滴改造”论，但另一方面又把“主张办实事不要谈主义”的人，称为“妄人”，措辞相当尖刻。让人很容易联想到不久前的这场争论。陈独秀写道：

> 我看见有许多青年只是把主义挂在口上不去做实际的努力，因此我曾说：“我们改造社会是要在实际上把他的弊病一点一滴一桩一件一层一层渐渐的消灭去，不是用一个根本改造底方法，能够叫他立时消灭的。”又曾说：“无论在何制度之下，人类底幸福，社会底

文明，都是一点一滴地努力创造出来的，不是像魔术师画符一般把制度改了，那文明和幸福就会从天上落下来。”这些话本是专为空谈主义不去努力实行的人而发的，譬如船夫只定方向不努力，船如何行得，如何达到方向所在。

但现在有一班妄人误会了我的意思，主张办实事不要谈什么主义，什么制度。主义制度好比行船底方向，行船不定方向，若一味盲目的努力，向前碰在礁石上，向后退回原路去都是不可知的。

我敢说，改造社会和行船一样，定方向与努力二者缺一不可。[36]

胡适成了风箱里的老鼠，两头受气。由胡适编的《新青年》六卷四号，开卷第一篇，是他撰写的《实验主义》一文。而李大钊编的六卷五号，则为“马克思研究专号”。这又被人解读为马克思主义与非马克思主义意识形态斗争，一场“短兵相接，尖锐交锋”。

以前赞成“不谈政治”的人，现在批评胡适谈政治是“变节”了。胡适很郁闷地说：“我的政论的‘导言’虽然出来了，我始终没有做到‘本文’的机会！我的导言引起了无数的抗议：北方的社会主义者驳我，南方的无政府主义者痛骂我。”[37]甚至连和胡适同住一屋的高一涵，后来也说胡适的文章是“反动宣言，向当时反动透顶的段政府投降”。[38]

其实，学问上互相辩难，是蔡元培时代的北大校风，亦为新文化运动题中应有之义，大家早就习以为常，胡适大谈实验主义，说明他并不排斥“主义”；而李大钊编的“马克思研究专号”，也不乏批评马克思主义的文章，头版头条，便是顾孟余所写的《马克思学说》，对伯恩斯坦主义，颇有心慕笔追之意。这算什么真正的马克思主义呢？更遑论以马克思主义，与胡适的实验主义作斗争了。

胡适与李大钊的性格，都属于温和宽容类型的，李大钊是有名的好好先生，他们的争论，并不足以影响两人的关系。尽管后来《新青年》出现分裂，胡、李二人在政治上分道扬镳，但友谊却没有受到多少影响。诚如李大钊后人回忆："胡先生是父亲非常尊重的朋友，他们之间的情谊并没有因为这些分歧而中断。"[39]

真正把"问题与主义"的学理之争，提升到革命与反动意识形态之争的高度，成了胡适"向正在中国兴起与传播的马克思主义发起了攻击，向反动派表示他与陈（独秀）、李（大钊）并非一伙"的铁证，那是以后"革命斗争的需要"，与李大钊无干。

客观而论，说胡适在1919年就攻击马克思主义，实属莫须有。正如当初为了攻击林纾，硬把他与徐树铮捆绑一起一样，是论战时常用的战术之一，虽然不公正，但很有效。难怪胡适要叫屈："我从未写过一篇批评马克思主义的文章！"[40]《新青年》编了六卷，没有被查封，《每周评论》由倾向马克思主义的陈独秀编了27期，也没有被查封，被反对马克思主义的胡适编了才十期，官方就来查封了，如果他与当局眉来眼去，何至于有这样的结果。

散伙的时刻到了

以前新青年同人也常有意见分歧，在双簧戏问题上，在世界语问题上，在旧戏曲问题上，每每发生争论，都没有影响他们并肩作战。但现在不同了，经过五四运动的洗礼，国家民族的救亡问题，骤然上升到第一位。文化的争论要让位于政治了。李大钊和胡适不想影响私谊，但时代要把他们拉开。

在新文化运动中风头无两的钱玄同、刘半农诸人，这时已是书剑俱老，渐渐退隐到舞台的边缘了。问题与主义之争，是新青年阵营最后一次，也是最重要的一次论战，但已听不到他们的声音了。他们的声音，已被五四青年的呐喊所淹没，不复一年前清脆响亮；他们的文章，亦不再像一年前那样，具有落笔惊风雨，诗成泣鬼神的锐气与魅力了。

胡适对"谈政治"心存戒惧，不是全无道理的。谈文化时，再怎么争论也可以做朋友，但一谈到政治，不是同志，就是仇敌；不为信徒，便为叛逆了。《每周评论》被封后，“问题与主义”的争论，不了了之。然而，这次争论最终被蒙上了浓厚的政治色彩，标志着新青年同人的合作，已到了“同行千里，终须一别”的时刻了。

在各方人士的奔走营救下，被拘禁三个多月的陈独秀，以胃病为由，经安徽同乡保释，9 月 16 日出狱了。一班老朋友相见，悲喜交集，无限欷歔。李大钊写了一首诗，贺陈独秀出狱：

你今出狱了，
我们很欢喜！
有许多的好青年，
已经实行了你那句言语：
出了研究室便入监狱，
出了监狱便入研究室。
他们都入了监狱，
监狱便成了研究室；
你便久住在监狱里，
也不须愁着孤寂没有伴侣。[41]

当天，北大同学会召开欢迎会，欢迎陈独秀出狱。会议主席张国焘致欢迎辞：“我代表北大同学，热烈欢迎陈先生光荣出狱，并对陈先生狱中所受的迫害，表示深切的慰问。”陈独秀致答辞说：“此后无论是否在北大工作，都将和同学们一道与恶势力作斗争。”

北大评议会正式批准陈独秀辞去文科学长之职，聘为国史馆编纂。但陈独秀已不打算再回北大了。

由于五四运动，原本应该在 5 月出版的第六卷第五号，拖延至 9 月才面世。这是由李大钊负责编辑的“马克思研究专号”。10 月 5 日，离中秋节还有三天，秋风渐紧，街上的茶馆开始撤凉棚砌火炉了；银杏树的叶子也开始片片飞扬。一班在京的新青年同人——陈独秀、胡适、钱玄同、刘半农、李大钊、沈尹默、周作人——在胡适家碰头，讨论《新青年》的编辑工作。鲁迅因为修理房子，没有出席。

他们已经很久没有这样坐在一起了。以后这样的机会，恐怕也不多了。据《陈独秀年谱》称，"由于《新青年》第六卷第五期的'马克思主义研究号'集中刊登了一批宣传马克思主义的文章，引起胡适的恐慌和不满，胡在会前对沈尹默等人说：'《新青年》由我一个人来编'，反对大家轮流编辑，再度想独揽编辑权。鲁迅对沈尹默说：'你对适之讲，也不要你一人编。《新青年》是仲甫带来的，现在仍旧还给仲甫，让仲甫一人去编吧。'于是会议决定，《新青年》自第七卷第一号起，由陈独秀一人来编。"[42]

据编撰者称，这项史料的来源，为沈尹默的谈话记录未刊稿。这篇谈话的背景是1950年代的中国正进行批判胡适的运动，大陆许多知识分子都忙于与胡适划清界限。沈尹默的谈话中的不实之词，则已被众多研究者的考据所证实。胡适指沈氏1950年代的批胡言论乃"通篇扯谎"。

姑勿论胡适对"马克思研究专号"，是否感到"恐慌和不满"，但他并没有提出过自己一人编《新青年》，这是可以肯定的。那天的会议最后决定，从12月1日的七卷一号起，《新青年》仍归陈独秀一人去编。很多人在写这段历史时，恒以胜利之语气宣称，这是挫败了胡适"篡夺《新青年》"的企图。其实，这恰恰是《新青年》最大的失败，最大的悲哀。当初《新青年》由陈独秀唱独角戏，几乎倒闭了，1918年1月改为轮流编辑制的同人刊物，才杀出了一条生路，现在又走回头路，改回陈独秀一人编了。这未必是一个吉兆。

这表明一度赫赫有名、战斗力甚强的新青年团队，已三衰而竭。沈尹默脱离了队伍；刘半农因为学历低，一直被其他人所轻视，已决心出国留学；胡适与陈独秀、李大钊在政治理念和办刊宗旨上的分歧，愈来愈大；钱玄同对新文学的兴趣，似乎也在渐渐消退。

作为《新青年》坚定盟友的《新潮》，因为学生们都搞学潮去了，一卷五号在5月1日出版后，二卷一号拖到10月才出版，第二号又不能按时出。

傅斯年、俞平伯都在收拾行囊，准备到欧洲留学去了。

在经过五四运动这场风暴之后，各人似乎都出现了或多或少的变化，对未来也有了各自不同的期许，产生了若隐若现的隔阂。

11 月 10 日，刘师培病逝。陈独秀主持丧事。在葬礼上，他对友人说："校中现已形成派别，我的改组计划已经实现，我要离开北大了。"[43] 这是他第一次公开表示要离开北大。蔡元培希望他在北大开一门宋史课，他也拒绝了。他不仅想离开北大，而且想离开北京这个"臭虫窠"。

冬天来临了，三海冰封，雪花飘飘。12 月 1 日，由陈独秀一人编的《新青年》七卷一号出版了。在这期杂志中，陈独秀以全体同人的名义，发表了一篇《〈新青年〉宣言》。《新青年》作为一本同人刊物，办了两年，还没有一篇共同的宣言，现在要散伙了，才发表共同宣言。与其说体现了《新青年》的团结，不如说暴露了他们之间深深的裂痕。

一年前的现在，他们还沉浸在欧洲战争结束的狂喜中，对巴黎和会充满期待；那时，他们的新刊物《每周评论》就要面世了；小兄弟《新潮》也快要出炉了。他们每天在一起讨论五花八门的问题，传阅文章，朗诵诗歌，逛琉璃厂淘宝，下馆子把盏言欢，你开心所以我开心，你愤怒所以我愤怒，一起批判共同的敌人，一起激扬文字，笑傲江湖。

然而，仅仅一年时间，恍如隔世。到了分手之时，才蓦然发觉，在他们中间，竟没有发生伯牙碎琴、管鲍之交一类荡气回肠的故事，有的，只是每个人都成了不同主义的化身，互相对立，虎视眈眈，道不同不相为谋，说分手就分手。

宣言发表之后，新青年阵营就正式解体，各奔东西了。因此，这是新文化运动中的一重要文献，兹全文照录如下：

本志具体的主张，从来未曾完全发表。社员各人持论，也往往不能尽同。读者诸君或不免怀疑，社会上颇因此发生误会。现当第七卷开始，敢将全体社员的公共意见，明白宣布。就是后来加入的社员，也公同担负此次宣言的责任。但《读者言论》一栏，乃为容纳社外异议而设，不在此例。

我们相信世界上的军国主义和金力主义，已经造了无穷罪恶，现在是应该抛弃的了。

我们相信世界各国政治上道德上经济上因袭的旧观念中，有许多阻碍进化而且不合情理的部分。我们想求社会进化，不得不打破“天经地义”“自古如斯”的成见，决计一面抛弃此等旧观念，一面综合前代贤哲当代贤哲和我们自己所想的，创造政治上道德上经济上的新观念，树立新时代的精神，适应新社会的环境。

我们理想的新时代新社会，是诚实的，进步的，积极的，自由的，平等的，创造的，美的，善的，和平的，相爱互助的，劳动而愉快的，全社会幸福的。希望那虚伪的，保守的，消极的，束缚的，阶级的，因袭的，丑的，恶的，战争的，轧轹不安的，懒惰而烦闷的，少数幸福的现象，渐渐减少，至于消灭。

我们新社会的新青年，当然尊重劳动；但应该随个人的才能兴趣，把劳动放在自由愉快艺术美化的地位，不应该把一件神圣的东西当做维持衣食的条件。

我们相信人类道德的进步，应该扩张到本能（即侵略性及占有心）以上的生活；所以对于世界上各种民族，都应该表示友爱互助的情谊。但是对于侵略主义、占有主义的军阀财阀，不得不以敌意相待。

我们主张的是民众运动社会改造，和过去及现在各派政党，绝对断绝关系。

我们虽不迷信政治万能，但承认政治是一种重要的公共生活；而且相信真的民主政治，必会把政权分配到人民全体，就是有限制，也是拿有无职业做标准，不拿有无财产做标准；这种政治，确是造成新时代一种必经的过程，发展新社会一种有用的工具。至于政党，我们也承认他是运用政治应有的方法；但对于一切拥护少数人私利或一阶级利益，眼中没有全社会幸福的政党，永远不忍加入。

我们相信政治、道德、科学、艺术、宗教、教育，都应该以现在及将来社会生活进步的实际需要为中心。

我们因为要创造新时代新社会生活进步所需要的文学道德，便不得不抛弃因袭的文学道德中不适用的部分。

我们相信尊重自然科学、实验哲学，破除迷信妄想，是我们现在社会进化的必要条件。

我们相信尊重女子的人格和权利，已经是现在社会生活进步的实际需要；并且希望他们个人自己对于社会责任有彻底的觉悟。

我们因为要实验我们的主张，森严我们的壁垒，宁欢迎有意识有信仰的反对，不欢迎无意识无信仰的随声附和。但反对的方面没有充分理由说服我们以前，我们理当大胆宣传我们的主张，出于决断的态度；不取乡愿的，紊乱是非的，助长惰性的，阻碍进化的，没有自己立脚地的调和论调；不取虚无的，不着边际的，没有信仰的，没有主张的，超实际的，无结果的绝对怀疑主义。

模范小中国

在遥远的南方，黑沉沉的天穹，仿佛有一颗明亮的星，在冉冉升起，引起了全国，乃至世界的注意，那就是福建的漳州。

1919 年春至 1920 年秋期间，粤军总司令陈炯明以高涨的热情，在闽南推行他的政治实验。积极训练军队，整饬军纪，改良币制，修筑公路，整理教育，派遣青年赴法、美、英、日留学。创办《闽星》杂志和《闽星日刊》，提倡社会主义，推动新文化运动。并资助孙文、胡汉民等人在上海创办《建设》杂志。又广邀新学人士，到漳州讨论学术，研究新思潮的发展趋势，为闽南护法区赢得了“模范小中国”的美誉。

陈炯明密切留意着青岛问题的发展。当学生开始走上街头以后，他亲自起草了一份通电，表明他对目前局势的看法。由于粤军成功地在闽南建立了一块占地二十六个县的地盘，迫使北方政府坐下来谈判，陈炯明的一言一行，开始受到全国瞩目。他成为南方在谈判桌上的重要筹码。因此，他对五四运动和北方政府的态度，也有着相当的分量：

> 青岛问题失败，强权制胜公理，植扰乱国际和平之种于共谋国际和平之时。五载战争，竟结此果，巴黎和会尚成何用？吾人处此，不独为自卫计，当抵死力争，即为世界永久安全计，亦宜表示各联盟加入国，俾速觉悟。今北京诸生本爱国之热诚，为诛奸之义举，正本清源，人神共快。此诚浩气所钟，国魂所托，虽在蛮貊，犹知敬礼。乃北庭蔑视民意，助贼张目，逮义士付法庭，倚群盗为心腹，鬼脸逼人，天日为黑，人权安在，能毋发指。务望同申天讨，扫清妖穴，置私订密约者于典刑，杜彼无理之要求，于盟席醒其迷梦。[44]

漳州商会随即邀集全体商界开会，作出三项决议：一、电各商会一致抵制日货；二、调查日货商号若干家；三、储金救国团继续进行。同时分电南北政府，强烈请求和会代表，誓死不在卖国和约上签字。5月22日，由福建省立第八中学发起，闽南联合会、省二师范、龙溪县立小学和各校校长、教员、学生、商会会长、农会会长、当地绅商，一万余人，在漳州公园召开国民大会。陈炯明到会演说，表示完全支持人民的抗议行动。大会通过三项决议：一、致电巴黎和会及我国专使，争回青岛，废除“二十一条”及各种密约。二、要求惩办卖国贼。三、抵制日货。

6月下旬，和约签字问题迫在眉睫。陈炯明主张，南方在南北谈判桌上，不妨尽量向北方妥协，只要坚持恢复旧国会，维护宪法（临时约法），不应再拖延南北一致，合力支持巴黎和会代表，以争取中国的利益。他向中央转达在他治下各县政府和人民团体的意见，表明坚决反对在巴黎和约上签字的立场：

> 顷据福建宁化县知事周应云、长汀县知事刘俊复、连城知事侩师扬、上杭知事黄伟、庆平知事金继、清流知事区戊圻、归化知事杨绥荣、永安知事袁荫詹、建宁知事吴海淆、将乐知事朱泰漠、泰宁知事张文缪等据所属各团体公民电称：青岛问题关系至重，倘若屈服，则中国几无独立国资格。当公理正义伸张之时，犹有此辱国丧权之事，而今而后国爰以存，伏望诸公坚决主持，勿稍挠屈。闽中民气愤慨甚深，一息尚存，断难隐忍，谨代电祷，不暇择词等语。正拟核转间，又据各县教育会、商会、农会、各校学生联电，略同前情。查青岛问题为国家存亡所关，如果实行签字，万劫不复。该各知事及地方团体所陈各节，纯出爱国热诚，亟应转达，尚乞一致力争，以挽危局。临电无任迫切之至。[45]

民国初年的中国，遍地军阀，有枪便是草头王，陈炯明虽然手握兵符，却倾心于文化事业，堪称中国唯一的“新文化将军”，上马能托着五百支枪与北洋政府作战，下马能办报、办学、写诗作文，纵论天下大势。

广州曾经是安那其的重要根据地。1912年，安那其泰斗刘师复在广州西关建立“晦鸣学舍”，创办《晦鸣录》周刊（第三期更名《民声》），印发《无政府主义粹言》、《无政府主义名著丛刻》等书，提出安那其八条纲领：共产主义；反对军国主义；工团主义；反对宗教主义；反对家族主义；素食主义；语言统一；万国大同。

陈炯明与刘师复是生死朋友（暗杀团的同志），但刘师复倡导的“个人进德”十二戒律（不食肉；不饮酒；不抽烟；不用仆役；不乘坐人力车轿；不婚姻；不称族姓；不作官吏；不作议员；不入政党；不作海陆军人；不奉宗教），陈炯明却没有遵守，他既结过婚，也爱抽烟，既做过议员，又入过党，做过军人、官吏。他说："罪恶的包袱，丢掉固难，肯背起它更难，师复教人丢，让我背上一辈子吧。"和当年蔡元培到北大一样，抱着一种"我不入地狱，谁入地狱"的心态。在这个恶浊的国度，作为封疆大吏，陈炯明的私德，是无可挑剔的，生活刻苦，廉洁自持，不蓄私财，不纳妾，不嫖不赌，自命不知钱是何物，并不知女色为何事。

当五四运动的浪潮席卷大江南北之际，陈炯明致书晦鸣学舍旧人，邀请他们全体赴闽，协助他开展新文化运动。一批安那其主义者，在华南区社会主义者同盟的主持人梁冰弦率领下，于秋天携同印刷器材、文字工作者、教育工作者、排印技工，"热烘烘地向那小王国去"了（梁冰弦语）。陈炯明交给他们的工作，就是"办书局印刷刊行书报"。

1919年12月1日，《闽星》杂志正式创刊，陈炯明亲撰发刊词。他提出一种"全人类社会主义"，便是出自安那其主义的主张：

> 世界人类，本来各有博爱本能。既然晓得爱国，何不教他充其本能，去爱全人类社会？能爱全人类社会，就不会把他历史上构成民族关系的一部分人类的感情完全丢掉了。况且这部人类有了历史关系，必然欢迎他的努力。若是目前的民族受了压迫，我们就是先其所急，来救济他，也是和世界的努力，没有冲突的。就形式上观察，亦与其他民族的感情没有丢掉的。那么"全人类社会"主义，岂不是较善的主义吗？

陈炯明宣示《闽星》的宗旨："我们既然要为世界努力，便当先从改造中国做起，改造中国，又要先从思想界改造起，这就是我们努力世界问题的一个步骤了。闽星社同人见得这个道理，发行半周刊，介绍世界新潮，阐明吾党主义，帮同社会上同志，为新文化的运动，即为思想界的改造，使人人都随着我们在进化线上走去，知道世界的演进，中国是负了一个极重的责任。由是用经营世界的精神，来创造中国的新生命。思想一变，新机大来，前途光明，没有穷极，这是本报的职务，也是本报的希望。”[46]

他的白话诗，也写得十分有气势：

地中海的风浪平了！
大西洋的风浪又起。
起时无数平民哭声高，
落时几个帝王卷入波涛去。
这场祸水，正惊魂甫定了。
谁知道汪汪的太平洋，耐不住波平如砥。
东边的大陆，
中间的岛国，
望着潮头，说是早晚必至。
……[47]

1920年元旦，《闽星日刊》以“红年大热”为标题，祝贺苏俄十月革命成功。陈炯明不但赞成五四运动的宗旨，而且在闽南付之实践。一时间，“‘过激派’蔓延到八闽去了”的谣言，甚嚣尘上。然陈炯明的成绩，甚至把北京大学最激进的学生也吸引来参观。他们到漳州游览后，在《北京大学学生周刊》上盛赞，漳州所实行的措施，“共产时代当亦不过如此”，甚至把漳州称为“闽南的俄罗斯”。[48]

梁冰弦说：“这里想要作成一个独立的自治区——武装自治区，抵御任何势力的侵入，区内集中全力于教育和生产，从而引导民众涤除旧染。逐步转向较合理的生活，而且训练大家参与实际政治。全国尽管动乱纷纭，希望这一角落，打好一个民主化政治的基础。一个角落如果弄得好，相信对全国没有不生影响之理。影响所及，民众抬头，乱国的军阀便难立足，这可以说是这里的革命策略。革命的对象，简单说就是民主的破坏者、障碍者；革命的目标，简单说是民主政治和社会主义经济。”

有一回，梁冰弦以安那其同人的身份，诚恳奉劝陈炯明，不如自动把什么总司令丢进垃圾桶，自己宣告回复清白的平民身份，正正经经干社会工作，其影响于人心更大。陈炯明大笑说："我最看不起只能独善其身的君子，好人有余，成事不足，我倒反过来劝你努力期成一个总司令，不要好人偏放弃权力，让坏蛋予取予求，世事原来多半是秀才弄糟的。"[49]

梁冰弦的文人心态，反映了中国社会的一种成见，即以为新文化运动就是几个文人的事情，其实，如果论写文章、论办杂志、论对新文化的热忱与推广、论对科学与民主的接受程度，沈尹默、吴虞、易白沙诸人，不及陈炯明万一，但在史书上，他们一个个成了新文化运动的"干将"，而陈炯明却只不过是"受到新文化运动感染"的人，无非因为他是军人，而且最后是与孙文分道扬镳的军人。

陈炯明并不认为，只有托起五百支枪去打北京那些败类，才叫贡献社会。投资教育，开发智力，为明天培育人才，方为真正的千秋大业。所以，在各项地方建设中，他最注重推行现代教育，出版计划一旦略有眉目，便委任梁冰弦为漳州教育局长，锐意推行新教育。但在这个偏僻的南方小城里，却遇到了重重困难，最大的困难，就是人才匮乏。

1919 年 8 月，上海《申报》的记者到漳州采访陈氏时，他说："余以为救中国之危亡，非急施以一种平民的精神教育，以促国民自觉自决，而图根本之改造不为功。余在漳亟欲借此以为试验。奈窒碍殊多，经费竭蹶，就是当头一棒；人才缺乏也其一因。譬如教育，各科教师，人固知必择务系某校毕业者，曾学某专门者，惟对于国文则莫取资于村中之老秀才，殊不知今日文字革新，单聘这些老先生授几首机械的古文，则与昔塾师授孩童以十三经又何异。此弊，余极欲革除之，惜无相当之人才。"[50]

因此，他有一个宏愿，就是广揽海内外人才，在南方创办一所现代大学，改变南方教育落后的现状。9 月，他在漳州发布《振兴教育令》，把改良县教育行政和学校教育，积极办理义务教育、社会教育和职业教育，列为当务之急。9 月 21 日，他致电广州军政府说："吾国教育只有北京一大学粗备规模，不足容纳国内英俊，使之竞趋学术，少逐政潮。”因此，他建议“以为军府诚宜倡建护法大学一所，即以存款全数，或提出一百万两为发起基金，再饬各省凑拨数十万，并由海内外设法募捐，则二、三百万巨资当可立集。校地或在广东，或在上海，择善而从”。[51]

他向海外的中国留学生发出呼吁：“欧战告终，潮流竞进，世界人类将谋均等幸福，我国若不急起直追，无由适应，顾以内政不良，频年扰乱，军人政客为厉之阶。欲求根本解决，自非振兴教育，网罗英进，使之竞趋学术不可。是以有请军府提拨存款，倡建大学之议。诸君留学西洋，返哺祖国，荷承赞同，殊深感佩。”[52]

12月，军政府政务会议通过了陈炯明的提议，拨关余100万筹办西南大学，委托章士钊、汪精卫为筹备员。所谓关余，乃指全国海关税收，根据《辛丑条约》，除支付外债本息及庚子赔款外，所有余款，即是关余。以前关余是归中国政府的，现在中国有南北两个政府，大家都在抢这笔收入。南方政府费尽九牛二虎之力，才争取到西方各国驻华使团答应将一部分粤海关关余归广东军政府。

陈炯明唯恐军政府口惠而实不至，遂今天一电，明天一函，催促军政府：“惟大学需费尚巨，伏恳请议定分省筹捐，立可凑集，并早日决定地点、委任人、筹办人员，克期进行，是为至盼。”[53]粤军愿在十分艰苦的条件下，节衣缩食，凑集五万元，作为筹办西南大学的经费，希望能带动其他各省。

1920年2月，陈炯明在漳州召开护法区二十六县的县长暨教育科长会议，区内各省立、县立学校校长、教育会长、劝学所长，共聚一堂，听取各县教育概况的报告，各人提出改进教育的建议，俾集思广益。梁冰弦记述会议中几个小插曲：

> 会议中有来自边区僻县的校长，竟提议派员赴苏俄考察那新兴社会主义国家的教育政策。那时候欧美各国还对苏经济封锁，中国朝野多掩耳不愿闻“过激主义”，这一提议人登时为视线所集，案子

当然遭否决。

会议之第三日，吴稚晖、李石曾和胡汉民联翩至漳，欣然作临时讲演。吴老大谈文字逐步改革，盛倡采用注音字母。李老大谈青年赴法勤工俭学，贤明父母为子女移家就学。展堂（胡汉民）则大谈革命哲学，民主革命之方法与目的。[54]

群贤毕至，少长咸集，会议开得很热闹。但陈炯明知道，漳州虽好，不是久留之地，这地方最后是要交回给福建人的。陈炯明的梦想，是把广东建设成一个全国的模范省。从长远来看，着眼点还是办西南大学。他要兴办教育，首先想到了陈独秀。他从报上得知陈独秀被京师警察厅拘押，保释在外，便有意把他请来南方。

陈炯明与陈独秀有很多相似之处，都是秀才出身，都干过暗杀团，都有强烈的反对国家主义倾向，陈独秀 1918 年写的《偶像破坏论》，与陈炯明 1919 年写的《〈闽星〉发刊词》，二者对国家的论述，如出一辙。陈炯明是安那其主义者，陈独秀虽然没有公开信仰安那其主义，但至少在 1920 年以前，他思想中的安那其色彩，十分浓厚。

梁冰弦受陈炯明之托，写信给陈独秀，力邀他到漳州主办教育。陈炯明又一再致电广州、北京，要求切实保护陈独秀出京。他向北京国务院秘书厅提出："此次提议西南创办大学，经函约陈独秀来与议，顷闻陈君在京被羁，殊与筹办大学有所障碍，希迅饬保护出京赴沪，并请惠复。"[55]

陈独秀出了北大的研究室，入了京师警察厅的局子，虽说是"人生最高尚优美的生活"，但内心的苦闷，莫可名状。他的精神就像一根绷得太紧的弦，快要断裂了。他在给梁冰弦的信中怒吼："我期望着以布尔什维克的魄力和手段来革中国贫穷愚蠢孱弱的命，必先使次殖民地翻过身来，方才配张望前进之路。"[56]

逃往南方，酝酿组党

陈独秀这时仍在保释期间，定时要向警方报告，不能随便离开北京。而南方却已扫径以待，向他频频招手。章士钊、汪精卫邀请他与蔡元培、吴稚晖一起筹办西南大学，并托蔡元培促陈独秀南下广东。北京这片伤心地，对陈独秀来说，已了无可恋，不禁跃跃欲试，把目光投向了五岭之南，一心想到南方另辟新天地。

陈独秀复电章士钊，表示愿意南下，约定先到上海，再乘船赴粤。章士钊在上海迎接陈独秀。一旦决定走人，陈独秀便一天也待不住了，一面在家起草《西南大学组织大纲》，一面秘密筹划南下行程。

其时高一涵已去了日本；胡适陪同杜威到济南演讲，也不在北京，1920年1月5日回京后，即与陈独秀面谈。1月22日下午至傍晚，胡适两度造访陈宅，当时华中地区有几所大学聘请胡适去做学术讲演，但他正为杜威做翻译，分身无术，所以转荐陈独秀前往，对方表示欢迎。他们谈论的，大概就是陈独秀离开北京的方法。

陈独秀的行踪十分秘密，他究竟是哪一天离开北京，无记录可查。但1月29日，陈氏身影，已出现在上海法租界环龙路老渔阳里2号了。

陈独秀与章士钊、吴稚晖、汪精卫等人见面。汪精卫刚从漳州来，转达了陈炯明对办大学的意见。现在万事俱备，只欠东风（经费）。

浙江督军卢永祥乃皖系大将，陈独秀在上海并不安全，故不敢逗留太久，和南方客人见过面后，立即乘大通轮由上海转赴武汉，2月4日下午，顶着漫天雪花，在汉口登岸，下榻文华书院。2月5日，应武汉学联文华学生协进会之邀，陈氏在文华学校做《社会改造的方法与信仰》的演讲，他主张社会改造方法是：

一、打破阶级的制度，实行平民社会主义，人人不要有虚荣心；

二、打破继承的制度，实行共同劳动工作，不使无产的苦、有产的安享；

三、打破遗产的制度，不使田地归私人传留享有，应归为社会的共产，不种田地的人，不应该享有田地的权利。

在讲到信仰问题时，他提出两点："一、平等的信仰；二、劳动的信仰。人人应该受教育，应该常劳动，心理上总有平等的劳动与劳动的革命。"他说现在虽然还不到流血革命的时候，但要开始研究革命的方法与信仰，一旦"到了那个可以革命的时机，我们就非要与那恶魔奋斗不可"。[57]

2月6日，陈独秀应文华书院邀请，参加该校的毕业典礼，并发表演讲。2月7日又应汉口青年会邀请，在武昌高等师范学校演讲《新教育的精神》，各界人士和议会议员都有出席。会后他还和议员们见面，交换教育方面的意见。

陈独秀在武汉频频高调出席各种公开活动，并不在乎自己的行踪被官方知道，似乎显示出，他已决定不再回北京了。湖北督军王占元是直系军阀的"长江三督"之一，与皖系军阀矛盾殊深。陈独秀大概认为他在武汉是安全的。讵料，"湖北官吏对于陈氏主张之主义，大为惊骇，令其休止演讲，速去武汉"。[58]这时西南大学的经费，尚未有着落，陈独秀既不能在武汉待下去，又不能南下，也不想回上海，其行踪既已暴露，去上海等于自投罗网。他想来想去，只能冒险踅返北京。

2月7日下午，陈独秀继续参加堤口下段保安会召开的欢迎会，发表演讲，会后出席了一个讨论会，主张武汉市参考美国城市的自治办法实行自治。当晚7时，陈独秀赴普海楼出席武昌学界的宴会。宴会后与北京学生代表刘大渠等人，从大智门火车站跳上北去的火车，连夜赶回北京。

果然，陈独秀一回到北京，就遇上麻烦了。警方从武汉的报纸，知道他离开了北京，立即派人登门查访。据胡适说：

> 独秀返京之后正预备写几封请柬，约我和其他几位朋友晤面一叙。谁知正当他在写请帖的时候，忽然外面有人敲门，原来是位警察。

"陈独秀先生在家吗?"警察问他。

"在家,在家。我就是陈独秀。"独秀的回答倒使那位警察大吃一惊。他说现在一些反动的报纸曾报道陈独秀昨天还在武汉宣传"无政府主义";所以警察局派他来看看陈独秀先生是否还在家中。

独秀说,"我是在家中呀!"但是那位警察说,"陈先生,您是刚被保释出狱的。根据法律规定,您如离开北京,您至少要向警察关照一声才是!"

"我知道!我知道!"独秀说。

"您能不能给我一张名片呢?"

独秀当然唯命是听;那位警察便拿着名片走了。独秀知道大事不好。那位警察一定又会回来找麻烦的。所以他的请帖也就不写了;便偷偷地跑到我的家里来。警察局当然知道陈君和我的关系,所以他在我的家里是躲不住的。因而他又跑到李大钊家里去。

大家觉得,警察一旦发现陈独秀不见了,一定到处查找,李大钊家也不安全。胡适、李大钊又急忙把陈独秀送到府右街 12 号的王星拱家中躲避。王星拱是北大同事,又是陈氏的安徽同乡。不出所料——

警察不知他逃往何处,只好一连两三天在他门口巡逻,等他回来。[陈独秀知道家是回不成了,]他乃和李大钊一起离开了北京,从此便一去不复返了。[59]

对陈独秀的出逃,高一涵也有一段引人入胜的描写:"当时同李大钊计划:想保护陈独秀出京的安全,万万不能乘坐火车或小汽车出京。李大钊挺身而出,自愿护送陈独秀从公路出走。因李大钊是乐亭人,讲的是北方话,衣着又朴素,很像生意人。就在王星拱家里准备一切。时当阴历年底,正是北京一带生意人往各地收账的时候。于是他两个人雇了一辆骡车,从朝阳门出走南下。陈独秀也装扮起来，头戴毡帽，身穿王星拱家里厨师的一件背心，油迹满衣，光着发亮。陈独秀坐在骡车里面，李大钊跨在车把上。携带几本账簿，印成店家红纸片子。沿途住店一切交涉，都由李大钊出面办理，不要陈独秀张口，恐怕漏出南方人的口音。因此，一路顺利地到了天津，即购买外国船票，让陈独秀坐船前往上海。李大钊回京后，等到陈独秀从上海来信，才向我们报告此行的经过。”[60]

故事写得生动细致，栩栩欲活，连陈独秀的衣服“油迹发亮”的细节，也捕捉到了。可问题是，当时高一涵并不在国内，这段描写，是听谁说的呢？李大钊“向我们报告此行的经过”时，他还在日本吃着冰冷的饭团子呢。不过这段他不在现场的“孤证”，却成了无数史家、文学作家引用的材料。

李大钊陪陈独秀逃到天津，两人握手而别，陈独秀乘火车（而不是坐船）转去上海，李大钊则返回老家。关于李大钊护送陈独秀离京过程中，发生过什么事情？他们交谈过什么？引起后人诸多猜测，高一涵的文章《李守常先生传略》里说，陈、李二人在途中“计划组织中国共产党”。[61]于是，1979年出版的《李大钊传》也说，他们在路上“商讨了有关建党的问题”，[62]这场没有第三者在场的谈话，又是怎么传出来的呢？原话是怎么说的？全不知晓，但同样被史家广泛引用，“南陈北李，相约建党”，遂成不刊之论。

2月12日，陈独秀抵达上海，一下火车就感冒了，在旅舍里躺了几天。2月14日，他致电吴炳湘：“夏间备承优遇，至为感佩，日前接此间友人电促，前来面商西南大学事宜，匆匆启行，未及报厅，颇觉歉仄，特此专函补陈，希为原宥，事了即行回京，再为面谢，敬请勋安。”[63]有人想当然地以为，这是陈独秀故意调侃北京警方，其实不然，陈独秀在狱中颇得吴氏回护，现在弃保潜逃，无疑给这位安徽同乡制造了麻烦，内心有所不安，专电致歉，倒是更有可能的。

1920年春，一位叫布鲁威的布尔什维克党人，通过安那其主义者郑佩刚、黄超海，与李大钊、陈独秀联系上。布鲁威自称是研究中国《诗经》的专家，在天津居住多年，以学习中文为名，介绍许多向往苏俄的中国青年，前往苏俄。据梁冰弦说，李大钊和陈独秀在天津、北京期间，与布鲁威见过几次面，“结果产生一‘社会主义者同盟’，没有分什么派系壁垒，只要是倾向同一大目标的都先团聚起来，共推陈独秀为领导者，北大和其他大学学生，投身这旂下的众多而热烈”。[64]

这个春天对陈独秀来说，大半时间都在颠沛流离之中，他何时何地与这位布鲁威见面，并讨论组织“社会主义者同盟”，殊难稽考。但有一点可以肯定，这次离开北京，是陈独秀改变一生的决定。“自此以后陈独秀便与我们北大同人分道扬镳了。”几十年后，胡适感叹系之地说，“在上海陈氏又碰到了一批搞政治的朋友——那一批后来中国共产党的发起人。”[65]

另敲锣鼓另开张

陈独秀南下之初，对办西南大学，确实抱有种种憧憬。他在上海接受记者采访时说，这次到上海来，依然准备赴广州任职。他对南方有很高期待，觉得广州的政治空气比北京要好，广东人民性格活泼勇健，其受腐败空气之熏陶或不如北京之盛，“改造广州社会，或轻易于北京，故吾人此行，殊抱无穷希望也”。[66]

陈独秀说，黄河流域有北京大学，长江流域有复旦大学，唯珠江流域完全缺乏，为国家教育配置，应在广州设一大学，以启发珠江文化。他甚至对大学的规模设置和预算，都有了具体计划：“我们当初对于西南大学怀着三个希望：一、开办费六十万元常年八万元的理化试验所。二、开办费三十万元常年费三万元的图书馆。三、常年费十万元的编译处。图书馆和理化试验所自然都是公开的，供给社会的要求，不为一校学生所独有。此外实行男女同校，附设工厂实行学生半工半读，也是我们重要的希望。”[67]

如果西南大学能够顺利办成，陈独秀能够到西南大学任教，继续当教书匠，或许他的下半生会完全改观，而中国历史也可能是另外一种写法。可惜，东风不与周郎便，历史注定要朝另一个方向走去，千山万水阻不住。

当时广州军政府由桂系把持，与孙文、陈炯明等国民党人，水火不容，只欠一战。国民党不想把大学办到桂系的地盘里，桂系也不想让国民党在他们的地盘里办大学。陈独秀急于南下，却偏迟迟不能成行。

汪精卫、章士钊、吴稚晖提议，西南大学不如设在上海租界，或干脆到巴黎办一所中国大学。这给陈独秀兜头浇了一大盆冷水，他表示绝对反对，我们不信赖中国政府，难道就必求依赖外人吗？如此，“则全国大小学校，非尽迁入租界不可”，“寄生外人肘下，精神为莫大痛苦”，[68]就算办成，也没有什么价值。

陈独秀急得如热锅上的蚂蚁。其实，他对广东的复杂情况，并不太了解，只想尽快跳出上海这个龌龊泥潭。但世上不如意事，十常八九，3 月 5 日，章士钊从广州来电称，西南大学大纲已经政务会议通过，校址将设于上海，请陈氏不必赴广州。陈独秀极为不满。3 月 22 日，章士钊、吴稚晖、李石曾到上海会见陈独秀，做劝服工作。

熟悉西南政局的人，无不十分悲观。3 月 30 日，孙文宴请陈独秀、吴稚晖、胡汉民、汪精卫、戴季陶等人。陈独秀和孙文说起筹办西南大学的事，孙文断然表示，要在广州办大学，非先把桂系赶走不可。他正不断催促陈炯明回师广东，驱逐桂系。孙文与桂系之间的矛盾，最后一定要用武力解决。章士钊摇头叹气说：“广东没有十年是不会平静的。”陈独秀最后也只能接受现实，同意西南大学设在上海同济大学原址。

陈独秀望眼欲穿，等来的消息，却令人沮丧。筹备西南大学的经费，原定从广东关余拨出。关余由军政府总裁兼外交、财政部长伍廷芳博士管理。迄今已接收了两笔，统汇入香港上海汇丰银行沙面分行。

后来总裁岑春煊、督军莫新荣主张将关余移作军费，伍廷芳拒绝拨付。伍博士是广东人，被视为孙文的朋友。桂粤两系的矛盾，旧患未愈，又添新伤。3 月 29 日，伍氏弃职潜逃，卷走了一百八十余万关余，用作支持与桂系决裂的国会议员赴沪开会的费用。军政府一怒之下，延聘律师在香港起诉伍廷芳，闹出了一宗国际大丑闻。而其他未付的关余，则被外交使团冻结。

关余没了，大学也就办不成了。陈独秀滞留上海，前不着村，后不着店，他在给友人的信中，愤然写道："为了无名义的私利的政争，把经费破坏了，我们这些希望，都等于一场好梦，几时想起，几时便令人心痛。各处来信问西南大学的很多，我因为除免痛苦，一概不复，实在对大家不起。"[69]

他愈想去广东，就愈觉得上海乌七八糟，在他眼里，简直一无是处。他所感受到的上海，令他痛苦不堪：

> 上海社会，分析起来，一大部分是困苦卖力毫无知识的劳动者；一部分是直接或间接在外国资本势力底下讨生活的奸商，一部分是卖伪造的西洋药品卖发财票的诈欺取财者；一部分是淫业妇人；一部分是无恶不作的流氓，包打听，拆白党；一部分是做红男绿女小说，做种种宝鉴秘诀，做冒牌新杂志骗钱的黑幕文人和书贾；一部分是流氓政客；青年有志的学生只居一小部分，——处在这种环境里，仅仅有自保的力量，还没有征服环境的力量。
>
> 像上海这种龌龊社会，居然算是全中国舆论底中心，或者更有一班妄人说是文化底中心；上海社会若不用猛力来改造一下，当真拿他做舆论和文化底中心，那末，中国底舆论和文化可真糟透了；因为此时的上海社会，充满了无知识利用奸诈欺骗的分子，无论什么好事，一到了上海，便有一班冒牌骗钱的东西，出来鬼混。
>
> 流氓式的政客，政客式的商会工会底利用手段更是可厌，我因此联想到国民大会如果开得成，总以不在上海开会为宜。[70]

后来他又写了再论、三论、四论上海社会，把上海骂得一塌糊涂，恨不得把它翻个底朝天。在这样一个昏天黑地的社会上，陈独秀，一个愤世嫉俗者，怀着满腔的怒火，没有职业，裘敝金尽，靠写文章、编杂志、到处演讲为业。从下面的一份日程表，可以一窥陈独秀在上海的忙碌情形：

3月20日，在青年会征求会员大会闭幕典礼上演讲《新文化运动是什么》。

3 月 29 日，在江苏教育会演讲《教育的缺点》。

4 月 2 日，在上海船务栈房工界联合会成立大会上演讲《劳动者的觉悟》。

4 月 18 日，参加由中华工业协会、中华工会总会、电器工界联合会、中华全国工界协进会、中华工业志成会、船务栈房工界联合会、药业友谊联合会发起的世界劳动纪念大会筹备会，发表演讲《劳工旨要》。

4 月 21 日，在中国公学演讲《五四运动的精神是什么》。

5 月 1 日，参加上海澄衷中学举行的庆祝“五一”国际劳动节大会。

他从这个演讲会场，赶往下一个演讲会场，滔滔不绝，慷慨激昂，从文化运动讲到社会运动，从工人生活讲到官场黑暗，从废督裁兵讲到平民教育，从国内讲到国外，把听众的情绪，一次次推向高潮。“罪恶、黑暗、觉悟、革命、奋斗、压迫、反抗、恐怖、解放”，这些名词意象，纷至沓来，在他的脑子里，整天轰轰作响，好像雷电一般。他不断向到访的学生领袖（包括罗家伦、张国焘、许德珩等人）表示，中国一定要走俄国革命的道路，彻底推翻军阀主义。这时，一个职业革命家的形象，已呼之欲出。

陈独秀把 5 月 1 日出版的《新青年》做成劳动节纪念专号，比平时的《新青年》厚了两倍。他亲自写了《上海厚生纱厂湖南女工问题》、《劳动者的觉悟》等文章，主张中国工业的发展，不应走欧美日本的道路，而应采用社会主义制度；又发表了李大钊的《五一运动史》、高君宇的《山西劳动状况》、李次山的《上海劳动状况》，以及《俄罗斯苏维埃联邦共和国劳动法典》，苏俄政府第一次对华宣言等文献、文章，还有一组关于工人的劳动时间、工资、教育等问题的通信。

谷雨过后，上海的雨水渐渐多起来了。毛泽东从北京启程到上海，为新民学会到法国去勤工俭学的会员送行。5 月 5 日抵达上海，住在哈同路民厚南里。5 月 8 日，毛泽东在半淞园开了一天会，送别赴法会友，并讨论会务。大家议定介绍新会友的四个条件：纯洁、诚恳、奋斗、服从真理。“这日的送别会，完全变成一个讨论会了。天晚，继之以灯。但各人还觉得有许多话没有说完。”[71]

送走了出国的会友之后，毛泽东和朋友们租了几间房子，兴致勃勃，要躬行工读互助团的生活。所谓工读互助团，最初由蔡元培、陈独秀、胡适、李大钊等人在北京发起，在青年学生中，风行一时，其宗旨是本互助的精神，实行半工半读。团员工作所得归团体所有，团员的生活必需品及教育费、医药费等由团体供给。“互助”是安那其主义的核心价值之一，当时流行的“工读互助”，大都有安那其背景。陈独秀到上海后，积极支持上海工读互助团，建议团员可以做印刷装订、种菜等工作，读书可到复旦大学。

毛泽东也捋起衣袖，准备亲操井臼，一尝洗衣服和送报纸的滋味，但没做几天就停止了。他给北京的朋友写信说：“工读团殊无把握，决将发起者停止。”[72]不仅毛泽东觉得工读互助搞不下去，其他的工读互助活动，也很快趋于冷却。陈独秀一针见血地说：工读互助团的失败，“完全是因为缺乏坚强的意志、劳动习惯和生产技能三件事；这都是人的问题，不是组织的问题”。[73]

陈独秀渐渐觉得，中国需要的不是工读互助，而是“直接行动，革那资产阶级据以造作罪恶的国家、政治、法律的命”！他和毛泽东在细雨纷飞的上海见面，这是他们第二次见面，一起讨论马克思主义及组织“改造湖南联盟”的计划。

随后，毛泽东和他的湖南朋友们，草拟了《湖南人民自决宣言》，在上海的《天问》周刊及《时事新报》上发表。在其后的十几天内，毛泽东在《申报》发表《湖南改造促成会发起宣言》；在《时事新报》连续发表《湖南人再进一步》、《湘人为人格而战》、《湖南改造促成会复曾毅书》等文章，阐明他的政治主张。

7月初，当毛泽东告别陈独秀，从上海回湖南时，炎炎夏天已经来了，“1920年夏天，”毛泽东说，“我已经在理论上和在某种程度的行动上，成为一个马克思主义者，而且从此我也自认为是一个马克思主义者了。”[74]

中国的许多马克思主义者，都在这一年，纷纷破蛹而出。

注释

1. 蔡元培《回任北大校长在全体学生欢迎会上的演说词》。《北京大学日刊》第 443 号，1919 年 9 月 22 日。
2. 高一涵《回忆五四时期的李大钊同志》。《五四运动回忆录》，中国社会科学出版社，1979 年版。
3. 金毓黻《李大钊与五四运动》。《观察》第 6 卷第 13 期，1950 年。
4. 朱洪《陈独秀与中国名人》。中央编译出版社，1997 年版。
5. 周谷城《五四运动与青年学生》。《解放日报》1959 年 5 月 4 日。
6. 蔡元培《不肯再任北大校长宣言》。《蔡元培全集》（三），中华书局，1984 年版。
7. 冯友兰《三松堂自序》。《三松堂全集》（一），河南人民出版社，2000 年版。
8. 胡适《蔡元培以辞职为抗议》。《努力周报》第 38 期，1923 年 1 月 21 日。
9. 陈独秀《研究室与监狱》。《每周评论》第 25 号，1919 年 6 月 8 日。
10. 京师警察厅档案《陈独秀被捕卷》。
11. 高一涵《李大钊同志护送陈独秀出险》。《文史资料选辑》第 61 辑，1963 年。
12. 《胡适口述自传》。华东师范大学出版社，1993 年版。
13. 胡适《陈独秀与文学革命》。《五四运动回忆录》，中国社会科学出版社，1979 年版。
14. 罗章龙《红楼感旧录》。《团结报》1983 年 6 月 25 日。
15. 上海《民国日报》1919 年 6 月 17 日。
16. 以上引文均见《陈独秀被捕资料汇编》。河南人民出版社，1982 年版。
17. 《北京档案史料》1986 年第 1 期。
18. 毛泽东《陈独秀之被捕及营救》。《湘江评论》创刊号，1919 年 7 月 14 日。
19. 叶景莘《巴黎和会期间我国拒签和约运动的见闻》。《中华文史资料文库·政治军事编》（二），中国文史出版社，1996 年版。
20. 《顾维钧回忆录》（一）。中华书局，1983 年版。
21. 胡适《七千个电报》。《每周评论》第 29 号，1919 年 7 月 6 日。
22. 张国焘《我的回忆》（一）。东方出版社，1991 年版。
23. 罗家伦《蔡元培时代的北京大学与五四运动》。台湾，《传记文学》第 54 卷第 5 期，1978 年 5 月。
24. 张国焘《我的回忆》（一）。东方出版社，1991 年版。
25. 胡适《爱情与痛苦》。《每周评论》第 28 号，1919 年 6 月 29 日。
26. 《胡适书信集》（上），北京大学出版社，1996 年版。
27. 《申报》1919 年 7 月 25 日。
28. 罗家伦《一年来我们学生运动底成功失败和将来应取的方针》。《新潮》第 2 卷第 4 号，1920 年 5 月。
29. 《益世报》1919 年 7 月 14 日。

30. 胡适《我的歧路》。《胡适文集》（三），北京大学出版社，1998 年版。
31. 胡适《在台北市报业公会欢迎会上演讲记录》。《胡适言论集》（乙编），台湾，华国出版社，1953 年版。
32. 胡适《研究些问题，少谈些主义》。《每周评论》第 31 号，1919 年 7 月 20 日。
33.《胡适口述自传》。华东师范大学出版社，1993 年版。
34. 李大钊《再论问题与主义》。《每周评论》第 35 号，1919 年 8 月 17 日。
35.《胡适口述自传》。华东师范大学出版社，1993 年版。
36. 陈独秀《主义与努力》。《独秀文存》，安徽人民出版社，1987 年版。
37. 胡适《我的歧路》。《胡适文集》（三），北京大学出版社，1998 年版。
38. 高一涵《李大钊同志护送陈独秀出险》。《文史资料选辑》第 61 辑，1963 年。
39. 李葆华《怀念父亲李大钊》。《我的父辈与北京大学》，北京大学出版社，2006 年版。
40.《胡适口述自传》。华东师范大学出版社，1993 年版。
41. 李大钊《欢迎独秀出狱》。《新青年》第 6 卷第 6 号，1919 年 11 月 1 日。
42. 唐宝林、林茂生《陈独秀年谱》。上海人民出版社，1988 年版。
43. 唐宝林、林茂生《陈独秀年谱》。上海人民出版社，1988 年版。
44. 上海《民国日报》1919 年 6 月 2 日。
45. 上海《民国日报》1919 年 6 月 21 日。
46. 陈炯明《〈闽星〉发刊词》。《闽星》第 1 卷第 1 号，1919 年 12 月 1 日。
47. 陈炯明《太平洋》。《闽星》第 1 卷第 4 号，1919 年 12 月 11 日。
48.《五四时期期刊介绍》，三联书店，1978 年版。
49. 梁冰弦（海隅孤客）《解放别录》。台湾，文海出版社，1978 年版。
50.《申报》1919 年 8 月 17 日。
51. 上海《民国日报》1919 年 10 月 27 日。
52. 陈炯明《复广东西洋留学生联合会电》。《西洋留学生会季刊》第 1 期，1919 年。
53. 香港《华字日报》1919 年 12 月 16 日。
54. 梁冰弦（海隅孤客）《解放别录》。台湾，文海出版社，1978 年版。
55.《国务院秘书厅公函（第七十五号）》。《鲁迅研究资料》（二十一），中国文联出版社，1989 年版。
56. 梁冰弦（海隅孤客）《解放别录》。台湾，文海出版社，1978 年版。
57.《国民新报》1920 年 2 月 12 日。
58.《汉口新闻报》1920 年 2 月 9 日。
59.《胡适口述自传》。华东师范大学出版社，1993 年版。
60. 高一涵《李大钊同志护送陈独秀出险》。《文史资料选辑》第 61 辑，1963 年。
61. 高一涵《李守常先生传略》。汉口《民国日报》1927 年 5 月 24、25 日。
62.《李大钊传》。人民出版社，1979 年版。
63. 京师警察厅档案《陈独秀被捕卷》。

64. 梁冰弦（海隅孤客）《解放别录》。台湾，文海出版社，1978 年版。
65.《胡适口述自传》。华东师范大学出版社，1993 年版。
66. 陈独秀《关于西南大学的谈话》。上海《民国日报》1920 年 2 月 23 日。
67. 陈独秀《答高铦》。《独秀文存》，安徽人民出版社，1987 年版。
68. 陈独秀《关于西南大学的谈话》。上海《民国日报》1920 年 2 月 23 日。
69. 陈独秀《答高铦》。《独秀文存》，安徽人民出版社，1987 年版。
70. 陈独秀《上海社会》。《独秀文存》，安徽人民出版社，1987 年版。
71. 毛泽东《新民学会会务报告》第 1 号。《新民学会资料》，人民出版社，1980 年版。
72. 毛泽东致黎锦熙信。《毛泽东书信选集》，中央文献出版社，2003 年版。
73. 陈独秀《工读互助团失败的原因在那里？》。《新青年》第 7 卷第 5 号，1920 年 4 月 1 日。
74.《毛泽东一九三六年同斯诺的谈话》。人民出版社，1979 年版。

第六章

尾声与楔子：革命来了！

一个幽灵，共产主义的幽灵，在中国徘徊

陈独秀远离了新青年的旧同人，在上海，他结识了一批新同人：日本中央大学法科毕业的陈望道（第一个汉文全译本《共产党宣言》的翻译者）、日本东京帝国大学毕业的李汉俊、上海商务印书馆编译所的沈雁冰、刚从日本回国的李达等人，后来都成了中国共产党人。他们的加入，加速了陈独秀的思想变化，《新青年》越来越向左转了，成了一本宣传马克思列宁主义的杂志，共产主义小组、共产党的组织，在上海，亦已开始破土萌芽了。

1919年底，苏俄密使波特波夫，穿过西伯利亚的风雪，来到十里洋场上海。他的主要任务，不是联络陈独秀，而是和孙文商谈军事合作问题。他在上海待了四个月，与民族主义者、安那其主义者和共产主义者进行接触。但陈独秀对他没有留下什么印象。

这时的陈独秀，正站在一个历史的十字路口。接下来的《新青年》，应该怎么办？他不是没有迟疑的。4月26日，他写信给李大钊、胡适等人，告知他们《新青年》七卷六号5月1日即可出版，同时提出今后怎么办的问题：一、是否继续出版？二、如果继续出，对发行部初次所定合同已满期，有无应与交涉的事？三、编辑人问题，是由在京诸人轮流担任？还是由在京一人担任？或者由他在沪担任？

北京的同人们还没商量出个头绪，陈独秀在上海见到了来自苏俄的维经斯基（中国名字叫吴廷康），一切都改变了。

维经斯基，时任共产国际远东书记处主席团委员，俄共（布）远东局海参崴支部领导人。1920 年 3 月奉共产国际之命来到北京，肩负着在上海成立共产国际东亚书记处的任务，并推动在中国组建共产党的工作。经布鲁威介绍，与李大钊认识；再经李大钊介绍，到上海和陈独秀会面。

这时，“社会主义者同盟”已经成立，共推陈独秀为盟主。华中区负责人是陈独秀、李汉俊、郑佩刚等人；华南区负责人是梁冰弦、刘石心等人；华北区的负责人为李大钊、黄凌霜、华林等人。“社会主义者同盟”是一个松散的结合，合则来，不合则去，不受什么纪律约束。据郑佩刚说：“社会主义者同盟的性质是属于统一战线的组织，当时凡进行社会主义宣传的人，不分什么派别都可自愿参加。”[1]

如果不是遇到维经斯基，陈独秀很可能就走上安那其主义的道路，成为中国的安那其领袖了。

梁冰弦追忆：“社会主义同盟华北区有人提议充实组织并且直截径名中国共产党，已有过半数分子同意，华中区则赞同的仅十分之二三，而华南区则全体反对。”就社会主义同盟的思想与理论而言，“在华南的为纯蒲鲁东学派，不苟同于马，更何有于列？对布尔什维克，固许为先进勇士，却未必就是师傅。”梁冰弦说，“事实上华北华中全为陈独秀所左右，不遂他意的只有华南。但有一层，陈独秀对于党团运动，则主张布尔什维克化，而步骤仍在于民主政治的期成。”[2]

上海的舆论主力，与《新青年》立场较接近的，还有研究系的《时事新报》（张东荪主持）和国民党的《星期评论》（戴季陶主持）。大家你呼我应，我鼓你吹，一日百战，形成一个十分开放、热闹的言论氛围。共产党创始人之一的包惠僧说，“他们曾经有过这样的打算，把《新青年》、《星期评论》、《时事新报》结合起来，建立一个新中国革命同盟，并由这几个刊物的主持人联合发起组织中国共产党或是中国社会党。”[3]

维经斯基与陈独秀和他的朋友们见面，也邀请了张东荪参加座谈。维氏讲解了十月革命和马克思主义，如苏俄革命后，如何没收地主土地，如何把工业、矿山、交通、银行收归国有，如何成立国民经济最高会议，实行计划经济、军事共产主义。

> 维丁斯基当时讲话的大意是："中国现在关于新思想的潮流，虽然澎湃，但是第一、太复杂，有工团主义，有社会民主主义，有基尔特社会主义，五花八门，没有一个主流，使思想界成为混乱局势；第二、没有组织，做文章、说空话的人多，实际行动，一点没有。这样决不能推动中国的革命。"所以，维丁斯基"希望我们组织'中国共产党'"。[4]

维氏出于革命的本能，对这种"百家争鸣"的状态，十分不满，认为不利于革命，必须结束，代之以马克思主义作为思想界的主流，建立共产党组织，开始实际的革命行动。对一向主张旗帜鲜明，"不容匡正"的陈独秀来说，正合我意。仿佛在黑暗的隧道那一头，看到一线光明射来，大家眼睛闪闪发光，饱含憧憬。陈独秀听得心驰神往。

但张东荪却不以为然。他是非党派者，当初梁启超把进步党这么一个大党都解散了，还费劲重新搞什么社会党、共产党？研究系主张改良型的社会主义，中国目前并不具备实行共产主义的条件，更没有实行马克思主义的社会基础，张东荪反对在工业未发达的中国鼓动阶级斗争的罢工与怠工，也不赞同立即在中国建立共产党，进行社会主义的实际运动。所以他退了出来，不再参与陈独秀的组党活动了。

国民党的戴季陶原本是赞成的，但被孙文痛骂一通之后，也吓得退出了。现在，只剩下陈独秀和《新青年》的新同人们了。5月，陈独秀、李汉俊发起上海马克思主义研究会。陈独秀写信征求李大钊、张申府意见，党的名称，是叫社会党，还是叫共产党？李、张商量后一致认为，叫共产党！就这么定下来了。7 月 19 日，由维经斯基主持，在上海召开“中国积极分子会议”，即中国共产党上海发起组的预备会议。

> 当时陈独秀、李汉俊、沈玄庐等一致主张成立中国共产党。后来又有李达、俞秀松、施存统加入，于是他们完成了中国共产党的党纲草案，成立了中共临时中央，设在上海，推陈独秀任书记，并向国内外发展组织，相继成立了北京、上海、武汉、长沙、广州、山东等六个支部。[5]

8 月，由陈独秀、李汉俊、李达、陈望道、俞秀松、沈玄庐、施存统、杨明斋八人，组成了上海共产主义小组，由陈独秀任书记。在东亚书记处的指导下，成立了出版部、宣传报告部和组织部。《新青年》从一本打孔家店，提倡白话文的文史哲杂志，脱胎换骨，成了上海共产主义小组机关刊物，并创办了它的姊妹刊《共产党》月刊。

一年前，苏俄政府发表第一次对华宣言，“凡从前与日本、中国及协约国所订的密约，一律取消”；“凡从前俄罗斯帝国政府时代，在中国满洲以及别处用侵略的手段而取得的土地，一律放弃。”不要求赔偿，不侵略土地，废除秘密外交，撤废一切政治的经济的特权。[6] 中国各界纷纷致电苏俄政府，表达钦佩与感谢之情，并敦促落实承诺。亲俄成了一股新潮流。

上海《民国日报》说：“使中国人不能不兴奋，不能不感激。因为这空前的事业，实在是自有国家这个东西以来，任何民族，任何国家，所不愿作，不敢作的，又实在是全世界的平民，所大家希望的。”[7] 全国学生联合会的电报称：“我们自当尽我们所有的能力，在国内一致主张，与贵国正式恢复邦交”，“俾造成一个真正平等、自由、博爱的新局面”。全国各界联合会更代表全国人民，正式声明：“收回各项权利，庚子赔款；并恢复中俄两国人民之邦交”，“希望俄国人民再接再厉，作正谊人道之前驱”。[8]

1920 年 9 月 27 日，苏俄政府发表第二次对华宣言。这时的苏维埃政权，已在整个远东地区站稳了脚跟。苏俄的谋划，与一年前大不一样。这一年，来自苏俄的使者，水陆兼程，不绝于途。他们不是来废除不平等条约的，而是来为中国军队训练官兵，以及帮助中国组织革命政党。

11月，一份名为《中国共产党宣言》的秘密文件，在上海发起组和各地的共产主义小组中传阅，这是中国共产党的第一份纲领性文件，它分三部分：一、共产主义者的理想；二、共产主义者的目的；三、阶级斗争的最近状态。第一部分，阐明了无产阶级要建立一个没有经济剥削、没有政治压迫、没有阶级的共产主义社会。第二部分阐明了共产主义者的目的是按照上述理想，"创造一个新的社会"，为此，要引导无产阶级去向资产阶级斗争，并获得政权，像俄国1917年革命那样。第三部分阐明了阶级斗争必然导致无产阶级专政及无产阶级国际主义的原则。

这时，陈独秀和发行《新青年》的群益书社彻底闹翻了。由于七卷六号加厚了，又有锌版，又有表格，用纸多了，排工也贵了很多，群益要求加价，不然就亏本了。陈独秀坚决反对，群益指责陈独秀违反了原来的合同。

陈独秀一气之下，索性把杂志收回来，在七卷六号封面上，连每期都有的"上海群益书社印行"一行字也拿掉了。从八卷一号开始，改为"上海新青年社印行"。双方几乎要闹上法庭。汪孟邹两头奔走调解，唇焦舌敝，终归无用，陈独秀把他也连带一起骂了。

《新青年》的经济状况，一向过的是紧日子，如果真有赚头，群益也不至于要提出分手了。但陈独秀的腰板，何以忽然挺得那么硬呢？后来有人推测："新青年社从群益书社分裂出来独立经营的启动资金，其实是自四卷一号'复活'之后逐渐积累下来的公共财产：每一期的编辑费连同北京地区的发行费，以及由部分同人出资经营的《每周评论》周刊的盈余资金。"[9]但这只是推测之词，并无数据支持。

新青年社的资金，除了上述来源之外，应该还有同人入股。9月1日，新青年社正式成立。在陈独秀给胡适的信中，有"'新青年社'股款，你能否筹百元寄来"[10]之句，当可为证。

另一种可能性是，这时苏俄方面，已承诺在经济上支援《新青年》。1921年4月，在中国从事地下工作的俄共（布）党人索科洛夫-斯特拉霍夫给俄共（布）领导的一份绝密报告说："迄今（中共）党的实际领导权还在中央机关刊物《新青年》杂志编辑部手里。这个杂志是由我们资助在上海用中文出版的，主编是陈独秀教授，当地人称他是'中国的卢那察尔斯基'，即天才的政论家和善于发动群众的宣传员。"[11]

继布鲁威之后，苏俄又派了一个叫斯脱洛米斯基的人来上海，与社会主义者同盟接洽。他们商定办一家小型印刷所，由郑佩刚负责，印刷器材由晦鸣学舍提供，用作印刷《共产党》和安那其主义的《自由》等。据梁冰弦说，斯氏给了他们两千元做开办费。《新青年》本来就是不付稿酬的，现在印刷成本也解决了，杂志的花费，实际上是很少的。陈独秀当然想把它收回自办，不让群益赚印刷、发行的钱了。

1921年6月，根据列宁推荐，共产国际代表马林被派到中国。他和陈独秀的关系，一度闹得很僵，有一回他责备陈独秀："一年来第三国际在中国用了二十余万而成绩如此，中国同志未免太不努力。"[12]陈独秀反唇相讥："我们哪里用了这样多？半数是第三国际代表自己拿去住洋房吃面包，如何诬赖别人！"所谓一年来，也就是从1920年夏天至1921年夏天；陈独秀说没用那么多，即确实有接受资助，只是没二十余万那么多而已。

《新青年》的归宿

关于《新青年》未来的方向，陈独秀心中早有决定，就是要办成一本共产党的机关刊物。但北京的旧同人却不清楚，1920年5月11日，胡适还在北京中央公园召集各位同人，就陈独秀的来信进行讨论。

胡适的意见，无非是三个办法，要么听任《新青年》办成一种有特别政治色彩的杂志，而另办一个哲学文学杂志；要么恢复《新青年》原来不谈政治的戒约，搬回北京来办；最后一种办法，就是暂时停刊。

会议开完，仍没有定案。胡适应南京高等师范学校之聘，到该校的暑假学校讲学，7月2日去了南京。8月初，他接到陈独秀的来信称："我近来觉得中国人的思想，是万国虚无主义——原有的老子说，印度空观，欧洲形而上学及无政府主义——底总汇，世界无比，《新青年》以后应该对此病根下总攻击。这攻击老子学说及形而上学的司令，非请吾兄担任不可。"并计划把胡适在南京的讲义，由新青年社出版。[13]

如果在两年前，胡适也许会慷慨受命。但现在他的心态，比起在赫贞河畔，"搴旗作健儿"时，冷静多了，成熟多了。他在南京的讲义题为《研究国故的方法》，证明他对于古人的学说，已不再是横扫一切牛鬼蛇神，他提出研究国故的四个方法：

> 一、历史的观念……把旧书当作历史看，知他好到什么地步，或坏到什么地步。这是研究国故方法的起点。
>
> 二、疑古的态度 疑古的态度，就是"宁可疑而错，不可信而错"十个字。
>
> 三、系统的研究 古时的书籍，没有一部是"著"的。中国书籍很多，但有系统的著作，竟找不到十部。无论研究什么书籍，都要寻出他的脉络，研究他的系统，须从历史方面着手，寻出因果的关系，前后的关键，要从没有系统的文学、哲学、政治等等里边去寻出系统来。
>
> 四、整理 整理的目的，就是要使从前少数人懂得的，现在变为人人能解的……[14]

其实，又岂止是研究国故需要有这四种态度，对研究一切学问，都当如此。但现在却似乎不是研究学问的时代。中国的急务，是确立一种真正的自由思想。在胡适看来，争自由的唯一的原理是："异乎我者未必即非，而同乎我者未必即是；今日众人之所是未必即是，而众人之所非未必真非。"争自由的唯一理由，就是期望大家能容忍异己者的意见与信仰，凡不承认异己者的自由的人，就不配争自由，不配谈自由。8月1日，胡适与蒋梦麟、陶孟和、王徵、张慰慈、高一涵、李大钊七人，联名发表《争自由的宣言》：

我们本来不愿意谈实际的政治，但实际的政治，却没有一时一刻不来妨害我们。自辛亥革命直到现在，已经有九个年头。这九年在假共和政治之下，经验了种种不自由的痛苦；便是政局变迁，这党把那党赶掉，然全国不自由的痛苦仍同从前一样。政治逼迫我们到这样无路可走的时候，我们便不得不起一种彻底觉悟，认定政治如果不由人民发动，断不会有真共和实现。但是如果想使政治由人民发动，不得不先有养成国人自由思想自由评判的真精神的空气。我们相信人类自由的历史，没有一国不是人民费去一滴一滴的血汗换来的。没有肯为自由而战的人民，绝不会有真正的自由出现。这几年军阀政党胆敢这样横行，便是国民缺乏自由思想自由评判的真精神的表现。我们现在认定，有几种基本的最小限度的自由，是人民和社会生存的命脉，故把他提出，让我全国同胞起来力争。

宣言明确提出如下六条：

一、民国三年三月二日所公布的治安警察条例应即废止。

二、民国三年十二月四日所公布的出版法应即废止。

三、民国三年四月二日所公布的报纸条例应即废止。

四、民国八年所公布的管理印刷业条例应即废止。

五、民国三年三月三日所公布的预戒条例应即废止。

六、以后如果不遇外患或战争开始的时候，不得国会、省议会议决，或市民请求，不得滥行宣布戒严。

宣言还指出有四种自由，不得在宪法外更设立限制的法律：一、言论自由；二、出版自由；三、集会结社自由；四、书信秘密自由。[15]

这篇宣言，有人说是胡适起草的，但胡适年谱的作者胡颂平却认为，是李大钊、高一涵起草的。因为按胡适的习惯，凡由他起草，共同署名的文章，他都是名列最后的。这篇宣言，他的名字在前面。[16]

宣言发表后，胡适到上海见陈独秀。两位老朋友促膝夜谈，欢笑如旧，他们回忆起一起办杂志时的趣闻逸事，亦谈到了争自由的方法。然此时此刻，他们之间的共同语言，已愈来愈少了。一个月后，《新青年》八卷一号出版，陈独秀发表《谈政治》一文，点名批评胡适，指他是学界中主张不谈政治的代表。同时以大篇幅，猛烈抨击安那其主义，表明他与安那其主义，已恩断义绝，不为同志，从此便为敌人。

陈独秀不仅和安那其分手了，自张东荪退出后，他也和研究系决裂了。1920年底陈独秀写信给胡适、高一涵，很不客气地说："南方颇传适之兄与孟和兄与研究系接近，且有恶评，此次高师事，南方对孟和颇冷淡，也就是这个原因，我盼望诸君宜注意此事。"他还加重语气提醒说："恐怕我的好朋友书呆子为政客所利用。"[17]但几个月前，研究系的笔杆子张东荪还是陈独秀与维经斯基的座上客，那时没什么恶评，一旦分手，恶评就来了。

胡适还很书呆子气地想坚守《新青年》最初确定的路线。钱玄同倾向于胡适的意见，觉得陈独秀拿"接近研究系"来说事，未免"神经过敏"了。《新青年》的结合，完全是彼此思想投契的结合，既然思想不投契了，尽可宣告退席。钱玄同已经开始退席了。陈独秀曾写信询问："玄同兄总是无信来，他何以如此无兴致？无兴致是我们不应该取的态度，我无论如何挫折，总觉得很有兴致。"[18]

但这未能提起钱玄同的兴致。不过，钱玄同认为，《新青年》变为"苏维埃俄罗斯的汉译本"，与我们不相干，断不能以此为由要求停办。即使大家对陈独秀的感情真坏极了，友谊也断绝了，但只要他想办，我们也不能要他停办。

陶孟和主张停刊，胡适觉得如果到了那一步，另办一本新刊物，也未尝不是一个办法。但陈独秀一听就冒火，他指责胡适另起炉灶，是反对他个人，并愤怒地宣称要与陶孟和决绝。胡适无奈地解释："我并不反对个人，亦不反对《新青年》。不过我认为今日有一个文学哲学的杂志的必要，今《新青年》差不多成了 Soviet Russia（美国纽约共产党出版的一本画报）的汉译本，故我想另创一个专辟学术艺文的杂志。"然而，"今独秀既如此的生气，并且认为反对他个人的表示，我很愿意取消此议，专提出'移回北京编辑'一个办法。"希望可以挽回关系，只要《新青年》不落在"素不相识的人"（指陈望道等人）手中就行了。

鲁迅也希望《新青年》搬回北京，但如果真要分成京、沪两家，亦无不可，甚至可以不要《新青年》这个金漆招牌。"这固然小半在'不愿示人以弱'，其实则凡《新青年》同仁所作的作品，无论如何宣言，官场总是头痛，不会优容的。"

陈独秀也承认："新青年色彩过于鲜明，弟近亦不以为然，陈望道君亦主张稍改内容，以后仍以趋重哲学文学为是，但如此办法，非北京同人多做文章不可。"但胡适对陈独秀的性格太了解了，他认准了的事情，就算一个霹雳打到他脚下，也不会动摇。所谓愿意稍改内容，不过是敷衍之词，所以胡适回信说："北京同人抹淡之工夫，决赶不上上海同人染浓的手段之神速。"

分歧已到摊牌阶段。北京同人感到十分棘手。李大钊、鲁迅则赞成把杂志搬回北京，但无须声明不谈政治。陈独秀既不想回北京，也不想不谈政治。他与胡适、李大钊、钱玄同、陶孟和、高一涵、鲁迅、周作人、王星拱、张慰慈等人之间，就这个问题不断交换意见，从春分谈到冬至，也没个了断。

《新青年》无论在上海办，在北京办，或在广州办，都必须跟着陈独秀。没有陈独秀的《新青年》是不可想象的。搬回北京，意味着陈独秀也要回北京，这是他最不愿意的。他干脆把《新青年》交给陈望道编，自己到广州去了。这是《新青年》将会迁往广州，不回北京的先声。

北京同人并不知道陈望道何许人也，担心他们辛辛苦苦经营的杂志，被半路出家的人夺去。这也属人之常情。而上海方面，陈望道强烈指责胡适分裂《新青年》，排斥上海编辑部。双方到了“早已分裂，不能弥缝”（陈望道语）的地步。北京的旧雨，与陈独秀只能靠书信来往，而上海的新知，却与他朝夕相对，陈氏好恶与向背，不言自明。上海本来就是要借助《新青年》的名气，为新生的共产党扩大影响。在这种严重对立的气氛下，要陈望道把《新青年》交回北京，简直是白日做梦。

胡适在北京发起旧同人进行表决，决定杂志是否回归北京。表决结果，赞成回北京编辑的有张慰慈、高一涵、李大钊；赞成在北京编辑，但不必强求，可任他分裂成两个杂志，也不必争《新青年》这个名目的有鲁迅、周作人、钱玄同；赞成移北京，如实在不能则停办，万不可分为两个杂志，致破坏《新青年》精神团结的有王星拱、陶孟和。可以说全体赞成把《新青年》搬回北京。讵料人算不如天算，这时发生了一事情，把一班北京同人的希望，完全打破了。

1921 年 2 月初，《新青年》在上海被法租界当局查封了。

陈独秀索性宣布把《新青年》带去广州，“因为近来大学空气不大好，现在《新青年》已封禁，非移粤不能出版”，他知道这样一来，他与北京同人就要一拍两散了，再也不能指望他们为杂志写稿了，他给鲁迅兄弟写信说：“《新青年》风浪想必先生已知道了，此时除移粤出版，无他法。北京同人料无人肯做文章，唯有求助于你们两位。”陈望道也写信给鲁迅说：“办《新青年》不能靠胡适，要靠你。”至于北京那班旧同人，陈独秀说：“你们另外办一个报。我十分赞成。”[19]

可谓来时有路，归去无门，《新青年》终于没有回到北京，没有回到北大，没有回归“哲学文学”的老路。陈独秀也和他旧日的战友——胡适、钱玄同、鲁迅、刘半农、陶孟和、周作人——从此分飞各风烟矣。在以前的同人中，只有李大钊与他一同走上了另一条道路。胡适叹曰：

自第七期以后，那个以鼓吹“文艺复兴”和“文学革命”[为宗旨]的《新青年》杂志，就逐渐变成个中国共产党的机关报；我们北大之内反而没有个杂志可以发表发表文章了。

这件发生在1920年。就在这一年中国共产党就正式诞生了。[20]

广州，新文化运动的终点站

苏俄密使波特波夫在上海与孙文会晤后，经孙文介绍，1920年4月22日离开上海，到漳州与陈炯明见面。波特波夫改名为路博，偕同一名翻译和一名瑞士籍女士，乘船至厦门，再转乘小船，抵达漳州。路博向陈炯明面呈列宁的亲笔信，内容大致是“对中国革命表示关怀，对陈表示敬佩和鼓励”。陈炯明也表达了他对列宁的敬佩之情。

路博提出，如果粤军有需要，苏联可以将储存于海参崴的军械提供粤军使用。但陈炯明却抱着姑妄听之的态度，以漳州没有港口可以接收为由婉拒：“等我们回到广州后，再行计议吧。”最后，陈炯明写了一封给列宁的回信，让路博带回苏俄，信云：

列宁导师：

欣悉贵国革命成功，至感快慰。今日人类之纷争与不幸，皆缘于国家体制和资本主义之故。惟有冲破国与国间疆界，方可消弭世界大战；也惟有粉碎资本主义，人类方有平等之可言。

中国有五千年文明历史，其崇高仁爱原则，早已浸为我国人民之特征，并将成为远东文明之中心。不幸中国人民，外则受外洋势力之入侵，内则饱受专制之压迫，致不能为全球人类谋致幸福。

今则俄国人民及其领袖，正以英勇、坚毅之精神，为全人类横扫其前进道路上之一切障碍。近年基于布尔什维克主义建立之新俄罗斯，正开辟世界历史上之新纪元，至为可喜。苏俄劳农政府对华宣言已传抵中土，中国人民对此谨深表谢忱。

……

余深信布尔什维克主义将对人类带来欢乐，余愿为此一主义之彻底实现而奋斗。吾人之使命不仅在重建中国，亦将及于东亚各国。[21]

路博走了以后，又来了一位自称是列宁至友的“V 先生”，通过天津的布鲁威介绍，与华南的社会主义者同盟搭上关系，提出想到漳州访问。他说自己负担着向亚洲诸国推进革命的使命，同时也为苏联取得助力，挣破欧洲封锁难关，请华南有地盘、有凭借的革命集团，接纳他的使命，共图发展。

陈炯明淡淡一笑回答：“闽南，这中华民国的一个角落，刚巧由我在此看家，你们在这里工作的同志，认为要干什么，只要商量过，最后经我同意，那便什么都不妨干去。比方这苏俄朋友，请他来先看看我们这里是否算得个地盘，这么个小局面是否算得有凭借，一切谈谈也好。”

双方会谈的内容，梁冰弦是这样记述的：

首次聚谈，V 氏率先问闽星日报和周刊是否代表此间全般意见。这一方面的人答说，中国的社会主义者群，视个人的自由如命，思审自由和发表自由，谁也不能制限人，更不受制限于人，多数共同的意见则假定为现时的真理。这些人敬佩苏俄的革命，却不同意苏俄革命后治权侵夺了人权。闽星批评苏俄宪法精神，可以说是现在中国自由社会主义者的大多数意见。

V 氏说，苏俄并非不愿给人人自由，但反革命的残余势力尚在，请问要不要镇压。这边答，我们辛亥推倒了数千年的专制传统后，民众懂得有更好的共和政制，即不患再有反革命，所以袁世凯徒自讨死。我们相信将来为公道而行社会革命，一举成功，大众惟知拥护公道，再无妄人来反公道；如果又用暴力侵夺自由，那么自己才是真正的反革命……

> V氏似乎有所感动，所以他不觉流露说，自到中国以来日在革命气氛中却另是一种空气的话。[22]

V先生带来了更为具体的合作方案。包括协助粤军大规模整编，汰弱留强，保留三万精兵，在两年内再训练七万新兵，合共十万军队。由苏俄协助开办正规军校，培训军官和干部，在闽南创办一间小型兵工厂，为军队生产各种军械装备。苏俄方面，可提供军校学科教官、部队编练官、兵工厂技师和部分生产原材料。而闽南方面，则向苏联出口稻米、小麦、腌制的海产、薯干等等食物，用来交换机器。

经过几天谈判，形成了一份“谈判纪录”，双方煞有介事，签字画押，并抄了一个副本，由V先生带回苏俄。不过，黄鹤一去不复返，有说V先生在归国途中暴病而亡的，也有说他被人杀害的。一步之差，再回头已是万重山，梁冰弦不由得慨叹：“若使当时不生波折，顺利成功，那么，蒋（介石）先生发祥的黄埔军校，提早三年成立在闽南，棋子换过这一着，后半局全盘也换过样子。夸大一点说，中华民国的历史也不同于现在的写法，直至中国共产党是不是那么样出胎、成长，名山修炼，呼风唤雨，全成问题。”

但历史又哪有什么如果呢?

陈炯明大力鼓吹新文化，俄国人更番迭至，以致漳州“过激主义”名声大振。上海《申报》的一篇文章说：“其尤可惊者，则为漳州陈炯明之资助此种鼓吹……陈之心理思于社会主义，此为一般人所共知者。陈在漳州颇有作为，非他处武人所能及。陈对于共产主义予以财力上与精神上之赞助，盖陈所用之人，实作此鼓吹事业也。”[23]英国驻华使馆甚至耸人听闻地预言：“该司令（陈炯明）将来必在中国树立红军旗帜以号召宇内。”[24]

英、美两国的外交情报，不约而同，把陈炯明称作“布尔什维克将军”。在厦门的美国传教士眼中，陈炯明是一个“社会主义者”，但不是“最激烈派”。英国领事在一份报告中也说，陈炯明在他举办的体育竞赛运动大会里，散发了大量布尔什维克的宣传单册。英美烟草公司一位经理曾到漳州访问陈炯明，吃惊地发现，在他的办公室里，几乎每个角落都堆满了这类宣传资料。

1920年夏天，南北政局大变。4月，直、奉两系结成反段联盟。5月，直系大将吴佩孚自衡阳率直军北上至保定，传檄讨段。段祺瑞调动徐树铮的西北边防军，在京畿布防。7月，直、皖两军，在涿州、高碑店、琉璃河一带开战。历时五日，皖军大败。7月19日，段祺瑞被迫辞职，直、奉两系军阀控制了北京政权。

8月，陈炯明也率领粤军回师广东，驱逐桂系，实行粤人治粤。10月29日，粤军进驻广州。11月1日，军政府委任陈炯明为广东省长兼粤军总司令。11月2日，陈炯明回到广州。省议会推举陈炯明为广东省长。11月25日，孙文偕部分国会议员，离开上海，乘船南返，三天后抵达广州，正式恢复了广州军政府。

广东百废待举。一身硝烟的陈炯明，马上又想起了陈独秀。他再次致电上海，邀请陈独秀到广东主持教育。陈独秀写信征求各地共产主义小组的意见。张国焘说："李大钊和我去信表示赞成，我们认为他去领导广东的教育工作，有两个重要的作用：一、可以将新文化和社会主义的新思潮广泛的带到广州去；二、可以在那里发动共产主义者的组织。"[25]

于是，陈独秀决定南下，但他向陈炯明提出三个条件：一、教育独立，不受行政干涉；二、以广东全省收入十分之一拨充教育经费；三、行政措施与教育所提倡的学说保持一致。陈炯明一概照准。1920年12月25日，陈独秀布衣韦带，千里迢迢，来到了被桂系压迫得疮痍满目的广州。

在驱逐桂系后，广东迎来了短暂的和平时期。1921年，陈炯明似乎获得了一个施展抱负的机会。

新文化运动在北方历时数年，吵得天都塌了，但许多人还是搞不懂，什么"爱斯不难读"啊，什么"烟士披里纯"啊，什么"德先生"、"赛先生"啊，与每天为口奔驰的升斗小民，究竟有何相干。但在南方，陈炯明却把他的理想，一点一滴地付诸实践。他用事实证明了，新文化与每个人的生活息息相关。对这个混浊的社会，它是一种功效神奇的清洁剂。陈炯明是唯一一个用“新文化”来改造社会的人，而不是停留在打打笔墨官司，更令人振奋的是，他的改造，在短期内大见成效。

11 月 23 日，广东基督教拒赌会联合各界，举行声势浩大的广东人民请愿禁赌大巡行。陈炯明亲自接见请愿群众，宣布从 12 月 1 日开始，全面禁绝广东赌博。是日，全省赌馆果然全部关闭。12 月 6 日，陈炯明重申禁烟令，凡私吸私售鸦片，一律施以重罚。有几个省议员因为有吸鸦片，被警察当场抓获，不得不向省议会辞职。

陈炯明把禁烟禁赌，作为建设“模范省”的第一炮，打得非常漂亮，人们对政府的视听焕然一新。

陈炯明在全省九十二个县中推行自治，他对到访的记者谈他的自治计划：中国各村自古实行共和制，各村莫不以自治为宗旨。今中国之自治，应先自村庄上施行，依次发展，及于全县全省与全国。刻广东已在村上实行分区。自治村中，警察与税收由人民自办，将来各县县长与省议员亦归人民自举，再由议员共举省长。他省能仿行之，则可达到联省自治之目的。

陈炯明开始一步一步推进他的计划，首先设立“经济调查局”，发展地方实业；各县都设立了林业事务所，并在广州设立生丝检查所及蚕种制造所，以改良丝料出产；又将省政府的实业科改为实业厅，赋予更大的权责，以推动实业。不到一年，广州市丝厂增至五十余家，港商投资开设农场及罐头厂；南洋归侨也在洽谈集资开发黄埔港；港、粤、沪商人筹办资本一千万元的股票交易所；成立广东全省总商会。

继广州成立市政厅之后，海口、高州、北海、江门、惠阳、汕尾等地的市政厅（局）也纷纷着手筹备，相继成立。各地拆城墙、修道路、筑公园，开展市政建设，干得热火朝天。经济建设初见成效，文化建设也同步发展。广州着手筹办市政纪念图书馆、第一公园，兴办公共儿童游戏场、公共体育场、美术学校等；举行美术展览、体育运动会；安装马路电灯；在梅花村、竹丝岗建筑新式住宅区，成为广州的模范新区；饭馆、旅店、戏院等公共场所，都要严格执行政府颁布的卫生规则；设立新式屠场，由卫生局监督检查肉类卫生；雇用了上千名清道夫，每天打扫街道，疏通沟渠，改造排水系统；举办卫生知识展览，印制宣传卫生的小册子，挨家派发。

陈炯明一举革除了中国数千年的衙门作风，据英文报纸《字林报》的美籍记者观察，广州官场已将一切繁礼删除。各官署随客出入，不加禁止。记者访陈炯明，可直入其公署，只向看门人言明理由即可。

全国教育会在广州召开第七届联合会，江苏省代表黄炎培，事后撰写了一本题为《一岁之广州市》的小册子，盛赞在新文化之下的广州新景象。黄炎培，上海人，著名教育家，职业教育的热心提倡者，也是全国教育会的发起人之一。他归纳出广州在五个方面的变化：

一、尊人道。如严禁警察无故鞭打人力车夫。

二、言论自由。广州市日报有三十三家之多，虽有指斥当局，甚至倾向北洋政府的，也从未加以干涉。

三、整风纪。如严禁妓女私入旅馆卖淫，厉行禁吸鸦片。

四、一方面提倡工会，一方面劝诫罢工，同时积极推行工人教育，设立工人补习学校。

五、卫生行政方面，特聘专门人才，以科学的方法，锐意改革。如对医院、化验室、屠场、市场、浴场，以及药品、食料、饮料、茶楼、酒馆、牛奶房、剧场的管理，对妓院的检查和取缔。[26]

什么是移风易俗的新文化？这就是了。陈炯明的种种举措，在南中国开辟了新文化的一块实验田，在举国上下官僚、军阀、政客横行，一团乌烟瘴气的空气之中，柳暗花明，生机勃勃，吸引了天下人的目光。如果没有这块实验田，人们也许永远以为，新文化运动，不过是一班书生的空谈。但历史是公平的，它不会把所有门窗都关死，总会留下一扇窗子，哪怕是一条小缝隙，让后人可以看到，原来历史也有另一种可能性。

一位《新青年》的读者，从外地写信给陈独秀，表达了人们对陈炯明治下的广东，所寄予的殷殷厚望：

广东那方面，我最不希望再有什么统一中国底行动——那只是白费事，结果替我们国民更堕深一层地狱。从混杂不清的所谓“统一体”，渐渐分为更完全，更有希望的小“统一体”，这是“进化”底趋势——无论那种“进化”都是这样。我觉得现在实有多少热烈的人们，让“彻底”“牺牲”“奋斗”闹昏了，——闹得一事无成，我只希望广东成为世界上一个模范的“新国”，到了这步以后，我们自不感困难来做别的事。在广东方面有那几个做领袖，我觉得这种 Dictatorship 是必要的，自不难先办到“新国”这一步，——以广东的面积和人口，足够“国”底资格了。不然，我就怕外攻内讧，把一点有希望的芽以及根完全铲去，那后来的实现格外难了。只一点火在黑暗中大发其光，是易招灭熄的，但在一个能发光而有引起他物燃烧的地位时，自然是努力吐光焰，照耀一切！如孙、陈及先生等人，在广东一地却是那点有力量的火，等到广东烧得红了，别处也见着太阳是从广东来的了！[27]

广东，几乎是新文化运动的最后一个据点，最后的希望所在了。

1921 年 2 月 14 日，省政府公布陈独秀主持起草的《全省教育委员会组织法》，实行以合议制的委员会代替旧制的省教育厅。3 月 8 日，教育委员会正式成立，政务委员八人，另有若干名事务委员。政务委员中，四人由省长委任，四人由全省大学校长、各专门学校、师范学校校长及大学教授互选产生。委员长由全会委员互选产生。委员及委员长均任期一年，可以连任，委员长必须兼任大学校长。第一任委员长由省长聘请陈独秀担任（兼大学预科校长），以后按组织法选举产生。

陈独秀主持广东教育会后，做了一项社会调查，当时全省人口总数约三千一百万，每年达到学龄的儿童，约有三百多万，而失学者，竟在十分之九以上。教育的落后，可见一斑。以广州来说，虽有数千私立学校，几为全国城市之冠，但公立学校却不发达。

教育会拟定了一份义务教育计划，从1922年8月起，至1928年7月止，分期推广，公立学校实行免费读书，从前每学生每月三角钱的学费，一律取消，务求在六年之内，使三百多万儿童能够完全就学。教育委员会还决定筹办西南大学、市民大学、编译局、宣讲员养成所、贫民教养院、劳动补习学校、通俗图书馆、幼稚园等等社会教育机构。

陈独秀在广州编的《新青年》八卷六号，4月1日出版。杂志总部仍设上海。在《新青年》南迁之前，由陈公博、谭平山、谭植棠等人主编的《广东群报》，是陈独秀发表言论的主要阵地。从1月至7月，在《广东群报》、《新青年》、《民国日报》、《曙光》杂志上，连篇累牍，发表了四十多篇尖锐激烈的文章，与安那其主义者、研究系展开辩论。

然而，陈独秀在广州遭到强大的狙击。3月3日，香港《华字日报》一篇文章云："据某专门家、教育家所谈，粤人之伦理观念，实较强于各省，故办教育者，必须道德纯洁，始足起一般社会之信仰。其次则为实学。今之谈新文化者，必以实学为根底。若无实学，则最易沦于思想破产，而为智识阶级所轻视。今粤省改良教育，应从此点入手云。"[28]字里行间，暗示陈独秀道德不够纯洁，缺乏实学根底，故不受广东教育界欢迎。

3月中旬，以广东高等师范学校由国立改为省立一事为导火索，驱陈风潮骤起。该校教职员向陈炯明呈文，矛头直指陈独秀："陈（独秀）委员为人，其道德学问已为职教员等所熟知，若任令操纵广东教育之权，广东教育前途，必不堪问。现在广东教育虽属破产，但陈委员操柄，恐较捣乱，如不收回成命，必全体辞职。"[29]然高师由国立改为省立，乃陈炯明的决定，其用意在于为地方自治铺路。他断然驳回了教职员的呈文。

广州毕竟是一个五方杂处的通都大邑，各派势力犬牙交错，不像小小的闽南护法区那么单纯，政令可以畅通无阻。陈炯明虽公开为陈独秀辩护，但并不能平息流言飞语，坊间有攻击陈独秀的传单在流传；《共和报》上刊登了讽刺陈独秀的小说；上海广肇公所发表讨陈檄文，大张挞伐："上海各报记载广东教育行政委员陈独秀四处演说，主张百善以淫为首，万恶以孝为先。陈独秀身为教育行政委员，敢倡此等邪说，留毒社会，贻害青年，非率人类为禽兽不止。诸公爱乡念切，谅不坐视。务望主持公论，驱逐枭獍，勿使尔迹吾粤，不胜盼切之至。”[30] 他们把陈独秀叫做“陈毒兽”（又是用名字谐音丑化对手，中国人偏爱此道），俾造成陈独秀主张“讨父”、“仇孝”、“公妻”、“妇女国有”的恶名，为省议会议员咨请省长驱逐陈独秀出境造势。

但陈炯明疑人不用，用人不疑，既然把陈独秀请来了，就决不允下逐客令。他对陈独秀百般回护，一方面追查传单，要求《共和报》停版，一方面亲自复电给上海广肇公所，公开辟谣：“陈独秀先生当代教育大家，道德高尚。现在改良粤省教育，倚畀方殷。沪报所载，系属谣传，请勿轻信为盼。”[31] 陈炯明的坚决态度，吓得省议员也把提案“咕”一声吞回肚子里去了。

陈炯明在一次宴会上，故意当众一本正经地问陈独秀：“外间说你组织什么‘讨父团’，真有此事吗？”陈独秀也一本正经地回答：“我的儿子有资格组织这一团体，我连参加的资格也没有，因为我自幼便是一个没有父亲的孩子。”[32] 这出双簧戏，目的也是让陈独秀有一个公开澄清的机会。陈炯明考虑增加教育委员，避免反对派集矢于陈独秀，陈独秀乐得抽身，集中精力“对付广东的谣言”。

3 月 18 日，陈独秀在《广东群报》上发表了一篇题为《辟谣——告政学会诸人》的文章，愤怒申辩：“我在广州各校的演说，众耳共听；各处的演说辞，回回都登在报上，众目共见；有无该报所谓禽兽学说……我们虽然不主张为人父母翁姑的专拿孝的名义来无理压迫子女儿媳底正当行为，却不曾反对子女儿媳孝敬父母翁姑，更不说孝是万恶之首，要去仇他……至于‘百善淫为先’这句话，我想除了极不堪的政客，做淫小说的新闻记者，和姬妾众多的大腹贾以外，没有人肯主张罢！”[33]

广东充斥着反对陈独秀的声音。《广东群报》说，反陈大概有八派：一、省议会；二、教育界一部分人物；三、一班政客；四、资本家；五、孔教徒；

六、基督教徒；七、一般守旧派；八、少数自号无政府党者。政客和议员，包括研究系、政学系、国民党在内；资本家即工商界；无政府党即安那其。这八派，已把广东大部分中上阶层，囊括在内了。谣言之盛，攻击之猛，一波未平，一波又起。陈独秀到广东才几个月，就觉得待不下去了。

陈独秀和上海一直保持密切联系。由于对安那其的捣乱，有切肤之痛，他在起草中共章程时，建议实行中央集权制。清明时节，李汉俊派包惠僧到广州，和陈独秀商量，请他要么回上海主持党务，要么把党的机关搬到广州，并提议党实行地方分权制。

陈独秀对广州这个潮湿得墙壁都发霉的鬼地方，一肚子鸟气没处发，立即否决说："广州到处是无政府主义，地理上不适中，党的机关不要搬到广州。"但批评上海主张地方分权制是反对他，"中国革命才开始，都搞地方分权，岂不成了无政府主义"？

在《新青年》去向问题上，他指责北京反对他；在中共建党问题上，他指责上海反对他。可见学术上"不容匡正"的人，搞政治必然是家长作风。广东安那其指责陈独秀是"卢布主义"，双方割席断交。3、4月间，广东共产党组织成立，初由陈独秀任书记，后由谭平山继任，以《广东群报》为机关报，重建广东社会主义青年团；通过青年团作外围组织，吸收党员。

5月，陈独秀以广东省教育经费延拨及省署屡次干涉教育事务等原因，提出辞呈，准备返回"龌龊的上海"。陈炯明也清楚陈独秀的处境，亲自找他谈话，详细解释经费延拨的原因，并表示自己兴学的决心，声明无论经费如何困难，对于已批准的预算案，一定拨交。承诺省署于10日内，筹八十万元以为开办编译局、宣讲所及第一师范之用，过两个月后，再陆续拨交二十万元，作为筹备西南大学的经费。

夏至前后，共产国际代表马林到了中国。马林是荷兰人，共产国际的执行委员。通过维经斯基介绍，在北京结识了李大钊。李大钊让张国焘陪马林去上海。中国共产党的酝酿筹备，已渐成熟，准备在7月在上海举行第一次全国代表大会。

李汉俊心急火燎，催促陈独秀和广东代表，尽快到上海参加中共“一大”。但这时陈独秀还在向省署争取一笔修建校舍的经费，脱不开身。他指派包惠僧和陈公博做广东代表，到上海开会。他对“卢布主义”耿耿于怀，嘱咐大家，革命要靠自己的力量尽力而为，我们不要第三国际的钱。拿人家的钱，就要跟人家走。

7月，在马林主持下，来自全国各地的十三名代表——毛泽东、董必武、陈潭秋、何叔衡、李达、李汉俊、王烬美、邓恩铭、张国焘、刘仁静、包惠僧、周佛海、陈公博——代表全国五十多名党员，在上海召开中国共产党第一次全国代表大会，正式成立中国共产党。缺席的陈独秀当选为党的最高负责人——中央局书记。

陈独秀再以“染恙”为由，向省署提出辞职。当时陈炯明出师援桂，军旅倥偬之间，闻讯急电挽留，劝陈独秀：“仍望以教育为重，当风独立，我做我事，不萌退志为要。至于一切障碍，我当能为委员会扫除之。”[34] 陈独秀见辞职不准，便以医治胃病为由，请了长假。陈炯明派人回广州挽留，但等他的代表赶到广州时，陈独秀已经和包惠僧登上前往香港的轮船了。

新文化运动，由广东人梁启超为它开篇启行，也由广东人陈炯明为它绝笔断章。

自陈独秀去后，广东的形势，急转直下。孙文与陈炯明之间，长期以来对政制建设的意见分歧，造成枝枝节节的龃龉，日积月累，小病变成了绝症，终于因北伐问题，由里及表，全面爆发。

陈炯明和一般军阀不同的地方，在于他具有民主思想，反对军治、党制，提倡民治。这就未必为国民党人以至孙文所同意。孙文的理想，是成立一个正式的中央政府，领导全国革命，他把国民革命分为军政、训政、宪政三个时期，在他眼里，人民是“无知可怜”的幼儿，革命党则是保姆，他尝言：

> 我们建立民国，主权在民，这四万万人民就是我们的皇帝，帝

民之说，由此而来。这四万万皇帝，一来幼稚，二来不能亲政。我们革命党既以武力扫除残暴，拯救得皇帝于水火之中，保卫而训育之，则民国的根基巩固，帝民也永赖万世无疆之休。[35]

陈炯明不赞成此说，他批评："训政之说，尤为失当。此属君政时代之口吻，不图党人袭而用之，以临吾民。试问政为何物？尚待于训耶！民主政治，以人民自治为极则，人民不能自治，或不予以自治机会，专靠官僚为之代治，并且为之教训，此种官僚政治，文告政治，中国行之数千年，而未有长足之进步。国民党人有何法宝，以善其后耶？徒使人民不得自治机会，而大小官僚，反得藉训政之谬说，阻碍民治之进行。"[36]

陈炯明所倾心的，是联省自治。1921年2月，他在《建设方略》一文中，详细解释了自己的政治见解：

近世以来，国家与人民之关系愈密，则政事愈繁，非如古之循吏可以宽简为治，一切政事皆与人民有直接之利害，不可不使人民自为谋之。若事事受成于中央，与中央愈近，则与人民愈远，不但使人民永处于被动之地位，民治未由养成，中央即有为人民谋幸福之诚意，亦未由实现也。[37]

然而，1921年1月12日，非常国会在广州复会后，孙文号召国民党人，像推翻清政府、袁世凯那样，再发动一次全国性的革命，来推翻北洋政府，他宣称："北京政府实在不是民国政府。我等要造成真正民国。"

段祺瑞昨天要"再造共和"，孙文今日要"再造民国"，明朝不知哪个伟人出世，又要把这天下再造一番。可怜中国这条小鲜，造完再造，烹了又烹，能不烧焦吗？

6月，孙文任命陈炯明为援桂军总司令，开始第二次粤桂战争。陈炯明虽然不愿意打仗，但碍于"总统命令"，勉强服从。粤军以雷霆万钧之势，横扫八桂，8月初，进驻南宁。1922年2月3日，孙文决计取道湖南，进兵北伐。但由于连年被兵，湖南方面无论是当局还是人民久已厌战，所以宣布保境息民，公开拒绝北伐军假道。入湘计划于是告吹。

孙文急于北伐，与北方形势的发展不无关系。4月下旬，第一次直奉战争爆发。孙文与奉、皖军阀一直有秘密接洽，结成三角同盟。孙文深感这是联合奉、皖军阀，夹击直系的千载良机，必须立即出兵策应。讵料，直奉开战，仅及一周，奉军便被吴佩孚击败，狼狈退回关外，南北夹击直系的计划化为泡影。但南方的北伐，却如弦上之箭，不得不发了。

5月9日，孙文大誓三军，旌麾北指。“出师宗旨，在树立真正之共和，扫除积年政治上之黑暗与罪恶，俾国家统一，民治发达”。然而，当孙文谋求与奉、皖结盟时，北伐已降格为一次普通的军阀战争了。

由于陈炯明力阻孙文北伐，孙文不胜其怒，把他的内政部长、陆军部长、广东省长、粤军总司令四职，一夜之间，悉数褫夺。陈炯明一生理想，魂断于此。

6月2日，北洋总统徐世昌宣布辞职。孙文曾一再发表政治宣言，承诺只要徐世昌下台，他亦将同时下野。因此，舆论普遍认为，徐世昌下台后，停止内战，和平统一，终现一线曙光。6月3日，蔡元培、胡适、高一涵等两百多位各界名流，联名致电孙文和广州非常国会，呼吁孙文实践与徐世昌同时下野的宣言。但孙文认为革命尚未成功，不予理会。

孙文既不肯让步，陈炯明又不肯低头，一干政客复从中兴波作浪，添油加醋，军人肆意干政，骄横不可理喻，以致双方的关系变成一团乱麻，剪不断理还乱，最终酿成巨变。

6月16日，粤军发动兵变，围攻总统府，要把孙文驱逐出广东。孙文脱险登上军舰，宣布和粤军开战。孙、陈的政治分歧，几经波澜起伏，最终不得不诉诸武力，以悲剧收场。从此，陈炯明便由“革命的马前卒”，沦为“千古罪人”，而他的“模范省”理想，亦全盘付诸东流矣。

胡适说，对中国的现实问题，要一个一个去研究，一个一个去解决，他建议人们去研究人力车夫的生计问题，大总统的权限问题，卖淫问题，卖官卖国问题，女子解放问题，男子解放问题……陈炯明在闽南、在广东，把这些问题都一一研究了，也尝试去解决。他成功了，他也失败了。

他的成功，是新文化运动的成功；他的失败，也是新文化运动的失败。

至此，历史这部大书，终于翻过了新文化运动这一章。继之而起的，是另一个漫长的五年，一个“万国尽征戍，烽火被冈峦”的流血革命时代——国民革命来临了。

“重新估定一切价值”

历史发展到此时此刻，无论是从1915年开始的新文化运动，还是1919年发生的五四运动，都到了一个段落小结的时候了。

这是中国近代史上群贤辈出，引领风骚的光辉岁月。要说五四运动，一定要从新文化运动说起，这是无疑的，但二者究竟是什么关系，疑义就大了，历来众说纷纭。有说五四运动就是新文化运动的一部分，是其必然阶段；有说五四运动是对新文化运动的腰斩；有说这是救亡压倒了启蒙；有说救亡与启蒙不可分，新文化运动也是救亡，“五四”也是启蒙的。

由于五四运动的参加者众多，日后中国发生了翻天覆地的变化，每个人在这场变化中，位置不同，经历不同，走的路不同，他们对新文化运动与“五四”的看法，便就各做各的诠释了。

新文化运动究竟是一场什么性质的运动？必须首先定义清晰。

新文化运动有广狭二义。广义者，应从康有为、梁启超与戊戌变法算起，从清末十年的新政算起，从严复、林纾、章太炎、章士钊算起，从“官话字母”运动算起，从蔡元培的教育改革算起；然狭义者，则仅指由1917年以后，由《新青年》所倡导的文化运动。

无论从广义、狭义而言，新文化运动，都是整个文化界、思想界共襄盛举的一场大变革、大运动，是由社会上的多种力量，一块参与，此唱彼和，你升我降，一向一背之间，相激相荡而成的。不是哪一个人，或哪一个小团体，或哪一本杂志，可以一柱擎天，包打天下的。

陈独秀对于新文化运动的定义，在他的《本志罪案之答辩书》和《〈新青年〉宣言》二文中，已有详尽阐述。后来他又写了一篇《新文化运动是什么》。

> [陈独秀说]"新文化运动"这个名词，现在我们社会里很流行；究竟新文化的内容是些什么，倘然不明白他的内容，会不会有因误解及缺点而发生流弊的危险，这都是我们赞成新文化运动的人应该注意的事呵！
>
> 要问新文化运动是什么，先要问"新文化"是什么；要问新文化是什么，先要问"文化"是什么。文化是对军事、政治（是指实际政治而言，至于政治哲学仍应该归到文化）文化底内容，是包含着科学、宗教、道德、文学、美术、音乐等运动。

陈独秀认定，新文化运动不仅仅是学理上的进化，对社会现实，也有直接的影响。他说："新文化运动影响到军事上，最好能令战争止住，其次也要叫他做新文化运动的朋友不是敌人。新文化运动影响到产业上，应该令劳动者觉悟到他们自己的地位，令资本家要把劳动者当做同类的人看待，不要当做机器、牛马、奴隶看待。新文化运动影响到政治上，是要创造新的政治理想，不要受现实政治底羁绊。譬如中国底现实政治，什么护法，什么统一，都是一班没有饭吃的无聊政客在那里造谣生事，和人民生活，政治理想都无关系，不过是各派的政客拥着各派的军人争权夺利，好像狗争骨头一般了。他们争夺的是狗的运动，新文化运动是人的运动；我们只应该拿人的运动来轰散那狗的运动，不应该抛弃我们人的运动去加入他们狗的运动。"[38]

陈炯明也认为，革命不仅仅是"拿'手枪'、'炸弹'去干'杀人''暴动’的勾当”，新文化运动也是一种革命，“革命的意义，无论什么方面都可以适用，且随处都可以见其表现。人类的思想，自呱呱坠地的时候，只晓得母乳为宝贝。及稍长，吃母乳的思想已变为吃饭的思想了。这种状态也可算是革命。学术、宗教、政治、社会等等如有进化，就有革命的状态。”[39]

进化就是革命。新文化运动就是推动这种进化。陈炯明说：“报纸胜过三千毛瑟枪，是有一个价值的。价值大小，不在发行的纸数，而在反响的效果。反响的大小，就是价值的大小了。然而，反响从哪里发生出来呢？第一、要看他的主义，是不是适应社会的要求。第二，要看他的传播，是不是向着多数人的方面。主义不适应社会要求，自然没有什么反响，传播不向着多数人方面，虽有反响，也是有限的，或者可以成为恶反响。故此一种报纸发行，须有适应要求的主义，来发挥‘现代精神’，并有符合多数人的传播，去改造‘群众思想’，综合起来，就会发生很大的反响了。”[40]

这也可以视作他对新文化运动及《新青年》、《新潮》一类杂志的评价。陈炯明先在闽南，后在广州，办杂志，办学校，移风易俗，经营建设，正是以人的运动，去轰散狗的运动，以新文化运动，去影响和改造这个社会。

蔡元培常常自诩是从手枪、炸弹中历练出来的，但他的思想，却比陈独秀中庸得多。他把新思潮比作“洪水”：“二千二百年前，中国有个哲学家孟轲，他说国家的历史常是‘一乱一治’的。他说第一次大乱是四千二百年前的洪水，第二次大乱是三千年前的猛兽，后来说到他那时候的大乱，是杨朱、墨翟的学说。他又把自己的拒杨墨，比较禹的抑洪水，周公的驱猛兽。所以崇奉他的人，就说杨墨之害，甚于洪水猛兽。后来一个学者，要是攻击别种学说，总是袭用‘甚于洪水猛兽’这句话。譬如唐、宋儒家，攻击佛、老，用他；清朝程朱派，攻击陆王派，也用他；现在旧派攻击新派，也用他。”

> 我以为用洪水来比新思潮，很有几分相像。他的来势很勇猛，把旧日的习惯冲破了，总有一部分的人感受苦痛；仿佛水源太旺，

旧有的河槽，不能容受他，就泛滥岸上，把田庐都扫荡了。对付洪水，要是如鲧的用湮法，便愈湮愈决，不可收拾。所以禹改用导法，这些水归了江河，不但无害，反有灌溉之利了。对付新思潮，也要舍湮法用导法，让他自由发展，定是有利无害的。孟氏称“禹之治水，行其所无事”，这正是旧派对付新派的好方法。[41]

蔡元培十分有趣，他不是站在新派的立场，把旧派视作被洪水扫荡的垃圾，而把旧派比作“大禹”，新思想是“洪水”，一个是治者，一个是被治者。对新思潮何必那么害怕呢？让它自由发展，天塌不下来；你非要去堵它，反而会造成不可收拾的后果。但同样道理，这话反过来理解，也未尝不可，即对传统文化，又何必那么仇恨？让它自由发展，天也是不会塌的。说到底，还是“行其无所事”，即和平共处之意。

胡适作为现代白话文的开山祖，他对新文化运动的定义，一言概括之，就是“重新估定一切价值”。具体的手段是“研究问题，输入学理，整理国故”，而唯一的目的就是“再造文明”。他说：

新思潮的根本意义只是一种新态度。这种新态度可叫做“评判的态度”。

评判的态度，简单说来，只是凡事要重新分别一个好与不好。仔细说来，评判的态度含有几种特别的要求：

（1）对于习俗相传下来的制度风俗，要问：“这种制度现在还有存在的价值吗？”

（2）对于古代遗传下来的圣贤教训，要问：“这句话在今日还是不错吗？”

（3）对于社会上糊涂公认的行为与信仰，都要问：“大家公认的，就不会错了吗？人家这样做，我也该这样做吗？难道没有别样做法比这个更好，更有理，更有益的吗？”

尼采说现今时代是一个“重新估定一切价值”（Transvaluation of all Values）的时代。“重新估定一切价值”八个字便是评判的态度的最好解释。

胡适强调文明的进步，是一个循序渐进的过程，非毕其功于一役的革命：“新思潮对于旧文化的态度，在消极一方面是反对盲从，是反对调和；在积极一方面，是用科学的方法来做整理的工夫。新思潮的唯一目的是什么呢？是再造文明。文明不是拢统造成的，是一点一滴的造成的。进化不是一晚上拢统进化的。是一点一滴的进化的。现今的人爱谈‘解放与改造’，须知解放不是拢统解放，改造也不是拢统改造。解放是这个那个制度的解放，这种那种思想的解放，这个那个人的解放，是一点一滴的解放。改造是这个那个制度的改造，这种那种思想的改造，这个那个人的改造。是一点一滴的改造。”[42]

和蔡元培一样，胡适否认新文化运动是要笼统地消灭旧文化。他指出：“我们当日批评孔孟，弹劾程朱，反对孔教，否认上帝。为的是要打倒一尊的门户，解放中国的思想，提倡怀疑的态度和批评的精神而已。”[43]

新文化运动的历史意义，恒在于开创思想多元化、推动文化多元化，而不是以一种思想扑灭其他思想，以一种文化绞杀其他文化。“新”不一定是褒义词，“旧”也未必就是贬义词。这里没有替天行道的人。陈独秀可以宣称不容他人匡正，但别人照样匡正；辜鸿铭可以留一条辫子，别人也可以不留；林纾可以虚构一个伟丈夫出来，把对手剥皮拆骨，对手也可以回敬他一句“禽男”，把他批得体无完肤；你办你的《新潮》，我办我的《学衡》。这种众声喧哗的剧场效果，乃化学反应的必然现象。

李大钊说，在新学人士看来，南海圣人康有为、“王敬轩”等人，至少应该生在百年以前；而在旧学人士看来，陈独秀、刘半农等人，至少应生在百年以后。“此等‘风马牛不相及’的人物思想，竟不能不凑在一处，立在同一水平线上来讲话，岂不是绝大憾事！”[44]

但新旧人物的思想，绝对不是“风马牛不相及”的，而是互相交错，互相依存，你中有我，我中有你。人们常说“挂羊头，卖狗肉”，在文化上，何为羊头，何为狗肉，有时并不是那么好区分，更不用说上溯五百年，谁敢肯定羊与狗就一定没有血缘关系？他们能够“凑在一处，立在同一水平线上来讲话”，不仅不是憾事，而且恰恰是新文化运动最激动人心的魅力所在。

毛泽东在新文化运动的前期，并不是活跃分子，他在《新青年》上，用“二十八画生”的笔名，只发表过一篇谈体育的文章。1918 年 4 月，他在长沙参与组织了以“改造中国与世界”为宗旨的新民学会。四个月后，他离开湖南，到北大图书馆工作。在北大期间，用他的话来说，大多数人都不把他当人看待，“由于我的职位低下，人们都不愿同我来往”。他始终未能融入北大热闹的文化氛围中，1919 年 4 月，他悄没声儿地回到了长沙。他真正在新文化运动中出名，是后来在湖南创办《湘江评论》。

毛泽东对新文化运动的定义是：“自有中国历史以来，还没有过这样伟大而彻底的文化革命。当时以反对旧道德提倡新道德、反对旧文学提倡新文学为文化革命的两大旗帜，立下了伟大的功劳。这个文化运动，当时还没有可能普及到工农群众中去。它提出了‘平民文学’口号，但是当时的所谓‘平民’，实际上还只能限于城市小资产阶级和资产阶级的知识分子，即所谓市民阶级的知识分子。”[45]

以毛泽东的这一论述为依据，形成了教科书中最经典的表述：新文化运动是一场思想革命和文学革命。作为思想革命，它倡导民主和科学，反对专制和愚昧、迷信，提倡新道德，反对旧道德。作为文学革命，它倡导新文学，反对旧文学。前期的新文化运动实质是资产阶级的新文化反对封建旧文化的斗争，后期则开始成为宣传马克思主义的运动。

既然是“斗争”，就意味着是双方互动的，你斗我，我也斗你，也就是说，新文化运动是由新旧文化一起演出的“双簧戏”，缺一不可。没了新文化一方不行，缺了旧文化一方也不行。正如氧和氢化学反应可以变成水，但不能说这是一个氧战胜氢的过程，更不能说这是氧单方面活动的结果。氧和氢少了谁都变不成水。

《新青年》、《新潮》、陈独秀、胡适、钱玄同、刘半农、鲁迅诸人，固然是新文化运动的主力；然吴稚晖、张一麐、袁希涛、黎锦熙、马裕藻等致力于国语统一运动的人，也是新文化运动的组成部分；提倡德先生、赛先生的，搞新村运动的，搞工读互助的，主张安那其主义的，主张社会主义的，主张实验主义的，主张马克思主义的，主张根本解决的，主张一点一滴改良的，要打倒孔家店的，要整理国故的，还有《国民》、《国故》、《学衡》、辜鸿铭、刘师培、黄侃、林纾们，大大小小的"选学妖孽，桐城谬种"们，所有南腔北调，精彩纷呈的声音，共同构成了一个轰轰烈烈的新文化运动。

曾经是《新青年》的作者，翻译过《国际歌》的瞿秋白，当时是北洋政府外交部办的俄文专修馆的学生，自称在五四运动之前，经历了最枯寂的三年生涯。他热衷研究哲学，但愈研究愈厌世。五四运动一来，厌世心陡然转变为愤世情，他就成为俄文专修馆的学生会领袖之一了。在《饿乡纪行》一书中，他对"五四"前后，受到新文化运动激流冲刷的中国思想界现状，有非常精彩的概括：

> 中国社会思想到如今，已是一大变动的时候。一般青年都是栖栖皇皇寝食不安的样子，究竟为什么？无非是社会生活不安的反动。反动初起的时候，群流并进，集中于"旧"思想学术制度，作勇猛的攻击。等到代表"旧"的势力宣告无战争力的时期，"新"派思想之中，因潜伏的矛盾点——历史上学术思想的渊源，地理上文化交流之法则——渐渐发现出来，于是思想的趋向就不像当初那样简单了。
>
> 政治上：虽经过了十年前的一次革命，成立了一个括弧内的"民国"，而德莫克拉西（Ia democratie）一个字到十年后再发现。西欧

已成重新估定价值的问题，中国却还很新鲜，人人乐道，津津有味。这是一方面。别一方面呢，根据于中国历史上的无政府状态的统治之意义，与现存的非集权的暴政之反动，又激起一种思想，迎受“社会主义”的学说，其实带着无政府主义的色彩——如托尔斯泰派之宣传等。或者更进一步，简直声言无政府主义。于是“德莫克拉西”和“社会主义”有时相攻击，有时相调和。实际上这两个字的意义，在现在中国学术界里自有他们特别的解释，并没有与现代术语——欧美思想界之所谓德莫克拉西，所谓社会主义——相同之点。由科学的术语上看来，中国社会思想虽确有进步，还没有免掉模糊影响的弊病。

经济上：虽已和西欧物质文明接触了五六十年，实际上已遵殖民地化的经济原则成了一变态的经济现象，却还想抄欧洲工业革命的老文章，提倡“振兴实业利用外资”。——这是中了美国资本家新式经济侵略政策的骗，及听了罗素偶然的一句“中国应当振兴实业”的话，所起的一种很奇怪的“社会主义”的反动。当然又因社会主义渐落实际的运动，稍稍显露一点威权，而起一派调和的论调，崇拜“德国式”妥协的革命，或主张社会政策。——这又是一种所谓“社会主义”。两派于中国经济上最痛切的外国帝国主义，或者是忘记了，或者是简直不能解决而置之不谈，却还尽在经济问题上打磨旋。

学术上：二十余年和欧美文化相接，科学早已编入国立学校的教科书内，却直到如今，才有人认真聘请赛先生（陈独秀先生称科学为 Mr.Science）到古旧的东方国来。同时“中国的印度文化”再生，托尔斯泰等崇拜东方文化说盛传，欧美大战后思想破产而向东方呼吁，重新引动了中国人的傲慢心。“西方文化与东方文化”，居然成了中国新思潮中的问题。于是这样两相矛盾的倾向，各自站在不明了的地位上，一会儿相攻击，一会儿相调和，不论政治上，经济上，学术上的思潮都没有明确的意义，只见乱哄哄的报章，杂志，丛书的广告运动，一步一步前进的现象却不能否认，而思想紊乱摇荡不定，也无可讳言。[46]

瞿秋白道出了一个事实：新文化运动并不像后人所理解的那样，壁垒分明，阵线清晰，敌我双方，你死我活。而是像一个大漩涡，一切新的、旧的、中的、洋的、香的、臭的、真的、伪的，全搅成一锅杂锦粥，不断地沸腾翻滚，互相作用，发酵变化。

文化是人类生存的基本需求，每个地方文化的不同，思维方式与行为模式的不同，与千万年来孕育该族群的自然生存环境，息息相关；甚至与族群的生理与心理结构，也有着相须相成的关系。要打孔家店可以，要消灭孔家店就“难矣哉”了。中国独尊儒术两千年，也没把墨子、老庄消灭掉。

陈独秀把新文化运动称为“文学革命”，是要用甲消灭乙；胡适把它称为“文学改良”，是要用甲去改造乙。实际上，新文化运动是一场文化更新运动，是把一些从时代发展中产生的新元素，注入旧有的肌体中，把它重新激活，焕发出新的光与热，并不是把旧肌体消灭掉。注入新元素过程，不仅是甲在改造乙，乙也在改造甲。旧肌体是不可能消灭的，如果没有了氢，光剩下氧，无论如何变不出水来。

在一场波澜壮阔的文化更新运动中，有些人走得快些，有些人走得慢些，有人要往东走，有人要往西走，有人说要丢弃这，有人说要保留那，就像在舞台上，一定要有不同的角色，有人演主角，有人跑龙套，有人唱红脸，有人唱黑脸，才能构成一台戏。世界本来就是那么复杂多样的，新文化运动也是一个多声部大合唱，缺了哪个声部都不行。

“五四”精神有千种，“五四”结果只一个

新文化运动与五四运动，虽然有内在的关联，但并不是一回事。

五四运动不能说是新文化运动的必然结果，它是因外交问题、政治问题引发的一次“突发事件”。尽管二者的历史文化基因大致相同，但“五四”显然有着自己的血脉谱系，它是宋代太学生伏阙上书、明代东林党人议政、清代公车上书这一知识分子传统的延续，反映了民族主义与政府之间的冲突，而新文化运动则是发生在文化领域的新与旧之间的冲突。

当清末民初民族危机日益严重之时，无论是传统意义上的士子，还是现代意义上的知识分子，在民族救亡问题上，他们走到了一起，就像两个并行的轮子，共同支撑着这辆摇摇欲坠的车子。直到1919年，终于汇成一股巨流。

可以肯定，《新青年》开创了一种风气，对五四运动起了直接与巨大的催化作用，从精神上、理论上，赋予了五四运动一种特殊的现代意义，使其有别于历史上太学生伏阙上书和公车上书，使得“五四运动比较辛亥革命进了一步”（毛泽东语）。从这个意义上说，陈独秀、李大钊、胡适等人与《新青年》，功不可没。

后人煮酒论史，不是把陈独秀称作五四运动的总司令，就是把李大钊称作总司令，如果仅指“精神领袖”而言，当之无愧，但并非说陈独秀真的参与了五四运动的具体领导工作。事实上，他们都说不上是总司令。陈独秀是《新青年》杂志的总司令，是新文化运动的重要推手，但不能说是五四运动的总司令。

五四运动的主要组织者与领导者，几乎都不是新青年同人，而是来自新潮社与国民杂志社的学生。这两个杂志社，在新文化运动中，分属不同的阵营。五四运动前，《国民》甚至连白话文都不肯接受，认为《新潮》的主张太过激烈；而《新潮》也觉得《国民》所倡导的国家观过于狭隘，故不感兴趣。段锡朋是国民杂志社的灵魂人物，学潮期间，与罗家伦过从甚密，出则同舆，入则同席，晚上常挤在一起熬大鹰。段锡朋一有空就唠叨他的“庐陵欧阳公的文章道德”，这并没有妨碍他成为风云一时的五四领袖。

毛泽东说，五四运动替中国共产党准备了干部。这是事实。但五四运动同样为国民党准备了干部，这也是事实。不仅如此，五四运动还为学术界准备了一大批学术精英，为教育界、新闻界、出版界准备了一大批人才，这都是事实。五四运动的意义，是对于整个国家、民族、文化而言的。

全国许多响应北京学生的地区，之前并没有新文化运动的出现，甚至连《新青年》和《新潮》也没见过，但抗议示威活动一样搞得有声有色。《新青年》与《新潮》要打孔家店，而青岛问题，恰恰是因为“山东为孔孟圣贤之乡，中华文化的肇始所在”，才激动起全国的民气，酿成一场全民保卫战。这一点非常重要，也是十分有趣的，可以看出新文化运动与五四运动之间血缘谱系的异同。

可以说，五四运动是中国人自从鸦片战争以后，民族主义与排外心理，压抑已久的一次大爆发，但它对中国社会的影响，又远远超越了民族主义的局限。

[瞿秋白说]经八九年中国社会现象的反动，《新青年》、《新潮》所表现的思潮变动，趁着学生运动中社会心理的倾向，起翻天的巨浪，摇荡全中国。当时爱国运动的意义，绝不能望文生义的去解释他。中国民族几十年受剥削，到今日才感受殖民地化的况味。帝国主义压迫的切骨的痛苦，触醒了空泛的民主主义的噩梦。学生运动的引子，山东问题，本来就包括在这里。工业先进国的现代问题是资本主义，在殖民地上就是帝国主义，所以学生运动倏然一变而倾向于社会主义，就是这个原因。况且家族农业经济破产，旧社会组织失了他的根据地，于是社会问题更复杂了。从孔教问题，妇女问题一直到劳动问题，社会改造问题；从文字上的文学问题一直到人生观的哲学问题；都在这一时期兴起，萦绕着新时代的中国社会思想。[47]

罗家伦作为“五四”时的学生领袖之一，最直接的组织者与参加者，

1920年秋，与段锡朋、康白情、汪敬熙、周炳琳等学生领袖一起出国留学，先后在美国普林斯顿大学、哥伦比亚大学、英国伦敦大学、德国柏林大学、法国巴黎大学学习。1926年归国，投身政治，任国民革命军总司令部参议，后官至考试院副院长。他认为五四精神，可以归纳为三点：一是学生牺牲的精神；二是社会制裁的精神；三是民众自决的精神。拒签巴黎和约，罢免曹、陆、章，反而都是次要的。他没有把这次运动称之为"爱国运动"，而是称之为"民众自决运动"。

他首先看重的是"五四"对民间社会发展的促进作用，一是思想改造的促进；二是社会组织的增加；三是民众势力的发展。

> 一、思想改革的促进。新思潮的运动，在中国发生于世界大战终了之时。当时提倡的还不过是少数的人，大多数还是莫明其妙，漠不相关。自从受了五四这个大刺激以后，大家都从睡梦中惊醒了。无论是谁，都觉得从前的老法子不适用，不能不别开生面，去找新的，这种潮流布满于青年界。……譬如五四以前谈文学革命的，不过《新青年》、《新潮》、《每周评论》和其他二、三个日报；而到五四以后，新出版品骤然增四百余种之多。其中内容虽有深浅之不同，要是大家肯出来而且敢出来干，已经是了不得了！又如五四以前，白话文章不过是几个谈学问的写写；五四以后则不但各报纸大概都用白话，即全国教育会在山西开会也通过以国语为小学校的课本，现在已经一律实行采用……
>
> 二、社会组织的增加。……五四以前中国的社会可以说是一点没有组织。……现在居然各县各省的学生都有联合会。……有好几省已经组织成了什么教职员公众。……自从五四以来有工人的地方如上海等处也添了许多中华工业协会、中华工会总会、电气工会联合会。……现在如天津等处的商人有同业公会的组织，而上海等处商人有各马路联合会的组织。……若是大家参看毛泽东君的《全国

民众的大联合》一文，一定更要明白。

三、民众势力的发展。自从五四运动以来，中国民众的势力，不能不说是一天一天的发展。许多的束缚，以前不敢打破的，现在敢打破了；许多的要求，以前不敢提出的，现在敢提出了。诸如此类，不胜枚举。[48]

罗家伦十分强调新文化运动与五四运动的关系，认为“五四”是新文化运动所产生的思想变化的结果，同时又扩大了新文化运动的势力。但他却否认五四运动与其他政治运动有任何关系：“五四运动的时候，可以说是没有一个人是有政治色彩或是有政治目的而在活动的。当时只是纯粹的青年血气冲动。”后来，学生运动形成了一股势力，各种政治的成分，才纷纷参加进来。[49]

然而，作为中国共产党人，曾担任过北大学生会主席、北京学生联合会主席的朱务善，则认为五四运动是由“共产主义知识分子和革命青年学生”领导的，“资产阶级知识分子如胡适、罗家伦之流，是五四运动的右翼，当然没有领导过五四运动”。[50]

中共党人、著名史学家邓拓，1950年代为五四运动作的定义是：“是以共产主义知识分子、革命小资产阶级知识分子和资产阶级知识分子的统一战线为基础，而以共产主义知识分子为领导骨干的反帝反封建的革命运动。”[51] 反映了中国大陆在1949年以后对五四运动评价的主流意见。

把五四运动与苏俄的十月革命联系起来，也是一个很常见的观点。李大钊在五四运动发生半年后，就已经把它与“世界革命”联系在一起了。1919年11月他说：“此次五四运动，系排斥‘大亚细亚主义’，即排斥侵略主义，非有深他于日本人也。斯世有以强权压迫公理者，无论是日本人非日本人，吾人均应排斥之！故鄙意以为此番运动仅认为爱国运动，尚非恰当，实人类解放之一部分也。”[52]

虽则这时在他心目中的“人类解放”，并不一定就是苏俄革命的模式，而是一种比较笼统的“人类自由的精神”和“正义人道”的理想。他在1923年的五四纪念日说，“五四”是学生加入政治运动的纪念日，也是学生整顿政风的纪念日。他说：“民国到现在十有余年，革命事业还未成功，这些继续革命事业的人，就是我们。但是我们做这种事业，必须抱定目的和宗旨。以现在学生应该做的事有二种：一、组织民众，以为达到大革命之工具；二、对现政府立于弹劾的地位。因为我们光组织民众是不行的，他们是可以破坏我们组织民众的事业。望学生对于以上二事努力去做，则将来自有极大之效果。”[53] 整顿者，改良之意；弹劾者，监督之意。

但随着中国共产主义革命的兴起，“世界革命”的含义，渐渐成为苏俄革命与共产国际的代名词。五四运动也被诠释为中国走上苏俄革命道路的第一炮了。

在服膺马克思列宁主义方面，李大钊走在陈独秀的前面；但在实行暴力革命方面，陈独秀则走在李大钊前面。五四运动一年之后，陈独秀在总结五四精神时，曾把五四精神归结为两点：一是直接行动；二是牺牲精神。“直接行动，就是人民对于社会国家的黑暗，由人民直接行动，加以制裁，不诉诸法律，不利用特殊势力，不依赖代表。”[54] 大体上，与带有安那其色彩的社会主义革命精神，相去不远。

但四年之后，中国共产党已经成立，不仅与共产国际这一“特殊势力”建立了联系，成为共产国际的一个支部，而且也与国民党这一“特殊势力”结成了同盟。陈独秀对五四运动的评价，随之提升到一个新的高度，开始把它摆到一个更广阔的舞台——国际共产主义运动的大背景下去观察。陈独秀在1923年分析说：

> 此次运动的优点是：一、纯粹的市民反抗外国帝国主义之压迫，及以直接行动的手段惩罚帝国主义者之走狗——卖国贼；二、随之而起的文化运动和社会运动，给旧思想以重大的打击。
>
> 此次运动的弱点是：一、民族运动的对象，只是当时感觉最甚

的勾结国内军阀段祺瑞之帝国主义的日本，而忽略了国际帝国主义者对华侵略之全部状态……二、群众中无有力的组织与领袖将此运动继续扩大深入到社会各阶级中被压迫的群众，在欧战后世界革命的大潮中，失去了被压迫的中国民族解放运动大爆发的机会……

陈独秀强调指出："最后的五四运动乃是在欧战后世界革命的怒潮中和中国城市工业开始发展中（民国八年，西历一九一九年）发生的，因此，五四运动虽然未能达到理想的成功，而在此运动中最努力的革命青年，遂接受世界的革命思潮，由空想而实际运动，开始了中国革命之新的方向。"[55]

这个"新方向"，就是走俄国人的路！

1970 年代，许德珩作为五四运动中的激进学生之一，在纪念五四运动 60 周年的文章中，也同样强调五四运动受苏俄革命影响。他说："五四运动是在俄国十月社会主义革命影响下发生，而在第一次世界大战中孕育起来的。五四运动的最大特点，就是中国人民革命从此成为无产阶级世界革命的同盟军，不再是资产阶级世界革命的同盟军，这就是说中国革命的性质从此由旧民主主义革命发展成为新民主主义革命。"[56]

毛泽东把五四运动作为一条分界线，"五四"以前，可以上溯至清末的洋务运动、戊戌变法，新学与旧学之争，西学与中学之争，是资产阶级的新文化和封建阶级的旧文化之间的斗争。可是几个回合下来，资产阶级新文化都被帝国主义奴化思想和中国封建主义复古思想的反动同盟打退了。

许德珩认为苏俄革命是因，五四运动是果。中国革命是受了苏俄革命的激励，从资产阶级革命向无产阶级革命转变。所谓柳树上着刀，桑树上出血。但毛泽东不这么认为。虽然毛泽东也说，五四运动使中国革命变成了"世界无产阶级的社会主义的文化革命的一部分"，但他更强调"五四"对中国国内政治的意义，恒在于革命的领导权，从资产阶级手中，移交到了无产阶级手上；中国的新文化运动，从旧民主主义性质的文化，变成了新民主主义性质的文化。

在“五四”以前，中国的新文化运动，中国的文化革命，是资产阶级领导的，他们还有领导作用。在“五四”以后，这个阶级的文化思想却比较它的政治上的东西还要落后，就绝无领导作用，至多在革命时期在一定程度上充当一个盟员，至于盟长资格，就不得不落在无产阶级文化思想的肩上。这是铁一般的事实，谁也否认不了的。[57]

也就是说，因为发生了五四运动，中国共产党登上了政治舞台，才造成中国革命在世界舞台上的移形换位。毛泽东一向认为，事物的变化，内因为主，外因为辅。

这基本上成了中国共产党对五四运动最权威的定论。

在自由主义知识分子眼中，五四运动，又呈现着另外的景象与意义。在当年的学生中，傅斯年是游走于政治与学术之间的自由主义知识分子代表之一。1919年底他赴欧洲留学，先入英国爱丁堡大学，后转入伦敦大学，研究实验心理学、物理、化学和高等数学；1923年入柏林大学哲学院，学习比较语言学；1926年回国，后来任中央研究院历史语言研究所所长。他在1919年出国前谈论“五四”时说：

近两年里，为着昏乱政治的反响，种下了一个根本大改造的萌芽。现在仿佛像前清末年，革命运动立宪运动的时代一个样，酝酿些时，中国或又有一种的平民运动。所以我们虽当现在的如此如此的南北两政府之下，我们的希望并不减杀。不过就最近两三个月内的情形而论，我们又生一种忧虑。这忧虑或者是一种过虑，但是如果人人有这过虑，或者于事业的将来上有益些。我觉得期刊的出现太多了，有点不成熟而发挥的现象。照现在中国社会的麻木、无知

> 觉而论，固然应该有许多提醒的器具。然而厚蓄实力一层也是要注意的。发泄太早太猛，或者于将来无益有损。精深细密的刊物尤其要紧。[58]

他说的虽然是刊物的现象，但实际是指向产生这种现象的原因，他显然认为“五四”是一次“不成熟而发挥”的运动，“发泄太早太猛，或者于将来无益有损”。他完全同意胡适的看法，必须要“仔细研究一个问题，而按部就班的解决他，不落在随便发议论”。因此，他对经历了“五四”洗礼的学生，有三点忠告：“一、切实的求学；二、毕业后再到国外读书去；三、非到三十岁不在社会服务。中国越混沌，我们越要有力学的耐心。”

罗家伦也有类似的忧虑，他在出国留学前夕说，五四运动把学生们“以前的（学问）储蓄，一齐发泄尽了。加之一年以来，大家的生活，都是奔走呼号，东击西应，对于新知识一点不能增加进去，哪里还有再来倾倒出来的呢？”[59]这也是傅斯年、罗家伦、段锡朋等学生领袖，在“五四”之后，纷纷选择出国留学的原因。

蔡元培从一开始就不赞成学生搞政治，他认为那会使学生沉迷于权力，学生们很可能为胜利而陶醉，他们既然尝到权力的滋味，以后他们的欲望恐怕难以满足了。蔡元培预见到，学潮之后的大学，将不易维持纪律，这也是他一再表示不愿意回北大当校长的原因。他多次告诫学生，“救国重在研究学术，不可常常为救国运动而牺牲”。

基于这种思想，他对“五四”的正面评价，自然也是在政治之外的。蔡元培说：“我常常对人说，五四运动以后，学生有两种觉悟是最可宝贵的：一是自己觉得学问不足，所以自动的用功；二是觉得教育不普及的苦痛，所以尽力于平民教育。这两种觉悟，三年来，很见得与前不同，不能不算是五四运动的纪念。”他表示，能够把自动用功和平民教育这两件事实行起来，哪怕只实行其中一件，就算是不辜负五四运动了。[60]

蔡元培是对“五四”最看淡的一位。他虽然在千呼万唤之下，勉强回到北大校长的任上，但他很清楚，北大已不是昨天的北大，北大不可能回到“五四”之前去了。学术至上的办学理念，难乎为继。1920 年 11 月，他再次出国游历，一去就是一年，北大校长由蒋梦麟代理。

胡适对五四运动的看法，也经历了一个变化的过程。最初他对学生的爱国热情是肯定的，五四运动一周年时，胡适与蒋梦麟联名撰文指出，学生是被这个社会逼上街头的，“社会上许多事，被一班成年的或老年的人弄坏了，别的阶级又都不肯出来干涉纠正，于是这种干涉纠正的责任，遂落在一般未成年的男女学生的肩膀上。”

> 这一年的学生运动，从远大的观点看起来，自然是几十年来的一件大事。从这里面发生出来的好效果，自然也不少：引起学生的自动精神，是一件；引起学生对于社会国家的兴趣，是二件；引出学生的作文演说的能力、组织的能力、办事的能力，是三件；使学生增加团体生活的经验，是四件；引起许多学生求知识的欲望，是五件；这都是旧日的课堂生活所不能产生的。我们不能不认为学生运动的重要贡献。[61]

他们所不满意的，只是学生采取罢课这种形式，担心会养成倚赖群众的恶心理、逃学和无意识行动的恶习惯，然而，这都仅仅是指向个人品行方面的，他们暂时还没有意识到，五四运动对社会产生的深远影响。事实上，五四运动之后，新文化运动似乎没有出现中断的危机，反而在短期内，受到刺激而愈加澎湃起来。

胡适曾乐观估计，“这一年（1919）之中，至少出了四百种白话报。内中如上海的《星期评论》，如《建设》，如《解放与改造》（现名《改造》），如《少年中国》，都有很好的贡献。一年以后，日报也渐渐的改了样子了。从前日报的附张往往记载戏子妓女的新闻，现在多改登白话的论文译著小说新诗了。北京的《晨报》副刊，上海《民国日报》的《觉悟》，《时事新报》的

《学灯》，在这三年之中，可算是三个最重要的白话文的机关。时势所趋，就使那些政客军人办的报也不能不寻几个学生来包办一个白话的附张了。民国九年以后，国内几个持重的大杂志，如《东方杂志》，《小说月报》……也都渐渐的白话化了。”[62]

他可以把这视为五四运动的成果。因此，他与蒋梦麟都认为，对学生运动，应采取疏导的方法，而不能压制："学生运动已发生了，是青年一种活动力的表现。是一种好现象，决不能压下去的，也决不可把他压下去的。我们对于办教育的人的忠告，是'不要梦想压制学生运动。学潮的救济只有一个法子，就是引导学生向有益有用的路上去活动'。"

但亲历了中国在"五四"以后三十年间，沧海横流，陵谷之变后，胡适的晚年，对"五四"的看法有了很大变化。虽然他承认，五四运动完成了"两项伟大的政治收获"：一是迫使北京政府撤掉了三个亲日高级官员的职，二是迫使中国参加巴黎和会的代表团不敢在和约上签字（罗家伦却认为这只是皮相之谈）。但同时也造成了一项很大的"副作用"：把一个文化运动，转变成一个政治运动了。

这是胡适在拉开时间的距离，重新审视历史时，得出的结论。当初，他们这批自由主义知识分子，出于"一番愚忱想把这一运动，维持成一个纯粹的文化运动和文学改良运动"的努力，终于因政治的阻挠而中断了，这令他痛惜不已，深深哀叹，这是对新文化运动——中国文艺复兴运动——"一场不幸的政治干扰"。[63]

但平心而论，就算没有五四运动的"政治干扰"，文艺复兴运动就能够"维持成一个纯粹的文化运动和文学改良运动"了吗？显然也是一个白日梦而已。

中国的内乱，并不始于五四运动，而是从太平天国、义和拳、辛亥革命、癸丑革命、讨袁护国、南北分裂，这样一步一步发展过来的。当时南北仍处于分裂状态，草莽英雄当国，北方要武力统一南方，南方也要武力统一北方，南北终须一战决雌雄。有这南北军阀的存在，中国还有安宁日子过吗？就算没有五四运动"干扰"，也会有这战争、那战争、这运动、那运动的"干扰"，新文化运动注定是难逃"刚开头便煞尾"的命运。

孙文不是五四运动造就出来的，而是辛亥革命。"余致力国民革命凡四十年"，他革了满清政府的命，还要革北洋政府的命。为了"三民主义"的崇高目标，他要陈炯明打福建，打了福建打广东，打了广东打广西，打了广西打湖南，今年打不完，明年继续打，一直打到天下统一为止。陈炯明不支持他，他就要找外援，他找过日本，找过美国，找过德国，最后找到了苏俄。这也是不以自由主义知识分子意志为转移的。胡适抱怨"五四"干扰了文艺复兴，未免有点"屙不出屎怪地硬"的味道。

三春去后诸芳尽，各自须寻各自门

陈独秀回到上海，全身心投入到中国共产党的工作中。最初陈独秀反对中共加入共产国际，也不肯接受共产国际的卢布。但实际上，在他返回上海之前，上海方面已接受了共产国际的资助。周佛海在谈到活动经费来源时说："不待说是卢布换成的钞票。他们给我每月八十元大洋的生活费，此外还有点活动费。"陈独秀认为革命者都应无报酬地为党服务，领了钱就等于雇佣革命。他拍着桌子说："我们有多大的能力干多大的事，决不能让任何人牵着鼻子走。我可以不干这个书记，但中国共产党决不能戴第三国际这顶大帽子。"[64]

10 月 4 日，陈独秀、杨明斋、包惠僧等人，在上海法租界渔阳里二号的陈宅被捕。巡捕在他家里搜出了《新青年》、《劳动界》、《共产党》等刊物。胡适在北京闻讯，大吃一惊，连忙打电话给刚从欧洲回来的蔡元培，请他出面设法营救，他在电话中，急得大骂"法国人真不要脸！"

马林也在上海全力组织营救，利用共产国际的经费去打通关节，聘请律师。10 月下旬，陈独秀以判罚一百元结案。出狱后，陈独秀的立场发生了戏剧性的转变，他一方面正式辞去广东教育委员会委员长一职，以示与资产阶级政府一刀两断，并接受沈雁冰等人之请，在商务印书馆当兼职编辑，一方面与马林达成了三点共识：

> 陈独秀与马林和谐地会谈了两次，一切问题都得到了适当的解决：1、全世界共运总部设在莫斯科，各国共产党都是第三国际的一个支部。2、赤色职工国际与中共劳动组合书记部，是有经济联系的组织。中国劳动组合书记部的工作计划及预算，每年都要赤色国际批准施行。3、中共中央不受第三国际的经济支援，如有必要的开支，由劳动组合书记部调拨。[65]

从此，中国共产党接受共产国际的资助，正式成为国际共产主义运动中的一员了。《新青年》杂志在出了九卷六号后，决定停刊，新青年社也随之解散。1923 年 6 月，一度作为中共党的理论宣传刊物，以季刊形式，在广州复刊，由瞿秋白主编。然这时的《新青年》，已不再是一本新文化运动的刊物了。1924 年 12 月出至第四期，又再打烊；1925 年 4 月改为月刊复刊，不定期出版，1926 年 7 月出至第五号自行停刊。

这本创刊于 1915 年，共出六十三册，曾经是思想文化先锋的杂志，度过了灿烂的一生，到了曲终奏雅，谢幕退场之际了。胡适对这本杂志感情深厚，因为这是他登上时代舞台的阶梯，他给予了很高的评价："二十五年来，只有三个杂志可代表三个时代，可以说是创造了三个新时代：一是《时务报》，一是《新民丛刊》，一是《新青年》。而《民报》与《甲寅》还算不上。"[66] 前两本都是梁启超办的，后一本——《新青年》——则是陈独秀、胡适、李大钊、钱玄同、刘半农等一批新青年办起来的，他们是当之无愧的时代创造者。

陈独秀在上海平安获释，胡适松了一口气。这段日子，他因为养病，没在北大开课，埋头写《〈红楼梦〉考证》、《〈水浒传〉后考》。他对《新青年》的回归，已不抱希望了，所以一直想另办一份杂志。经过胡适、高一涵和地质学家丁文江等人，几个月的酝酿筹备，1922年5月7日，在五四运动三周年之际，《努力周报》在北京创刊了。由胡适亲撰的发刊词是一首白话《努力歌》，其中唱道：

朋友们，我们唱个“努力歌”：
不怕阻力！
不怕武力！
只怕不努力！
努力！努力！
阻力少了！
武力倒了！
中国再造了！
努力！努力！

5月14日，《努力周报》第二期上，刊登了由胡适起草，蔡元培领衔，王宠惠、罗文干、李大钊、梁漱溟、汤尔和、陶孟和、朱经农、高一涵、丁文江、陶行知、王伯秋、张慰慈、徐宝璜、王徵十六人联署的《我们的政治主张》，严正要求政府立即进行政治改革，改革的最低限度目标是：

一、政治改革的目标　我们以为现在不谈政治则已，若谈政治，应该有一个切实的、明了的、人人都能了解的目标。我们以为国内的优秀分子，无论他们理想中的政治组织是什么（全民政治主义也罢，基尔特社会主义也罢，无政府主义也罢），现在都应该平心降格的公认“好政府”一个目标，作为现在改革中国政治的最低限度的要求。我们应该同心协力的拿这共同目标来向国中的恶势力作战。

二、“好政府”的至少涵义　我们所谓“好政府”，在消极的方面是要有正当的机关可以监督防止一切营私舞弊的不法官吏。在积极的方面是两点：

（1）充分运用政治的机关为社会全体谋充分的福利。

（2）充分容纳个人的自由，爱护个性的发展。

三、政治改革的三个基本原则 我们对于今后政治的改革，有三个基本的要求：

第一，我们要求一个“宪政的政府”，因为这是使政治上轨道的第一步。

第二，我们要求一个“公开的政府”，包括财政的公开与公开考试式的用人等等；因为我们深信“公开”（Publicity）是打破一切黑幕的唯一武器。

第三，我们要求一种“有计划的政治”，因为我们深信中国的大病在于无计划的飘泊，因为我们深信计划是效率的源头，因为我们深信一个平庸的计划胜于无计划的瞎摸索。[67]

胡适呼吁全体优秀公民都要站起来，为自卫计，为社会国家计，出来和恶势力奋斗。“做好人是不够的，须要做奋斗的好人；消极的舆论是不够的，须要有决战的舆论。这是政治改革的第一步下手工夫。”丁文江诚恳地说：“我们是救火的，不是趁火打劫的。”胡适对他这句话作了诠释说：“其实他的意思是要说，我们是来救火的，不是来放火的。”[68]在随后的讨论中，北京有七所高校的校长——北京高师校长李建幼、北京女子高师校长毛邦伟、北京法律专门校长王家驹、俞同奎、北京医药专门校长周颂声、北京农学院院长吴宗植、北京艺术专门校长叶倩——亦公开声明，支持这份宣言。

后人回顾历史，当有无尽的感慨，一方面为那些仗义执言的知识分子所感动，一方面亦为中国文人的通病，扼腕痛惜。陈炯明在广东不正是实行着这个宣言中的主张吗？不正在努力进行政治改革、努力期成一个好政府吗？却不见这些知识分子对他援之以手，没有人去协助他“救火”，没有人参加他的“奋斗”与“决战”，只有陈独秀去帮了他一把，很快也一走了之了，大家“不去扫清天北雾，只来卷起浪头山”，眼睁睁看着陈炯明单枪匹马盖高楼，眼睁睁看着它楼塌了。

在宣言最初署名的十六人当中，大部分是自由主义知识分子，只有李大钊一人是中共党员。原来的新青年阵营，除李大钊外，还有胡适、陶孟和、张慰慈、高一涵诸人。而陈独秀、鲁迅、周作人、钱玄同、刘半农、沈尹默等人，则一律缺席。

李大钊也意识到，好政府主义与马克思主义，大异其趣，但碍于胡适的情面，不好推辞，便同意署名，但他担心会引起陈独秀误解，特意写信到上海解释说，好人政府在当前混乱的局势中，未尝不是一种差强人意的办法。

然陈独秀对“好政府主义”，不屑一顾，6 月 17 日，中共在“对时局主张”中，把“好政府主义”轻蔑地斥之为“妥协的和平主义，小资产阶级的和平主义”，并指这种主张“正都是‘努力’‘奋斗’‘向恶势力作战’的障碍物”。[69] 胡适看到批评后，在《努力周报》上公开回应说：“我们并不菲薄你们的理想的主张，你们也不必菲薄我们的最低限度的主张。如果我们的最低限度做不到时，你们的理想主张也决不能实现。”[70]

这两位曾经是文学革命战壕里的亲密战友，虽然还保留着许多美好的回忆与私谊，但在政治上，已是泾渭分明，将军不下马，各自奔前程了。

刘半农还在国外，他与国内的新青年同人，星离雨散，音问两疏，当然也无从与闻。刘半农因为在北大被人看不起，发愤到法国留学，最终亦学有所成，他的《汉语字声实验录》，获得法国“康士坦丁·伏尔内语言学专奖”，他可以自豪地挺起胸脯，衣锦荣归，有足够的资格，与北大的名流教授们比肩而立了。然而，纵观刘半农的一生，真正体现他人生价值的，却不是“康士坦丁·伏尔内语言学专奖”，而是出国镀金之前，作为新青年同人，潇洒倜傥，意气风发，“丈八蛇矛笔，横挑马上将”的那些日子。

鲁迅说：“他回来时，我才知道他在外国钞古书，后来也要标点《何典》，我那时还以老朋友自居，在序文上说了几句老实话，事后，才知道半农颇不高兴了，‘驷不及舌’，也没有法子。”再后来，他们在酒席上见面，除了“今天天气……哈哈哈”，竟也无话可谈了。曾经“佩服陈胡，却亲近半农”的鲁迅，“回想先前的交情，也往往不免长叹”。[71] 不过，他是不是真的很在乎这段交情，则如鱼饮水，冷暖自知了。

鲁迅自1920年8月进了北大，在中文系当讲师，因为他在教育部还有一份正职，所以在北大只能兼职讲师，不能当教授。他常说自己思想太过黑暗，他的武器是匕首和投枪，对敌人冷嘲热讽，揭其肮脏老底，撕其虚伪面具，是他擅长的，所以他的杂文所向无敌，但像《我们的政治主张》这类正儿八经向政府提点建设性意见的事，他是绝对不做的，避之唯恐不及。

当时鲁迅对“好政府主义”没表态，但八年之后，他在反击梁实秋的批评时，才翻出旧事，狠狠地嘲讽说：“独有‘好政府主义’这‘一副药’，他在药方上所开的却不是药名，而是‘好药料’三个大字，以及一些唠唠叨叨的名医架子的‘主张’。不错，谁也不能说医病应该用坏药料，但这张药方，是不必医生才配摇头，谁也会将他‘褒贬得一文不值’。”[72]

新青年阵营中的另一位健将钱玄同，也没有参与“救火”活动，他依然埋头研究汉文字，与当年一起反传统的盟友们，早已疏远了，但他对于文字革命，却依然十分激进。1921年后，他提出“疑古”主张，与顾颉刚一起发起了古史辨运动，欲“把今古文的黑幕一齐揭破”。他年轻时曾宣称，凡到四十岁的人，不死也该“绑赴天桥枪毙”，1925年，三十八岁的他，在北京的国语大会上，还振臂高呼：“打倒古文！打倒汉字！打倒‘国粹’！”此时此刻，他真的还相信汉字应该打倒，国粹应该打倒吗？还是为了证明自己的思想依然年轻？

后人每说及钱玄同，必然要说他当年如何向鲁迅索稿，如何逼鲁迅写小说，仿佛鲁迅这匹千里马，是他这个伯乐发掘出来的。两人关系，亦一度过从甚密，但后来也冷淡了。文人的圈子，从来如此，在这些人之间，本来没有什么利害冲突，正如鲁迅痛恨顾颉刚一样，是什么原因，连顾颉刚自己也丈二和尚摸不着头脑。有人猜测，因为鲁迅不喜欢顾颉刚，而迁怒于和顾氏思想投契的钱玄同。

不管什么原因，最后这两位章太炎的高足，不仅变得形同路人，而且终至反目。钱玄同公开说自己“不认识有一个什么姓鲁的”；而鲁迅也以钱氏主张到四十岁就自杀，却不能身体力行，写打油诗挖苦他：“作法不自毙，悠然过四十，何妨赌肥头，抵挡辩证法。”[73]（据说钱氏在北大曾说过“头可断，辩证法不可开课”的话。）令了解他们往日情谊的人，不胜欷歔太息。

从复古派蜕变为革命派的钱玄同，踏入该枪毙的年龄之后，壮心与身退，对当年的激烈言论，似乎已颇生悔意。1927 年，他向胡适喟叹：“回思数年前所发谬论，十之八九，都成忏悔之资料。今后大有‘金人三缄其口’之趋势了。”[74]周作人后来亦尝反省：“五四时代我正梦想着世界主义，讲过许多迂远的话。”[75]感慨之深，而至于悲凉。

1924 年 10 月 9 日，林纾逝世。

1928 年 4 月 30 日，辜鸿铭逝世。

1929 年 1 月 19 日，梁启超逝世。

1934 年 7 月 14 日，刘半农逝世。

1936 年 6 月 14 日，章太炎逝世。

1936 年 10 月 19 日，鲁迅逝世。

1939 年 1 月 17 日，钱玄同逝世。

1940 年 3 月 5 日，蔡元培逝世……

陈独秀、李大钊并肩走上了革命之路。1924 年，孙文在苏俄的帮助下，改组国民党，实行“联俄容共”政策，李大钊、毛泽东、张国焘、瞿秋白等一大批中共党人，以个人身份加入国民党，与国民党共同推动国民革命的发展。1925 年 3 月，孙文病逝。1926 年 7 月，国民革命军出兵北伐。

1927 年 4 月，李大钊在北京被奉系军阀逮捕，受到严刑拷问，判处绞刑。这位温和的北大图书馆馆长，坚定的马克思主义者，4 月 28 日下午 1 时 50 分，从容地走上了刑场。呜呼，所谓烈士者，就是像李大钊这样的人，当大黑暗来临之时，黄泉路上，独来独往，天下为重，性命为轻，其生也荣，其死也哀。

国共两党的合作，最终在 1927 年破裂。国民党在打过长江之后，以“清党”名义，大杀中共党人，直杀得人头滚滚，尸横遍野。陈独秀领导中共的能力与政策，受到党内严厉批评，不得不辞去总书记一职。被誉为“一身结合了别林斯基、车尔尼雪夫斯基、普列汉诺夫和列宁”的陈独秀，胸中空有万里丘壑，可惜流年，忧愁风雨，终于又回到了书桌前，埋头写起《中国拼音文字草案》。但这时已不是北洋政府的年代了，当这批革命者奋力打倒北洋政府以后，才发觉在新政府的统治下，他们连出版《中国拼音文字草案》这样的书，都成了问题，商务印书馆一看见陈独秀的名字，便缩起脖子，顾左右而言他了。

这颗“思想界的明星”、“中国革命史上光焰万丈的大彗星”，就这么黯然陨落了。陈独秀虽然号称“终生的反对派”，但廉颇老矣，再不能有什么作为，只留下一句“我半生所做的事业，似乎大半失败了”的哀叹，1942 年 5 月 27 日，在孤独中郁郁而终。千古英雄之命，其如斯乎！

1950 年 12 月 20 日，台湾大学校长傅斯年去世。1962 年 6 月 24 日，一代自由主义宗师胡适在台湾去世。1969 年 12 月 25 日，中华民国国史馆馆长罗家伦去世。

十年生死两茫茫。不思量，自难忘。遥想当年，他们为白话文言而争，为标点符号而争，为横排竖排而争，为戏曲脸谱而争，为世界语而争，为孔家店而争，为民主与科学而争，为自由、平等、博爱而争……到如今，一切都尘归尘，土归土，他们的名字，像星星一样镶嵌在中国文化这片苍茫无垠的天空之上，英灵永在，同放光芒。

古人恒叹物是人非事事休，但历史却不会休。自鸦片战争以后，中国“开二千年未有之变局”，新文化运动，是这个大变局中，一个必经的重要阶段。“五四”那一代人所遇到的千山万水，走到今天还没有走完，前面依然有万水千山。中国落后的根源在哪里？传统文化要不要打倒？怎么打倒？要不要全盘西化？怎么西化？五四运动究竟是民主主义的觉醒，还是民族主义的抬头？它是新文化运动结出的硕果，还是腰斩了新文化运动？它使中国的大门对世界更加开放，还是更加关闭？究竟哪一条道路才是最适合中国的道路？

喧嚣的世界，依然日夜喧嚣。

“五四”的传人们，依然在千山万水间，奋力跋涉……

注释

1. 《共产国际、联共（布）与中国革命文献资料选辑》（二），北京图书馆出版社，1997年版。
2. 梁冰弦（海隅孤客）《解放别录》。台湾，文海出版社，1978年版。
3. 《共产国际、联共（布）与中国革命文献资料选辑》（二），北京图书馆出版社，1997年版。
4. 周佛海《扶桑笈影溯当年》。上海古籍出版社，1943年版。
5. 《共产国际、联共（布）与中国革命文献资料选辑》（二），北京图书馆出版社，1997年版。
6. 《中国现代史资料选编》（一），黑龙江人民出版社，1981年版。
7. 上海《民国日报》1920年4月14日。
8. 《新青年》第7卷第6号，1920年5月1日。
9. 张耀杰《〈新青年〉同人的经济账》。《社会科学论坛》2006年第9期。
10. 《关于新青年问题的几封信》。《中国现代出版史料》（甲编），中华书局，1954年版。
11. 《共产国际、联共（布）与中国革命文献资料选辑》（一），北京图书馆出版社，1997年版。
12. 《周佛海回忆录》，台湾，跃升文化事业有限公司，1988年版。
13. 《胡适来往书信选》（上）。中华书局，1979年版。
14. 胡适《研究国故的方法》。《胡适文集》（十二），北京大学出版社，1998年版。
15. 《晨报》1920年8月1日。
16. 胡颂平《胡适之先生年谱长编》。台湾，联经出版事业有限公司，1984年版。
17. 《关于新青年问题的几封信》。《中国现代出版史料》（甲编），中华书局，1954年版。
18. 唐宝林、林茂生《陈独秀年谱》。上海人民出版社，1988年版。
19. 《关于新青年问题的几封信》。《中国现代出版史料》（甲编），中华书局，1954年版。
20. 《胡适口述自传》。华东师范大学出版社，1993年版。
21. 《陈炯明集》（上）。中山大学出版社，1998年版。
22. 梁冰弦（海隅孤客）《解放别录》。台湾，文海出版社，1978年版。
23. 《申报》1920年4月20日。
24. 《中国无政府主义和中国社会党》。江苏人民出版社，1981年版。

25. 张国焘《我的回忆》（一）。东方出版社，1991 年版。
26. 黄炎培《一岁之广州市》。上海商务印书馆，1922 年版。
27.《新青年》第 9 卷第 4 号，1921 年。
28. 香港《华字日报》1921 年 3 月 3 日。
29.《晨报》1921 年 3 月 24 日。
30. 香港《华字日报》1921 年 3 月 17 日。
31. 香港《华字日报》1921 年 3 月 18 日。
32. 陈独秀《实庵自传》，广州亚东图书馆，1938 年版。
33.《广东群报》1921 年 5 月 16 日。
34.《广东群报》1921 年 9 月 13 日。
35. 居正《中华革命党时代的回忆》。《居正文集》，华中师范大学出版社，1989 年版。
36. 陈炯明《中国统一刍议》。《陈炯明集》（下），中山大学出版社，1998 年版。
37. 陈炯明《建设方略》。《陈炯明集》（下），中山大学出版社，1998 年版。
38. 陈独秀《新文化运动是什么》。《新青年》第 7 卷第 5 号，1920 年 4 月 1 日。
39. 陈炯明《评康戴两君论革命的书》。《闽星半周刊》第 1 卷第 8 号，1919 年 12 月 25 日。
40. 陈炯明《〈闽星日刊〉宣言》。上海《民国日报》1920 年 1 月 13 日。
41. 蔡元培《洪水与猛兽》。《新青年》第 7 卷第 5 号，1920 年 4 月 1 日。
42. 胡适《新思潮的意义》。《新青年》第 7 卷第 1 号，1919 年 12 月 1 日。
43. 胡适《新文化运动与国民党》。《胡适文集》（五），北京大学出版社，1998 年版。
44. 李大钊《新的！旧的！》。《新青年》第 4 卷第 5 号，1918 年 5 月 15 日。
45. 毛泽东《新民主主义论》。《毛泽东选集》（二），人民出版社，1991 年版。
46. 瞿秋白《饿乡纪行》。《瞿秋白文粹》，太白文艺出版社，1995 年版。
47. 瞿秋白《饿乡纪行》。《瞿秋白文粹》，太白文艺出版社，1995 年版。
48. 罗家伦《一年来我们学生运动底成功失败和将来应取的方针》。《新潮》第 2 卷第 4 号，1920 年 5 月。
49. 罗家伦《蔡元培时代的北京大学与五四运动》。台湾，《传记文学》第 54 卷第 5 期，1978 年 5 月。
50. 朱务善《五四革命运动是否就是新民主主义革命？》。《历史研究》1962 年第 4 期。
51. 邓拓《谁领导了五四运动》。《人民日报》1950 年 4 月 29 日。
52. 李大钊《在〈国民杂志〉周年纪念会上的演说》。《国民杂志》第 2 卷第 1 号，1919 年 11 月。
53. 李大钊《纪念五月四日》。《晨报》1923 年 5 月 4 日。
54. 陈独秀《五四运动的精神是什么？》。《时报》1920 年 4 月 22 日。
55. 陈独秀《二十七年以来国民运动中所得教训》。《新青年》季刊，1923 年 12 月 20 日。
56. 许德珩《五四运动六十周年》。《文史资料选辑》第 61 辑，1979 年版。
57. 毛泽东《新民主主义论》。《毛泽东选集》（二），人民出版社，1991 年版。

58. 傅斯年《〈新潮〉之回顾与前瞻》。《新潮》第 2 卷第 1 号，1919 年 9 月。
59. 罗家伦《一年来我们学生运动底成功失败和将来应取的方针》。《新潮》第 2 卷第 4 号，1920 年 5 月。
60. 蔡元培《五四运动最重要的纪念》。《晨报》1922 年 5 月 4 日。
61. 胡适、蒋梦麟《我们对于学生的希望》。《晨报副刊》1920 年 5 月 4 日。
62. 胡适《五十年来中国之文学》。《胡适文集》（三），北京大学出版社，1998 年版。
63.《胡适口述自传》。华东师范大学出版社，1993 年版。
64.《周佛海回忆录》，台湾，跃升文化事业有限公司，1988 年版。
65. 包惠僧《回忆马林》。《马林在中国的有关资料》（增订本），人民出版社，1980 年版。
66.《努力周报》第 75 期，1923 年 10 月 21 日。
67.《努力周报》第 2 期，1922 年 5 月 14 日。
68. 胡适《丁在君这个人》。《胡适文集》（七），北京大学出版社，1998 年版。
69.《中国共产党对于时局的主张》（1922 年 6 月 17 日）。《中共中央文件选》（一），中共中央党校出版社，1982 年版。
70. 胡适《这一周》。《努力周报》第 10 期，1922 年 6 月
71. 鲁迅《忆刘半农君》。《鲁迅全集》（六），人民文学出版社，1981 年版。
72. 鲁迅《"好政府主义"》。《鲁迅全集》（四），人民文学出版社，1981 年版。
73. 鲁迅《教授杂咏四首》。《鲁迅全集》（七），人民文学出版社，1981 年版。
74. 钱玄同《致胡适》。《胡适遗稿及秘藏书信》，黄山书社，1994 年版。
75. 周作人《元旦试笔》。《雨天的书》，河北教育出版社，2002 年版。

后记：历史的宿命

1919 年 3 月 26 日晚上发生的事情，在中国近代史上，似乎值得留下一笔，因为那天晚上，蔡元培、汤尔和、马叙伦、沈尹默等人在北大会议，决定让陈独秀离开北大。胡适在多年以后感慨地说："以后中国共产党的创立及后来国中思想的'左倾'，《新青年》的分化，北大自由主义者的变弱，皆起于此夜之会。"

其实，胡适有点自欺欺人。陈独秀即使不离开北大，也不会走上自由主义的道路。因为陈独秀思想上，本来就没有多少自由主义的基因。无论是打孔家店也罢，白话文运动也罢，与林纾论战也罢，他都站稳了一元绝对的立场，旗帜鲜明地宣称《新青年》的主张不容匡正，不仅预示了新文化运动的归宿，而且也预示了他自己的未来路向。

作为一个历史人物，陈独秀是辛亥革命埋下的种子，吸收俄国革命养分成长起来的，和自由主义完全不搭边。由江湖会党为骨干的同盟会领导，以袁世凯训练出来的新军为基本力量的辛亥革命，根本不可能使中国自由主义化。所以，胡适大可不必感叹。李大钊没离开北大，他不也一样信仰了共产主义革命吗？

如果拉开历史的距离来看，新文化运动同样不会使中国走上自由主义道路。因为它的性质是为辛亥革命补上理论一课，这决定了它必然以替天行道、不容匡正的绝对姿态出现。虽然人们把"启蒙运动"的桂冠赠予了它，但它与欧洲的启蒙运动，无论是文化基因、思想谱系，还是前因后果，都有着完全不同的DNA，无法相提并论。

所谓启蒙运动，是要启自由与理性之蒙，但什么是自由与理性？只有把以陈独秀为代表的“新青年”，以梁启超为代表的研究系，以章太炎、林纾、刘师培、黄侃、辜鸿铭等人为代表的旧学说统统纳入这场运动中，呈现一种百家争鸣、百花齐放、多元发展的局面，才可以称之为自由与理性的苏醒。但回顾历史，这样的局面并没有真正出现，随着国民革命的勃兴，国民党的崛起，思想文化也向二元对立，一元绝对的方向演变，最后甚至出现了“革命的进此门，不革命的滚出去”、“不为同志，即为叛逆”的极端情形。

不少研究者都说，那时中国的知识分子在启蒙与救亡之间摇摆，五四运动标志着启蒙最终让位于救亡。胡适就曾感叹，五四运动是对新文化运动的“干扰”。其实，这同样是他一厢情愿的错觉。

中国的新文化运动，肇远因于鸦片战争、甲午战争，承近因于辛亥革命，从一开始就是以民族主义为前驱，以救亡为己任的。所以，当我们追溯那段历史时，不难发现，“亡国灭种”的阴影，一直盘桓在知识分子的心头，也成了新文化运动一个贯穿始终的主要话题。

五四运动与新文化运动的关系，错综复杂。但在民族主义的基因上，它们是一脉相承的，五四运动为国民革命和共产主义革命准备了大批干部，这些干部多数是新文化运动的活跃分子，从这个意义上说，新文化运动是启了革命之蒙，启了救亡之蒙，并不存在“让位”的问题，也谈不上什么“干扰”。

但如果说它们就是一个铜板的两面，那也不对。新文化运动是文化上的新旧对抗，而五四运动是朝野的政治博弈，范畴不同。用“五四时代”这个概念可以涵盖二者，但用“五四运动”，则容易产生歧义，不足以涵盖二者。

在这一个舞台上，在这一出戏里，只有不同的角色，没有哪个是红脸，哪个是黑脸。五四运动的参与者，既有来自新青年阵营的，也有来自孔家店的。五四运动之所以能够把全民动员起来，其中一个重要原因，就是它提出了一个很有鼓动性的口号：山东是孔孟之乡，是孔家店的发源地，决不容日本人侵占；保卫山东就等于保卫中华民族的文化之根一样。

这实在太吊诡了，以至于常被左右为难的研究者所回避，新文化运动打了半天孔家店，但当民族危机发生时，孔家店却依然是动员民众的最有效的政治资源与文化资源之一。这是极具讽刺意味的，我们还能说新文化运动的领袖们领导了五四运动吗？或者还可以进一步问，新文化一定要以打倒孔家店为前提吗？当初反对打倒孔家店的，就一定是新文化的对立面吗？

所有这些，都是我写这本书时一直在思考的问题。所谓昨日之因，今日之果；今日之因，明日之果，历史的因果丝毫不爽。从辛亥革命，到新文化运动、五四运动，从国民革命，到共产主义革命，一环紧扣一环，这是一个必然的、连绵不绝的过程。因此，胡适的感叹，如果扩大为“共产主义革命在中国的胜利，皆起于新文化运动之会”，并承认他自己也曾经是这个历史盛会的推手之一，就与事实相距不远了。

五四运动是一个说不完的话题。自从发生五四运动以来，它就不断被述说，几乎所有史料，甚至每个细节，都被罗掘俱穷了。当我想把这段历史再梳理一遍时，已没有什么新鲜的故事可以讲述了，只能以我的思想，我的眼光，重新解读那些众所周知的陈年旧事。

对中国的历史，也许我有过于深重的宿命感，不太相信有什么偶然事件可以改变历史发展的方向，如果历史确实被某些事件改变，我倒宁愿相信那些被改变的东西，才属于偶然的插曲。正如兼容并包的北大是偶然的，而“此夜之会”的北大才是必然的；辛亥革命后思想界的百家争鸣是偶然的，“不容匡正”的思想革命才是必然的；自由与理性的声音是偶然的，革命与救亡才是必然的。

正是这种宿命感，把我的这本书，与其他历史研究者的视角与著述拉开了距离。当然，我不是一个悲观者，我相信偶然积累多了，终有一天是可以变成必然的，虽然那得经过几代人的艰苦努力，才能把基因慢慢改造过来，但希望总是有的。

【附录】

感受一代书生的青春躁动
——读叶曙明《重返五四现场》

十年砍柴

我和叶曙明从未谋面，谈不上熟悉。但我知道，《重返五四现场》是他种因久远、打磨多年的一本著作。

今年2月底，我去海南参加天涯社区十周年庆典，旧雨新朋会聚三亚，闲谈中说起了当年天涯社区特别是我当年常去流连、受惠匪浅的关天茶舍板块。2002年左右，关天茶舍聚集了一帮很有见识的读书人，那些ID当初刚出江湖，后来名满网路，而现在，很少在关天茶舍露面了。比如易大旗、童天一、王怡、冉云飞等，其中还有ID为“一听”的叶曙明先生。当时他正致力于研究后世争议颇多的陈炯明，以及广东地区的“红卫兵”历史，这两件事或远或近，和九十年前的五四运动乃至发端于清末民初的新文化运动有着千丝万缕的联系。2002年5月2日，叶曙明在“关天茶舍”发表了一篇题为《五四又来了 照例纪念一番》的文章，《重返五四现场》的主旨已现于这篇短文中。

叶先生在那篇短文中开宗明义便道：“从辛亥革命至‘五四运动’，中国基本上处于一个政治权威的真空期。皇帝打倒了，传统的伦理道德、纲常秩序、价值信仰，一旦失去皇权的靠山，便再没有了往日的威慑力。民国第一、二任总统，都是匆匆上台，又匆匆被自己的手下逐去，使政治权威的失落，达到崩溃的边缘。台上幕落暗场，幕后在忙忙碌碌地更换布景，而幕前的观众，却已经不耐烦地跳将起来，他们发现，这是一出无剧本、无导演、无监制，亦无固定演员的戏。中原逐鹿，捷足先得。于是纷纷登台，各显身手。思想的自由度、学术的自由度，反而空前大增。”

“如果说，新文化运动是为辛亥革命补上理论的一课，那么，它便不可避免地要承担起为新的政治权威作诠释的使命。这就游离了《新青年》杂志创刊时的初衷，也是导致新文化运动式微的主要原因之一。新文化的巨匠们，几乎无一不是怀着急切的救世之心，他们引进西方思想，与其说是为了启蒙人心，解放个性，不如说是为了 直接利用来改造社会。陈独秀就曾幻想，德先生（Democracy）和赛先生（Science）‘可以救治中国政治上、道德上、学术上、思想上一切的黑暗’。这样一来，德先生和赛先生最终被升格为‘德菩萨’和‘赛菩萨’，也就在所难免了。”

而今距叶先生写那篇帖子七年了，七年在历史的长河里只是短短一瞬，但在网路中却像一个世纪漫长，其间中国的网络生态发生了巨大的变化，网络世界已经完成了彻底的社会化，不再属于少数对新生事物敏感的人士之乐园。叶曙明先生当初那篇文章中所埋下的因，经七载寒往暑来，终于开花结果，有了这本煌煌三十万字的大作。

五四距今九十周年了，身经其事的一堂师友，都已先后作古了。五四运动，在后世的言说体系中，早就成为一个“符号”，套用叶曙明形容科学民主升格为“德菩萨”、“赛菩萨”，“五四运动”早就被赋予神格，高居太庙之上，供人顶礼膜拜。而一个人或一件事，一旦神化，基本上会遮蔽其本来面目。《重返五四现场》，就是试图突破“五四”被符号化后的重重外包装，采取胡适先生“有一分证据说一分话”的谨严态度，来尽量还原五四时期人与事的生动场景。当然，事隔九十年，后人说史，容易陷入“罗生门”之争论，没谁敢说自己所说的就是百分百的真相，问题的关键是能否抱以一种公允的态度，尽量摈弃各种因意识形态而先入为主的成见，用史料来说话，如果能这样做，虽不中亦不远矣。所谓重返现场，最重要的是要去掉五四那代师友日后分道扬镳，所获得不同的官方评价。无论是老师还是学生，他们都卷入了后来的政治纷争中，成为对垒双方的重量级人物。但在五四运动和新文化运动时期，他们是朋友，是同道者，尽管彼此在性格气质和观点上不无差异。重返现场，就要去掉日后的是是非非，尤其是庙堂的褒贬谥法，让他们重新活在九十年前那段风云激荡的岁月。——这是我对叶曙明“重返”的理解。

新文化运动和五四运动是大师辈出、群星灿烂的时期，这一点今天看来应无疑问。那一代读书人在青葱年华的激情和行为，影响了尔后的九十年，这种影响还在延续。除当时已有江湖地位的师辈，如蔡元培、陈独秀、胡适、李大钊、钱玄同、鲁迅等人，那些五四的孩子们，当时多是热血青年，读罢叶曙明这本书，似乎能真切地感受到在国难当头时一代书生的青春躁动。他们在喧闹中高扬了爱国主义的大旗，这面大旗过于堂皇高大，遮住了大树下面那些丰富的物种，其实就在赵家楼烧起大火的那个夏天，被外界视为愤怒青年的他们，所持的态度并不一样，有些人差别很大。只是这代五四之子作为一个整体登上了历史的舞台，后人对他们当时的行为，容易产生一种整齐划一的印象。他们当时的差异，决定着他们在这场大戏谢幕后的人生选择，傅斯年、罗家伦、段锡鹏、张国焘，也包括五四前已离开北大，南归湖湘的毛泽东。这种态度差异决定人生差异也在他们的师辈身上应验，如陈独秀和胡适。

后世写史者，最大的诱惑，也可说是痛苦，总是不由得设身处地把自己放置到历史场景之中，替古人担忧，替后人惋惜，明明知道历史不容假设，却忍不住设计一条条无法证明的历史路径。就这样，前辈人的血泪情感，一点点催白了写史者的双鬓。

历史现场早被破坏，流失岁月永不再来。但我们总想重返，不为好奇，只希望重返的努力，或许有益于未来的路径选择。

（2009 年 5 月 9 日《广州日报》刊发，此为原稿）